住房和城乡建设部"十四五"规划教材

高等职业教育建设工程管理类专业课程思政系列教材

建筑法规

概论

秦　华　王永仁　主　编

魏国安　杜　镀　窦靖伟　副主编

焦　涛　梅杨　主　审

中国建筑工业出版社

图书在版编目（CIP）数据

建筑法规概论 / 秦华，王永仁主编；魏国安，杜镀，
窦靖伟副主编. —北京：中国建筑工业出版社，2022.9（2024.12重印）
住房和城乡建设部"十四五"规划教材. 高等职业教
育建设工程管理类专业课程思政系列教材
ISBN 978-7-112-27811-4

Ⅰ.①建…　Ⅱ.①秦…②王…③魏…④杜…⑤窦
…　Ⅲ.①建筑法—中国—高等职业教育—教材　Ⅳ.
①D922.297

中国版本图书馆CIP数据核字（2022）第157133号

本教材以最新建设工程法律法规、其他相关法律法规和国家政策为依据，以建设工程管理法律实务需求为指南，以"双证融通"（即通过学历证书与职业资格证书这两类证书内涵的衔接与对应，实现学历教育与职业资格培训的融通，实现"一教双证"）为导向，以培养和提升学生有关的实务能力为目标组织编写。其主要内容包括：绪论、工程建设相关制度、施工许可法律制度、建筑工程发承包制度及建筑市场信用管理制度、建设工程招标投标制度、建设工程合同及工程监理合同制度、建设工程安全生产法律制度、建设工程质量管理制度、环保、节能及文物保护制度、劳动法律制度、建设工程纠纷处理制度等。

本教材共有11章内容，每章均有思维导图、思政导引、经典案例、本章小结、本章习题等。为了方便广大师生使用，突出知识重点，丰富教材内容，本教材还设有特别提示、数字资源等。

本教材可以作为高等职业院校建设工程管理类专业、土建施工类及相关专业的课程教材使用，也可以作为高等职业院校、成人教育相关专业以及相关职业岗位培训的课程教材，还可以作为工程管理人员的自学或者参考用书。

为更好地支持相应课程的教学，我们向采用本书作为教材的教师提供教学课件，有需要者可与出版社联系，邮箱：jckj@cabp.com.cn，电话：（010）58337285，建工书院：http://edu.cabplink.com。

责任编辑：吴越恺　张　晶
责任校对：姜小莲

住房和城乡建设部"十四五"规划教材
高等职业教育建设工程管理类专业课程思政系列教材
建筑法规概论
　　　　秦　华　王永仁　主　编
魏国安　杜　镀　窦靖伟　副主编
　　　　焦　涛　梅　杨　主　审
＊
中国建筑工业出版社出版、发行（北京海淀三里河路9号）
各地新华书店、建筑书店经销
北京雅盈中佳图文设计公司制版
建工社（河北）印刷有限公司印刷
＊
开本：787毫米×1092毫米　1/16　印张：21¾　字数：512千字
2023年6月第一版　2024年12月第三次印刷
定价：55.00元（赠教师课件）
ISBN 978-7-112-27811-4
　　　（39991）

出版说明

党和国家高度重视教材建设。2016 年，中办国办印发了《关于加强和改进新形势下大中小学教材建设的意见》，提出要健全国家教材制度。2019 年 12 月，教育部牵头制定了《普通高等学校教材管理办法》和《职业院校教材管理办法》，旨在全面加强党的领导，切实提高教材建设的科学化水平，打造精品教材。住房和城乡建设部历来重视土建类学科专业教材建设，从"九五"开始组织部级规划教材立项工作，经过近 30 年的不断建设，规划教材提升了住房和城乡建设行业教材质量和认可度，出版了一系列精品教材，有效促进了行业部门引导专业教育，推动了行业高质量发展。

为进一步加强高等教育、职业教育住房和城乡建设领域学科专业教材建设工作，提高住房和城乡建设行业人才培养质量，2020 年 12 月，住房和城乡建设部办公厅印发《关于申报高等教育职业教育住房和城乡建设领域学科专业"十四五"规划教材的通知》（建办人函〔2020〕656 号），开展了住房和城乡建设部"十四五"规划教材选题的申报工作。经过专家评审和部人事司审核，512 项选题列入住房和城乡建设领域学科专业"十四五"规划教材（简称规划教材）。2021 年 9 月，住房和城乡建设部印发了《高等教育职业教育住房和城乡建设领域学科专业"十四五"规划教材选题的通知》（建人函〔2021〕36 号）。为做好"十四五"规划教材的编写、审核、出版等工作，《通知》要求：（1）规划教材的编著者应依据《住房和城乡建设领域学科专业"十四五"规划教材申请书》（简称《申请书》）中的立项目标、申报依据、工作安排及进度，按时编写出高质量的教材；（2）规划教材编著者所在单位应履行《申请书》中的学校保证计划实施的主要条件，支持编著者按计划完成书稿编写工作；（3）高等学校土建类专业课程教材与教学资源专家委员会、全国住房和城乡建设职业教育教学指导委员会、住房和城乡建设部中等职业教育专业指导委员会应做好规划教材的指导、协调和审稿等工作，保证编写质量；（4）规划教材出版单位应积极配合，做好编辑、出版、发行等工作；（5）规划教材封面和书脊应标注"住房和城乡建设部'十四五'规划教材"字样和统一标识；（6）规划教材应在"十四五"期间完成出版，逾期不能完成的，不再作为《住房和城乡建设领域学科专业"十四五"规划教材》。

住房和城乡建设领域学科专业"十四五"规划教材的特点，一是重点以修订教育部、住房和城乡建设部"十二五""十三五"规划教材为主；二是严格按照专业标准规范要求编写，体现新发展理念；三是系列教材具有明显特点，满足不同层次和类型的学校专业教学要求；四是配备了数字资源，适应现代化教学的要求。规划教材的出版凝聚了作者、主审及编辑的心血，得到了有关院校、出版单位的大力支持，教材建设管理过程有严格保障。希望广大院校及各专业师生在选用、使用过程中，对规划教材的编写、出版质量进行反馈，以促进规划教材建设质量不断提高。

住房和城乡建设部"十四五"规划教材办公室

2021 年 11 月

前　言

　　"建筑法规"是高等职业教育建设工程管理类、土建施工类等专业开设的专业基础课程。通过本课程的开设和教学，使学生能够了解有关法律知识，熟悉有关主要法律规定，提高法律意识，增强法治观念，培养法治思维，掌握运用有关法律知识和法律规定分析、判断和处理法律实际问题的能力，从而实现建设工程项目合规管理，防范、化解有关法律风险，保证建设工程质量和安全。

　　本教材以简练的语言、易懂的方式介绍了在工程建设过程中经常使用到的、大量的、重要的现行最新法律规定和通说理论知识，简明扼要，重点突出。本教材坚持以马列主义、毛泽东思想和中国特色社会主义理论体系，特别是习近平新时代中国特色社会主义思想为指导，密切联系建筑业实际，通过引入众多的典型案例，并辅之以法言法语行文，内容实用易懂，逻辑结构严谨，语言规范精确，思想健康向上。本教材广泛融入建造师执业资格考试以及国家职业技能鉴定标准的有关内容，并辅之以大量的精选习题，确保学生学练结合，知行合一，从而实现学历教育与职业资格认证相衔接的"双证融通"。本教材每章均酌情设有思政导引部分，深入挖掘教材中的思政元素，以培养学生能够自觉践行社会主义核心价值观，从而落实立德树人的根本任务。另外，本教材编写团队有多名执业律师和多名具有建造师执业资格的人员参加，为本教材的编写质量和使用实效提供了充分的专业支撑。

　　本教材共分 11 章，由河南建筑职业技术学院秦华、王永仁担任主编，梳理编写思路，设计教材架构，负责全书统稿；河南建筑职业技术学院魏国安、杜镀和郑州大学窦靖伟担任副主编。教材具体编写分工为：河南建筑职业技术学院阮春新编写第 1 章 绪论；河南建筑职业技术学院王永仁、李伟编写第 2 章 工程建设相关制度；河南建筑职业技术学院郝旭光编写第 3 章 施工许可法律制度；河南建筑职业技术学院黄保富编写第 4 章 建筑工程发承包制度及建筑市场信用管理制度；河南建筑职业技术学院杜镀编写第 5 章 建设工程招标投标制度；河南建筑职业技术学院王慧灵编写第 6 章 建设工程合同及工程监理合同制度；河南建筑职业技术学院王永仁、吕世尊编写第 7 章 建设工程安全生产法律制度；河南建筑职业技术学院韩超编写第 8 章 建设工程质量管理制度；河南建筑职业技术学院魏国安编写第 9 章 环保、节能及文物保护制度；河南建筑职业技术学院张利敏编写第 10 章 劳动法律制度；河南建筑职业技术学院秦华、魏国安编写第 11 章 建设工程纠纷处理制度；河南建筑职业技术学院焦涛、梅杨负责主审。

　　本教材在编写过程中，参考了一些有关著作和资料，已在参考文献中注明，在此谨向其作者表示由衷的感谢。同时，由于作者水平有限，教材中难免存在不妥之处，敬请广大读者批评指正。

2022 年 6 月

目　录

1　绪论 ··· 001
　1.1　建筑法规概述 ································ 002
　1.2　建筑法规体系 ································ 012
　1.3　建筑法律关系 ································ 022
　本章小结 ··· 027
　本章习题 ··· 027

2　工程建设相关制度 ···························· 028
　2.1　建设工程法人制度 ························ 029
　2.2　建设工程代理制度 ························ 032
　2.3　建设工程物权制度 ························ 037
　2.4　建设工程债权制度 ························ 043
　2.5　建设工程知识产权制度 ·················· 045
　2.6　建设工程担保制度 ························ 055
　2.7　建设工程保险制度 ························ 061
　2.8　建设工程法律责任制度 ·················· 066
　本章小结 ··· 068
　本章习题 ··· 069

3　施工许可法律制度 ···························· 070
　3.1　建筑工程施工许可制度 ·················· 071
　3.2　建筑行业从业单位资格制度 ·············· 078
　3.3　建筑行业从业人员资格制度 ·············· 087
　本章小结 ··· 096
　本章习题 ··· 096

4　建筑工程发承包制度及建筑市场信用管理制度 ········· 097
　4.1　建筑工程发承包制度 ····················· 098

4.2　建筑市场信用管理制度 ………………………………… 108

本章小结 ………………………………………………………… 113

本章习题 ………………………………………………………… 113

5　建设工程招标投标制度 ……………………………………… 114

5.1　建设工程法定招标的范围、招标方式和交易场所 ………… 115

5.2　招标基本程序 ………………………………………… 117

5.3　禁止肢解发包、限制排斥投标人制度 ………………… 124

5.4　投标 …………………………………………………… 125

5.5　禁止不正当竞争行为 …………………………………… 127

5.6　相关法律责任 ………………………………………… 128

本章小结 ………………………………………………………… 134

本章习题 ………………………………………………………… 134

6　建设工程合同及工程监理合同制度 ……………………… 135

6.1　建设工程合同制度 …………………………………… 136

6.2　工程监理合同制度 …………………………………… 155

6.3　相关典型合同制度 …………………………………… 158

本章小结 ………………………………………………………… 172

本章习题 ………………………………………………………… 172

7　建设工程安全生产法律制度 ……………………………… 173

7.1　施工安全生产许可制度 ………………………………… 174

7.2　施工安全生产责任和安全生产教育培训制度 ………… 177

7.3　施工现场安全防护制度 ………………………………… 185

7.4　生产安全事故报告与调查处理制度 …………………… 190

7.5　建设单位和相关单位的安全责任制度 ………………… 197

7.6　建设工程安全生产监督管理制度 ……………………… 202

本章小结 ………………………………………………………… 204

本章习题 ………………………………………………………… 205

8　建设工程质量管理制度 …………………………………… 206

8.1　工程建设标准 ………………………………………… 207

8.2 施工单位的质量责任和义务 …………………………………… 213

8.3 建设单位及相关单位的质量责任和义务 ………………………… 219

8.4 建设工程竣工验收制度 …………………………………………… 229

8.5 建设工程质量保修制度 …………………………………………… 240

本章小结 ………………………………………………………………… 243

本章习题 ………………………………………………………………… 243

9 环保、节能及文物保护制度 ……………………………………… 244

9.1 施工现场环境保护制度 …………………………………………… 245

9.2 施工节约能源制度 ………………………………………………… 260

9.3 施工文物保护制度 ………………………………………………… 269

本章小结 ………………………………………………………………… 277

本章习题 ………………………………………………………………… 277

10 劳动法律制度 ……………………………………………………… 278

10.1 劳动合同制度 …………………………………………………… 279

10.2 社会保险制度 …………………………………………………… 289

10.3 劳动争议处理制度 ……………………………………………… 302

本章小结 ………………………………………………………………… 307

本章习题 ………………………………………………………………… 307

11 建设工程纠纷处理制度 …………………………………………… 308

11.1 建设工程纠纷主要种类和法律解决途径 ……………………… 309

11.2 和解与调解制度 ………………………………………………… 310

11.3 仲裁制度 ………………………………………………………… 314

11.4 民事诉讼制度 …………………………………………………… 318

11.5 行政解决方式 …………………………………………………… 332

本章小结 ………………………………………………………………… 337

本章习题 ………………………………………………………………… 337

参考文献 ………………………………………………………………… 338

1　绪论

学 习 目 标

1. 了解有关建筑法规知识；
2. 熟悉有关建筑法规规定；
3. 培养法律实务能力；
4. 提升学生建筑法规课程思政素养。

思 维 导 图

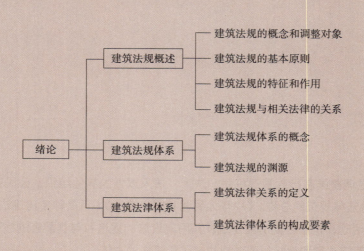

思 政 导 引

为深入学习贯彻习近平法治思想，根据《中共中央　国务院转发〈中央宣传部、司法部关于开展法治宣传教育的第八个五年规划（2021～2025年）〉的通知》，结合住房和城乡建设工作实际，住房和城乡建设部制定了《关于在住房和城乡建设系统开展法治宣传教育的第八个五年规划（2021～2025年）》（下简称"规划"）并于近日发布。

规划强调，要以习近平法治思想引领住房和城乡建设系统普法工作，坚持党的全面领导、坚持以人民为中心、坚持服务大局、坚持与法治实践深度融合，到2025年，住房和城乡建设系统依法治理水平显著提升，普法工作体系更加健全，"谁执法谁普法"等普法责任制全面落实。

规划明确，普法重点内容要突出学习宣传习近平法治思想，突出宣传宪法和民法典，深入宣传与推动住房和城乡建设事业高质量发展密切相关的法律法规和党内法规。

推进普法与依法治理有机融合。深化依法治企，深化"法律进企业"，加强企业法治文化建设；深化行业依法治理，引导和支持住房和城乡建设系统各行业依法制定规约、章程；开展专项依法治理，加强社会应急状态下专项依法治理，开展建设工程质量安全、市政公用设施安全、防灾减灾救灾等突发事件应急管理等方面法治宣传教育。

提高普法针对性实效性。在立法、执法过程中开展实时普法；充分运用社会力量开展公益普法，各级住房和城乡建设部门要发挥行业内事业单位和社团组织在普法中的作用，畅通和规范市场主体、新社会阶层、社会工作者和志愿者等参与普法的途径，发展和规范公益性普法组织；充分运用新技术新媒体开展精准普法，适应人民群众对住房和城乡建设领域法治的需求从"有没有"向"好不好"的转变，提高普法质量。

住房和城乡建设系统开展法治宣传教育的第八个五年规划发布

1.1　建筑法规概述

1.1.1　建筑法规的概念和调整对象

1. 建筑法规的概念

建筑法规是调整国家行政管理机关、法人、法人以外的其他组织、公民在建筑活动中产生的社会关系的法律规范的总称。《中华人民共和国建筑法》（下简称《建筑法》）第二条规定："本法所称建筑活动，是指各类房屋建筑及其附属设施的建造和与其配套的线路、管道、设备的安装活动。"建筑法律和建筑行政法规构成了建筑法的主体。

我国目前的法律法规及相关文件中，经常出现"建设工程"和"建筑工程"。例如《建设工程质量管理条例》《建筑法》；例如"建设工程规划许可证""建筑工程施工许可证"等。建设工程和建筑工程有何区别呢？

一是从含义上来看，建设工程是指土木工程、建筑工程、线路管道和设备安装工程及装修工程（见《建设工程质量管理条例》第二条）。建筑工程是指各类房屋建筑及其附属设施的建造和与其配套的线路、管道、设备的安装活动（见《建筑法》第二条）。从目前我国法律法规对两者的界定来看，建设工程的范围要大于建筑工程，建设工程包含建筑工程。《中华人民共和国民法典》（下简称《民法典》）和《最高人民法院关于审理建设工程施工合同纠纷案件适用法律问题的解释》，其所适用的范围包含建设工程，也包含土木工程、建筑工程、线路管道和设备安装工程及装修工程等。

二是从范围上看，建设工程包括策划、勘察、设计、采购、施工、试运行、竣工验收和移交等。与建设工程的范围相比，建筑工程的范围相对较窄，其专指各类房屋建筑及其附属设施和与其配套的线路、管道、设备的安装工程，因此也被称为房屋建筑工程。

三是二者的特点不同，建设工程除具备一般工程项目特点外，还具备投资额巨大、建设周期长、整体性强和固定性等特征。建筑工程具有综合性、社会性、实践性，技术上、经济上和建筑艺术上的统一性。

2. 建筑法规的调整对象

建筑法规的调整对象，是在建筑活动中所发生的各种社会关系。它包括建筑活动中所发生的建筑管理关系、建筑协作关系及其建筑民事关系。

（1）建筑管理关系

建筑活动与国家经济发展、人们的生命财产安全、社会的文明进步息息相关，国家对其必须进行全面的严格管理。当国家建筑行政主管部门在对建筑活动进行管理时，就会与建设单位（业主）、设计单位、施工单位、建筑材料和设备的生产供应单位及建筑监理单位等中介服务单位产生管理与被管理关系。这些社会关系需要由相应的建筑法规予以规范和调整。

（2）建筑协作关系

工程建设是非常复杂的活动，要有许多行业、部门、单位和人员参与，共同协作完成。因此，在建筑活动中存在着大量的寻求合作伙伴和相互协作的问题，在这些协作过程中所发生关系，也应由建筑法规予以规范和调整。

（3）建筑民事关系

在建筑活动中，会涉及土地征用、房屋拆迁、从业人员及相关人员的人身与财产的伤害、财产及相关权利的转让等涉及公民个人权利问题。由之而产生的各主体之间的民事权利与义务关系，应由建筑法规中有关法律规定及民法等相关法律予以规范和调整。

1.1.2 建筑法规的基本原则 ························●

建筑法规的基本原则，是指在建筑法规的制定和实施过程中所必须遵循的基本准则和要求，它体现了建筑法规的基本精神和法律的价值趋向。

1. 遵循市场经济规律原则

社会主义市场经济，是指与社会主义基本制度相结合的市场在国家宏观调控下对资源配置起决定性作用的经济体制。市场在资源配置中起决定性作用和更好地发挥政府作用，二者是有机统一的，不是相互否定的。"决定性作用"意味着，不能有任何力量高于甚至代替市场的作用。市场决定资源配置的机制，主要包括价格机制、供求机制、竞争机制以及激励和约束机制。其作用主要体现在：以利润为导向引导生产要素流向，以竞争为手段决定商品价格，以价格为杠杆调节供求关系，使社会总供给和总需求达到总体平衡，生产要素的价格、生产要素的投向、产品消费、利润实现、利益分配主要依靠市场交换来完成。实践证明，在市场经济条件下，尚未发现任何力量比市场的作用更广泛、更有效率、更可持续。因此，只要实行市场经济体制，就必须尊重市场在资源配置中的主体地位和决定性作用，其他任何力量都不能代替市场的作用。完善的社会主义市场经济体制是使市场在资源配置中起决定性作用的制度保障。这就要求我们必须积极稳妥地从广度和深度上推进市场化改革，大幅度减少政府对资源的直接配置，推动资源依据市场规则、市场价格、市场竞争实现效益最大化和效率最优化。同时还应该看到，市场起决定性作用，但并不是起全部作用。我国实行的是社会主义市场经济体制，必须发挥社会主义制度的优越性、发挥党和政府的积极作用。政府的职责和作用主要是保持宏观经济稳定，加强和优化公共服务，保障公平竞争，加强市场监管，维护市场秩序，推动可持续发展，促进共同富裕，弥补市场失灵。第八届全国人大第一次会议通过的《中华人民共和国宪法修正案》规定"国家实行社会主义市场经济"。这不仅是《中华人民共和国宪法》(下简称《宪法》)的基本原则，也是建筑法规的基本原则。

(1)遵循市场经济规律，反映在建筑法规立法中，就是要建立健全市场主体体系。建筑法规要规定各种建筑市场主体的法律地位，对他们在建筑活动中的权利和义务作出明确规定。这些主体理应包括建筑行政主管部门、勘察规划设计单位、建设监督单位、建筑施工单位、房地产开发经营单位、土地管理部门、标准化部门、城市市政公用事业单位、环境保护部门、建筑材料供应单位、建设单位和公民个人等。建立健全活跃的建设市场主体体系，要求国家、集体和个人共同参与。

(2)遵循市场经济规律，要求建筑法律的立法确立建筑市场体系具有统一性和开放性。建筑立法应当确立规划与设计市场、工程咨询服务市场、工程承发包的招标投标市场、房地产交易市场、市政公用事业市场、建设资金融通市场等多元化的建设活动大市场。

(3)遵循市场经济规律，要求建筑法律的立法确立以间接手段为主的宏观调控体系。建筑法律主要运用行政手段实现对建设行为的调整，但这种调整不应当是直接干预性的。各建筑法律主体在具体的建设行为中都有着独立性和自主性，国家对其行为实施的调控只是间接性、宏观的。

(4)遵循市场经济规律，要求建筑法律立法本身具有完备性。要把建筑行为纳入法治轨道，必须要先使法治自身完备。唯有如此，才能有效地规范建设市场主体行为，维护建筑市场活动秩序。

2. 法治统一原则

所有法律都有着内在的统一联系，并在此基础上构成一国的法律体系。建筑法律是我国法律体系中的重要组成部分。组成本体系的每一个法律、法规都必须符合《宪法》的精神与要求。该法律体系与其他体系的法律也不应冲突。对于部门法的有关法律规定，建筑行政法规和部门规章以及地方性建筑法规、政府规章，必须遵循。地位同等的法律、法规所确立的有关内容应相互协调。建筑法律系统内部高层次的法律、法规对低层次的法规、规章具有制约性和指导性。地位相等的建筑法规和规章在内容规定上不应相互矛盾。以上所述，即为建筑法律的立法所必须遵循的法治统一原则。

建筑法规的立法坚持法治统一的基本原则，一方面是立法本身的要求，即规范化、科学化的要求；另一方面是便于实际操作，不至于因法律制度的价值不同而自相矛盾，导致建筑法律的无所适从。

3. 责权利相一致原则

责权利相一致是对建筑行为主体的权利和义务或责任在建设立法上提出的一项基本要求。具体表现为：建筑法律主体享有的权利和履行的义务是统一的。任何一个主体享有建筑法律规定的权利，同时必须履行法律规定的义务。同样，建筑法律主体，履行了法律或合同约定的义务，就应当享受相应的权利。建筑行政主管部门行使行政管理权既是其权利，也是职责、责任。权利和职责、责任彼此结合。建设行政主管部门行使管理权，也必须在建设行政法律法规的权限之内行使，否则，要承担相应的法律责任。

4. 绿色原则

近年来，我国绿色建筑快速发展。随着绿色建筑各项工作的逐步推进，绿色建筑的内涵和外延不断丰富。绿色建筑的推广有力推动着新能源市场的发展。建筑能源与城市的绿色发展密切相关。

绿色原则作为《民法典》的限制性基本原则，有着特定的功能与作用，对于中国经济体制改革和生态文明体制改革意义重大。在此基础上，各个分编中的多个条款新增规定了节约资源、生态环境保护的内容，进一步贯彻落实总则编确定的绿色原则。《民法典》不仅在总则部分做了规定，而且在物权编、合同编、侵权编等部分都有规定，如《民法典》第九条规定，"民事主体从事民事活动，应当有利于节约资源、保护生态环境"。第三百四十六条规定，"设立建设用地使用权，应当符合节约资源、保护生态环境的要求，遵守法律、行政法规关于土地用途的规定，不得损害已经设立的用益物权"。该条规定了建设用地使用权的设立应遵循节约资源、保护生态环境的原则。建筑法规涉及规划、审批、设计、建造等全过程，建筑过程与物权、债权密不可分。绿色原则成为建筑法规的基本原则应为必然。

1.1.3 建筑法规的特征和作用 ·················· ●

1. 建筑法规的特征

建筑法规作为调整在建筑活动中所发生的社会关系的法律规范，除具备一般法律的共性外，还具有不同于其他法律的特征。

（1）行政强制性

了解建筑法规的行政强制性，需从建筑法规较强的公法性质来理解。法律体系分为外部体系及内部体系。法律的外部体系指法律的归类构造例如将法律分为公法与私法、实体法与程序法。当公权力者以公权力担当人的面目出现时，形成公法关系，否则即为私法关系。建筑法规内容中同时具有私法关系，如物权、债权等，但公权力对建筑类法律关系的介入和干预仍决定了建筑法规的行政强制性。建筑活动投入资金量大，需要消耗大量的人力、物力、财力及土地等资源，涉及面广，影响力大且持久（尤其要注意对环境的影响），建筑产品的质量又关系到人民的生命和财产安全。因此，国家对建筑活动的监督和管理与其他行业相比，较为严格。建筑行业的特殊性决定了建筑法律必然要采用直接体现行政权力活动的调整方法，即以行政指令为主要调整的方法。建筑法律规范中，建筑行政法规占有很大的比重。因此，建筑法律的调整方式特点主要体现为行政强制性，调整方式有：

1）授权与委托。行政授权是指行政机关在法律、法规明确规定可以授权的情况下，根据行政管理的实际需要，依照法定权限和程序，将行政职权部分或全部授予有关组织，后者据此以自己的名义行使该职权，并承受该职权行为效果的法律制度。国家通过建设法律规范，授予国家建设管理机关某种管理权限，或具体的权利，对建筑企业进行监督管理。如《建筑法》第二十一条规定，"建筑工程招标的开标、评标、定标由建设单位依法组织实施，并接受有关行政主管部门的监督。" ❶ 第五十三条规定，"国家对从事建筑活动的单位推行质量体系认证制度。从事建筑活动的单位根据自愿原则可以向国务院产品质量监督管理部门或者国务院产品质量监督管理部门授权的部门认可的认证机构申请质量体系认证。经认证合格的，由认证机构颁发质量体系认证证书。" ❷

行政委托是行政机关在其职权职责范围内依法将其行政职权或行政事项委托给有关行政机关、社会组织或者个人，受委托者以委托机关的名义实施管理行为和行使职权，并由委托机关承担法律责任。行政委托须是有法可依的委托。行政机关必须在法律、法规及规章规定的框架下进行委托。委托行政机关拥有法定权限，对象应当是符合法定条件的有关企事业单位、社会组织或者个人。行政机关有内设科室（股室）、中心等机构时，虽然也是委托形式，但不能算委托，是一种内部关系。

2）命令。行政命令是行政主体依法要求相对人进行一定的作为或不作为的意思表示。行政命令具有强制力，它包括两类：一类是要求相对人进行一定作为的命令，如命令纳税、命令外国人出境。另一类是要求相对人履行一定的不作为的命令，称作禁（止）令，如因修建马路禁止通行，禁止携带危险品的旅客上车等。国家通过建筑法律规范赋予建筑法律关系主体某种作为或不作为的义务。如《建筑法》第五十二条规定，"建筑工程勘察、设计、施工的质量必须符合国家有关建筑工程安全标准的要求，具体管理办法由国务院规定。" ❸ 第五十六条

---

❶【拓展阅读】湖南建工集团有限公司与宁夏浩瑞德房地产开发有限公司建设工程施工合同纠纷案（详见中国裁判文书网）

❷【拓展阅读】王某林其他行政行为二审行政裁定案（详见中国裁判文书网）

❸【拓展阅读】云南广电房地产开发有限公司、中铁建设集团有限公司检验合同纠纷案（详见中国裁判文书网）

规定，"建筑工程的勘察、设计单位必须对其勘察、设计的质量负责。勘察、设计文件应当符合有关法律、行政法规的规定和建筑工程质量、安全标准、建筑工程勘察、设计技术规范以及合同的约定。设计文件选用的建筑材料、建筑构配件和设备，应当注明其规格、型号、性能等技术指标，其质量要求必须符合国家规定的标准。"❶

3）禁止。国家通过建筑法律规范赋予建筑法律关系主体某种不作为的义务，即禁止主体某种行为。如《中华人民共和国注册建筑师条例》（下简称《注册建筑师条例》），第二十二条规定，"一级注册建筑师的执业范围不受建筑规模和工程复杂程度的限制。二级注册建筑师的执业范围不得超越国家规定的建筑规模和工程复杂程度。"第二十五条规定，"注册建筑师有权以注册建筑师的名义执行注册建筑师业务。非注册建筑师不得以注册建筑师的名义执行注册建筑师业务。二级注册建筑师不得以一级注册建筑师的名义执行业务，也不得超越国家规定的二级注册建筑师的执业范围执行业务。"

4）许可。国家通过建筑法律规范，允许特别的主体在法律允许范围内经依法申请、审查，准予其从事特定活动的具体行政行为。如《注册建筑师条例》第十一条规定，"注册建筑师考试合格，取得相应的注册建筑师资格的，可以申请注册。"

5）免除。国家通过建筑法律规范，对主体依法应履行的义务在特定情况下予以免除。如《建筑工程施工许可管理办法》❷第二条第2款规定，"工程投资额在30万元以下或者建筑面积在300平方米以下的建筑工程，可以不申请办理施工许可证。省、自治区、直辖市人民政府住房城乡建设主管部门可以根据当地的实际情况，对限额进行调整，并报国务院住房城乡建设主管部门备案。"

6）确认。确认是行政机关对相对人的法律关系、法律事实或者法律地位给予确定、认可、证明的具体行政行为。如各级建设工程质量监督站检查受监工程的勘察、设计、施工单位和建筑构件厂的资质等级和从业范围，监督勘察、设计、施工单位和建筑构件厂严格执行技术标准，检查其工程（产品）质量等。

7）撤销。国家通过建筑法律规范，授予建筑行政管理机关运用行政权力对某些权利能力或法律资格予以撤销或消灭。如勘察设计单位越级承揽业务的，可以责令其停业整顿、降低资质等级，情节严重的，吊销资质证书。

（2）建筑法规以调整经济活动为主要内容

建筑法规是经济法的重要组成部分，其主要特征是在建筑活动中涉及的工程项目投资、房地产开发经营等活动占用的资金量大，直接受到国家宏观调控的影响。国家以法律法规的手段调控建设活动，这些法律法规即是建筑法规。经济性是建筑法规的又一重要特征。建筑法规的经济性既包含财产性，也包含其与投资、生产、分配、交换、消费的联系性。建筑业和房地产业等建设活动直接为社会创造财富，为国家增加积累，如房地产开发、工程项目建设、建设工程勘察设计、施工安装等都直接为社会创造财富。随着建筑业和房地产业的

---

❶【拓展阅读】新疆天雨煤化集团有限公司与陕西省汇华联科煤业研究设计有限公司建设工程设计合同纠纷申请再审案（详见中国裁判文书网）

❷ 2014年6月25日住房和城乡建设部令第18号发布，根据2018年9月28日住房和城乡建设部令第42号修正。

发展，其在国民经济中的地位日益突出。建筑业和房地产业已经成为国民经济的支柱产业之一。

（3）建筑法规中包含了大量的技术性规范

技术性是建筑法规的一个十分重要的特征。建筑业的发展与人类的生存、进步息息相关。建筑工程安全以及建筑产品的质量与人民生命财产紧紧连在一起。为保证建筑产品的质量和人民生命财产的安全，大量的建筑法规是以行政法规、部门规章、强制性标准和技术规范等形式出现的。法学中狭义的法律法规仅仅是指由国家权力机关制定的法律及国家权力机关授权国家行政机关制定的行政法规及地方权力机关制定的地方性法规。但在法律、法规没有具体规定的前提下，司法实践中政府行政主管部门的规章、地方政府规章以及国家强制性标准等可以作为处理案件的参照依据。建设法律中的行政法规、部门规章、技术规范等具有直接、具体、严密、系统的特点，便于广大工程技术人员及管理机构遵守和执行，如各种设计规范、施工规范、验收规范、产品质量监测规范等。因此，建筑法规的内涵要比传统法学中法律法规的内涵广，其不仅包括了法律、行政法规和地方性法规，还包括了建设行政主管部门的规章、地方政府规章和国家强制性标准等。

2. 建筑法规的作用

根据法在社会生活中发挥作用的形式和内容，法的作用可以分为规范作用与社会作用。我们主要来看法的规范作用，根据行为主体的不同，法律的规范作用具体可以分为：指引、评价、教育、预测和强制作用。在法治社会，人们所进行的各种具体行为必须遵循一定的准则进行；只有在法律规范的范围内所进行的行为才能实现行为人预期的目的。从事各种具体的建筑活动所应遵循的行为规范即建筑法规。建筑法规对建设活动主体建设行为的规范性表现为：

（1）指引作用。指引作用是指法对法律主体自身的行为具有引导作用。在这里，行为的主体是法律主体自身。指引作用分为个别性指引和规范性指引。个别指引通过一个具体的指示形成对具体的人的具体情况的指引；规范性指引通过一般的规则对同类的人或行为的指引。就建立和维护稳定的社会关系和社会秩序而言，规范性指引具有更大的意义。从立法技术上看，法律对人的行为的指引通常采用两种方式：

确定的指引和不确定的指引。确定的指引通过设置法律义务，要求人们作出或抑制一定行为，使社会成员明确自己必须从事或不得从事的行为界限。不确定的指引（选择的指引）通过宣告法律权利，给人们一定的选择范围。如《建筑法》第四条规定，"国家扶持建筑业的发展，支持建筑科学技术研究，提高房屋建筑设计水平，鼓励节约能源和保护环境，提倡采用先进技术、先进设备、先进工艺、新型建筑材料和现代管理方式。"《郑州市建筑市场管理条例》第十三条第1款规定，"使用国有资金投资的建设工程，应当采用工程量清单计价；非国有资金投资的建设工程，鼓励采用工程量清单计价。"

（2）评价作用。法律作为一种行为标准，具有判断、衡量他人行为合法与否的评判作用。这里，行为的对象是他人。在现代社会，法律已经成为评价人的行为的基本标准。如《建设工程质量管理条例》第六十四条规定，"施工单位在施工中偷工减料的，使用不合格的建筑材料、建筑构配件和设备的，或者有不按照工程设计图纸或者施工技术标准施工的其他行为的，责令改正，处工程合同价款百分之二以上百分之四以下的罚款；造成建设工程质量不符合规定的质量标准的，负责返工、修理，并赔偿因此造成的损失；情节严重的，责令停业整顿，降低资质等级或者吊销资质证书。"

（3）教育作用。建筑法规通过对合法行为的肯定和对违法行为的否定来教育违法者和其他建设活动主体，通过法的实施对一般人的行为产生有益的影响，包括示警作用和示范作用。如《建筑法》第三十条规定，"国家推行建筑工程监理制度。国务院可以规定实行强制监理的建筑工程的范围。"❶

（4）预测作用。预测作用是指凭借法律的存在，可以预先估计到人们相互之间会如何行为。法的预测作用的对象是人们相互之间的行为，包括公民之间，社会组织之间，国家、企事业单位之间以及它们相互之间的行为的预测。

（5）强制作用。法可以通过制裁违法犯罪行为来强制人们遵守法律。这里，强制作用的对象是违法者的行为，方法是对违法者加以处分、处罚或制裁。如《建筑法》第二十八条规定，"禁止承包单位将其承包的全部建筑工程转包给他人，禁止承包单位将其承包的全部工程肢解以后以分包的名义分别转包给他人。"正是由于有了上述法律的规定，建筑行为主体才明确了自己可以为、不得为和必须为的一定建筑行为，并以此指导、制约自己的行为，体现出建筑法规对具体建筑行为的规范和指导作用。

1.1.4 建筑法规与相关法律的关系 ·· ●

1. 建筑法律、行政法规与行政法的关系

建筑法律、行政法规在调整建筑活动中产生的社会关系时，会形成行政监督管理关系。行政监督管理关系是指国家行政机关或者其正式授权的有关机构对建设活动的组织、监督、协调等形成的关系。建筑活动事关国计民生，与国家、社会的发展，与公民的工作、生活以及生命财产的安全等都有直接关系。因此，国家必然要对建筑活动进行监督和管理。

我国政府一直高度重视对建筑活动的监督管理。在国务院和地方各级人民政府都设有专门的建设行政管理部门，对建筑活动的各个阶段依法进行监督管理，包括立项、资金筹集、勘察、设计、施工、验收等。国务院和地方各级人民政府的其他有关行政管理部门，也承担了相应的建筑活动监督管理的任务。行政机关在这些监督管理中形成的社会关系就是建筑行政监督管理关系。

建筑行政监督管理关系是行政法律关系的重要组成部分。

2. 建筑法律、行政法规与民法商法的关系

建筑法律、行政法规在调整建筑活动中产生的社会关系时，会形成民事商事法律关系。

建筑民事商事法律关系，是建筑活动中由民事商事法律规范所调整的社会关系。建筑民事商事法律关系有以下特点：第一，建筑民事商事法律关系是主体之间的民事商事权利和民事商事义务关系。民法商法调整一定的财产关系和人身关系，赋予当事人以民事商事权利和民事商事义务。在民事商事法律关系产生以后，民事商事法律规范所确定的抽象的民事商事权利和民事商事义务便落实为约束当事人行为的具体的民事商事权利和民事商事义务。第二，建筑民事商事关系是平等主体之间的关系。民法商法调整平等主体之间的财产关系和人身关系，这就决定了参加民事商事关系的主体地位平等，相互独立、互不隶属。同时，由于主体地位平等，决定了其权利义务一般也是对等的。任何一方在享受权利的同时，也要承担相应的义务。第三，建筑民事商事关系主要是财产关系。民法商法以财产关系为其主要调整对象。因此，民事商事关系也主要表现为财产关系。民事商事关系虽然也有人身关系，但在数量上较少。第四，建筑民事商事关系的保障措施具有补偿性和财产性。民法商法调整对象的平等性和财产性，也表现在民事商事关系的保障手段上，即民事商事责任以财产补偿为主要内容，惩罚性和非财产性责任不是主要的民事商事责任形式。在建筑活动中，各类民事商事主体，如建设单位、施工单位、勘察设计单位、监理单位等，都是通过合同建立起相互的关系。合同关系就是一种民事商事关系。

建筑民事商事关系是民事商事关系的重要组成部分。

3. 建筑法律、行政法规与社会法的关系

建筑法律、行政法规在调整建设活动中产生的社会关系时，会形成社会法律关系。例如，施工单位应当做好员工的劳动保护工作，建设单位也要提供相应的保障；建设单位、施工单位、监理单位、勘察设计单位都会与自己的员工建立劳动关系。

建设社会关系是社会关系的重要组成部分。

【典型案例】在法治社会，人们所进行的各种具体行为必须遵循一定的准则进行，只有在法律规范的范围内所进行的行为才能实现行为人预期的目的。请同学们阅读案例并思考法律是如何保护建筑民事主体的法律权益？案例中相关法律的规范的实施体现了法律的何种作用？

【最高人民法院公报案例❶2019年10期】

江苏南通六建建设集团有限公司与衡水鸿泰房地产开发有限公司建设工程施工合同纠纷案❷

【裁判摘要】

《中华人民共和国民事诉讼法》（下简称《民事诉讼法》）第二百零五条规定，当事人申

---

❶ 最高人民法院公报案例：是指《最高人民法院公报》在每期"裁判文书选登及案例"版块公布，但未经最高人民法院审判委员会讨论决定的，具有参考指导性的案例。最高人民法院在（2014）民申字第441号裁定书明确："黄某某援引的本院公报案例并非本院根据《关于案例指导工作的规定》发布的指导性案例，其主张本案应参照该案例处理没有依据。"

❷ 最高人民法院网。

请再审，应当在判决、裁定发生法律效力后六个月内提出；有本法第二百条第一项、第三项、第十二项、第十三项规定情形的，自知道或者应当知道之日起六个月内提出。本条是关于当事人申请再审期限的规定。法律之所以规定当事人申请再审期限，一方面是为了维护生效判决的既判力，避免经生效判决所确定的法律权利义务关系长期处于可能被提起再审的不安定状态，从而维护社会关系的稳定；另一方面是为了督促当事人及时行使申请再审的权利，避免影响对方当事人对生效判决稳定性的信赖利益。据此，当事人依据民事诉讼法第二百条第一项、第三项、第十二项、第十三项以外的其他事由申请再审，应当在判决、裁定发生法律效力后六个月内提出；而当事人在判决、裁定发生法律效力六个月后，依据民事诉讼法第二百条第一项、第三项、第十二项、第十三项规定申请再审的同时，一并提起其他再审事由的，人民法院不予审查。

最高人民法院民事裁定书

（2018）最高法民申 6278 号

"……

本院经审查认为，本案一审法院仅就工程款进行审理并作出判决，二审法院亦审理的是鸿泰公司欠付南通六建的工程款数额，而双方当事人工程款的具体数额与消防设计是否合格以及工程是否通过综合验收无关。同时，交付竣工验收报告及相应的竣工资料，是南通六建作为承包人应履行的合同义务，亦与消防设计是否合格以及工程是否通过综合验收无关。故南通六建提交的新证据《建设工程消防设计备案检查不合格通知书》不足以推翻原一二审法院对于案涉工程款数额以及案涉工程验收资料交付义务的判决，不属于《民事诉讼法》第二百条第一项的规定再审新证据。

《民事诉讼法》第二百零五条规定，当事人申请再审，应当在判决、裁定发生法律效力后六个月内提出；有本法第二百条第一项、第三项、第十二项、第十三项规定情形的，自知道或者应当知道之日起六个月内提出。本条是关于当事人申请再审期限的规定。法律之所以规定当事人申请再审期限，一方面是为了维护生效判决的即判力，避免为生效判决所确定的法律权利义务关系长期处于可能被提起再审的不安定状态，从而维护社会关系的稳定；另一方面是为了督促当事人及时行使申请再审的权利，避免影响对方当事人对生效判决稳定性的信赖利益。据此，当事人依据民事诉讼法第二百条第一项、第三项、第十二项、第十三项以外的其他事由申请再审，应当在判决、裁定发生法律效力后六个月内提出；而当事人在判决、裁定发生法律效力六个月后，依据民事诉讼法第二百条第一项、第三项、第十二项、第十三项规定申请再审的同时，一并提起其他再审事由的，人民法院不予审查，否则将变相鼓励或放纵不遵守再审期限的当事人滥用申请再审诉权，使六个月申请再审期限的法律规定虚置。

本案二审判决作出时间为 2014 年 12 月 22 日，南通六建提出的除民事诉讼法第二百条第一项之外的其他再审事由，应当在本案二审判决生效后六个月内提出。而南通六建于 2018 年

11月16日依据民事诉讼法第二百条第一项申请再审的同时，提出的其他再审事由，由于超过六个月的申请再审法定期间，本院不予审查。

综上，南通六建再审申请不符合《民事诉讼法》第二百条第一项规定的情形。依照《民事诉讼法》第二百零四条第一款，《最高人民法院关于适用〈民事诉讼法〉的解释》第三百九十五条第二款之规定，裁定如下：

驳回江苏南通六建建设集团有限公司的再审申请。"

审判长　付某军

审判员　刘某春

审判员　司　某

二○一八年十二月二十五日

书记员　武某龙

1.2　建筑法规体系

思政导引

中国特色社会主义法律体系，是以宪法为统帅，以宪法相关法、民法商法、行政法、经济法、社会法、刑法、诉讼与非诉讼程序法等多个法律部门的法律为主干，由法律、行政法规、地方性法规等多个层次的法律规范构成的有机统一整体。2011年3月，十一届全国人大四次会议庄严宣布，一个立足中国国情和实际、适应改革开放和社会主义现代化建设需要、集中体现党和人民意志的中国特色社会主义法律体系已经形成。

请同学们思考：建筑法规体系与中国特色社会主义法律体系的关系是什么？

国务院新闻办发表《中国特色社会主义法律体系》白皮书

1.2.1　建筑法规体系的概念

1. 法律体系

将众多法律依一定的观点，加以归类组织而形成的秩序，并体现一定的基本规则，构成所谓的法律体系。一个国家的全部现行法律规范分类组合为不同的法律部门而形成的有机联系的统一整体，即是该国的法律体系。任何一个国家的各种现行法律规范，虽然所调整的社会关系性质不同，具有不同的内容和形式，但都是建立在共同的经济基础上，反映统一的国家意志，受共同的原则指导，具有内在的协调一致性，从而构成一个有机联系的统一整体。在统一的法律体系中，各种法律规范因其所调整的社会关系的性质不同，而划分为不同的法律部门，如宪法、行政法、刑法、刑事诉讼法、民法、经济法、婚姻法、社会法、诉讼法等，它是组成法律体系的基本因素。在各个法的部门内部或几个法的部门之间，又包括各种法律制度，如所有权制度、合同制度、仲裁制度、辩护制度等。制度与制度之间，部门与部门之间，既存在差别，又相互联系、相互制约，于是形成一个内在一致的统一整体。

法律部门又称部门法，是根据一定标准、原则所制定的同类法律规范的总称。中国特色社会主义法律体系，是以宪法为统帅，以宪法相关法、民法商法、行政法、经济法、社会法、刑法、诉讼与非诉讼程序法等多个法律部门的法律为主干，由法律、行政法规、地方性法规等多个层次的法律规范构成的有机统一整体。

2011 年 3 月 10 日，十一届全国人民代表大会第四次会议正式宣布：一个立足中国国情和实际、适应改革开放和社会主义现代化建设需要、集中体现党和人民意志的，以宪法为统帅，以宪法相关法、民法商法等多个法律部门的法律为主干，由法律、行政法规、地方性法规等多个层次的法律规范构成的中国特色社会主义法律体系已经形成，国家经济建设、政治建设、文化建设、社会建设以及生态文明建设的各个方面实现有法可依。

我国法律体系的基本框架是由宪法及宪法相关法、民法商法、行政法、经济法、社会法、刑法、诉讼与非诉讼程序法等构成。

2. 法的效力层级

法的效力层级是指法律体系中的各种法的形式，由于制定的主体、程序、时间、适用范围等的不同，具有不同的效力，形成法的效力等级体系。

（1）宪法至上

宪法是具有最高法律效力的根本大法，具有最高的法律效力。宪法作为根本法和母法，还是其他立法活动的最高法律依据。任何法律、法规都必须遵循宪法而产生，无论是维护社会稳定、保障社会秩序，还是规范经济秩序，都不能违背宪法的基本准则。

（2）上位法优于下位法

在我国法律体系中，法律的效力是仅次于宪法而高于其他法的形式。行政法规的法律地位和法律效力仅次于宪法和法律，高于地方性法规和部门规章。地方性法规的效力，高于本级和下级地方政府规章。省、自治区人民政府制定的规章的效力，高于本行政区域内设区的市、自治州人民政府制定的规章。

自治条例和单行条例依法对法律、行政法规、地方性法规作变通规定的，在本自治地方适用自治条例和单行条例的规定。经济特区法规根据授权对法律、行政法规、地方性法规作变通规定的，在本经济特区适用经济特区法规的规定。

部门规章之间、部门规章与地方政府规章之间具有同等效力，在各自的权限范围内施行。

（3）特别法优于一般法

特别法优于一般法，是指公法权力主体在实施公权力过程中，当一般规定与特别规定不一致时,优先适用特别规定。《中华人民共和国立法法》(下简称《立法法》)规定,同一机关制定的法律、行政法规、地方性法规、自治条例和单行条例、规章,特别规定与一般规定不一致的,适用特别规定。

(4)新法优于旧法

新法、旧法对同一事项有不同规定时,新法的效力优于旧法。《立法法》规定,同一机关制定的法律、行政法规、地方性法规、自治条例和单行条例、规章,新的规定与旧的规定不一致的,适用新的规定。

(5)需要由有关机关裁决适用的特殊情况

法律之间对同一事项的新的一般规定与旧的特别规定不一致,不能确定如何适用时,由全国人民代表大会常务委员会裁决。

行政法规之间对同一事项的新的一般规定与旧的特别规定不一致,不能确定如何适用时,由国务院裁决。

地方性法规、规章之间不一致时,由有关机关依照下列规定的权限作出裁决:

1)同一机关制定的新的一般规定与旧的特别规定不一致时,由制定机关裁决。

2)地方性法规与部门规章之间对同一事项的规定不一致,不能确定如何适用时,由国务院提出意见,国务院认为应当适用地方性法规的,应当决定在该地方适用地方性法规的规定;认为应当适用部门规章的,应当提请全国人民代表大会常务委员会裁决。

3)部门规章之间、部门规章与地方政府规章之间对同一事项的规定不一致时,由国务院裁决。

4)根据授权制定的法规与法律规定不一致,不能确定如何适用时,由全国人民代表大会常务委员会裁决。

(6)备案和审查

行政法规、地方性法规、自治条例和单行条例、规章应当在公布后的 30 日内依照下列规定报有关机关备案:

1)行政法规报全国人民代表大会常务委员会备案。

2)省、自治区、直辖市的人民代表大会及其常务委员会制定的地方性法规,报全国人民代表大会常务委员会和国务院备案;设区的市、自治州的人民代表大会及其常务委员会制定的地方性法规,由省、自治区的人民代表大会常务委员会报全国人民代表大会常务委员会和国务院备案。

3)自治州、自治县的人民代表大会制定的自治条例和单行条例,由省、自治区、直辖市的人民代表大会常务委员会报全国人民代表大会常务委员会和国务院备案;自治条例、单行条例报送备案时,应当说明对法律、行政法规、地方性法规作出变通的情况。

4)部门规章和地方政府规章报国务院备案;地方政府规章应当同时报本级人民代表大会常务委员会备案;设区的市、自治州的人民政府制定的规章应当同时报省、自治区的人民代表大会常务委员会和人民政府备案。

5)根据授权制定的法规应当报授权决定规定的机关备案;经济特区法规报送备案时,应当说明对法律、行政法规、地方性法规作出变通的情况。

国务院、中央军事委员会、最高人民法院、最高人民检察院和各省、自治区、直辖市的人民代表大会常务委员会认为行政法规、地方性法规、自治条例和单行条例同宪法或者法律相抵触的，可以向全国人民代表大会常务委员会书面提出进行审查的要求，由常务委员会工作机构分送有关的专门委员会进行审查、提出意见。其他国家机关和社会团体、企业事业组织以及公民认为行政法规、地方性法规、自治条例和单行条例同宪法或者法律相抵触的，可以向全国人民代表大会常务委员会书面提出进行审查的建议，由常务委员会工作机构进行研究，必要时，送有关的专门委员会进行审查、提出意见。有关的专门委员会和常务委员会工作机构可以对报送备案的规范性文件进行主动审查。

3. 建筑法规体系

建筑法规体系，是指把已经制定的和需要制定的建筑法律、建筑行政法规、地方性法规与建设部门规章和地方政府规章等衔接起来，形成一个相互联系、相互补充、相互协调的完整统一的体系。

建筑法规体系的建立，是我国现代化进程中建筑事业客观的必然要求。我国建设事业方兴未艾，而建筑立法起步晚，法律、行政法规、部门规章尚不完全配套。由于建筑事业涉及行业多，又具有很强的社会性、综合性，决定了建筑立法不仅数量相当可观，并且应当十分健全。坚持法治统一原则，则能确保我国建筑法规体系科学化、系统化。

建筑法规体系是我国法律体系的重要组成部分。同时，建筑法规体系又相对自成体系，具有相对独立性。根据法治统一原则，要求建筑法规体系必须服从国家法律体系的总要求，建筑方面的法律必须与宪法和相关的法律保持一致，建筑行政法规、部门规章和地方性法规、规章等不得与宪法、法律以及上一层次的法律相抵触。另外，建筑法律应能覆盖建筑事业的各个行业、各个领域以及建设行政管理的全过程，使建筑活动的各个方面都有法可依、有章可循，使建设行政管理的每一个环节都纳入法治轨道。并且，在建筑法规体系内部，不仅纵向不同层次的法律、法规之间，应当相互衔接，不能抵触；横向同层次的法律、法规之间，亦应协调配套，不能互相矛盾、重复或者留有"空白"。

1.2.2 建筑法规的渊源 ·····················●

法律渊源简称法源，是指法律规范的来源，有广义和狭义之分。狭义法源又称为规范法源或法学法源，对法官具有法律拘束力，法院裁判应当予以援引；广义法源则进一步包括所有能够对法律产生影响的事实，包括但不限于法学著述、行政活动、法院实践以及大众观念等。建筑法规的渊源，主要讨论其狭义即规范法源，其主要包括4层含义：①法律规范创制机关的性质及级别；②法律规范的外部表现形式；③法律规范的效力等级；④法律规范的地域效力。

建筑法规的表现形式主要有宪法、法律、行政法规、部门规章、地方性法规、地方政府规章、技术法规、国际条约和国际惯例等。这是由我国国家的性质和法的本质所决定的。

1. 宪法

宪法是由全国人民代表大会依特别程序制定的具有最高效力的根本大法。宪法规定的是国家政治、经济和社会制度的基本原则，公民的基本权利和基本义务，国家机关的组织和活动原则等国家和社会中最基本、最重要的问题。宪法具有最高效力，一切法律、行政法规、地方性法规、自治条例和单行条例、规章都不得同宪法相抵触。广义的宪法不仅包括《中华人民共和国宪法》，还包括其他附属性宪法性文件，如《中华人民共和国选举法》《中华人民共和国香港特别行政区基本法》等。

2. 法律

在成文法国家，法律是首先被考虑的法源。《立法法》第二条第 1 款规定，"法律、行政法规、地方性法规、自治条例和单行条例的制定、修改和废止，适用本法"。第 2 款规定，"国务院部门规章和地方政府规章的制定、修改和废止，依照本法的有关规定执行。"根据此条，并结合其他相应规定，"法律"一词可在三个层次上使用：最严格的用法，仅指由全国人大及其常委会制定的"法律"，即《立法法》第七条第 1 款的规定，"全国人民代表大会和全国人民代表大会常务委员会行使国家立法权。"其次，亦包括国务院制定的行政法规，即第六十五条第 1 款的规定，"国务院根据宪法和法律，制定行政法规。"省级人大及其常委会和设区的市及自治州人大及其常委会制定的地方性法规❶，以及民族自治地方的人大制定的自治条例与单行条例❷；最广义用法，则再加上国务院各部门制定的部门规章❸、省级与设区的市及自治州

---

❶ 《立法法》第七十二条　省、自治区、直辖市的人民代表大会及其常务委员会根据本行政区域的具体情况和实际需要，在不同宪法、法律、行政法规相抵触的前提下，可以制定地方性法规。设区的市的人民代表大会及其常务委员会根据本市的具体情况和实际需要，在不同宪法、法律、行政法规和本省、自治区的地方性法规相抵触的前提下，可以对城乡建设与管理、环境保护、历史文化保护等方面的事项制定地方性法规，法律对设区的市制定地方性法规的事项另有规定的，从其规定。设区的市的地方性法规须报省、自治区的人民代表大会常务委员会批准后施行。省、自治区的人民代表大会常务委员会对报请批准的地方性法规，应当对其合法性进行审查，同宪法、法律、行政法规和本省、自治区的地方性法规不抵触的，应当在四个月内予以批准。省、自治区的人民代表大会常务委员会在对报请批准的设区的市的地方性法规进行审查时，发现其同本省、自治区的人民政府的规章相抵触的，应当作出处理决定。除省、自治区的人民政府所在地的市，经济特区所在地的市和国务院已经批准的较大的市以外，其他设区的市开始制定地方性法规的具体步骤和时间，由省、自治区的人民代表大会常务委员会综合考虑本省、自治区所辖的设区的市的人口数量、地域面积、经济社会发展情况以及立法需求、立法能力等因素确定，并报全国人民代表大会常务委员会和国务院备案。自治州的人民代表大会及其常务委员会可以依照本条第二款规定行使设区的市制定地方性法规的职权。自治州开始制定地方性法规的具体步骤和时间，依照前款规定确定。省、自治区的人民政府所在地的市，经济特区所在地的市和国务院已经批准的较大的市已经制定的地方性法规，涉及本条第二款规定事项范围以外的，继续有效。

❷ 《立法法》第七十五条　民族自治地方的人民代表大会有权依照当地民族的政治、经济和文化的特点，制定自治条例和单行条例。自治区的自治条例和单行条例，报全国人民代表大会常务委员会批准后生效。自治州、自治县的自治条例和单行条例，报省、自治区、直辖市的人民代表大会常务委员会批准后生效。自治条例和单行条例可以依照当地民族的特点，对法律和行政法规的规定作出变通规定，但不得违背法律或者行政法规的基本原则，不得对宪法和民族区域自治法的规定以及其他有关法律、行政法规专门就民族自治地方所作的规定作出变通规定。

❸ 《立法法》第八十条　国务院各部、委员会、中国人民银行、审计署和具有行政管理职能的直属机构，可以根据法律和国务院的行政法规、决定、命令，在本部门的权限范围内，制定规章。部门规章规定的事项应当属于执行法律或者国务院的行政法规、决定、命令的事项。没有法律或者国务院的行政法规、决定、命令的依据，部门规章不得设定减损公民、法人和其他组织权利或者增加其义务的规范，不得增加本部门的权力或者减少本部门的法定职责。

政府制定的地方政府规章 ❶。《裁判规范规定》第 4 条所称"法律",显然是在最狭义上使用。当然,依据该条,第二层次上的法律,亦是法院裁判的依据,只不过效力等级低于狭义法律(《立法法》第八十八条第 1 款)。

3. 行政法规与部门规章

（1）行政法规

行政法规是指作为最高国家行政机关的国务院根据宪法和法律,制定颁布的规范性文件。根据国务院《行政法规制定程序条例》第五条的规定:"行政法规的名称一般称'条例',也可以称'规定''办法'等。国务院根据全国人民代表大会及其常务委员会的授权决定制定的行政法规,称'暂行条例'或者"暂行规定"。国务院各部门和地方人民政府制定的规章不得称'条例'。例如,《民用建筑节能条例》《中华人民共和国水下文物保护管理条例（2022 年修订）》《中华人民共和国市场主体登记管理条例》《地下水管理条例》《中华人民共和国土地管理法实施条例（2021 年修订）》等。

（2）部门规章

部门规章是指国务院各部、各委员会等根据法律和国务院的行政法规、决定、命令,在本部门的权限内,制定颁布的规范性文件。例如,《建筑与市政工程抗震通用规范》《建筑与市政地基基础通用规范》《公路工程利用建筑垃圾技术规范》等。

（3）地方性法规与地方政府规章

1）地方性法规

地方性法规主要包括以下两个层次:①省、自治区、直辖市的人民代表大会及其常务委员会根据本行政区域的具体情况和实际需要,在不与宪法、法律、行政法规相抵触的前提下,制定的仅适用于本行政区域内的规范性法律文件。应当报全国人大常委会备案。例如,《河南省绿色建筑条例》《河南省乡村振兴促进条例》《河南省南水北调饮用水水源保护条例》等。②省、自治区人民政府所在地的市和经国务院批准的较大的市的人民代表大会及其常务委员会根据本市的具体情况和实际需要,在不与宪法、法律、行政法规和本省、自治区的地方性法规相抵触的前提下,制定的仅适用于本行政区域内的规范性法律文件。应当报省、自治区的人民代表大会常务委员会批准后施行,并由省、自治区人大常委会报全国人大常委会和国务院备案。

2）地方政府规章

地方政府规章是指省、自治区、直辖市的人民政府、省、自治区人民政府所在地的市的

---

❶《立法法》第八十二条 省、自治区、直辖市和设区的市、自治州的人民政府,可以根据法律、行政法规和本省、自治区、直辖市的地方性法规,制定规章。地方政府规章可以就下列事项作出规定:(一)为执行法律、行政法规、地方性法规的规定需要制定规章的事项;(二)属于本行政区域的具体行政管理事项。设区的市、自治州的人民政府根据本条第一款、第二款制定地方政府规章,限于城乡建设与管理、环境保护、历史文化保护等方面的事项。已经制定的地方政府规章,涉及上述事项范围以外的,继续有效。除省、自治区的人民政府所在地的市,经济特区所在地的市和国务院已经批准的较大的市以外,其他设区的市、自治州的人民政府开始制定规章的时间,与本省、自治区人民代表大会常务委员会确定的本市、自治州开始制定地方性法规的时间同步。应当制定地方性法规但条件尚不成熟的,因行政管理迫切需要,可以先制定地方政府规章。规章实施满两年需要继续实施规章所规定的行政措施的,应当提请本级人民代表大会或者其常务委员会制定地方性法规。没有法律、行政法规、地方性法规的依据,地方政府规章不得设定减损公民、法人和其他组织权利或者增加其义务的规范。

人民政府和经国务院批准的较大的市的人民政府等，根据宪法、法律、行政法规和本行政区的地方性法规制定的规范性法律文件，如《河南省人民政府办公厅关于印发河南省农村自建住房规划和用地管理办法（试行）河南省农村集体建设用地房屋建筑管理办法（试行）的通知》《河南省住房和城乡建设厅关于印发〈加强全省房屋建筑和市政基础设施工程施工发包与承包监管若干措施（试行）〉的通知》等。

地方性法规与地方政府规章的法律地位和效力低于宪法、法律、行政法规，只在本行政区域内有效。地方性法规如《郑州市建筑市场管理条例（2022修正）》《许昌市城市建筑垃圾管理条例》等；地方政府规章如《郑州市建筑装修装饰管理办法（2021修正）》《鹤壁市城市建筑垃圾管理办法（暂行）》等。

（4）司法解释

司法解释是最高人民法院、最高人民检察院在总结司法审判经验的基础上发布的指导性文件和法律解释的总称，如最高人民法院发布的《关于适用〈中华人民共和国民法典〉时间效力的若干规定》《关于适用〈中华人民共和国民法典〉物权编的解释（一）》等。1981年五届全国人大常委会第十九次会议通过《全国人民代表大会常务委员会关于加强法律解释工作的决议》第二条规定，"凡属于法院审判工作中具体应用法律、法令的问题，由最高人民法院进行解释。凡属于检察院检察工作中具体应用法律、法令的问题，由最高人民检察院进行解释。最高人民法院和最高人民检察院的解释如果有原则性的分歧，报请全国人民代表大会常务委员会解释或决定。"

《立法法》第一百零四条规定，"最高人民法院、最高人民检察院作出的属于审判、检察工作中具体应用法律的解释，应当主要针对具体的法律条文，并符合立法的目的、原则和原意。遇有本法第四十五条第二款规定情况的，应当向全国人民代表大会常务委员会提出法律解释的要求或者提出制定、修改有关法律的议案。最高人民法院、最高人民检察院作出的属于审判、检察工作中具体应用法律的解释，应当自公布之日起三十日内报全国人民代表大会常务委员会备案。"最高人民法院、最高人民检察院以外的审判机关和检察机关，不得作出具体应用法律的解释。民事案件需要检察院作出解释的情形较少，基本上指的是最高法院的司法解释。依最高人民法院《关于修改〈最高人民法院关于司法解释工作的规定〉的决定》（2021年6月8日最高人民法院审判委员会第1841次会议通过，自2021年6月16日起施行）第六条规定，"司法解释的形式分为"解释""规定""规则""批复"和"决定"五种。对在审判工作中如何具体应用某一法律或者对某一类案件、某一类问题如何应用法律制定的司法解释，采用"解释"的形式。根据立法精神对审判工作中需要制定的规范、意见等司法解释，采用"规定"的形式。对规范人民法院审判执行活动等方面的司法解释，可以采用"规则"的形式。对高级人民法院、解放军军事法院就审判工作中具体应用法律问题的请示制定的司法解释，采用"批复"的形式。修改或者废止司法解释，采用"决定"的形式。"除批复、决定外，其他三种司法解释均以抽象条款的方式作出，同时，无论何种形式的司法解释，一经发布，即具有反复适用的一般效力。

2010年11月26日，最高人民法院发布《最高人民法院关于案例指导工作的规定》第七条规定，"最高人民法院发布的指导性案例，各级人民法院审判类似案例时应当参照。"2015年 6 月 2 日最高法院发布《最高人民法院〈关于案例指导工作的规定〉实施细则》第二条规定，"指导性案例应当是裁判已经发生法律效力，认定事实清楚，适用法律正确，裁判说理充分，法律效果和社会效果良好，对审理类似案件具有普遍指导意义的案例。"第九条规定，"各级人民法院正在审理的案件，在基本案情和法律适用方面，与最高人民法院发布的指导性案例相类似的，应当参照相关指导性案例的裁判要点作出裁判。"第十条规定，"各级人民法院审理类似案件参照指导性案例的，应当将指导性案例作为裁判理由引述，但不作为裁判依据引用。"第十一条规定，"在办理案件过程中，案件承办人员应当查询相关指导性案例。在裁判文书中引述相关指导性案例的，应在裁判理由部分引述指导性案例的编号和裁判要点。公诉机关、案件当事人及其辩护人、诉讼代理人引述指导性案例作为控（诉）辩理由的，案件承办人员应当在裁判理由中回应是否参照了该指导性案例并说明理由。"在司法实务中，指导案例对具体建筑类涉诉案件具有一定的影响和指导意义。

（5）国际条约与国际惯例

国际条约是指我国与外国缔结、参加、签订、加入、承认的双边、多边条约、协定等具有条约性质的文件。国际惯例是指各种国际裁决机构的判例所确认和体现的国际法规则和在国际交往中形成的一些不成文的习惯。

《中华人民共和国民事诉讼法》（下简称《民事诉讼法》）第二百六十七条规定："中华人民共和国缔结或者参加的国际条约同本法有不同规定的，适用该国际条约的规定，但中华人民共和国声明保留的条款除外。"第二百六十八条规定："对享有外交特权与豁免的外国人、外国组织或者国际组织提起的民事诉讼，应当依照中华人民共和国有关法律和中华人民共和国缔结或者参加的国际条约的规定办理。"

（6）习惯

无论制定的法律多么完善，我们仍然无法给出所有纠纷的解决方案。《民法典》第十条规定，"处理民事纠纷，应当依照法律；法律没有规定的，可以适用习惯，但是不得违背公序良俗。"该规定系原《民法总则》❶第十条之规定，《民法总则》第十条来源于《民法通则》❷第六条"民事活动必须遵守法律，法律没有规定的，应当遵守国家政策。"修订而来，习惯在民事审判中的地位应是准法律或者习惯法，主要作用是作为法律性规范补充法律漏洞，通过法律适用这一程序化解民事纠纷。由于习惯具有多样性、地域性、流变性等特点，其本身千差万别，因此，习惯在民事审判中的运用也是形态各异，既可能是事实认定问题，也可能是法律适用问题，甚至兼有事实认定和法律适用的双重性质，需要具体情况具体分析。❸

此外，与建设活动关系密切的相关的其他法律、行政法规和部门规章，也起着调整一部分建筑活动的作用。如《中华人民共和国招标投标法》《中华人民共和国政府采购法实施条例》等其所包含的内容或某些规定，也是构成建筑法规体系的内容。

---

❶ 现已失效。
❷ 现已失效。
❸ 林操场. 民事审判中习惯运用的程序规制 [J]. 人民司法. 2019（10）.

【典型案例】建设工程法规的渊源，主要有宪法、法律、行政法规、部门规章、地方性法规、地方政府规章、技术法规、国际条约和国际惯例等，请同学们阅读案例，并思考最高人民法院指导案例是否是建筑工程法规的渊源？

【指导案例 171 号❶】

中天建设集团有限公司诉河南恒和置业有限公司建设工程施工合同纠纷案

（最高人民法院审判委员会讨论通过，2021 年 11 月 9 日发布）

关键词　民事 / 建设工程施工合同 / 优先受偿权 / 除斥期间

2012 年 9 月 17 日，河南恒和置业有限公司与中天建设集团有限公司签订一份《恒和国际商务会展中心工程建设工程施工合同》约定，由中天建设集团有限公司对案涉工程进行施工。2013 年 6 月 25 日，河南恒和置业有限公司向中天建设集团有限公司发出《中标通知书》，通知中天建设集团有限公司中标位于洛阳市洛龙区开元大道的恒和国际商务会展中心工程。2013 年 6 月 26 日，河南恒和置业有限公司和中天建设集团有限公司签订《建设工程施工合同》，合同中双方对工期、工程价款、违约责任等有关工程事项进行了约定。合同签订后，中天建设集团有限公司进场施工。施工期间，因河南恒和置业有限公司拖欠工程款，2013 年 11 月 12 日、11 月 26 日、2014 年 12 月 23 日中天建设集团有限公司多次向河南恒和置业有限公司送达联系函，请求河南恒和置业有限公司立即支付拖欠的工程款，按合同约定支付违约金并承担相应损失。2014 年 4 月、5 月，河南恒和置业有限公司与德汇工程管理（北京）有限公司签订《建设工程造价咨询合同》，委托德汇工程管理（北京）有限公司对案涉工程进行结算审核。2014 年 11 月 3 日，德汇工程管理（北京）有限公司出具《恒和国际商务会展中心结算审核报告》。河南恒和置业有限公司、中天建设集团有限公司和德汇工程管理（北京）有限公司分别在审核报告中的审核汇总表上加盖公章并签字确认。2014 年 11 月 24 日，中天建设集团有限公司收到通知，河南省焦作市中级人民法院依据河南恒和置业有限公司其他债权人的申请将对案涉工程进行拍卖。2014 年 12 月 1 日，中天建设集团有限公司第九建设公司向河南省焦作市中级人民法院提交《关于恒和国际商务会展中心在建工程拍卖联系函》中载明，中天建设集团有限公司系恒和国际商务会展中心在建工程承包方，自项目开工，中天建设集团有限公司已完成产值 2.87 亿元工程，中天建设集团有限公司请求依法确认优先受偿权并参与整个拍卖过程。中天建设集团有限公司和河南恒和置业有限公司均认可案涉工程于 2015 年 2 月 5 日停工。

2018 年 1 月 31 日，河南省高级人民法院立案受理中天建设集团有限公司对河南恒和置业有限公司的起诉。中天建设集团有限公司请求解除双方签订的《建设工程施工合同》并请求确认河南恒和置业有限公司欠付中天建设集团有限公司工程价款及优先受偿权。

---

　❶ 详见最高人民法院网站。

裁判结果

河南省高级人民法院于 2018 年 10 月 30 日作出（2018）豫民初 3 号民事判决：一、河南恒和置业有限公司与中天建设集团有限公司于 2012 年 9 月 17 日、2013 年 6 月 26 日签订的两份《建设工程施工合同》无效；二、确认河南恒和置业有限公司欠付中天建设集团有限公司工程款 288428047.89 元及相应利息（以 288428047.89 元为基数，自 2015 年 3 月 1 日起至 2018 年 4 月 10 日止，按照中国人民银行公布的同期贷款利率计付）；三、中天建设集团有限公司在工程价款 288428047.89 元范围内，对其施工的恒和国际商务会展中心工程折价或者拍卖的价款享有行使优先受偿权的权利；四、驳回中天建设集团有限公司的其他诉讼请求。宣判后，河南恒和置业有限公司提起上诉，最高人民法院于 2019 年 6 月 21 日作出（2019）最高法民终 255 号民事判决：驳回上诉，维持原判。

裁判理由

最高人民法院认为：《最高人民法院关于审理建设工程施工合同纠纷案件适用法律问题的解释（二）》第二十二条规定："承包人行使建设工程价款优先受偿权的期限为六个月，自发包人应当给付建设工程价款之日起算。"根据《最高人民法院关于建设工程价款优先受偿权问题的批复》第一条规定，建设工程价款优先受偿权的效力优先于设立在建设工程上的抵押权和发包人其他债权人所享有的普通债权。人民法院依据发包人的其他债权人或抵押权人申请对建设工程采取强制执行行为，会对承包人的建设工程价款优先受偿权产生影响。此时，如承包人向执行法院主张其对建设工程享有建设工程价款优先受偿权的，属于行使建设工程价款优先受偿权的合法方式。河南恒和置业有限公司和中天建设集团有限公司共同委托的造价机构德汇工程管理（北京）有限公司于 2014 年 11 月 3 日对案涉工程价款出具《审核报告》。2014 年 11 月 24 日，中天建设集团有限公司收到通知，河南省焦作市中级人民法院依据河南恒和置业有限公司其他债权人的申请将对案涉工程进行拍卖。2014 年 12 月 1 日，中天建设集团有限公司第九建设公司向河南省焦作市中级人民法院提交《关于恒和国际商务会展中心在建工程拍卖联系函》，请求依法确认对案涉建设工程的优先受偿权。2015 年 2 月 5 日，中天建设集团有限公司对案涉工程停止施工。2015 年 8 月 4 日，中天建设集团有限公司向河南恒和置业有限公司发送《关于主张恒和国际商务会展中心工程价款优先受偿权的工作联系单》，要求对案涉工程价款享有优先受偿权。2016 年 5 月 5 日，中天建设集团有限公司第九建设公司又向河南省洛阳市中级人民法院提交《优先受偿权参与分配申请书》，依法确认并保障其对案涉建设工程价款享有的优先受偿权。因此，河南恒和置业有限公司关于中天建设集团有限公司未在 6 个月除斥期间内以诉讼方式主张优先受偿权，其优先受偿权主张不应得到支持的上诉理由不能成立。

裁判要点

执行法院依其他债权人的申请，对发包人的建设工程强制执行，承包人向执行法院主张其享有建设工程价款优先受偿权且未超过除斥期间的，视为承包人依法行使了建设工程价款优先受偿权。发包人以承包人起诉时行使建设工程价款优先受偿权超过除斥期间为由进行抗辩的，人民法院不予支持。

相关法条

《合同法》第二百八十六条（注：现行有效的法律为《民法典》第八百零七条）

（生效裁判审判人员：包某平、杜某、谢某）

1.3 建筑法律关系

思 政 导 引

　　法律权利与法律义务的关系。法律权利与法律义务就像一枚硬币的两面，不可分割，相互依存。在社会生活中，每个人既是享受法律权利的主体，又是承担法律义务的主体。在法治国家，不存在只享受权利的主体，也不存在只承担义务的主体。法律权利的实现必须以相应法律义务的履行为条件；法律义务的设定和履行也必须以法律权利的行使为根据。离开了法律权利，法律义务就失去了履行的价值和动力；离开了法律义务，法律权利也形同虚设。有些法律权利和法律义务具有复合性的关系，即一个行为可以同时是权利行为和义务行为，如劳动的权利和义务、接受义务教育的权利和义务。

　　请同学们思考：建筑法规法律关系的内容具体表现在哪些方面？

中国共产党尊重和
保障人权的伟大实践

1.3.1 建筑法律关系的定义

1. 法律关系概述

　　法律关系是依法建立的社会关系，是以法律上的权利义务为内容的社会关系，即在规范调整社会关系的过程中所形成的人们之间的权利和义务关系。法律关系是根据法律所结成的权利（权力）义务关系。它是一种思想社会关系和上层建筑现象。法律本身规定的抽象的权利（权力）义务关系仅体现国家意志；而现实生活中具体的权利（权力）义务关系则不仅体现国家意志，而且更体现具体法律关系当事人的意志。但当事人的意志必须符合国家意志，才能构成合法行为。法律关系由主体、内容和客体三个要素构成。

　　法律关系主体是指法律关系的当事人或参与人即在法律关系中享有权利或承担义务的人，通常又称为权利主体或义务主体。法律关系主体参加法律关系还有资格的限制，这在法学上被称为权利能力和行为能力。法律关系内容是指，法律关系的主体在法律关系中所享有的权利和承担的义务。法律关系客体是指权利和义务所指向的对象，又称义务客体或权利客体。它分为物、精神财富和法律关系主体的行为，是将法律关系主体之间的权利与义务联系在一起的中介，没有它就不可能形成法律关系。因此，客体是构成任何法律关系都必须具备的一个要素。法律关系的演变主要是基于法律行为和法律事实。

2. 建筑法规法律关系的定义

建筑法律关系是指根据建筑法规的规定，在建筑活动当事人之间所形成的特定、具体的权利（权力）和义务关系。建筑活动面广、内容繁杂，建筑法律关系具有综合性、复杂性等特点。

1.3.2 建筑法律关系的构成要素 ●

1. 建筑法律关系概述

建筑法律关系是由建筑法律关系主体、建筑法律关系内容、建筑法律关系客体三要素构成。

（1）建筑法律关系主体，是指建筑法律关系中一定权利的享有者和义务的承担者，主要有国家机关、社会组织、自然人。如住房和城乡建设部是建筑活动的执法机关；水利部、交通运输部等是相关建筑活动的执法机关；财政部、中国人民银行、国家统计局是建设活动的监督机关。社会组织主要是工程建设的投资者和工程建设的承担者。工程建设的投资者就是建设单位，工程建设的承担者包括城市规划编制单位、建设工程勘察设计企业、建筑业企业、房地产开发企业、工程监理企业、工程造价咨询单位等。自然人也是建设法律关系的主体之一。

（2）建筑法律关系的内容，是指建筑活动参与者具体享有的权利和应当承担的义务。根据建筑法律关系主体地位不同，其权利义务关系表现为两种不同情况。一是基于主体双方地位平等基础上的对等的权利义务关系；二是在主体双方地位不平等基础上产生的不对等的权利义务关系，如政府有关部门对建设单位和施工企业依法进行的监督和管理活动所形成的法律关系。建筑法律关系的内容是建筑主体的具体要求，决定着建筑法律关系的性质，它是连接主体的纽带。

权利是指建筑法律关系主体在法定范围内，根据国家建筑管理要求和自己业务活动的需要有权进行各种建筑活动。权利主体可要求其他主体做出一定的行为或抑制一定的行为，以实现自己的权利，因其他主体的行为而使其权利不能实现时，有权要求国家机关加以保护并对该其他主体予以制裁。

义务是指建筑法律关系主体必须按法律规定或合同约定承担应负的责任。义务和权利是相互对应的，相应主体应自觉履行义务，义务主体如果不履行或不适当履行，就要承担相应的法律责任。

在建筑法律关系中，建筑活动主体的具体权利义务体现在建筑主体之间的合同之中，如开发权、所有权、经营权以及保证工程质量的经济义务和法律责任都是建筑法律关系的内容。

（3）建筑法律关系的客体，是指建筑法律关系主体享有的权利和义务所共同指向的对象，包括物、精神财富和行为三类。其中物是指物质财富，包括自然物，如森林河流，也包括人造物，如建筑的房屋、桥梁等构筑物；精神财富是指脑力劳动的知识性成果以及其他与人身相联系的非财产性财富，如建筑物外观、内部设计、图纸等知识产权；行为，即行为的结果，或者说是行为所造就的状态，如建筑服务等。

2. 建筑法律关系的产生、变更和消灭

（1）建筑法律关系的产生

建筑法律关系的产生是指建筑法律关系的主体之间形成了一定的权利和义务关系。如某建设单位与施工单位依法签订了建筑工程承包合同，那么主体双方就形成了相应的权利和义务，从而标志着建筑法律关系产生。

（2）建筑法律关系的变更

建筑法律关系的变更是指建筑法律关系的三个要素中任一要素发生变化。

1）主体变更

主体变更有两种表现形式：①主体数目发生变化。主体数目发生变化表现为主体的数目增加或者减少。例如，总承包商将所承揽的工程进行了分包，就导致了主体数目的增加。②主体的改变。主体改变也称为合同转让，由另一个新主体代替了原主体享有权利、承担义务。

2）客体变更

客体变更是指建筑法律关系中权利义务所指向的事物发生变化。客体变更可以是其范围变更，也可以是其性质变更。客体范围的变更表现为客体的规模、数量发生了变化。客体性质的变更表现为原有的客体已经不复存在，而由新的客体代替了原来的客体，例如，由于设计变更，将原合同中的小桥改成了涵洞。

3）内容变更

建筑法律关系主体与客体的变更，必然导致相应的权利和义务的变更，即内容的变更。内容变更也有两种表现形式：①权利增加。一方的权利增加，也就意味着另一方的义务的增加。例如，建设单位与施工单位之间经过协商修改了原合同，由施工单位提供工程师的办公场所。②权利减少。一方的权利减少，也就意味着另一方义务的减少。例如，建设单位与施工单位之间经过协商约定，将原合同中的"定时支付工程款"修改为"达到一定的工程量后，支付工程款"，从而导致施工单位请求工程款次数的权利减少。

（3）建筑法律关系的终止

建筑法律关系的终止是指建筑法律关系主体之间的权利义务不复存在，彼此丧失了约束力。建筑法律关系的终止可以分为自然终止、协议终止和违约终止。

1）自然终止。建筑法律关系自然终止是指某类建筑法律关系所规范的权利义务顺利得到履行，取得了各自的利益，从而使该法律关系达到完结。例如，施工单位按时竣工，建设单位也依合同支付了工程款，他们的法律关系就终止了，这就是自然终止。

2）协议终止。建筑法律关系协议终止是指建筑法律关系主体之间通过协商解除某类建筑法律关系，从而致使该法律关系归于消灭。协议终止有两种表现形式：①即时协商。这种协议终止是指当事人双方就终止法律关系事宜即时协商，达成一致意见后终止了他们间的法律关系。②约定终止条件。这种协议终止是指双方当事人在签订合同的时候就约定了终止的条件，当终止条件成就时，不需要与另一方当事人协商，一方当事人即可终止法律关系。

3）违约终止。建筑法律关系违约终止是指建筑法律关系主体一方违约，或发生不可抗力，致使某类建筑法律关系中的权利不能实现时等，一方依法解除合同，从而致使建筑法律关系终止。

（4）建筑法律关系产生、变更和终止的原因

建筑法律关系并不是由建筑法律规范本身直接产生的，它只有在一定的情况下才能产生，而这种法律关系的变更和终止也是由一定的情况决定的。这种引起建筑法律关系产生、变更和终止的情况，即是人们通常所称谓的建筑法律事实。建筑法律事实是建筑法律关系产生、变更和解除的原因。

建筑法律事实按是否与人的意志有无关系，分为以下两类：

1）事件

事件是指法律规范所确认的不以当事人的意志为转移的客观情况，如由于地震等自然灾害导致某些工程延期、致使建筑安装合同不能履行。事件大致有两种情况：

①自然现象，如地震、海啸、台风、水灾、火灾等；

②社会现象，如战争、政府禁令、暴乱、恐怖活动等。

2）行为

行为是指人们有意识的活动，包括积极的作为和消极的不作为。行为通常表现为以下几种：

①合法行为。合法行为是指实施了建筑法规所要求或允许做的行为，或者没有实施建筑法规所禁止做的行为。合法行为要受到法律的肯定和保护，产生积极的法律后果，如根据批准的可行性研究报告进行的初步设计的行为、依法签订建筑工程承包合同的行为等。

②违法行为。违法行为是指受法律禁止的侵犯其他主体的建设权利和建设义务的行为。违法行为要受到法律的矫正和制裁，产生消极的法律后果。如违反法律规定或因过错不履行建设工程合同；没有国家批准的建设计划，擅自动工建设等行为。

【案例阅读】 在建筑法规法律关系中，因发包人提供错误的地质报告致使建设工程停工，当事人对停工时间未作约定或未达成协议的，承包人不应盲目等待而放任停工状态的持续以及停工损失的扩大。对于计算由此导致的停工损失所依据的停工时间的确定，也不能简单地以停工状态的自然持续时间为准，而是应根据案件事实综合确定一定的合理期间作为停工时间。请同学们阅读案例，并思考案例中法律关系主体关系的产生、变更和消灭及如何分担当事人的损失。

【公报案例 2013 年 01 期】

申诉人河南省偃师市鑫龙建安工程有限公司与被申诉人洛阳理工学院、河南六建建筑集团有限公司索赔及工程欠款纠纷案 ❶

【最高人民法院（2011）民提字第 292 号民事判决书】

【裁判摘要】

最高人民法院认为：综合各方当事人在本院开庭审理时的诉辩主张和主要理由，本案的争议焦点为洛阳理工学院（下简称理工学院）、河南六建建筑集团有限公司（下简称六建公司）应当如何承担河南省偃师市鑫龙建安工程有限公司（下简称鑫龙公司）诉请的停工损失。具体又包含两个方面的问题，一是停工时间为多长，二是停工损失的分担比例。

1. 关于停工时间。本案中，成教楼工程停工后，理工学院作为工程的发包方没有就停工、撤场以及是否复工作出明确的指令，六建公司对工程是否还由鑫龙公司继续施工等问题的解决组织协调不力，并且没有采取有效措施避免鑫龙公司的停工损失，理工学院和六建公司对此应承担一定责任。与此同时，鑫龙公司也未积极采取适当措施要求理工学院和六建公司明确停工时间以及是否需要撤出全部人员和机械，而是盲目等待近两年时间，从而放任了停工损失的扩大。因此，本院认为，虽然成教楼工程实际处于停工状态近两年，但对于计算停工损失的停工时间则应当综合案件事实加以合理确定，二审判决及再审判决综合本案各方当事人的责任大小，参照河南省建设厅豫建标定（1999）21 号《关于记取暂停工程有关损失费用规定的通知》的规定，将鑫龙公司的停工时间计算为从 1999 年 4 月 20 日起的 6 个月，较为合理。鑫龙公司认为参照该通知将停工时间认定为 6 个月属于适用法律错误的理由不能成立。二审判决及再审判决据此认定对此后的停窝工，鑫龙公司应当采取措施加以改变，不应计入赔偿损失范围并无不当。鑫龙公司对其未采取适当措施致使的损失应当自行承担责任，鑫龙公司主张不存在怠于采取措施致使损失扩大的理由亦不能成立。

2. 关于停工损失的数额。根据上述鑫龙公司停工损失的计算期间的认定结果，本院认定鑫龙公司 6 个月停工损失为 534162.6 元（停滞机械设备台班费、建筑周转材料损失费、人工窝工损失费 2050597.33 元 ÷691 天 = 每天的损失 2967.57 元 ×6 个月）；租用六吨塔式起重机支付的赔偿金 135000 元，以每天 100 元，共计 6 个月，合计 18000 元。以上两部分合计 552162.6 元。

3. 关于停工损失的分担比例对于理工学院成教楼出现裂缝导致工程停工的责任问题，一审、二审及再审判决依据查明的案件事实认定理工学院提供地质报告有误，从而导致成教楼裂缝，造成鑫龙公司停工，对此应承担主要责任；六建公司处理不力致使损失扩大，鑫龙公司工程质量存在一定问题，均应承担一定责任。对此事实及认定，鑫龙公司没有异议，理工学院、六建公司对二审及再审判决亦没有提出申诉，本院予以确认。一审判决并据此认定理

 ❶ 详见最高人民法院公报网。

工学院承担损失的80%，六建公司和鑫龙公司各自承担损失的10%，属于在正常的自由裁量权范围内进行的责任分担比例划分，并无明显不当。二审及再审判决在认为一审认定责任正确的情况下，将理工学院所负主要责任的比例由80%调整为50%既与其相关认定结论不符，也没有充分证据，应当予以纠正。此外，鑫龙公司在我院提审庭审中主张，对于停工损失，理工学院应承担70%，六建公司承担20%，其自负10%。鑫龙公司该主张有事实及法律依据，应予支持。故理工学院应承担的损失比例为70%，六建公司仍按照二审及再审判决确定的20%承担损失责任，鑫龙公司自负10%。因六建公司与鑫龙公司已于2008年4月（河南省高级人民法院再审判决生效后，本院提审前）就包括本案涉及的六建公司对鑫龙公司承担经济损失在内的有关债权债务纠纷在执行程序中达成执行和解并已执行完毕，而六建公司根据本判决应承担的义务（包括诉讼费用的负担）并未发生变化，故其与鑫龙公司在本案中的债权债务已经全部结清。

本章小结

　　本章基本内容包括建筑法规概述、建筑法规体系以及建筑法律关系三部分内容。其中，建筑法规概述主要涉及建筑法规的概念、调整对象、基本原则、特征和作用。建筑法规体系主要涉及法律体系的概念、法的效力层级和建筑法规的渊源。建筑法律关系主要涉及建筑法律关系的概念、构成、产生、变更、终止以及建筑法律事实。

本章习题

一、选择题
请扫描二维码完成自测。

第1章选择题

二、问答题
1. 建筑法规的调整对象主要有哪些方面？
2. 建筑法规的基本原则是什么？
3. 简述法的效力层级。
4. 构成建筑法律体系的法律渊源有哪些？
5. 什么是建筑法律关系？简述建筑法律关系的构成要素。

2　工程建设相关制度

学 习 目 标

1. 了解有关法律知识；
2. 熟悉有关法律规定；
3. 培养法律实务能力；
4. 提升学生思政素养。

思 维 导 图

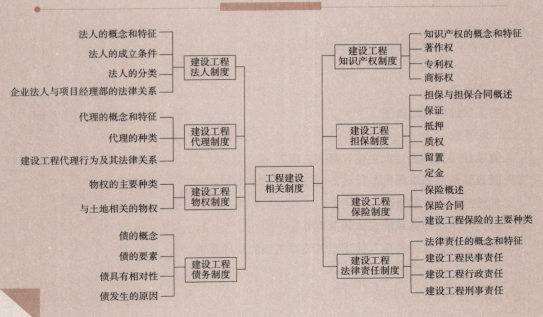

思政导引

2020 年 5 月 28 日，十三届全国人大三次会议表决通过了《中华人民共和国民法典》(下简称《民法典》)。这部法律自 2021 年 1 月 1 日起施行。那么什么是《民法典》呢？

请同学们扫描二维码了解有关《民法典》方面的知识。

中华人民共和国民法典简介

2.1 建设工程法人制度

2.1.1 法人的概念和特征

1. 法人的概念

《民法典》总则编第五十七条规定："法人是具有民事权利能力和民事行为能力，依法独立享有民事权利和承担民事义务的组织。"法人作为民事主体，与自然人相对应，是法律拟制的人。在建设工程活动中，法人是最主要的活动主体。

2. 法人的特征

法人具有以下特征：

（1）法人是一种社会组织。法人作为法律拟制的人，是由自然人及其财产集合而组成的社会组织，不同于基于自然规律出生的自然人，也不同于依照法律或者法人章程的规定，代表法人从事民事活动的负责人即法人的法定代表人。

（2）法人是具有民事权利能力和民事行为能力的社会组织。法人从事民事活动，应当具有相应的民事权利能力和民事行为能力。《民法典》第五十九条规定："法人的民事权利能力和民事行为能力，从法人成立时产生，到法人终止时消灭。"

（3）法人是依法独立享有民事权利和承担民事义务的社会组织。法人能以自己的名义参加民事法律关系，独立享有民事权利和承担民事义务。任何自然人在代表法人从事民事活动时，均应以法人的名义进行，其法律后果由法人承担。

（4）法人是能够独立承担民事责任的社会组织。能否独立承担民事责任，是法人与非法人组织的主要区别。《民法典》第六十条规定："法人以其全部财产独立承担民事责任。"

2.1.2　法人的成立条件 ●

根据《民法典》总则编的规定，法人成立应当具备下列条件：

（1）依法成立。《民法典》第五十八条第1款规定："法人应当依法成立。"法人应当依法成立是指设立法人的目的和宗旨、具体条件和程序以及设立法人的方式等，均应符合有关法律、行政法规的规定。《民法典》第五十八条第3款规定："设立法人，法律、行政法规规定须经有关机关批准的，依照其规定。"

（2）有自己的名称、组织机构、住所、财产或者经费。法人都是以自己的名义进行民事活动，为了使法人区别于其他法人、非法人组织和自然人，法人应当有自己的名称。法人的团体意志都是通过一定的组织机构得以形成和实现，任何社会组织要成为法人，应当有自己的组织机构。住所是确定债务履行、诉讼管辖、法律文书送达、涉外民事法律关系准据法等的地点依据，故法人应当有自己的住所。《民法典》第六十三条规定："法人以其主要办事机构所在地为住所。依法需要办理法人登记的，应当将主要办事机构所在地登记为住所。"有必要的财产或者经费，是法人独立享有民事权利和承担民事义务的物质基础，也是其得以独立承担民事责任的财产保障，故法人应当有自己的必要财产或者经费。

（3）有法定代表人。《民法典》第六十一条规定，"依照法律或者法人章程的规定，代表法人从事民事活动的负责人，为法人的法定代表人。"法定代表人以法人名义从事的民事活动，其法律后果由法人承受。法人章程或者法人权力机构对法定代表人代表权的限制，不得对抗善意相对人。法定代表人因执行职务造成他人损害的，由法人承担民事责任。法人承担民事责任后，依照法律或者法人章程的规定，可以向有过错的法定代表人追偿。

2.1.3　法人的分类 ●

根据《民法典》的规定，法人分为营利法人、非营利法人、特别法人三类：

（1）营利法人

《民法典》第七十六条规定，"以取得利润并分配给股东等出资人为目的成立的法人，为营利法人。"营利法人包括有限责任公司、股份有限公司和其他企业法人等。

营利法人经依法登记成立。依法设立的营利法人，由登记机关发给营利法人营业执照。营业执照签发日期为营利法人的成立日期。

（2）非营利法人

《民法典》第八十七条规定，"为公益目的或者其他非营利目的成立，不向出资人、设立人或者会员分配所取得利润的法人，为非营利法人。非营利法人包括事业单位、社会团体、基金会、社会服务机构等。"

具备法人条件，为适应经济社会发展需要，提供公益服务设立的事业单位，经依法登记成立，取得事业单位法人资格；依法不需要办理法人登记的，从成立之日起，具有事业单位法人资格。具备法人条件，基于会员共同意愿，为公益目的或者会员共同利益等非营利目的设立的社会团体，经依法登记成立，取得社会团体法人资格；依法不需要办理法人登记的，从成立之日起，具有社会团体法人资格。具备法人条件，为公益目的以捐助财产设立的基金会、社会服务机构等，经依法登记成立，取得捐助法人资格。

（3）特别法人

《民法典》第九十六条规定，"机关法人、农村集体经济组织法人、城镇农村的合作经济组织法人、基层群众性自治组织法人，为特别法人。"

有独立经费的机关和承担行政职能的法定机构从成立之日起，具有机关法人资格，可以从事为履行职能所需要的民事活动。农村集体经济组织、城镇农村的合作经济组织依法可取得法人资格。法律、行政法规对农村集体经济组织、城镇农村的合作经济组织有规定的，依照其规定。居民委员会、村民委员会具有基层群众性自治组织法人资格，可以从事为履行职能所需要的民事活动。

2.1.4 企业法人与项目经理部的法律关系 ·························· ●

（1）项目经理部的概念和地位

1）项目经理部的概念

根据有关规定，项目经理部是指在施工企业法人的授权和支持下，为实现项目目标，由项目经理组建并领导的项目管理组织。在对工程总承包或者施工项目承包时，施工企业的法定代表人委托具有相应建造师执业资格的项目经理对该工程项目施工过程全面管理，该项目经理在企业的支持下，组建项目经理部，对项目施工过程进行全面管理。

2）项目经理部的地位

项目经理部是施工企业为完成某一具体项目的施工而设立的临时性下属管理机构，不具有法人资格，不能独立承担民事责任，项目经理部的行为后果均应当由设立该项目经理部的施工企业法人承担。

（2）项目经理的概念和地位

1）项目经理的概念

项目经理，也称为项目负责人，是指接受施工企业法定代表人委托对某一具体工程项目施工过程全面负责的管理者，是建筑施工企业法定代表人在该工程项目上的代表人，是施工企业内部的一种岗位职务。

2）项目经理的地位

项目经理是企业法定代表人在建设工程项目上的授权委托代理人。施工企业法人与项目经理之间是一种委托和被委托的关系。项目经理应当以施工企业法人的名义、在施工企业法人授权的范围内，履行管理职责，负责组织、领导本项目经理部的全面工作，其行为后果由施工企业法人承担。

（3）企业法人与项目经理部的法律关系

项目经理部，仅是企业法人的一个临时性非常设机构和内部职能部门，本身没有民事权利能力和民事行为能力，不能以自己的名义而是以企业法人的名义对外开展业务；项目经理部也不具有法人资格，不能独立承担民事责任，项目经理部的行为后果均应当由设立该项目经理部的企业法人承担。

【典型案例】

背景资料

地处 A 市的某设计院承担了坐落在 B 市的某项"设计—采购—施工"承包任务。该设计院将工程的施工任务分包给 B 市的某施工单位。设计院在施工现场派驻了包括甲在内的项目管理班子，施工单位则以乙为项目经理组成了项目经理部。施工任务完成后，施工单位以设计院尚欠工程款为由向仲裁委员会申请仲裁，主要依据是有甲签字确认的所增加的工程量。设计院认为甲并不是该项目的设计院方的项目经理，不承认甲签字的效力。经查实，甲既不是合同中约定的设计院的授权负责人，也没有设计院的授权委托书。但合同中约定的授权负责人基本没有去过该项目现场。事实上，该项目一直由甲实际负责，且有设计院曾经认可甲签字付款的情形。

问题： 设计院是否应当承担付款责任，为什么？

【案例分析】

设计院应当承担付款责任。因为，由于设计院方面的管理原因，让施工单位认为甲具有签字付款的权力，致使本案付款纠纷出现。《民法典》第一百七十条规定，"执行法人或者非法人组织工作任务的人员，就其职权范围内的事项，以法人或者非法人组织的名义实施的民事法律行为，对法人或者非法人组织发生效力。"我国目前部分工程项目中名义上的项目负责人经常不在现场的情况时有发生。本案的真实背景是设计院认为甲被施工单位买通而拒绝付款。本案对施工单位的教训是：施工单位需要让发包或总包单位签字时，一定要找其授权人；如果发包或总包单位变更授权人的，应当要求发包单位完成变更的手续。

2.2 建设工程代理制度

2.2.1 代理的概念和特征

（1）代理的概念

代理是指代理人在代理权限内，以被代理人的名义或者以自己的名义独立与第三人实施民事法律行为，由此产生的法律后果归属于被代理人的法律制度。其中，被代理人也称为本人；第三人也称为相对人。

（2）代理的特征

1）代理人必须在代理权限内实施代理行为

代理权是代理人实施代理行为的根据，故代理人实施代理行为时必须拥有代理权，且必须在代理权限范围内实施代理行为。行为人没有代理权、超越代理权或者代理权终止后所进行的代理，为无权代理。无权代理将导致民事行为效力待定的法律后果。

2）代理人一般是以被代理人的名义实施代理行为

《民法典》第一百六十二条规定，"代理人在代理权限内，以被代理人名义实施的民事法律行为，对被代理人发生效力。"代理一般是以被代理人的名义实施，但是，《民法典》第九百二十五条确认了隐名代理制度，即受托人可以以自己的名义与第三人签订合同。

3）代理人实施代理行为时独立进行意思表示

代理人在实施代理行为时，独立思考、自主作出意思表示。代理人以自己的意思表示为被代理人设定权利义务，即被代理人是借代理人为被代理人提供服务。代理的这一特征，将代理与传达区别开来。传达仅是借传达人做媒介而已。

4）代理实施的行为必须是能够产生法律效果的行为

代理人所实施的代理行为，必须能够产生设立、变更或者终止某种民事法律关系的法律效果。如果不产生任何法律后果，虽然在形式上也是受人委托进行某项行为，则不是民法上所规定的代理。例如，委托他人代写法律文书、委托他人请朋友吃饭等，就不属于民法上规定的代理。

5）代理行为的法律效果归属于被代理人

《民法典》第一百六十一条规定，"民事主体可以通过代理人实施民事法律行为。"代理人在代理权限内，以被代理人名义实施的民事法律行为，对被代理人发生效力。在代理活动中，代理人不会因其所实施的代理行为而承受代理行为的法律效果，因代理行为所产生的所有权利和义务均应当由被代理人享有和承担。

2.2.2 代理的种类

《民法典》第一百六十三条规定："代理包括委托代理和法定代理。委托代理人按照被代理人的委托行使代理权。法定代理人依照法律的规定行使代理权。"

（1）委托代理

委托代理也称为意定代理，是指代理人基于被代理人的授权所发生的代理。委托代理的代理权产生依据为被代理人的授权行为。

《民法典》第一百六十五条规定，"委托代理授权采用书面形式的，授权委托书应当载明代理人的姓名或者名称、代理事项、权限和期限，并由被代理人签名或者盖章。"数人为同一代理事项的代理人的，应当共同行使代理权，但是当事人另有约定的除外。代理人知道或者应当知道代理事项违法仍然实施代理行为，或者被代理人知道或者应当知道代理人的代理行为违法未作反对表示的，被代理人和代理人应当承担连带责任。

（2）法定代理

法定代理是指基于法律的直接规定所发生的代理。法定代理主要是为无民事行为能力人和限制民事行为能力人而设立的代理种类。《民法典》第二十三条规定："无民事行为能力人、限制民事行为能力人的监护人是其法定代理人。"

2.2.3 建设工程代理行为及其法律关系 ···································· ●

1. 建设工程代理行为的限制

《民法典》第一百六十一条规定："民事主体可以通过代理人实施民事法律行为。依照法律规定、当事人约定或者民事法律行为的性质，应当由本人亲自实施的民事法律行为，不得代理。"

《建筑法》第二十八条规定："禁止承包单位将其承包的全部建筑工程转包给他人，禁止承包单位将其承包的全部建筑工程肢解以后以分包的名义分别转包给他人。"第二十九条规定："建筑工程总承包单位可以将承包工程中的部分工程发包给具有相应资质条件的分包单位；但是，除总承包合同中约定的分包外，必须经建设单位认可。施工总承包的，建筑工程主体结构的施工必须由总承包单位自行完成。"故建筑工程的承包行为不得委托他人代理。

2. 建设工程代理行为的终止

建设工程代理行为为委托代理行为。《民法典》第一百七十三条规定："有下列情形之一的，委托代理终止：（一）代理期间届满或者代理事务完成；（二）被代理人取消委托或者代理人辞去委托；（三）代理人丧失民事行为能力；（四）代理人或者被代理人死亡；（五）作为代理人或者被代理人的法人、非法人组织终止。"在上述委托代理终止的情形中，建设工程代理行为的终止，主要集中在第（一）（二）（五）种情形。

《民法典》第一百七十五条规定："有下列情形之一的，法定代理终止：（一）被代理人取得或者恢复完全民事行为能力；（二）代理人丧失民事行为能力；（三）代理人或者被代理人死亡；（四）法律规定的其他情形。"

3. 建设工程代理法律关系

代理法律关系是一种特殊的民事法律关系。建设工程代理法律关系作为代理法律关系中的一种，由三方当事人构成，即本人（即被代理人）、代理人、相对人（即第三人）；存在两个民事法律关系，即被代理人与代理人自己的委托关系和被代理人与第三人之间的合同关系。

（1）一般情况下的代理

代理人在被代理人的授权范围内，以被代理人的名义所实施的代理行为，为一般情况下的代理。代理人代理行为的后果归属于被代理人，即代理人实施代理行为所产生的民事权利和义务由被代理人享有和承担。

（2）无权代理

1）无权代理的概念

无权代理是指不具有代理权的当事人所实施的代理行为。

2）无权代理的情形

无权代理包括三种表现形式：未经授权的代理、超越代理权的代理和代理权终止后的代理。

3）无权代理的法律后果

《民法典》第一百七十一条规定，"行为人没有代理权、超越代理权或者代理权终止后，仍然实施代理行为，未经被代理人追认的，对被代理人不发生效力。相对人可以催告被代理人自收到通知之日起三十日内予以追认。被代理人未作表示的，视为拒绝追认。行为人实施的行为被追认前，善意相对人有撤销的权利。撤销应当以通知的方式作出。"

（3）表见代理

1）表见代理的概念

表见代理是指行为人虽然没有代理权，但相对人有理由相信行为人有代理权的代理行为。

2）表见代理的构成要件

表见代理的成立，应当具备以下法律要件：①行为人无代理权；②相对人有理由相信行为人有代理权；③相对人须为善意；④相对人基于对行为人享有代理权的信赖，与行为人实施了民事行为；⑤被代理人须存在过失。

3）表见代理的法律后果

《民法典》第一百七十二条规定，"行为人没有代理权、超越代理权或者代理权终止后，仍然实施代理行为，相对人有理由相信行为人有代理权的，代理行为有效。"《民法典》合同编第五百零三条规定，"无权代理人以被代理人的名义订立合同，被代理人已经开始履行合同义务或者接受相对人履行的，视为对合同的追认。"

（4）滥用代理权的代理

滥用代理权是指代理人行使代理权违背代理的宗旨而实施损害被代理人利益的行为。

滥用代理权主要有以下三种情形：

①对己代理，即代理人以被代理人的名义与自己进行民事行为。《民法典》第一百六十八条规定，"代理人不得以被代理人的名义与自己实施民事法律行为，但是被代理人同意或者追认的除外。"

②双方代理，又称为同时代理，即一人同时担任双方的代理人为同一民事行为。《民法典》第一百六十八条规定，"代理人不得以被代理人的名义与自己同时代理的其他人实施民事法律行为，但是被代理的双方同意或者追认的除外。"

③代理人与第三人恶意串通，进行损害被代理人利益的行为。

（5）复代理

复代理又称为再代理、转代理，是指代理人为被代理人的利益将其所享有的代理权转托他人而产生的代理。

《民法典》第一百六十九条规定，"代理人需要转委托第三人代理的，应当取得被代理人的同意或者追认。转委托代理经被代理人同意或者追认的，被代理人可以就代理事务直接指示转委托的第三人，代理人仅就第三人的选任以及对第三人的指示承担责任。转委托代理未经被代理人同意或者追认的，代理人应当对转委托的第三人的行为承担责任；但是在紧急情况下代理人为了维护被代理人的利益需要转委托第三人代理的除外。"

4. 违法行为应当承担的法律责任

（1）损害被代理人利益的法律责任

《民法典》第一百六十四条规定，"代理人不履行或者不完全履行职责，造成被代理人损害的，应当承担民事责任。代理人和相对人恶意串通，损害被代理人合法权益的，代理人和相对人应当承担连带责任。"

（2）违法代理的法律责任

《民法典》第一百六十七条规定，"代理人知道或者应当知道代理事项违法仍然实施代理行为，或者被代理人知道或者应当知道代理人的代理行为违法未作反对表示的，被代理人和代理人应当承担连带责任。"

（3）不当转委托代理的法律责任

《民法典》第一百六十九条规定，"转委托代理未经被代理人同意或者追认的，代理人应当对转委托的第三人的行为承担责任；但是，在紧急情况下代理人为了维护被代理人的利益需要转委托第三人代理的除外。"

（4）无权代理的法律责任

《民法典》第一百七十一条规定，"行为人实施的行为未被追认的，善意相对人有权请求行为人履行债务或者就其受到的损害请求行为人赔偿。但是，赔偿的范围不得超过被代理人追认时相对人所能获得的利益。相对人知道或者应当知道行为人无权代理的，相对人和行为人按照各自的过错承担责任。"

【典型案例】

背景资料

甲施工企业在某条公路的施工过程中，需要购买一批水泥。甲施工企业的采购员张某持介绍信到乙建材公司要求购买一批 B 强度等级的水泥。由于双方有长期的业务关系，未签订书面的水泥买卖合同，乙建材公司很快就发货了。但乙建材公司发货后，甲施工企业拒绝支付货款。甲施工企业提出的理由是，公司让张某购买的水泥是 A 强度等级而非 B 强度等级。双方由此发生纠纷。

问题：

1. 水泥买卖合同是否有效？

2. 合同纠纷应当如何处理？

【案例分析】

1. 本案中的纠纷处理，首先要判明水泥买卖合同是否有效，而对于合同效力判断的重要依据是甲施工企业的介绍信是如何写的。甲施工企业的介绍信可以视为授权委托书，张某则是甲施工企业的代理人。如果甲施工企业开出的介绍信是"介绍张某购买水泥"，则张某的行为是合法代理行为，其购买 B 强度等级水泥的行为在代理权限范围内；双方的口头合同也是有效的，应当继续履行，即甲施工企业应当付款。如果甲施工企业开出的介绍信是"介绍张某购买 A 强度等级水泥"，则张某买 B 强度等级水泥的行为就超越了代理权限，双方的口头合同是无效的。

2.如果合同被确认无效后，其首要的法律后果是返还财产，即甲施工企业可以退货、拒付货款。乙建材公司的损失，按照《民法典》第一百七十一条"行为人没有代理权、超越代理权或者代理权终止后，仍然实施代理行为，未经被代理人追认的，对被代理人不发生效力"的规定，应当向张某主张。但在司法实践中，乙建材公司的难点是应当如何证明张某要求购买的是 B 强度等级水泥。

2.3 建设工程物权制度

2.3.1 物权的主要种类和与土地相关的物权 ·························· ●

1.物权的概念和特征

（1）物权的概念

《民法典》第一百一十四条规定，"物权是权利人依法对特定的物享有直接支配和排他的权利，包括所有权、用益物权和担保物权。"

（2）物权的特征

1）物权的客体为特定物，而非种类物；

2）物权是支配权，而非请求权；

3）物权是绝对权和具有排他性的财产权，而非对人权和相对权。

2.物权的种类

（1）所有权

1）所有权的概念

所有权是指所有人对自己的不动产或者动产，依法所享有的占有、使用、收益和处分的权利。所有权属于自物权，是物权中最完整、最充分的物权。

2）所有权的权能

所有权的权能包括：占有权、使用权、收益权和处分权四个方面。其中，占有权是指所有人对财产实际占领、控制的权能。使用权是指所有人根据物的性能和用途加以利用的权能。收益权是指所有人收取所有物的利益的权能。处分权是指所有人决定财产在事实上和法律上命运的权能。处分权是所有权的最基本权能，是所有权内容的核心。

3）所有权的法定分类

根据所有制不同，可将所有权划分为三类：国家所有权、集体所有权和私人所有权。其中，国家所有权是指国家对国家所有即全民所有的财产依法享有的占有、使用、收益、处分的权利。集体所有权是指集体经济组织依法对集体财产享有的占有、使用、收益、处分的权利。私人所有权是指私人依法对其合法取得的不动产和动产享有的占有、使用、收益、处分的权利。

（2）用益物权

1）用益物权的概念

用益物权是指用益物权人对他人所有的不动产或者动产，依法享有占有、使用和收益的权利。用益物权属于他物权，其不包括处分权能。

2）用益物权的种类

《民法典》物权编规定，"用益物权包括土地承包经营权、建设用地使用权、宅基地使用权和地役权。"其中，土地承包经营权是指土地承包经营权人依法享有的对其承包经营的耕地、林地、草地等占有、使用和收益以及自主从事种植业、林业、畜牧业等农业生产的权利。宅基地使用权是指宅基地使用人为建造住宅及其附属设施而使用集体所有土地的权利。

3）用益物权的法律特征

①用益物权是所有权派生的物权；②用益物权是受限制的权利；③用益物权的行使优于所有权；④用益物权的支配内容是物的使用价值，这是用益物权与其他自物权之间的重要区别；⑤用益物权是独立物权、主物权，这是用益物权与担保物权的重要区别。

（3）担保物权

1）担保物权的概念

担保物权是指担保物权人为确保债权的实现，在债务人不履行到期债务或者发生当事人约定的实现担保物权的情形时，依法所享有的就担保物优先受偿的权利。担保物权属于他物权。

2）担保物权的种类

担保物权包括三类：抵押权、质权和留置权。其中，抵押权是指为担保债务的履行，债务人或者第三人不转移财产的占有而将该财产抵押给债权人，在债务人不履行到期债务或者发生当事人约定的实现抵押权的情形时，债权人就该财产优先受偿的权利。质权是指为担保债务的履行，债务人或者第三人将其动产或者权利转移给债权人占有，当债务人不履行到期债务或者发生当事人约定的实现质权的情形时，债权人就其占有的财产优先受偿的权利。留置权是指当债务人不履行到期债务时，债权人可以留置已经占有的债务人的动产，并就该动产优先受偿的权利。

3）担保物权的特征

①从属性。从属性特征主要体现在五个方面：A. 成立上的从属性，主债权不存在，担保物权无从成立。B. 内容和范围上的从属性，担保物权的范围以主债权的范围为限。C. 效力上的从属性。主合同无效，担保合同无效，抵押权或者质权未设立，担保人有过错的，承担缔约过失责任，而非担保责任。D. 消灭上的从属性，主债权全部消灭的，担保物权消灭。E. 移转上的从属性，债权转让时，除非让与人和受让人另有约定，或者债权人与物保人另有约定，或者法律另有规定，担保物权随同债权转让给受让人。

②物上代位权。物上代位权主要体现在两个方面：担保物权的物上代位性和抵押权物上

代位的范围及于"转让抵押物的价款请求权"。

③不可分性。所谓担保物权的不可分性，指被担保的债权在未受全部清偿前，担保物权人可以就担保物权的全部行使权利。

3. 与土地有关的物权

（1）土地所有权

1）土地所有权的概念

土地所有权是指土地所有者在法律规定的范围内，对其拥有的土地享有的占有、使用、收益和处分的权利。

2）土地所有权的类型

根据《宪法》及其他有关法律的规定，我国实行土地的社会主义公有制，即全民所有制和劳动群众集体所有制。城市的土地属于国家所有；农村和城市郊区的土地，除由法律规定属于国家所有的以外，属于集体所有；宅基地和自留地、自留山，也属于集体所有。

3）土地所有权的行使

全民所有，即国家所有土地的所有权由国务院代表国家行使。

对于集体所有的土地和森林、山岭、草原、荒地、滩涂等，依照下列规定行使所有权：①属于村农民集体所有的，由村集体经济组织或者村民委员会代表集体行使所有权；②分别属于村内两个以上农民集体所有的，由村内各该集体经济组织或者村民小组代表集体行使所有权；③属于乡镇农民集体所有的，由乡镇集体经济组织代表集体行使所有权。

4）土地所有权的保护

国家为了公共利益的需要，可以依照法律规定对土地实行征收或者征用并给予补偿。任何组织或者个人不得侵占、买卖或者以其他形式非法转让土地。土地的使用权可以依照法律的规定转让。一切使用土地的组织和个人必须合理地利用土地。

（2）建设用地使用权

1）建设用地使用权的概念

建设用地使用权是指建设用地使用权人依法享有的在国家所有的土地及其上下建造建筑物、构筑物及其附属设施的权利。

《民法典》第三百四十四条规定，"建设用地使用权人依法对国家所有的土地享有占有、使用和收益的权利，有权利用该土地建造建筑物、构筑物及其附属设施。"

2）建设用地使用权的设立

①建设用地使用权的设立范围：建设用地使用权可以在土地的地表、地上或者地下分别设立。新设立的建设用地使用权，不得损害已设立的用益物权。

②建设用地使用权的设立方式：设立建设用地使用权，可以采取出让或者划拨等方式。

工业、商业、旅游、娱乐和商品住宅等经营性用地以及同一土地有两个以上意向用地者的，应当采取招标、拍卖等公开竞价的方式出让。严格限制以划拨方式设立建设用地使用权。采取划拨方式的，应当遵守法律、行政法规关于土地用途的规定。采取招标、拍卖、协议等出让方式设立建设用地使用权的，当事人应当采取书面形式订立建设用地使用权出让合同。

根据现行有关的规则，建设用地使用权的出让方式主要有四种：协议出让、拍卖出让、招标出让和挂牌出让。

③建设用地使用权的登记：设立建设用地使用权的，应当向登记机构申请建设用地使用权登记。建设用地使用权自登记时设立。登记机构应当向建设用地使用权人发放建设用地使用权证书。

3）建设用地使用权的流转

①建设用地使用权的流转方式：建设用地使用权人有权将建设用地使用权转让、互换、出资、赠与或者抵押，但法律另有规定的除外。

②建设用地使用权的流转合同：建设用地使用权转让、互换、出资、赠与或者抵押的，当事人应当采取书面形式订立相应的合同。使用期限由当事人约定，但不得超过建设用地使用权的剩余期限。

③建设用地使用权的变更登记：建设用地使用权转让、互换、出资或者赠与的，应当向登记机构申请变更登记。

④建设用地使用权与建筑物所有权一并处分原则：建设用地使用权转让、互换、出资或者赠与的，附着于该土地上的建筑物、构筑物及其附属设施一并处分。建筑物、构筑物及其附属设施转让、互换、出资或者赠与的，该建筑物、构筑物及其附属设施占用范围内的建设用地使用权一并处分。这就是人们通常所说的建设用地使用权流转中的"房随地走""地随房走"。

4）建设用地使用权的续期

《民法典》第三百五十九条规定，"住宅建设用地使用权期间届满的，自动续期。续期费用的缴纳或者减免，依照法律、行政法规的规定办理。非住宅建设用地使用权期间届满后的续期，依照法律规定办理。该土地上的房屋及其他不动产的归属，有约定的，按照约定；没有约定或者约定不明确的，依照法律、行政法规的规定办理。"

5）建设用地使用权的注销登记

《民法典》第三百六十条规定，"建设用地使用权消灭的，出让人应当及时办理注销登记。登记机构应当收回权属证书。"

（3）地役权

1）地役权的概念

地役权是指为提高自己的不动产的效益，地役权人按照合同的约定，利用他人的不动产的权利。其中，他人的不动产为供役地，自己的不动产为需役地。享有地役权的为地役权人，供役地权利人则为供役地人。

2）地役权的设立

①地役权合同：《民法典》第三百七十三条规定，"设立地役权，当事人应当采取书面形式订立地役权合同。地役权合同一般包括下列条款：（一）当事人的姓名或者名称和住所；（二）供役地和需役地的位置；（三）利用目的和方法；（四）地役权期限；（五）费用及其支付方式；（六）解决争议的方法。"

②地役权登记：《民法典》第三百七十四条规定，"地役权自地役权合同生效时设立。当事

人要求登记的，可以向登记机构申请地役权登记；未经登记，不得对抗善意第三人。"

③地役权设立的限制：《民法典》第三百七十九条规定，"土地上已设立土地承包经营权、建设用地使用权、宅基地使用权等用益物权的，未经用益物权人同意，土地所有权人不得设立地役权。"

3）地役权的变动

地役权不得单独转让。土地承包经营权、建设用地使用权等转让的，地役权一并转让，但合同另有约定的除外。地役权不得单独抵押。土地承包经营权、建设用地使用权等抵押的，在实现抵押权时，地役权一并转让。

4）地役权的效力

地役权人应当按照合同约定的利用目的和方法利用供役地，尽量减少对供役地权利人物权的限制。供役地权利人应当按照合同约定，允许地役权人利用其土地，不得妨害地役权人行使权利。

地役权的期限由当事人约定，但不得超过土地承包经营权、建设用地使用权等用益物权的剩余期限。

土地所有权人享有地役权或者负担地役权的，设立土地承包经营权、宅基地使用权时，该土地承包经营权人、宅基地使用权人继续享有或者负担已设立的地役权。

需役地以及需役地上的土地承包经营权、建设用地使用权部分转让时，转让部分涉及地役权的，受让人同时享有地役权。供役地以及供役地上的土地承包经营权、建设用地使用权部分转让时，转让部分涉及地役权的，地役权对受让人具有约束力。

5）供役地权利人单方解除地役权合同的法定事由

地役权人有下列情形之一的，供役地权利人有权解除地役权合同，地役权消灭：①违反法律规定或者合同约定，滥用地役权；②有偿利用供役地，约定的付款期间届满后在合理期限内经两次催告未支付费用。

已经登记的地役权变更、转让或者消灭的，应当及时办理变更登记或者注销登记。

2.3.2 物权的设立、变更、转让、消灭和保护 ·················· ●

1. 物权的设立、变更、转让、消灭

（1）不动产物权的设立、变更、转让和消灭

不动产物权的设立、变更、转让和消灭，经依法登记，发生效力；未经登记，不发生效力，但法律另有规定的除外。依法属于国家所有的自然资源，所有权可以不登记。不动产登记，由不动产所在地的登记机构办理。国家对不动产实行统一登记制度。不动产物权的设立、变更、转让和消灭，依照法律规定应当登记的，自记载于不动产登记簿时发生效力。当事人之间订立有关设立、变更、转让和消灭不动产物权的合同，除法律另有规定或者当事人另有约定外，自合同成立时生效；未办理物权登记的，不影响合同效力。

不动产登记簿是物权归属和内容的根据。不动产登记簿由登记机构管理。不动产权属证

书是权利人享有该不动产物权的证明。不动产权属证书记载的事项，应当与不动产登记簿一致；记载不一致的，除有证据证明不动产登记簿确有错误外，以不动产登记簿为准。

（2）动产物权的设立和转让

动产物权的设立和转让，自交付时发生效力，但法律另有规定的除外。船舶、航空器和机动车等物权的设立、变更、转让和消灭，未经登记，不得对抗善意第三人。

动产物权设立和转让前，权利人已经依法占有该动产的，物权自民事法律行为生效时发生效力。动产物权设立和转让前，第三人依法占有该动产的，负有交付义务的人可以通过转让请求第三人返还原物的权利代替交付。动产物权转让时，当事人又约定由出让人继续占有该动产的，物权自该约定生效时发生效力。

2. 物权的保护

物权受到侵害的，权利人可以通过和解、调解、仲裁、诉讼等途径解决。

《民法典》物权编第三章规定的保护方式，可以单独适用，也可以根据权利被侵害的情形合并适用。

侵害物权，除承担民事责任外，违反行政管理规定的，依法承担行政责任；构成犯罪的，依法追究刑事责任。

【典型案例】

背景资料

某实业有限公司与某县土地管理局于 2008 年 3 月 18 日订立《工业开发及用地出让合同》，约定该实业有限公司在取得土地使用证后 1 个月内将进行工业项目开工建设等相关事项。之后，县土地管理局依合同约定将土地交付给该实业有限公司使用。该实业有限公司对土地进行平整等工作，支付相关费用 78 万。2008 年 6 月 16 日，县土地管理局以改变土地规划为由，要求该实业有限公司退回土地使用权。此时，尚未完成土地使用权登记。县土地管理局认为由于尚未进行土地使用权登记，合同还没有生效。该实业有限公司则向法院提起诉讼，要求继续履行合同，办理建设用地使用权登记手续。

问题：

1. 双方订立的合同是否生效？

2. 原告的建设用地使用权是否已经设立？

3. 纠纷应当如何解决？

【案例分析】

1. 双方订立的《工业开发及用地出让合同》应当已经生效。因为，办理建设用地使用权登记，并不是合同生效的前提。一般情况下，书面合同自当事人签字或者盖章时生效，除非当事人另行约定了生效条件。

2. 该实业有限公司（下简称原告）的建设用地使用权尚未设立。因为，按照《民法典》的规定，建设用地使用权自登记时设立。由于双方尚未完成土地使用权登记，因此原告的建设用地使用权尚未设立。

3.如果土地规划确实改变，县土地管理局（下简称被告）可以要求原告按照新的规划要求使用土地。如果原告不能按照新规划要求使用土地，原告有权要求解除合同，被告应当赔偿原告的损失。如果原告可以按照新规划要求使用土地，原告有权要求继续履行合同，被告应当为其办理建设用地使用权登记手续。

2.4 建设工程债权制度

2.4.1 债的概念

债是按照合同的约定或者依照法律的规定，在当事人之间产生的特定的权利和义务关系。其中，享有权利的人是债权人，负有义务的人是债务人。

2.4.2 债的要素

债作为一种法律关系，其构成要素有三，即主体、内容和客体。

债的主体是指债的当事人，即债权人和债务人。债的内容是指债的主体之间的权利和义务，即债权和债务。债的客体是指债的主体债权和债务所共同指向的对象，即债务人依照当事人约定或者法律规定应为的特定行为，统称为给付。

2.4.3 债具有相对性

与物权相比较，债具有相对性特点。债的相对性主要表现三个方面，即主体的相对性、内容的相对性以及责任的相对性。

2.4.4 债发生的原因

债发生的原因又称为债发生的根据，是指引起债产生的法律事实。债发生的原因主要有合同、侵权行为、无因管理、不当得利以及其他原因。

（1）合同

合同是指平等主体的自然人、法人、其他组织之间设立、变更、终止民事权利义务关系的协议。由于合同的依法订立，在合同当事人之间即产生了特定的民事权利义务关系，该特定的民事权利义务关系就是债。基于合同而产生的债，为合同之债。合同是债发生的最常见、最主要的原因。譬如，在工程建设过程中，常常会发生勘察合同、设计合同、施工合同、工程监理合同以及买卖合同等。

（2）侵权行为

侵权行为是指不法侵害他人的合法民事权益而应承担民事责任的行为。由于侵权行为的实施，根据法律规定，在侵权人与受害人之间就形成了特定的民事权利义务关系，即受害人依法有权要求侵权人承担相应的民事责任，侵权人有义务向受害人承担相应的民事权利。因侵权行为而产生的债，为侵权行为之债。在施工过程中发生的生产安全事故、环境噪声污染等，就易产生侵权行为之债。

（3）无因管理

无因管理是指没有法定的或者约定的义务，为避免他人利益受损失而对他人的事务进行管理的行为。其中的他人为本人，管理他人事务的人为管理人。无因管理一经成立，根据法律的规定，在管理人与本人之间即发生特定的民事权利义务关系，管理人有权要求本人偿还因无因管理而支出的必要费用，本人有义务承担。因无因管理而发生的债即为无因管理之债。

（4）不当得利

不当得利是指没有法律根据，一方取得不当利益，致使另一方利益受损失的法律事实。根据《民法典》第一百二十二条的规定，"因他人没有法律根据，取得不当利益，受损失的人有权请求其返还不当利益。"

（5）其他原因

除上述债发生的原因之外，其他法律事实也可引起债的发生。譬如，当事人在订立合同过程中，违背诚实信用原则，给对方造成损失的，应当承担损害赔偿责任，受害人有权要求缔约过失方予以赔偿。因保护他人民事权益使自己受到损害，没有侵权人、侵权人逃逸或者无力承担民事责任，受害人请求补偿的，受益人应当给予适当补偿，救助人有权要求受益人予以补偿。

【典型案例】

背景资料

某施工项目在施工过程中，施工单位与 A 材料供应商订立了材料买卖合同，但施工单位误将应支付给 A 材料供应商的货款支付给了 B 材料供应商。

问题：

1. B 材料供应商是否应当返还材料款？应当返还给谁？为什么？

2. 如果 B 材料供应商拒绝返还材料款，A 材料供应商应当如何保护自己的权利，为什么？

【案例分析】

1. B 材料供应商应当返还材料款，其材料款应当返还给施工单位。因为，B 材料供应商获得的这一材料款，没有法律上或者合同上的依据，且有损于他人利益而自身取得利益，属于债的一种，即不当得利之债，应当返还。这一债是建立在施工单位与 B 材料供应商之间的，故应当返还给施工单位。

2. A 材料供应商应当向施工单位要求支付材料款来保护自己的权利。因为，由于施工单位误将应支付给 A 材料供应商的货款支付给了 B 材料供应商，意味着施工单位没有完成应当向 A 材料供应商付款的义务。但是，B 材料供应商与 A 材料供应商之间并无债权债务关系。因此，A 材料供应商无权向 B 材料供应商主张权利。

2.5　建设工程知识产权制度

2.5.1　知识产权的概念和特征

1. 知识产权的概念

知识产权是指民事主体对智力劳动成果依法所享有的专有权利。《民法典》第一百二十三条规定，"知识产权是权利人依法就下列客体享有的专有的权利：（一）作品；（二）发明、实用新型、外观设计；（三）商标；（四）地理标志；（五）商业秘密；（六）集成电路布图设计；（七）植物新品种；（八）法律规定的其他客体。"

2. 知识产权的特征

（1）知识产权的客体具有无形性。知识产权的客体是不具有物质形态的智力劳动成果，是一种没有形体的精神财富。客体的无形性，是知识产权区别于其他有形财产权的最本质的特征。

（2）知识产权具有专有性。知识产权的专有性主要表现为：对于相同的智力劳动成果，法律只能保护其中一个；知识产权的权利人能够独占地享有权利，未经权利人许可或者法律的特别规定，任何其他人均不得擅自使用。

（3）知识产权具有地域性。知识产权的地域性是指一项知识产权只有在授权或者确认该知识产权的国家或者地区范围内具有法律效力，受该国家或者地区的法律保护，在其他国家或者地区则不具有法律效力。

（4）知识产权具有时间性。知识产权的时间性是指知识产权只有在法律规定的期限内有效，受到保护。如果超过法律规定的有效期限，权利就会自行消灭，任何人均可无偿使用该智力劳动成果。

（5）知识产权具有人身权和财产权双重属性。作为知识产权客体的智力劳动成果，是人们通过脑力劳动创造出来，与特定的人身不可分离。知识产权具有使用价值和价值，它不但能创造物质财富，还能为权利人带来经济利益。

2.5.2　著作权

1. 著作权的概念

著作权是指作者或者其他著作权人依法对文学、艺术和科学作品所享有的专有权利。

2. 著作权的客体

著作权的客体即作品，即著作权法保护的文学、艺术和科学领域中的作品。

（1）作品的概念

作品是指文学、艺术和科学领域内具有独创性并能以某种有形形式复制的智力成果。

（2）作品的种类

《中华人民共和国著作权法》（下简称《著作权法》）第三条规定，"本法所称的作品，是指文学、艺术和科学领域内具有独创性并能以一定形式表现的智力成果，包括：（一）文字作品；（二）口述作品；（三）音乐、戏剧、曲艺、舞蹈、杂技艺术作品；（四）美术、建筑作品；（五）摄影作品；（六）视听作品；（七）工程设计图、产品设计图、地图、示意图等图形作品和模型作品；（八）计算机软件；（九）符合作品特征的其他智力成果。"

在工程建设活动中常见的作品主要有：文字作品、建筑作品和图形作品。

（3）不受保护的对象

不受保护的对象主要有：①依法禁止出版、传播的作品；②法律、法规，国家机关的决议、决定、命令和其他具有立法、行政、司法性质的文件，及其官方正式译文；③时事新闻；历法、通用数表、通用表格和公式。

3. 著作权的主体

著作权主体即著作权人，是指依法享有著作权的人。根据《著作权法》第九条的规定，"著作权人包括：（一）作者；（二）以及其他依照本法享有著作权的自然人、法人或者非法人组织。"根据《著作权法实施条例》的规定，国家也可以成为著作权的主体。

4. 著作权的内容

（1）著作人身权

著作人身权是指著作权人基于作品依法享有的以人身利益为内容的权利。著作人身权主要包括：发表权、署名权、修改权和保护作品完整权。

（2）著作财产权

著作财产权是指著作权人依法享有的使用或者授权他人使用作品并获取财产利益的权利。著作财产权主要包括：复制权、发行权、出租权、展览权、表演权、放映权、广播权、信息网络传播权、摄制权、改编权、翻译权、汇编权、许可他人使用并获得报酬权、转让权、应当由著作权人享有的其他权利。

5. 著作权归属

《著作权法》第十一条规定，"著作权属于作者，本法另有规定的除外。创作作品的自然人是作者。由法人或者非法人组织主持，代表法人或者非法人组织意志创作，并由法人或者非法人组织承担责任的作品，法人或者非法人组织视为作者。"

《著作权法》第十八条规定，"自然人为完成法人或者非法人组织工作任务所创作的作品是职务作品，除本条第二款的规定以外，著作权由作者享有，但法人或者非法人组织有权在其业务范围内优先使用。作品完成两年内，未经单位同意，作者不得许可第三人以与单位使用的相同方式使用该作品。有下列情形之一的职务作品，作者享有署名权，著作权的其他权利由法人或者非法人组织享有，法人或者非法人组织可以给予作者奖励：（一）主要是利用法人或者非法人组织的物质技术条件创作，并由法人或者非法人组织承担责任的工程设计图、产品设计图、地图、计算机软件等职务作品；（二）报社、期刊社、通讯社、广播电台、电视台的工作人员创作的职务作品；（三）法律、行政法规规定或者合同约定著作权由法人或者非法人组织享有的职务作品。"

《著作权法》第十九条规定，"受委托创作的作品，著作权的归属由委托人和受托人通过合同约定。合同未作明确约定或者没有订立合同的，著作权属于受托人。"

6. 著作权的保护期限

根据《著作权法》及《中华人民共和国著作权法实施条例》的规定，著作权的保护期限因著作人身权和著作财产权的性质不同而不同。

（1）作者的署名权、修改权、保护作品完整权的保护期不受限制。

（2）自然人的作品，其发表权和著作财产权的保护期为作者终生及其死亡后五十年，截止于作者死亡后第五十年的 12 月 31 日；如果是合作作品，截止于最后死亡的作者死亡后第五十年的 12 月 31 日。

（3）法人或者非法人组织的作品、著作权（署名权除外）由法人或者非法人组织享有的职务作品，其发表权的保护期为五十年，截止于作品创作完成后第五十年的 12 月 31 日；《著作权法》第十条第 1 款第五项至第十七项规定的权利的保护期为五十年，截止于作品首次发表后第五十年的 12 月 31 日，但作品自创作完成后五十年内未发表的，本法不再保护。

（4）作者身份不明的作品，其著作权法规定的权利的保护期截止于作品首次发表后第五十年的 12 月 31 日。

7. 著作权的保护

承担民事责任的方式主要有：①停止侵害；②排除妨碍；③消除危险；④返还财产；⑤恢复原状；⑥修理、重作、更换；⑦继续履行；⑧赔偿损失；⑨支付违约金；⑩消除影响、恢复名誉；⑪赔礼道歉。以上承担侵权责任的方式，可以单独适用，也可以合并适用。

《著作权法》第五十二条规定，"有下列侵权行为的，应当根据情况，承担停止侵害、消除影响、赔礼道歉、赔偿损失等民事责任：（一）未经著作权人许可，发表其作品的；（二）未经合作作者许可，将与他人合作创作的作品当作自己单独创作的作品发表的；（三）没有参加创作，为谋取个人名利，在他人作品上署名的；（四）歪曲、篡改他人作品的；（五）剽窃他人作品的；（六）未经著作权人许可，以展览、摄制电影和以类似摄制电影的方法使用作品，或者以改编、翻译、注释等方式使用作品的，本法另有规定的除外；（七）使用他人作品，应当支付报酬而未支付的；（八）未经电影作品和以类似摄制电影的方法创作的作品、计算机软件、录音录像制品的著作权人或者与著作权有关的权利人许可，出租其作品或者录音录像制品的，本法另有规定的除外；（九）未经出版者许可，使用其出版的图书、期刊的版式设计的；（十）未经表演者许可，从现场直播或者公开传送其现场表演，或者录制其表演的；（十一）其他侵犯著作权以及与著作权有关的权益的行为。"

《著作权法》第五十三条规定，"有下列侵权行为的，应当根据情况，承担本法第五十二条规定的民事责任；侵权行为同时损害公共利益的，由主管著作权的部门责令停止侵权行为，予以警告，没收违法所得，没收、无害化销毁处理侵权复制品以及主要用于制作侵权复制品的材料、工具、设备等，违法经营额五万元以上的，可以并处违法经营额一倍以上五倍以下的罚款；没有违法经营额、违法经营额难以计算或者不足五万元的，可以并处二十五万元以下的罚款；构成犯罪的，依法追究刑事责任：（一）未经著作权人许可，复制、发行、表演、放映、广播、汇编、通过信息网络向公众传播其作品的，本法另有规定的除外；（二）出版他人享有专有出版权的图书的；（三）未经表演者许可，复制、发行录有其表演的录音录像制品，或者通过信息网络向公众传播其表演的，本法另有规定的除外；（四）未经录音录像制作者许可，复制、发行、通过信息网络向公众传播其制作的录音录像制品的，本法另有规定的除外；（五）未经许可，播放或者复制广播、电视的，本法另有规定的除外；（六）未经著作权人或者与著作权有关的权利人许可，故意避开或者破坏技术措施的，故意制造、进口或者向他人提供主要用于避开、破坏技术措施的装置或者部件的，或者故意为他人避开或者破坏技术措施提供技术服务的，法律、行政法规另有规定的除外；（七）未经著作权人或者与著作权有关的权利人许可，故意删除或者改变作品、版式设计、表演、录音录像制品或者广播、电视上的权利管理信息的，知道或者应当知道作品、版式设计、表演、录音录像制品或者广播、电视上的管理、权利信息未经许可被删除或者改变，仍然向公众提供的法律、行政法规另有规定的除外；（八）制作、出售假冒他人署名的作品的。"

《著作权法》第五十四条规定，"侵犯著作权或者与著作权有关的权利的，侵权人应当按照权利人因此受到的实际损失或者侵权人的违法所得给予赔偿；权利人的实际损失或者侵权人的违法所得难以计算的，可以参照该权利使用费给予赔偿。对故意侵犯著作权或者与著作权有关的权利，情节严重的，可以在按照上述方法确定数额的一倍以上五倍以下给予赔偿。权利人的实际损失、侵权人的违法所得、权利使用费难以计算的，由人民法院根据侵权行为的情节，判决给予五百元以上五百万元以下的赔偿。赔偿数额还应当包括权利人为制止侵权行为所支付的合理开支。"

《中华人民共和国刑法》（下简称《刑法》）第二百一十七条规定，"以营利为目的，有下列侵犯著作权情形之一，违法所得数额较大或者有其他严重情节的，处三年以下有期徒刑或者拘役，并处或者单处罚金；违法所得数额巨大或者有其他特别严重情节的，处三年以上七年以下有期徒刑，并处罚金：（一）未经著作权人许可，复制发行、通过信息网络向公众传播其文字作品、音乐、美术、视听作品、计算机软件及法律、行政法规规定的其他作品的；（二）出版他人享有专有出版权的图书的；（三）未经录音录像制作者许可，复制发行、通过信息网络向公众传播其制作的录音录像的；（四）未经表演者许可，复制发行录有其表演的录音录像制品，或者通过信息网络向公众传播其表演的；（五）制作、出售假冒他人署名的美术作品的；（六）未经著作权人或者与著作权有关的权利人许可，故意避开或者破坏权利人为其作品、录音录像制品等采取的保护著作权或者与著作权有关的权利的技术措施的。"

2.5.3 专利权

1. 专利权的概念

专利权是指专利权人对其发明创造依法所享有的专有权。

2. 专利权的客体

专利权的客体，也就是专利法保护的对象，是指依法授予专利权的发明创造。

《中华人民共和国专利法》（下简称《专利法》）第二条规定，"本法所称的发明创造是指发明、实用新型和外观设计。发明，是指对产品、方法或者其改进所提出的新的技术方案。实用新型，是指对产品的整体或者局部的形状、构造或者其结合所提出的适于实用的新的技术方案。外观设计，是指对产品的整体或者局部的形状、图案或者其结合以及色彩与形状、图案的结合所作出的富有美感并适于工业应用的新设计。"

3. 专利权的主体

专利权的主体即专利权人，是指依法享有专利权并承担相应义务的人。专利权的主体主要有以下几类：

（1）发明人或者设计人的单位。《专利法》第六条规定，"执行本单位的任务或者主要是利用本单位的物质技术条件所完成的发明创造为职务发明创造。职务发明创造申请专利的权利属于该单位，申请被批准后，该单位为专利权人。"

（2）发明人或者设计人。《专利法》第六条规定，"非职务发明创造，申请专利的权利属于发明人或者设计人；申请被批准后，该发明人或者设计人为专利权人。"

（3）合作完成发明创造的单位或者个人。《专利法》第八条规定，"两个以上单位或者个人合作完成的发明创造、一个单位或者个人接受其他单位或者个人委托所完成的发明创造，除另有协议的以外，申请专利的权利属于完成或者共同完成的单位或者个人；申请被批准后，申请的单位或者个人为专利权人。"

（4）委托完成的发明创造的单位或者个人。《专利法》第八条规定，"一个单位或者个人接受其他单位或者个人委托所完成的发明创造，除另有协议的以外，申请专利的权利属于完成的单位或者个人；申请被批准后，申请的单位或者个人为专利权人。"

4. 授予专利权的条件

（1）授予发明、实用新型专利权的条件

《专利法》第二十二条规定，"授予专利权的发明和实用新型，应当具备新颖性、创造性和实用性。"

新颖性，是指该发明或者实用新型不属于现有技术；也没有任何单位或者个人就同样的发明或者实用新型在申请日以前向国务院专利行政部门提出过申请，并记载在申请日以后公布的专利申请文件或者公告的专利文件中。创造性，是指与现有技术相比，该发明具有突出的实质性特点和显著的进步，该实用新型具有实质性特点和进步。实用性，是指该发明或者实用新型能够制造或者使用，并且能够产生积极效果。本法所称现有技术，是指申请日以前在国内外为公众所知的技术。

（2）授予外观设计专利权的条件

《专利法》第二十三条规定，"授予专利权的外观设计，应当不属于现有设计；也没有任何单位或者个人就同样的外观设计在申请日以前向国务院专利行政部门提出过申请，并记载在申请日以后公告的专利文件中。授予专利权的外观设计与现有设计或者现有设计特征的组合相比，应当具有明显区别。授予专利权的外观设计不得与他人在申请日以前已经取得的合法权利相冲突。本法所称现有设计，是指申请日以前在国内外为公众所知的设计。"

5. 专利权的内容

（1）独占实施权。《专利法》第十一条规定，"发明和实用新型专利权被授予后，除本法另有规定的以外，任何单位或者个人未经专利权人许可，都不得实施其专利，即不得为生产经营目的制造、使用、许诺销售、销售、进口其专利产品，或者使用其专利方法以及使用、许诺销售、销售、进口依照该专利方法直接获得的产品。外观设计专利权被授予后，任何单位或者个人未经专利权人许可，都不得实施其专利，即不得为生产经营目的制造、许诺销售、销售、进口其外观设计专利产品。"

（2）许可实施权。《专利法》第十二条规定，"任何单位或者个人实施他人专利的，应当与专利权人订立实施许可合同，向专利权人支付专利使用费。被许可人无权允许合同规定以外的任何单位或者个人实施该专利。"

（3）转让权。《专利法》第十条规定，"专利申请权和专利权可以转让。转让专利申请权或者专利权的，当事人应当订立书面合同，并向国务院专利行政部门登记，由国务院专利行政部门予以公告。专利申请权或者专利权的转让自登记之日起生效。"

（4）署名权和标记权。《专利法》第十六条规定，"发明人或者设计人有权在专利文件中写明自己是发明人或者设计人。专利权人有权在其专利产品或者该产品的包装上标明专利标识。"

6. 专利权的期限

《专利法》第四十二条规定，"发明专利权的期限为二十年，实用新型专利权的期限为十年，外观设计专利权的期限十五年，均自申请日起计算。"

7. 专利权的保护

《专利法》第六十四条规定，"发明或者实用新型专利权的保护范围以其权利要求的内容为准，说明书及附图可以用于解释权利要求的内容。外观设计专利权的保护范围以表示在图片或者照片中的该产品的外观设计为准，简要说明可以用于解释图片或者照片所表示的该产品的外观设计。"

《专利法》第六十五条规定，"未经专利权人许可，实施其专利，即侵犯其专利权，引起纠纷的，由当事人协商解决；不愿协商或者协商不成的，专利权人或者利害关系人可以向人民法院起诉，也可以请求管理专利工作的部门处理。管理专利工作的部门处理时，认定侵权行为成立的，可以责令侵权人立即停止侵权行为，当事人不服的，可以自收到处理通知之日起十五日内依照《中华人民共和国行政诉讼法》向人民法院起诉；侵权人期满不起诉又不停止侵权行为的，管理专利工作的部门可以申请人民法院强制执行。进行处理的管理专利工作的部门应当事人的请求，可以就侵犯专利权的赔偿数额进行调解；调解不成的，当事人可以依照《中华人民共和国民事诉讼法》向人民法院起诉。"

《专利法》第七十二条规定，"专利权人或者利害关系人有证据证明他人正在实施或者即将实施侵犯专利权、妨碍其实现权利的行为，如不及时制止将会使其合法权益受到难以弥补的损害的，可以在起诉前依法向人民法院申请采取财产保全、责令作出一定行为或者禁止作出一定行为的措施。"

8. 专利权侵权的法律责任

《专利法》第六十八条规定，"假冒专利的，除依法承担民事责任外，由负责专利执法的部门责令改正并予公告，没收违法所得，可以并处违法所得五倍以下的罚款；没有违法所得或违法所得五万元以下的，可以处二十五万元以下的罚款；构成犯罪的，依法追究刑事责任。"

《专利法》第七十一条规定，"侵犯专利权的赔偿数额按照权利人因被侵权所受到的实际损失或者侵权人因侵权所获得的利益确定；权利人的损失或者侵权人获得的利益难以确定的，参照该专利许可使用费的倍数合理确定。对故意侵犯专利权，情节严重的，可以在按照上述方法确定数额的一倍以上五倍以下确定赔偿数额。权利人的损失、侵权人获得的利益和专利许可使用费均难以确定的，人民法院可以根据专利权的类型、侵权行为的性质和情节等因素，确定给予三万元以上五百万元以下的赔偿。赔偿数额还应当包括权利人为制止侵权行为所支付的合理开支。人民法院为确定赔偿数额，在权利人已经尽力举证，而与侵权行为相关的账簿、资料主要由侵权人掌握的情况下，可以责令侵权人提供与侵权行为相关的账簿、资料；侵权人不提供或者提供虚假的账簿、资料的，人民法院可以参考权利人的主张和提供的证据判定赔偿数额。"

《刑法》第二百一十六条规定，"假冒他人专利，情节严重的，处三年以下有期徒刑或者拘役，并处或者单处罚金。"

2.5.4　商标权

1. 商标与商标权概述

（1）商标概述

商标是指由文字、图形、字母、数字、三维标志、颜色组合和声音等，以及上述要素的组合构成，使用于一定的商品或者服务项目，用以区别商标使用者与同类商品生产经营者或者同类服务业经营者的显著标记。

根据商标的使用对象不同，商标可以划分为商品商标与服务商标两类。其中，使用于商品上的商标为商品商标；使用于服务项目上的商标为服务商标。

（2）商标权概述

商标权也称为商标专用权，是指商标所有人对其已注册的商标依法所享有的权利。

《中华人民共和国商标法》（下简称《商标法》）第四条规定，"自然人、法人或者其他组织在生产经营活动中，对其商品或者服务需要取得商标专用权的，应当向商标局申请商标注册。"

2. 商标权的主体

商标权主体是指依法享有注册商标专用权的单位或者个人。

根据《商标法》的规定，商标权的主体范围包括自然人、法人或者其他组织。两个以上的自然人、法人或者其他组织可以共同向商标局申请注册同一商标，共同享有和行使该商标专用权。

3. 商标权的内容

（1）专用权

专用权是指商标权主体对其注册商标依法所享有的在核定商品或者服务项目上独占使用的权利。《商标法》第五十六条规定，"注册商标的专用权，以核准注册的商标和核定使用的商品为限。"

（2）禁止权

禁止权是指商标权主体依法所享有的禁止他人未经商标权主体许可而使用其注册商标或者与之相近似商标的权利。

（3）许可权

许可权是指商标权主体依法所享有的通过签订商标使用许可合同许可他人使用其注册商标的权利。《商标法》第四十三条规定，"商标注册人可以通过签订商标使用许可合同，许可他人使用其注册商标。许可人应当监督被许可人使用其注册商标的商品质量。被许可人应当保证使用该注册商标的商品质量。经许可使用他人注册商标的，必须在使用该注册商标的商品上标明被许可人的名称和商品产地。"

（4）转让权

转让权是指商标权主体依法所享有的通过一定方式将商标权转让给他人的权利。《商标法》第四十二条规定，"转让注册商标的，转让人和受让人应当签订转让协议，并共同向商标局提出申请。受让人应当保证使用该注册商标的商品质量。转让注册商标的，商标注册人对其在同一种商品上注册的近似的商标，或者在类似商品上注册的相同或者近似的商标，应当一并转让。"

4. 商标权的客体

商标权的客体是指经国家商标局核准注册的商标。《商标法》第三条规定，"经商标局核准注册的商标为注册商标，包括商品商标、服务商标和集体商标、证明商标；商标注册人享有商标专用权，受法律保护。"

5. 注册商标的续展

《商标法》第三十九条规定，"注册商标的有效期为十年，自核准注册之日起计算。"《商标法》第四十条规定，"注册商标有效期满，需要继续使用的，商标注册人应当在期满前十二个月内按照规定办理续展手续；在此期间未能办理的，可以给予六个月的宽展期。每次续展注册的有效期为十年，自该商标上一届有效期满次日起计算。期满未办理续展手续的，注销其注册商标。"

6. 商标权的保护

《商标法》第五十七条规定，"有下列行为之一的，均属侵犯注册商标专用权：（一）未经商标注册人的许可，在同一种商品上使用与其注册商标相同的商标的；（二）未经商标注册人的许可，在同一种商品上使用与其注册商标近似的商标，或者在类似商品上使用与其注册商标相同或者近似的商标，容易导致混淆的；（三）销售侵犯注册商标专用权的商品的；（四）伪造、擅自制造他人注册商标标识或者销售伪造、擅自制造的注册商标标识的；（五）未经商标注册人同意，更换其注册商标并将该更换商标的商品又投入市场的；（六）故意为侵犯他人商标专用权行为提供便利条件，帮助他人实施侵犯商标专用权行为的；（七）给他人的注册商标专用权造成其他损害的。"

《商标法》第六十二条规定，"县级以上工商行政管理部门根据已经取得的违法嫌疑证据或者举报，对涉嫌侵犯他人注册商标专用权的行为进行查处时，可以行使下列职权：（一）询问有关当事人，调查与侵犯他人注册商标专用权有关的情况；（二）查阅、复制当事人与侵权活动有关的合同、发票、账簿以及其他有关资料；（三）对当事人涉嫌从事侵犯他人注册商标专用权活动的场所实施现场检查；（四）检查与侵权活动有关的物品；对有证据证明是侵犯他人注册商标专用权的物品，可以查封或者扣押。"

7. 商标权侵权的法律责任

（1）商标权侵权的民事责任

《商标法》第六十三条规定，"侵犯商标专用权的赔偿数额，按照权利人因被侵权所受到的实际损失确定；实际损失难以确定的，可以按照侵权人因侵权所获得的利益确定；权利人的损失或者侵权人获得的利益难以确定的，参照该商标许可使用费的倍数合理确定。对恶意侵犯商标专用权，情节严重的，可以在按照上述方法确定数额的一倍以上五倍以下确定赔偿数额。赔偿数额应当包括权利人为制止侵权行为所支付的合理开支。"

（2）商标权侵权的行政责任

《商标法》第四十九条规定，"商标注册人在使用注册商标的过程中，自行改变注册商标、注册人名义、地址或者其他注册事项的，由地方工商行政管理部门责令限期改正；期满不改正的，由商标局撤销其注册商标。注册商标成为其核定使用的商品的通用名称或者没有正当理由连续三年不使用的，任何单位或者个人可以向商标局申请撤销该注册商标。"

《商标法》第五十二条规定，"将未注册商标冒充注册商标使用的，或者使用未注册商标违反本法第十条规定的，由地方工商行政管理部门予以制止，限期改正，并可以予以通报，违法经营额五万元以上的，可以处违法经营额百分之二十以下的罚款，没有违法经营额或者违法经营额不足五万元的，可以处一万元以下的罚款。"

《商标法》第六十条规定，"有本法第五十七条所列侵犯注册商标专用权行为之一，引起纠纷的，由当事人协商解决；不愿协商或者协商不成的，商标注册人或者利害关系人可以向人民法院起诉，也可以请求工商行政管理部门处理。工商行政管理部门处理时，认定侵权行为成立的，责令立即停止侵权行为，没收、销毁侵权商品和主要用于制造侵权商品、伪造注册商标标识的工具，违法经营额五万元以上的，可以处违法经营额五倍以下的罚款，没有违法经营额或者违法经营额不足五万元的，可以处二十五万元以下的罚款。对五年内实施两次以上商标侵权行为或者有其他严重情节的，应当从重处罚。销售不知道是侵犯注册商标专用权的商品，能证明该商品是自己合法取得并说明提供者的，由工商行政管理部门责令停止销售。"

（3）商标权侵权的刑事责任

1）假冒注册商标罪。《刑法》第二百一十三条规定，"未经注册商标所有人许可，在同一种商品服务上使用与其注册商标相同的商标，情节严重的，处三年以下有期徒刑，并处或者单处罚金；情节特别严重的，处三年以上十年以下有期徒刑，并处罚金。"

2）销售假冒注册商标的商品罪。《刑法》第二百一十四条规定，"销售明知是假冒注册商标的商品，违法所得数额较大或者有其他严重情节的，处三年以下有期徒刑，并处或者单处罚金；违法所得数额巨大或者有其他特别严重情节的，处三年以上十年以下有期徒刑，并处罚金。"

3）非法制造、销售非法制造的注册商标标识罪。《刑法》第二百一十五条规定，"伪造、擅自制造他人注册商标标识或者销售伪造、擅自制造的注册商标标识，情节严重的，处三年以下有期徒刑，并处或者单处罚金；情节特别严重的，处三年以上十年以下有期徒刑，并处罚金。"

【典型案例】

背景资料

某建设单位委托某设计院进行一个建设工程项目的设计工作，合同中没有约定工程设计图的归属。设计院委派张某等完成了这一设计任务。该项目完成后，建设单位没有经过设计院同意，将该设计图纸用于另一类似项目。但由于地质条件的差别，工程出现质量问题，给建设单位造成了一定的损失。

问题：

1. 建设单位未经设计院同意，能否将该设计图纸用于另一类似项目，为什么？

2. 建设单位应当向设计院还是向张某等设计人员主张赔偿，这一赔偿请求能否获得支持，为什么？

【案例分析】

1. 建设单位未经设计院同意，不得将该设计图纸用于另一类似项目。该设计图纸对于设计院和建设单位而言，属于委托作品，建设单位是委托人，设计院是受托人。如果双方合同未作明确约定的，著作权属于受托人，即设计院。因此，如果建设单位要再次使用该设计图纸，应当经过设计院同意。

2. 建设单位应当向设计院主张赔偿。因为，虽然这一设计任务是张某等设计人员完成的，但这一职务作品属于"主要是利用法人或者其他组织的物质技术条件创作，并由法人或者其他组织承担责任的工程设计图"。张某等设计人员只享有署名权，著作权的其他权利由法人或者其他组织享有。因此，建设单位应当向设计院主张赔偿。但这一赔偿请求不能获得支持。因为，建设单位将图纸用于另一工程没有经过设计院的同意，设计院不但不用承担责任，反而有权向建设单位要求赔偿。

2.6　建设工程担保制度

2.6.1　担保与担保合同概述 ●

1. 担保概述

担保是指为确保债权人实现其债权，根据法律规定或者合同约定，以债务人或者第三人的信用或者特定财产来促使债务人履行债务的制度。

担保方式为保证、抵押、质押、留置和定金。第三人为债务人向债权人提供担保时，可以要求债务人提供反担保。担保活动应当遵循平等、自愿、公平、诚实信用的原则。

2. 担保合同概述

五种担保方式中，除留置担保属于唯一的一类法定担保外，其他的四种担保方式均属于约定担保，即保证、抵押、质押和定金担保方式的确立均需要由当事人签订合同约定。

设立担保物权，应当依照民法典和其他法律的规定订立担保合同。担保合同包括质押合同、抵押合同和其他具有担保功能的合同。担保合同是主债权债务合同的从合同，主债权债务合同无效的，担保合同无效。担保合同另有约定的，按照约定。担保合同被确认无效后，债务人、担保人、债权人有过错的，应当根据其过错各自承担相应的民事责任。

2.6.2　保证 ●

1. 保证的概念

保证是指保证人和债权人约定，当债务人不履行债务时，保证人按照约定履行债务或者承担责任的行为。五种担保方式中，保证担保属于唯一的一类人的担保。

2. 保证人资格

具有代为清偿债务能力的法人、其他组织或者公民，可以作保证人。机关法人不得为保证人，但经国务院批准为使用外国政府或者国际经济组织贷款进行转贷的除外。以公益为目的的非营利法人、非法人组织不得为保证人。

3. 保证合同

保证人与债权人应当以书面形式订立保证合同。保证人与债权人可以就单个主合同分别订立保证合同，也可以协议在最高债权额限度内就一定期间连续发生的借款合同或者某项商品交易合同订立一个保证合同。

《民法典》第六百八十四条规定，"保证合同的内容一般包括被保证的主债权种类、数额，债务人履行债务的期限，保证的方式、范围、期间等条款。"保证合同不完全具备前款规定内容的，可以补正。

4. 保证方式

《民法典》第六百八十六条规定，"保证的方式有一般保证和连带责任保证。"

（1）一般保证。当事人在保证合同中约定，债务人不能履行债务时，由保证人承担保证责任的，为一般保证。一般保证的保证人在主合同纠纷未经审判或者仲裁，并就债务人财产依法强制执行仍不能履行债务前，对债权人可以拒绝承担保证责任。

（2）连带责任保证。当事人在保证合同中约定保证人与债务人对债务承担连带责任的，为连带责任保证。连带责任保证的债务人在主合同规定的债务履行期届满没有履行债务的，债权人可以要求债务人履行债务，也可以要求保证人在其保证范围内承担保证责任。

《民法典》第六百八十六条规定，"当事人在保证合同中对保证方式没有约定或者约定不明确的，按照一般保证承担保证责任。"

5. 保证责任

根据《民法典》关于担保内容的相关规定，保证担保的范围包括主债权及利息、违约金、损害赔偿金和实现债权的费用。保证合同另有约定的，按照约定。当事人对保证担保的范围没有约定或者约定不明确的，保证人应当对全部债务承担责任。

保证期间，债权人依法将主债权转让给第三人的，保证人在原保证担保的范围内继续承担保证责任。保证合同另有约定的，按照约定。保证期间，债权人许可债务人转让债务的，应当取得保证人书面同意，保证人对未经其同意转让的债务，不再承担保证责任。债权人与债务人协议变更主合同的，应当取得保证人书面同意，未经保证人书面同意的，保证人不再承担保证责任。保证合同另有约定的，按照约定。

《民法典》第六百九十二条第2款规定，"债权人与保证人可以约定保证期间，但是约定的保证期间早于主债务履行期限或者与主债务履行期限同时届满的，视为没有约定；没有约定或者约定不明确的，保证期间为主债务履行期限届满之日起六个月。债权人与债务人对主债务履行期限没有约定或者约定不明确的，保证期间自债权人请求债务人履行债务的宽限期届满之日起计算。"

《民法典》第三百九十二条规定，"被担保的债权既有物的担保又有人的担保的，债务人不履行到期债务或者发生当事人约定的实现担保物权的情形，债权人应当按照约定实现债权；没有约定或者约定不明确，债务人自己提供物的担保的，债权人应当先就该物的担保实现债权；第三人提供物的担保的，债权人可以就物的担保实现债权，也可以请求保证人承担保证责任。提供担保的第三人承担担保责任后，有权向债务人追偿。"

2.6.3 抵押

1. 抵押的概念

《民法典》第三百九十四条规定，"为担保债务的履行，债务人或者第三人不转移财产的占有，将该财产抵押给债权人的，债务人不履行到期债务或者发生当事人约定的实现抵押权的情形，债权人有权就该财产优先受偿。"

2. 抵押物

《民法典》第三百九十五条规定，"债务人或者第三人有权处分的下列财产可以抵押：（一）建筑物和其他土地附着物；（二）建设用地使用权；（三）以招标、拍卖、公开协商等方式取得的荒地等土地承包经营权；（四）生产设备、原材料、半成品、产品；（五）正在建造的建筑物、船舶、航空器；（六）交通运输工具；（七）法律、行政法规未禁止抵押的其他财产。抵押人可以将前款所列财产一并抵押。"

《民法典》第三百九十九条规定，"下列财产不得抵押：（一）土地所有权；（二）宅基地、自留地、自留山等集体所有的土地使用权，但法律规定可以抵押的除外；（三）学校、幼儿园、医疗机构等以公益为目的成立的非营利法人的教育设施、医疗卫生设施和其他社会公益设施；（四）所有权、使用权不明或者有争议的财产；（五）依法被查封、扣押、监管的财产；（六）法律、行政法规规定不得抵押的其他财产。"

3. 抵押合同

《民法典》第四百条规定，"设立抵押权，当事人应当采取书面形式订立抵押合同。抵押合同一般包括下列条款：（一）被担保债权的种类和数额；（二）债务人履行债务的期限；（三）抵押财产的名称、数量等情况；（四）担保的范围。"

《民法典》第四百零一条规定，"抵押权人在债务履行期届满前，与抵押人约定债务人不履行到期债务时抵押财产归债权人所有，只能依法就抵押财产优先受偿。"

4. 抵押登记

根据《民法典》第四百零二条的规定，"建筑物和其他土地附着物、建设用地使用权、海域使用权的财产或者依法被查封、扣押、监管的财产正在建造的建筑物抵押的，应当办理抵押登记。抵押权自登记时设立。"

《民法典》第四百零三条规定，"以动产抵押的，抵押权自抵押合同生效时设立；未经登记，不得对抗善意第三人。"

5. 抵押的效力

《民法典》第三百八十九条规定，"担保物权的担保范围包括主债权及其利息、违约金、损害赔偿金、保管担保财产和实现担保物权的费用。当事人另有约定的，按照其约定。"

《民法典》第四百零六条规定，"抵押期间，抵押人可以转让抵押财产。当事人另有约定的，按照其约定。抵押财产转让的，抵押权不受影响。抵押人转让抵押财产的，应当及时通知抵押权人。抵押权人能够证明抵押财产转让可能损害抵押权的，可以请求抵押人将转让所得的价款向抵押权人提前清偿债务或者提存。转让的价款超过债权数额的部分归抵押人所有，不足部分由债务人清偿。"

《民法典》第四百零八条规定，"抵押人的行为足以使抵押财产价值减少的，抵押权人有权请求抵押人停止其行为；抵押财产价值减少的，抵押权人有权请求恢复抵押财产的价值，或者提供与减少的价值相应的担保。抵押人不恢复抵押财产的价值，也不提供担保的，抵押权人有权请求债务人提前清偿债务。"

《民法典》还规定，抵押权不得与债权分离而单独转让或者作为其他债权的担保。抵押权与其担保的债权同时存在，债权消灭的，抵押权也消灭。

6. 抵押权的实现

《民法典》第四百一十条规定，"债务人不履行到期债务或者发生当事人约定的实现抵押权的情形，抵押权人可以与抵押人协议以抵押财产折价或者以拍卖、变卖该抵押财产所得的价款优先受偿。协议损害其他债权人利益的，其他债权人可以请求人民法院撤销该协议。抵押权人与抵押人未就抵押权实现方式达成协议的，抵押权人可以请求人民法院拍卖、变卖抵押财产。抵押财产折价或者变卖的，应当参照市场价格。"

《民法典》第四百一十四条规定，"同一财产向两个以上债权人抵押的，拍卖、变卖抵押财产所得的价款依照下列规定清偿：（一）抵押权已经登记的，按照登记的时间先后确定清偿顺序；（二）抵押权已经登记的先于未登记的受偿；（三）抵押权未登记的，按照债权比例清偿。其他可以登记的担保物权，清偿顺序参照适用前款规定。"

2.6.4 质权

1. 质权的概念

根据《民法典》的规定，质权一般指质押。质押是指债务人或者第三人将其动产或权利移交债权人占有，将该动产或权利作为债权的担保的法律行为。当债务人不履行债务时，债权人有权依照法律规定，以其占有的财产优先受偿。其中，债务人或第三人为出质人，债权人为质权人，移交的动产或权利为质物。

2. 质权的种类

根据《民法典》的规定，质押分为动产质权和权利质权两类。

动产质权时，出质人和质权人应当以书面形式订立质押合同。质押合同自质物移交于质权人占有时生效。出质人和质权人在合同中不得约定在债务履行期届满质权人未受清偿时，质物的所有权转移为质权人所有。法律、行政法规禁止转让的动产不得出质。

权利质权，是指以可让与的财产权利作为标的的质押。《民法典》第四百四十条规定，"债务人或者第三人有权处分的下列权利可以出质：（一）汇票、支票、本票；（二）债券、存款单；（三）仓单、提单；（四）可以转让的基金份额、股权；（五）可以转让的注册商标专用权、专利权、著作权等知识产权中的财产权；（六）应收账款；（七）法律、行政法规规定可以出质的其他财产权利。"

3. 抵押与质押的区别

（1）生效界限不同

抵押大都须要登记才能生效，质押则须转移质押物占有才能生效。

（2）标的不同

抵押的标的物通常以不动产为主，还有部分特殊动产，例如房子、船舶等；质押则以动产、财产权利为主，例如汽车、股权等。

（3）效力不同

抵押只有单纯的担保效力，而质押中质权人既支配质物，又能体现留置效力。

（4）变现的方式不同

抵押权的实现主要通过向法院申请拍卖，而质押权的实现则多进行直接变卖。

2.6.5 留置

1. 留置的概念

留置是指债权人按照合同约定占有债务人的动产，当债务人不按照合同约定的期限履行债务时，债权人有权留置该财产，以该财产折价或者以拍卖、变卖该财产的价款优先受偿。在《民法典》规定的五种担保方式中，留置担保是唯一的一类法定担保，无需当事人事先约定。留置的财产仅限于动产，对不动产不得适用留置。

2. 留置的有关法律规定

因保管合同、运输合同、加工承揽合同发生的债权，债务人不履行债务的，债权人有留置权。法律规定可以留置的其他合同，适用前款规定。当事人可以在合同中约定不得留置的物。

行纪人完成或者部分完成委托事务的，委托人应当向其支付相应的报酬。委托人逾期不支付报酬的，行纪人对委托物享有留置权，但当事人另有约定的除外。也就是说，留置适用于行纪合同，也适用于仓储合同。

2.6.6 定金

1. 定金的概念

定金是指合同当事人为了确保合同的履行，根据法律规定和合同约定，由一方当事人预先给付对方当事人一定数额的金钱。

定金为金钱担保，具有双向性，即当事人双方无论哪一方违约，均应受到定金的惩罚。另外，为确立定金担保而签订的定金合同属于实践性合同，而非诺成性合同。

2. 定金的有关法律规定

《民法典》第五百八十六条规定，"当事人可以约定一方向对方给付定金作为债权的担保。定金合同自实际交付定金时成立。"《民法典》第五百八十七条规定，"债务人履行债务的，定金应当抵作价款或者收回。给付定金的一方不履行债务或者履行债务不符合约定，致使不能实现合同目的的，无权请求返还定金；收受定金的一方不履行债务或者履行债务不符合约定，致使不能实现合同目的的，应当双倍返还定金。"

《民法典》第五百八十六条规定，"定金的数额由当事人约定；但是，不得超过主合同标的额的百分之二十，超过部分不产生定金的效力。实际交付的定金数额多于或者少于约定数额的，视为变更约定的定金数额。"

《民法典》第五百八十八条规定，"当事人既约定违约金，又约定定金的，一方违约时，对方可以选择适用违约金或者定金条款。"

【典型案例】

背景资料

A公司与B公司共同出资设立了注册资本为80万元人民币的C有限责任公司。A的协议出资额为70万元，但未到位；B的出资额为10万元人民币，已经到位。C公司成立后与D银行订立了一个借款合同，借款额为50万元人民币，期限为1年，利息5万元。该借款合同由E公司作为担保人，E公司将其一处评估价为80万元的土地使用权抵押给了D银行。C公司在经营中亏损，借款到期后无力还款。

问题：

1. D银行能否要求A公司承担还款责任，为什么？

2. D银行能否要求B公司承担还款责任，为什么？

3. D银行能否要求C公司承担还款责任，为什么？

4. D银行能否要求E公司承担还款责任，为什么？

【案例分析】

1. 可以要求A公司承担还款责任。因为，A公司的注册资金没有到位，应当在认缴出资额的范围内对C公司的债务承担连带责任。按照2018年10月经修改后公布的《中华人民共和国公司法》（下简称《公司法》）第三条规定，"有限责任公司的股东以其认缴的出资额为限对公司承担责任。"A公司是C公司的股东，认缴的出资额为70万，但没有到位，D银行有权要求A公司在70万元限额内承担还款责任。

2. 不能要求B公司承担还款责任。因为，按照《公司法》第三条规定，"有限责任公司的股东以其认缴的出资额为限对公司承担责任。"B公司认缴的出资已经到位，B公司以其认缴的出资额为限对C公司的债务承担责任。

3. 可以要求C公司承担还款责任。因为，D银行与C公司存在合同关系，C公司是债务人。《民法典》第一百一十九条规定，"依法成立的合同，对当事人具有法律约束力。"当事人应当按照约定履行自己的义务，不得擅自变更或者解除合同。

4. 不能要求E公司承担还款责任。E公司作为抵押人而不是债务人，D银行只能要求处分抵押物，无权要求E公司承担连带责任。《民法典》第四百一十条规定，"债务人不履行到期债务或者发生当事人约定的实现抵押权的情形，抵押权人可以与抵押人协议以抵押财产折价或者以拍卖、变卖该抵押财产所得的价款优先受偿。"《民法典》第四百一十三条规定，"抵押财产折价或者拍卖、变卖后，其价款超过债权数额的部分归抵押人所有，不足部分由债务人清偿。"因此，当抵押物价款低于担保的数额时，债权人只能向债务人主张债权。

2.7　建设工程保险制度

2.7.1　保险概述

1. 保险的概念

《中华人民共和国保险法》（下简称《保险法》）第二条规定，"本法所称保险，是指投保人根据合同约定，向保险人支付保险费，保险人对于合同约定的可能发生的事故因其发生所造成的财产损失承担赔偿保险金责任，或者当被保险人死亡、伤残、疾病或者达到合同约定的年龄、期限等条件时承担给付保险金责任的商业保险行为。"

2. 保险的构成要件

（1）危险存在。保险须有危险存在。危险的存在是构成保险的前提条件。保险危险须具有不确定性，主要表现为：发生与否不确定；何时发生不确定；发生所造成的损失不确定；危险是投保人无法控制的。

（2）众人协力。保险是通过多数人投保，用共同筹集的资金建立保险基金，以补偿少数人的损失，其商业机制在于集合危险，分散损失，在投保人之间形成互助共济关系。

（3）损失补偿。保险的实质不是保证不发生危险、不遭受损失，而是对危险事故造成的损失予以经济补偿。保险的直接功能就在于补偿被保险人因意外事故发生所受到的损失。

2.7.2　保险合同

1. 保险合同的概念

《保险法》第十条规定，"保险合同是投保人与保险人约定保险权利义务关系的协议。"根据保险合同的标的不同，保险合同划分为财产保险合同和人身保险合同两类。

财产保险是指以财产及其有关利益为保险标的的保险合同，如建筑工程一切险和安装工程一切险即为财产保险合同。人身保险合同是指以人的寿命和身体为保险标的的保险合同，如意外伤害保险合同即为人身保险合同。

2. 保险合同的主体

（1）保险合同的当事人

投保人是指与保险人订立保险合同，并按照合同约定负有支付保险费义务的人。保险人是指与投保人订立保险合同，并按照合同约定承担赔偿或者给付保险金责任的保险公司。

（2）保险合同的关系人。在保险合同中，还会涉及被保险人和受益人。所谓被保险人是指其财产或者人身受保险合同保障，享有保险金请求权的人。投保人可以为被保险人。所谓受益人是指人身保险合同中由被保险人或者投保人指定的享有保险金请求权的人。投保人、被保险人可以为受益人。

3. 保险合同的形式

根据《保险法》第十三条规定，"保险单或者其他保险凭证应当载明当事人双方约定的合同内容。当事人也可以约定采用其他书面形式载明合同内容。"实践中，常见的保险合同的形式有：投保单、保险单、暂保单、保险凭证等。其中，保险单是保险合同正式的书面凭证。

4. 索赔和理赔

（1）索赔

《保险法》第二十一条规定，"投保人、被保险人或者受益人知道保险事故发生后，应当及时通知保险人。故意或者因重大过失未及时通知，致使保险事故的性质、原因、损失程度等难以确定的，保险人对无法确定的部分，不承担赔偿或者给付保险金的责任，但保险人通过其他途径已经及时知道或者应当及时知道保险事故发生的除外。"

《保险法》第二十二条规定，"保险事故发生后，按照保险合同请求保险人赔偿或者给付保险金时，投保人、被保险人或者受益人应当向保险人提供其所能提供的与确认保险事故的性质、原因、损失程度等有关的证明和资料。"

（2）理赔

《保险法》第二十三条规定，"保险人收到被保险人或者受益人的赔偿或者给付保险金的请求后，应当及时作出核定；情形复杂的，应当在三十日内作出核定，但合同另有约定的除外。保险人应当将核定结果通知被保险人或者受益人；对属于保险责任的，在与被保险人或者受益人达成赔偿或者给付保险金的协议后十日内，履行赔偿或者给付保险金义务。保险合同对赔偿或者给付保险金的期限有约定的，保险人应当按照约定履行赔偿或者给付保险金义务。保险人未及时履行前款规定义务的，除支付保险金外，应当赔偿被保险人或者受益人因此受到的损失。"

《保险法》第二十五条规定，"保险人自收到赔偿或者给付保险金的请求和有关证明、资料之日起六十日内，对其赔偿或者给付保险金的数额不能确定的，应当根据已有证明和资料可以确定的数额先予支付；保险人最终确定赔偿或者给付保险金的数额后，应当支付相应的差额。"

2.7.3 建设工程保险的主要种类 ·· ●

1. 建设工程保险概述

建设工程保险，通常是指发包人或者承包人为了建设工程项目的顺利完成，向保险人购买保险，保险人根据合同约定对工程建设过程中可能产生的财产损失和人身伤害承担赔偿责任的商业保险行为。

建设工程保险有广义和狭义的区分：广义的建设工程保险包括建筑工程一切险、安装工程一切险、工程机械设备损坏险、意外伤害险等一切与工程风险有密切联系的险种；狭义的建设工程保险仅指建筑工程一切险、安装工程一切险。

2. 建筑工程一切险

（1）建筑工程一切险的概念

建筑工程一切险是指工程参建单位为建筑工程项目进行全面投保，保险人根据合同约定，对在施工期间工程本身、施工机具或者工地设备因自然灾害或者意外事故而遭受的损失承担赔偿责任的一种保险。

建筑工程一切险一般还附加第三者责任险。第三者责任险，是指保险人根据合同约定对在保险有效期限内因施工发生意外事故给第三方造成的财产损失或者人身伤害向第三方承担赔偿责任的一种保险。

（2）投保人和被保险人

建筑工程一切险的被保险人可以包括：①业主；②总承包商；③分包商；④业主聘用的技术顾问，如业主聘用的建筑师、监理工程师等；⑤与工程有密切联系的其他单位或者个人，如贷款银行或者投资人。

（3）保险责任范围

建筑工程一切险的保险范围包括：①自然灾害，是指地震、海啸、雷电、飓风、台风、龙卷风、风暴、暴雨、洪水、水灾、冻灾、冰雹、地陷下沉、山崩、雪崩、火山爆发及其他人力不可抗拒的破坏力强大的自然事件；②意外事故，是指不可预料的以及被保险人无法控制并造成物质损失或人身伤亡的突发性事件，包括火灾、爆炸、飞机坠毁或物体坠落等；③人为风险，指盗窃、工人或技术人员缺乏经验、疏忽、过失、恶意行为；④其他不可预见的事故等。

（4）除外责任

保险人对于下列原因所造成的损失不负赔偿责任：①设计错误引起的损失和费用；②自然磨损、内在或潜在的缺陷、物质本身的变化、自燃、自热、氧化、锈蚀、渗漏、鼠咬、虫蛀、大气（气候或气温）变化、正常水位变化或其他渐变原因造成的保险财产自身的损失和费用；③因原材料缺陷或工艺不善引起的保险财产本身的损失以及为换置、修理或矫正这些缺点错误所支付的费用；④非外力引起的机械或电气装置的本身损失，或施工用机具、设备、机械装置失灵造成的本身损失；⑤维修保养或正常检修的费用；⑥档案、文件、账簿、票据、现金、各种有价证券、图表资料及包装物料的损失；⑦盘点时发现的短缺；⑧领有公共运输行驶执照的，或已由其他保险予以保障的车辆、船舶和飞机的损失；⑨除非另有约定，在保险工程开始以前已经存在或形成的位于工地范围内或其周围的属于被保险人的财产损失；⑩除非另有约定，在保险单保险期限终止以前，保险财产中已由工程所有人签发验收证书或验收合格或实际占有或使用或接受的部分。

（5）保险期限

建筑工程一切险的保险期限为自保险工程在工地动工或用于保险工程的材料、设备运抵工地之时起始，至工程所有人对部分或全部工程签发完工验收证书或验收合格，或工程所有人实际占有或使用或接收该部分或全部工程之时终止，以先发生者为准。但在任何情况下，保险期限的起始或终止不得超出保险单明细表中列明的保险生效日或终止日。

（6）赔偿限额

保险人应当按照保险单的约定，承担赔偿责任，但对每一建筑工程保险项目的赔偿责任均不得超过保险单明细表中对应列明的分项保险金额以及保险单特别条款或批单中规定的其他适用的赔偿限额。且在任何情况下，在保险单项下承担的对物质损失的最高赔偿责任不得超过保险单明细表中列明的总保险金额。

3. 安装工程一切险

（1）安装工程一切险的概念

安装工程一切险是指保险人根据保险合同的约定对被保险工程项目在机械安装及钢结构项目施工等工程中由于自然灾害、意外事故，以及机械事故等造成的物质损失和费用进行赔偿的保险。

安装工程一切险一般还附加第三者责任险。第三者责任险是指保险人根据合同约定对在保险期限内因安装工程发生意外事故给第三方造成的财产损失或者人身伤害向第三方承担赔偿责任的一种保险。

（2）保险责任范围

安装工程一切险的保险责任范围与上述建筑工程一切险的保险责任范围基本相同，故在此不作赘述。

（3）除外责任

保险人对于下列原因所造成的损失不负赔偿责任：①因设计错误、铸造或原材料缺陷或工艺不善引起的保险财产本身的损失以及为换置、修理或矫正这些缺点错误所支付的费用；②由于超负荷、超电压、碰线、电弧、漏电、短路、大气放电及其他电气原因造成电气设备或电气用具本身的损失；③施工用机具、设备、机械装置失灵造成的本身损失；④自然磨损、内在或潜在缺陷、物质本身变化、自燃、自热、氧化、锈蚀、渗漏、鼠咬、虫蛀、大气（气候或气温）变化、正常水位变化或其他渐变原因造成的被保险财产自身的损失和费用；⑤维修保养或正常检修的费用；⑥档案、文件、账簿、票据、现金、各种有价证券、图表资料及包装物料的损失；⑦盘点时发现的短缺；⑧领有公共运输行驶执照的，或已由其他保险予以保障的车辆、船舶和飞机的损失；⑨除非另有约定，在被保险工程开始以前已经存在或形成的位于工地范围内或其周围的属于被保险人的财产的损失；⑩除非另有约定，在保险单保险期限终止以前，保险财产中已由工程所有人签发完工验收证书或验收合格或实际占有或使用或接收的部分。

（4）保险期限

安装工程一切险的保险期限为自保险工程在工地动工或用于保险工程的材料、设备运抵工地之时起始，至工程所有人对部分或全部工程签发完工验收证书或验收合格，或工程所有人实际占有或使用接收该部分或全部工程之时终止，以先发生者为准。但在任何情况下，工期的起始或终止不得超出保险单明细表中列明的工期保险生效日或终止日。

4. 工伤保险和意外伤害保险

（具体内容见本教材 10.2 社会保险制度）

5. 保险代理人和保险经纪人

《保险法》第一百一十七条规定，"保险代理人是根据保险人的委托，向保险人收取佣金，并在保险人授权的范围内代为办理保险业务的机构或者个人。"《保险法》第一百一十八条规定，"保险经纪人是基于投保人的利益，为投保人与保险人订立保险合同提供中介服务，并依法收取佣金的机构。"

保险代理人和保险经纪人都是保险中介人，但二者主要存在有如下区别：①代表的利益不同。保险代理人为保险公司代理业务，代表保险公司的利益。保险经纪人是接受客户委托，代表的是客户的利益。②责任主体不同。保险代理人根据保险人的授权代为办理保险业务的行为，由保险人承担责任。保险经纪人因过错给投保人、被保险人造成损失的，依法承担赔偿责任。③从业范围不同。保险代理人只能代理一家保险公司的产品，产品单一。保险经纪人则可提供多家保险公司的产品来满足客户不同的保险需求。④提供的服务不同。保险代理人一般只代理保险公司销售保险产品。保险经纪人则可为客户提供风险管理、保险安排、协助索赔及追偿等全过程服务。

【典型案例】

背景资料

2008 年 10 月 10 日，某单位与某保险公司签订了《建筑工程一切险及第三者责任险》，保险项目为建筑工程（包括永久和临时工程及材料），投保金额为 3.07 亿元。保险期限自 2008 年 10 月 10 日 0 时起至 2011 年 4 月 22 日 24 时止。双方在保险合同中将各种自然灾害引起的物质损失绝对免赔额分别作了限定，并特别约定：物质损失部分每次事故赔偿限额人民币 300 万元。2008 年 10 月 15 日施工单位一次性缴纳了保险费 130 余万元。

2009 年 7 月 29 日，该地区遭遇特大暴雨，山洪暴发，致使施工区域内山体塌方，施工便道被冲毁，大量桩基被埋，抗滑桩垮塌，部分施工材料被冲走，工地受损严重。该单位经估算，预计损失金额为 256 万余元。保险公司接到报案后，聘请了某保险公估公司对事故现场进行了实地勘察，先后出具了两次损失统计表，其定损金额均与该单位实际受损情况存在很大差异。该单位提出异议，对受损金额不予认可，故全权委托某保险经纪公司为其保险顾问。

问题： 保险经纪公司如何发挥保险顾问作用？

【案例分析】

保险经纪公司对损失勘查记录进行了分析，经核算后，认为保险公估公司出具的损失统计表中对计算单价均作了 20% 的折扣，此做法是没有依据的。根据保险公司所出示的保险条款第十二条第 2 款的规定，"全部损失或推定全损以保险财产损失前的实际价值考虑。"第十三条第 1 款规定，"保险金额等于或高于应保险金额时，按实际损失计算赔偿，最高不超过应保险金额。"由于计算单价在工程承包合同的工程量清单中是固定的，因此应以实际价值进行估算。最终，保险公司按照保险合同的约定，在扣除不足额投保率、免赔额等因素后，共计支付赔款 139 万余元。

2.8　建设工程法律责任制度

2.8.1　法律责任的概念和特征 ·······················●

1. 法律责任的概念

法律责任，是指行为人由于违法行为、违约行为或者由于法律规定所应当承担的某种不利的法律后果。

根据引起责任的行为性质不同，法律责任可以划分为刑事责任、民事责任、行政责任、违宪责任和国家赔偿责任五类。

2. 法律责任的特征

法律责任具有如下特征：①法律责任是因违反法律义务而产生的法律后果，法律义务的存在是法律责任形成的前提；②法律责任是一种承担不利后果的责任方式；③法律责任的大小与违法程度相适应；④法律责任由国家专门机关认定；⑤法律责任的追究由国家强制力实施或者潜在保证。

2.8.2　建设工程民事责任 ·······························●

1. 民事责任的概念

民事责任是指民事主体由于违反民事法律、违约或者由于民法规定所应承担的一种法律责任。

民事责任是一种救济责任。民事责任的功能主要在于救济当事人的权利，赔偿或者补偿当事人的损失。当然，民事责任也具有惩罚功能，如违约金就具有该功能。

2. 民事责任的种类

根据民事责任承担的原因不同，民事责任可以划分为违约责任和侵权责任两类。

违约责任是指合同当事人由于没有履行或者没有完全履行合同义务，根据法律的规定或者合同的约定所应当承担的民事责任。侵权责任是指行为人由于侵害他人的民事权益，依法所应当承担的民事责任。

《民法典》第一百八十六条规定，"因当事人一方的违约行为，损害对方人身、财产权益的，受损害方有权选择依照本法要求其承担违约责任或者依照其他法律要求其承担侵权责任。"也就是说，当违约责任与侵权责任竞合时，二者只能择一适用。

3. 民事责任的承担方式

《民法典》第一百七十九条规定，"承担民事责任的方式主要有：（一）停止侵害；（二）排除妨碍；（三）消除危险；（四）返还财产；（五）恢复原状；（六）修理、重作、更换；（七）继续履行；（八）赔偿损失；（九）支付违约金；（十）消除影响、恢复名誉；（十一）赔礼道歉。法律规定惩罚性赔偿的，依照其规定。本条规定的承担民事责任的方式，可以单独适用，也可以合并适用。"

支付违约金，属于违约责任，仅适用于违约行为，不能适用于侵权行为。

2.8.3 建设工程行政责任 ●

1. 行政责任的概念

行政责任是指行政法律关系主体因违反行政法律规定依法应当承担的行政法律后果，它包括行政处分和行政处罚两种情况。

2. 行政处分

行政处分是指国家机关、企事业单位对其国家工作人员违反行政法规范的行为所实施制裁的内部行政行为。

《中华人民共和国公务员法》（下简称《公务员法》）第六十二条规定，"处分分为：警告、记过、记大过、降级、撤职、开除。"

3. 行政处罚

行政处罚是指行政主体依照法定职权和程序对违反行政法规范的行政相对人给予制裁的外部行政行为。

《行政处罚法》第九条规定，"行政处罚的种类：（一）警告、通报批评；（二）罚款、没收违法所得、没收非法财物；（三）暂扣许可证件、降低资质等级、吊销许可证件；（四）限制开展生产经营活动、责令停产停业、责令关闭、限制从业；（五）行政拘留；（六）法律、行政法规规定的其他行政处罚。"

2.8.4 建设工程刑事责任 ●

1. 刑事责任的概念

刑事责任是指行为人因违反刑事法律规范，实施犯罪行为，依法应当承担的刑事法律后果。刑事责任在各种法律责任中是一种最严厉的惩罚措施。

2. 刑事责任的承担方式

刑事责任的主要承担方式是刑罚。

《刑法》规定，刑罚分为主刑和附加刑。主刑的种类如下：①管制；②拘役；③有期徒刑；④无期徒刑；⑤死刑。

附加刑的种类如下：①罚金；②剥夺政治权利；③没收财产。附加刑也可以独立适用。

对于犯罪的外国人，可以独立适用或者附加适用驱逐出境。

3. 常见的建设工程刑事责任

（1）串通投标罪

投标人相互串通投标报价，损害招标人或者其他投标人利益，情节严重的，处三年以下有期徒刑或者拘役，并处或者单处罚金。投标人与招标人串通投标，损害国家、集体、公民的合法利益的，依照前款的规定处罚。

（2）重大责任事故罪

《刑法》第一百三十四条规定，"在生产、作业中违反有关安全管理的规定，因而发生重大伤亡事故或者造成其他严重后果的，处三年以下有期徒刑或者拘役；情节特别恶劣的，处三年以上七年以下有期徒刑。"

根据有关司法解释的规定，具有下列情形之一的，属于重大伤亡事故或者造成其他严重后果：①造成死亡一人以上，或者重伤三人以上的；②造成直接经济损失一百万元以上的；③造成其他严重后果或重大安全事故的情形。

（3）强令违章冒险作业罪

《刑法》第一百三十四条规定，"强令他人违章冒险作业，或者明知存在重大事故隐患而不排除，仍冒险组织作业，因而发生重大伤亡事故或者造成其他严重后果的，处五年以下有期徒刑或者拘役；情节特别恶劣的，处五年以上有期徒刑。"

（4）重大劳动安全事故罪

《刑法》第一百三十五条规定，"安全生产设施或者安全生产条件不符合国家规定，因而发生重大伤亡事故或者造成其他严重后果的，对直接负责的主管人员和其他直接责任人员，处三年以下有期徒刑或者拘役；情节特别恶劣的，处三年以上七年以下有期徒刑。"

（5）工程重大安全事故罪

《刑法》第一百三十七条规定，"建设单位、设计单位、施工单位、工程监理单位违反国家规定，降低工程质量标准，造成重大安全事故的，对直接责任人员，处五年以下有期徒刑或者拘役，并处罚金；后果特别严重的，处五年以上十年以下有期徒刑，并处罚金。"

本章小结

本章基本内容包括建设工程法人制度，建设工程代理制度，建设工程物权制度，建设工程债权制度，建设工程知识产权制度，建设工程担保制度，建设工程保险制度和建设工程法律责任。其中，建设工程法人制度主要涉及法人的概念和特征，法人的成立条件，法人的分类和企业法人与项目部的法律关系。建设工程代理制度主要涉及代理的法律特征和主要种类以及建设工程代理行为及其法律关系。建设工程物权制度主要涉及物权的主要种类和与土地相关的物权。建设工程债权制度主要涉及债的基本法律关系和债发生的原因。建设工程知识产权制度主要涉及知识产权的概念和特征，著作权，专利权和商标权。建设工程担保制度主要涉及担保与担保合同概述，保证，抵押，质权，留置和定金。建设工程保险制度主要涉及保险概述，保险合同和建设工程保险的主要种类。建设工程法律责任制度主要涉及法律责任的概念和特征，建设工程民事责任，建设工程行政责任和建设工程刑事责任。

本章习题

一、选择题
请扫描二维码完成自测。

第 2 章选择题

二、简答题
1. 法人具有哪些特征？
2. 简述代理的特征，代理包括哪几类？
3. 物权包括哪几类？所有权的权能包括哪几个方面？担保物权包括哪几类？
4. 债发生的原因主要有哪些？
5. 简述抵押与质押的区别。
6. 分别写出行政处分和行政处罚的种类。

3 施工许可法律制度

1. 了解有关法律知识;
2. 熟悉有关法律规定;
3. 培养法律务实能力;
4. 提升学生思政素养。

思维导图

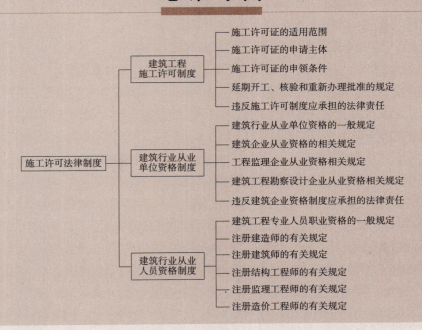

施工许可法律制度

建筑工程施工许可制度
- 施工许可证的适用范围
- 施工许可证的申请主体
- 施工许可证的申领条件
- 延期开工、核验和重新办理批准的规定
- 违反施工许可制度应承担的法律责任

建筑行业从业单位资格制度
- 建筑行业从业单位资格的一般规定
- 建筑企业从业资格的相关规定
- 工程监理企业从业资格相关规定
- 建筑工程勘察设计企业从业资格相关规定
- 违反建筑企业资格制度应承担的法律责任

建筑行业从业人员资格制度
- 建筑工程专业人员职业资格的一般规定
- 注册建造师的有关规定
- 注册建筑师的有关规定
- 注册结构工程师的有关规定
- 注册监理工程师的有关规定
- 注册造价工程师的有关规定

思 政 导 引

近年来，党中央、国务院在全国范围内提出了审批制度改革和营商环境改革，在各级人民政府的努力下，行政审批事项效率极大提高，营商环境得到有效改善，体现出中国共产党为民服务的宗旨。

2018 年 5 月，国务院办公厅发布《国务院办公厅关于开展工程建设项目审批制度改革试点的通知》(国办发〔2018〕33 号)，开始在北京、天津、上海等省市开展工程建设项目审批制度改革。2019 年 3 月，国务院办公厅发布《国务院办公厅关于全面开展工程建设项目审批制度改革的实施意见》(国办发〔2019〕11 号)，指导思想是：以习近平新时代中国特色社会主义思想为指导，深入贯彻党的十九大和十九届二中、三中全会精神，坚持以人民为中心，牢固树立新发展理念，以推进政府治理体系和治理能力现代化为目标，以更好更快方便企业和群众办事为导向，加大转变政府职能和简政放权力度，全面开展工程建设项目审批制度改革，统一审批流程，统一信息数据平台，统一审批管理体系，统一监管方式，实现工程建设项目审批"四统一"。到目前为止，基本建成了全国统一的工程建设项目审批和管理体系。

职业道德素养的培养是职业教育培养人才的重要方面，《注册建造师管理规定》《中华人民共和国注册建筑师条例实施细则》等相关规定，对建造师、建筑师、监理工程师等从业人员的权利义务做出了相应规定，对恪守职业道德、遵纪守法做出了要求。由于建筑行业的特点，从业人员的素质对建筑工程质量、安全及建筑行业的发展影响很大。正是由于广大建筑行业从业者恪守职业道德、遵纪守法，我国建筑行业才飞速发展，取得了举世瞩目的成就。

3.1 建筑工程施工许可制度

3.1.1 施工许可证的适用范围

1. 需要办理施工许可证的建设工程

《建筑法》第七条规定，"建筑工程开工前，建设单位应当按照国家有关规定向工程所在地县级以上人民政府建设行政主管部门申请领取施工许可证。"

《建筑工程施工许可管理办法》第二条规定，"在中华人民共和国境内从事各类房屋建筑及其附属设施的建造、装修装饰和与其配套的线路、管道、设备的安装，以及城镇市政基础设施工程的施工，建设单位在开工前应当依照本办法的规定，向工程所在地的县级以上地方人民政府住房城乡建设主管部门（以下简称发证机关）申请领取施工许可证。"

《关于工程总承包项目和政府采购工程建设项目办理施工许可手续有关事项的通知》（建办市〔2017〕46号）规定，对采用工程总承包模式的工程建设项目，在施工许可证及其申请表中增加"工程总承包单位"和"工程总承包项目经理"栏目。各级住房城乡建设主管部门可以根据工程总承包合同及分包合同确定设计、施工单位，依法办理施工许可证。对在工程总承包项目中承担分包工作，且已与工程总承包单位签订分包合同的设计单位或施工单位，各级住房城乡建设主管部门不得要求其与建设单位签订设计合同或施工合同，也不得将上述要求作为申请领取施工许可证的前置条件。对依法通过竞争性谈判或单一来源方式确定供应商的政府采购工程建设项目，应严格执行《建筑法》《建筑工程施工许可管理办法》等规定，对符合申请条件的，应当颁发施工许可证。

2. 不需要办理施工许可证的建设工程

（1）限额以下的小型工程

《建筑法》规定，国务院建设行政主管部门确定的限额以下的小型工程，可以不办理施工许可证。《建筑工程施工许可管理办法》第二条进一步规定，"工程投资额在30万元以下或者建筑面积在300平方米以下的建筑工程，可以不申请办理施工许可证。省、自治区、直辖市人民政府住房城乡建设主管部门可以根据当地的实际情况，对限额进行调整，并报国务院住房城乡建设主管部门备案。"

（2）抢险救灾等工程

《建筑法》第八十三条规定，"抢险救灾及其他临时性房屋建筑和农民自建低层住宅的建筑活动，不适用本法。"故上述工程可以不办理施工许可证。

（3）军用房屋建筑工程

《建筑法》第八十四条规定，"军用房屋建筑工程建筑活动的具体管理办法，由国务院、中央军事委员会依据本法制定。"

（4）实行开工报告制度的建设工程

《政府投资条例》规定，国务院规定应当审批开工报告的重大政府投资项目，按照规定办理开工报告审批手续后方可开工建设。《建筑法》第七条规定，"按照国务院规定的权限和程序批准开工报告的建筑工程，不再领取施工许可证。"也就是说，符合国务院规定，实行开工报告审批制度的建设工程，不需要重复办理施工许可证。

 特别提示

　　各地方政府会根据《建筑法》等，制定地方建设工程管理办法，对办理施工许可证的范围进一步明确。例如，郑州市2019年1月发布的《郑州市建筑装修装饰管理办法》规定，工程投资额在30万元以上或者建筑面积在300平方米以上单独发包的公共建筑装修装饰工程，装修人应当在开工前到城乡建设行政主管部门依法申请领取施工许可证。单独发包的新建住宅统一装修装饰工程、非住宅居住建筑装修装饰工程，符合前款规定限额的，装修人应当依法申请领取施工许可证。

3.1.2　施工许可证的申请主体 ⋯⋯⋯⋯⋯⋯⋯⋯⋯⋯⋯⋯ ●

　　建设单位也称业主单位或项目业主，是建设项目的投资主体或投资者，做好施工前期准备是建设单位应尽的义务。根据《建筑法》的规定，施工许可证的申请主体是建设单位。

3.1.3　施工许可证的申领条件 ⋯⋯⋯⋯⋯⋯⋯⋯⋯⋯⋯⋯ ●

　　《建筑法》第八条规定，"申请领取施工许可证，应当具备下列条件：（一）已经办理该建筑工程用地批准手续；（二）依法应当办理建设工程规划许可证的，已经取得建设工程规划许可证；（三）需要拆迁的，其拆迁进度符合施工要求；（四）已经确定建筑施工企业；（五）有满足施工需要的资金安排、施工图纸及技术资料；（六）有保证工程质量和安全的具体措施。"

　　《建筑工程施工许可管理办法》第四条进一步规定，"建设单位申请领取施工许可证，应当具备下列条件，并提交相应的证明文件：①依法应当办理用地批准手续的，已经办理该建筑工程用地批准手续；②依法应当办理建设工程规划许可证的，已经取得建设工程规划许可证；③施工场地已经基本具备施工条件，需要征收房屋的，其进度符合施工要求；④已经确定施工企业；⑤有满足施工需要的资金安排、施工图纸及技术资料，建设单位应当提供建设资金已经落实承诺书，施工图设计文件已按规定审查合格；⑥有保证工程质量和安全的具体措施。县级以上地方人民政府住房城乡建设主管部门不得违反法律法规规定，增设办理施工许可证的其他条件。"

　　（1）依法应当办理用地批准手续的，已经办理该建筑工程用地批准手续

　　《中华人民共和国土地管理法》（下简称《土地管理法》）第五十三条规定，"经批准的建设项目需要使用国有建设用地的，建设单位应当持法律、行政法规规定的有关文件，向有批准权的县级以上人民政府自然资源主管部门提出建设用地申请，经自然资源主管部门审查，报本级人民政府批准。"在施工许可证办理阶段，一般指的是国有土地使用证或不动产权证。

　　（2）依法应当办理建设工程规划许可证的，已经取得建设工程规划许可证

　　《中华人民共和国城乡规划法》（下简称《城乡规划法》）第四十条规定，"在城市、镇规划区内进行建筑物、构筑物、道路、管线和其他工程建设的，建设单位或者个人应当向城市、县人民政府城乡规划主管部门或者省、自治区、直辖市人民政府确定的镇人民政府申请办理建设工程规划许可证。申请办理建设工程规划许可证，应当提交使用土地的有关证明文件、建设工程设计方案等材料。需要建设单位编制修建性详细规划的建设项目，还应当提交修建性详细规划。对符合控制性详细规划和规划条件的，由城市、县人民政府城乡规划主管部门或者省、自治区、直辖市人民政府确定的镇人民政府核发建设工程规划许可证。城市、县人民政府城乡规划主管部门或者省、自治区、直辖市人民政府确定的镇人民政府应当依法将经审定的修建性详细规划、建设工程设计方案的总平面图予以公布。"第四十一条规定，

"在乡、村庄规划区内进行乡镇企业、乡村公共设施和公益事业建设的，建设单位或者个人应当向乡、镇人民政府提出申请，由乡、镇人民政府报城市、县人民政府城乡规划主管部门核发乡村建设规划许可证。在乡、村庄规划区内使用原有宅基地进行农村村民住宅建设的规划管理办法，由省、自治区、直辖市制定。在乡、村庄规划区内进行乡镇企业、乡村公共设施和公益事业建设以及农村村民住宅建设，不得占用农用地；确需占用农用地的，应当依照《土地管理法》有关规定办理农用地转用审批手续后，由城市、县人民政府城乡规划主管部门核发乡村建设规划许可证。建设单位或者个人在取得乡村建设规划许可证后，方可办理用地审批手续。"

建设工程规划许可证的颁发，代表着建设工程项目从规划方面得到许可，是施工许可证办理的重要前置条件。

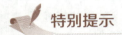 **特别提示**

　　建设用地规划许可证和建设工程规划许可证的区别：

　　《城乡规划法》规定，在城市、镇规划区内以划拨方式提供国有土地使用权的建设项目，经有关部门批准、核准、备案后，建设单位应当向城市、县人民政府城乡规划主管部门提出建设用地规划许可申请，由城市、县人民政府城乡规划主管部门依据控制性详细规划核定建设用地的位置、面积、允许建设的范围，核发建设用地规划许可证。建设单位在取得建设用地规划许可证后，方可向县级以上地方人民政府土地主管部门申请用地，经县级以上人民政府审批后，由土地主管部门划拨土地。

　　以出让方式取得国有土地使用权的建设项目，建设单位在取得建设项目的批准、核准、备案文件和签订国有土地使用权出让合同后，向城市、县人民政府城乡规划主管部门领取建设用地规划许可证。

　　从建设用地规划许可证和建设工程规划许可证的相关规定可以得出，建设用地规划许可证是用来申请用地的，需要依据控制性详细规划核定建设用地的位置、面积、允许建设的范围；建设工程规划许可证是进行工程建设许可的，用来确定建设工程项目符合城乡规划相关要求、准予建设的，需要确定建设内容、建设规模、建设位置、建设方案等内容，项目建设完成后需要按照建设工程规划许可证核发内容进行规划核实。

　　（3）施工场地已经基本具备施工条件，需要征收房屋的，其进度符合施工要求

　　施工场地应具备的基本施工条件，需要根据建设工程项目具体情况决定，一般情况下要求场地达到"三通一平"或"七通一平"，场地进行了施工测量，设置了水准基桩、工程测量控制网等。需要征收房屋的，征收进度必须能满足建设工程开始施工和连续施工的要求。在施工许可证申请过程中，一般采取申请单位承诺的方式来确定是否符合施工要求。

特别提示

"七通一平"是指基本建设中前期工作的道路通、给水通、电通、排水通、热力通、电信通、燃气通及土地平整等的基础建设。

"三通一平"是指基本建设中前期工作的道路通、水通、电通及场地平整等的基础建设。

（4）已经确定施工企业

建设工程项目的施工需要由具备相应资质的施工企业来承担，在工程开工前，建设单位必须依法确定承包该建设工程的施工企业，并与之签订建设工程承包合同。

《建筑工程施工许可管理办法》规定，按照规定应当招标的工程没有招标，应当公开招标的工程没有公开招标，或者肢解发包工程，以及将工程发包给不具备相应资质条件的企业的，所确定的施工企业无效。

在施工许可证申请过程中，依法应当招标的，需要提供中标通知书、施工合同（涉及合同关系变更的，需提供变更申请和解除协议）；非依法招标项目需要提供施工合同。

（5）有满足施工需要的资金安排、施工图纸及技术资料，建设单位应当提供建设资金已经落实承诺书，施工图设计文件已按规定审查合格

建设资金是否落实是建设工程项目能否顺利实施的关键因素。《政府投资条例》规定，政府投资项目所需资金应当按照国家有关规定确保落实到位，政府投资项目不得由施工单位垫资建设。一般通过建设单位提供资金落实情况承诺书来确认。

《建设工程勘察设计管理条例》规定，编制施工图设计文件，应当满足设备材料采购、非标准设备制作和施工的需要，并注明建设工程合理使用年限。施工图设计文件审查机构应当对房屋建筑工程、市政基础设施工程施工图设计文件中涉及公共利益、公众安全、工程建设强制性标准的内容进行审查。县级以上人民政府交通运输等有关部门应当按照职责对施工图设计文件中涉及公共利益、公众安全、工程建设强制性标准的内容进行审查。

《建设工程质量管理条例》规定，施工图设计文件未经审查批准的，不得使用。设计文件应当符合国家规定的设计深度要求，注明工程合理使用年限。

《优化营商环境条例》规定，设区的市级以上地方人民政府应当按照国家有关规定，优化工程建设项目（不包括特殊工程和交通、水利、能源等领域的重大工程）审批流程，推行并联审批、多图联审、联合竣工验收等方式，简化审批手续，提高审批效能。各地出台了相应的深化施工图联合审查改革的相关通知文件，实行施工图审查合格书电子化，施工图联合审查受理条件简单化，将消防工程、人防工程纳入施工图联合审查范围，政府购买施工图审查服务等一系列政策，有效地提高了审批效率。

办理施工许可证的建设工程项目，应取得施工图审查合格书。部分地区发布的施工图审查改革相关文件规定了免于施工图审查的项目，推行自审承诺制，符合要求的建设工程项目可以通过提交书面承诺书的方式办理施工许可证。

（6）有保证工程质量和安全的具体措施

《建筑工程施工许可管理办法》规定，施工企业编制的施工组织设计中有根据建筑工程特点制定的相应质量、安全技术措施。建立工程质量安全责任制并落实到人。专业性较强的工程项目编制了专项质量、安全施工组织设计，并按照规定办理了工程质量、安全监督手续。

《建设工程安全生产管理条例》规定，建设单位在申请领取施工许可证时，应当提供建设工程有关安全施工措施的资料。依法批准开工报告的建设工程，建设单位应当自开工报告批准之日起 15 日内，将保证安全施工的措施报送建设工程所在地的县级以上地方人民政府建设行政主管部门或者其他有关部门备案。建设行政主管部门在审核发放施工许可证时，应当对建设工程是否有安全施工措施进行审查，对没有安全施工措施的，不得颁发施工许可证。

《建设工程质量管理条例》规定，建设单位在开工前，应当按照国家有关规定办理工程质量监督手续，工程质量监督手续可以与施工许可证或者开工报告合并办理。

在具体操作过程中，申请办理施工许可证时，一般同时办理质量安全监督手续，建设单位须提供六方责任主体项目负责人质量终身承诺书、三方责任主体质量组织机构及人员名册、危大工程方案、三方责任主体安全组织机构及人员名册、相关人员执业资格证书等材料。

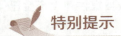 **特别提示**

> "六方责任主体"是指建设单位、勘察单位、设计单位、施工单位、监理单位、检测单位。
>
> "三方责任主体"是指建设单位、施工单位、监理单位。

《建筑工程施工许可管理办法》规定，发证机关在收到建设单位报送的《建筑工程施工许可证申请表》和所附证明文件后，对于符合条件的，应当自收到申请之日起七日内颁发施工许可证；对于证明文件不齐全或者失效的，应当当场或者五日内一次告知建设单位需要补正的全部内容，审批时间可以自证明文件补正齐全后作相应顺延；对于不符合条件的，应当自收到申请之日起七日内书面通知建设单位，并说明理由。建筑工程在施工过程中，建设单位或者施工单位发生变更的，应当重新申请领取施工许可证。

《建筑工程施工许可管理办法》第三条还规定，"本办法规定应当申请领取施工许可证的建筑工程未取得施工许可证的，一律不得开工。任何单位和个人不得将应当申请领取施工许可证的工程项目分解为若干限额以下的工程项目，规避申请领取施工许可证。"

3.1.4 延期开工、核验和重新办理批准的规定 ····················· ●

1. 申请延期的规定

《建筑法》和《建筑工程施工许可管理办法》规定，建设单位应当自领取施工许可证之日起三个月内开工。因故不能按期开工的，应当向发证机关申请延期；延期以两次为限，每次不超过三个月。既不开工又不申请延期或者超过延期时限的，施工许可证自行废止。

2. 核验施工许可证的规定

《建筑法》第十条规定，"在建的建筑工程因故中止施工的，建设单位应当自中止施工之日起一个月内，向发证机关报告，并按照规定做好建筑工程的维护管理工作。建筑工程恢复施工时，应当向发证机关报告；中止施工满一年的工程恢复施工前，建设单位应当报发证机关核验施工许可证。"

中止施工，指的是建设工程依法开工后，在施工过程中因特殊情况而发生的中途停止施工的情形。对于因故中止施工的，建设单位应当按照规定的时限履行相关的义务或责任，防止建设工程在中止施工期间遭受不必要的损失，保证在恢复施工时可以顺利启动。

恢复施工时，建设单位应当向发证机关报告恢复施工的相关情况。中止施工满一年的，恢复施工前，建设单位应报发证机关核验施工许可证，经核验符合恢复施工条件的，应允许恢复施工，施工许可证继续有效；经核验不符合恢复施工条件的，应收回其施工许可证，建设单位在施工条件具备后重新申领。

3. 重新办理批准手续的规定

《建筑法》第十一条规定，"按照国务院有关规定批准开工报告的建筑工程，因故不能按期开工或者中止施工的，应当及时向批准机关报告情况。因故不能按期开工超过六个月的，应当重新办理开工报告的批准手续。"

实行开工报告制度的建设工程，一般是重大的投资项目，不能按期开工或中止施工的，需要重新办理开工报告的批准手续。

3.1.5 违反施工许可制度应承担的法律责任 ●

（1）未经许可擅自施工应承担的法律责任

《建筑法》第六十四条规定，"违反本法规定，未取得施工许可证或者开工报告未经批准擅自施工的，责令改正，对不符合开工条件的责令停止施工，可以处以罚款。"

《建设工程质量管理条例》第五十七条规定，"违反本条例规定，建设单位未取得施工许可证或者开工报告未经批准，擅自施工的，责令停止施工，限期改正，处工程合同价款 1% 以上 2% 以下的罚款。"

（2）规避办理施工许可证应承担的法律责任

《建筑工程施工许可管理办法》第十二条规定，"对于未取得施工许可证或者为规避办理施工许可证将工程项目分解后擅自施工的，由有管辖权的发证机关责令停止施工，限期改正，对建设单位处工程合同价款 1% 以上 2% 以下罚款；对施工单位处 3 万元以下罚款。"

（3）骗取和伪造施工许可证应承担的法律责任

《建筑工程施工许可管理办法》第十三条规定，"建设单位采用欺骗、贿赂等不正当手段取得施工许可证的，由原发证机关撤销施工许可证，责令停止施工，并处 1 万元以上 3 万元以下罚款；构成犯罪的，依法追究刑事责任。"

　　《建筑工程施工许可管理办法》第十四条规定，"建设单位隐瞒有关情况或者提供虚假材料申请施工许可证的，发证机关不予受理或者不予许可，并处1万元以上3万元以下罚款；构成犯罪的，依法追究刑事责任。

　　建设单位伪造或者涂改施工许可证的，由发证机关责令停止施工，并处1万元以上3万元以下罚款；构成犯罪的，依法追究刑事责任。"

　　（4）对单位主管人员等处罚的规定

　　《建筑工程施工许可管理办法》第十五条规定，"依照本办法规定，给予单位罚款处罚的，对单位直接负责的主管人员和其他直接责任人员处单位罚款数额5%以上10%以下罚款。单位及相关责任人受到处罚的，作为不良行为记录予以通报。"

　　（5）发证机关及其管理人员的法律责任

　　《建筑工程施工许可管理办法》第十六条规定，"发证机关及其工作人员，违反本办法，有下列情形之一的，由其上级行政机关或者监察机关责令改正；情节严重的，对直接负责的主管人员和其他直接责任人员，依法给予行政处分：（一）对不符合条件的申请人准予施工许可的；（二）对符合条件的申请人不予施工许可或者未在法定期限内作出准予许可决定的；（三）对符合条件的申请不予受理的；（四）利用职务上的便利，收受他人财物或者谋取其他利益的；（五）不依法履行监督职责或者监督不力，造成严重后果的。"

3.2　建筑行业从业单位资格制度

3.2.1　建筑行业从业单位资格的一般规定 ·························· ●

　　《建筑法》第十二条规定，"从事建筑活动的建筑施工企业、勘察单位、设计单位和工程监理单位，应当具备下列条件：（一）有符合国家规定的注册资本；（二）有与其从事的建筑活动相适应的具有法定执业资格的专业技术人员；（三）有从事相关建筑活动所应有的技术装备；（四）法律、行政法规规定的其他条件。"《建筑法》第十三条规定，"从事建筑活动的建筑施工企业、勘察单位、设计单位和工程监理单位，按照其拥有的注册资本、专业技术人员、技术装备和已完成的建筑工程业绩等资质条件，划分为不同的资质等级，经资质审查合格，取得相应等级的资质证书后，方可在其资质等级许可的范围内从事建筑活动。"《建筑法》第八十一条规定，"本法关于施工许可、建筑施工企业资质审查和建筑工程发包、承包、禁止转包，以及建筑工程监理、建筑工程安全和质量管理的规定，适用于其他专业建筑工程的建筑活动，具体办法由国务院规定。"

　　《建设工程质量管理条例》第十八条规定，"从事建设工程勘察、设计的单位应当依法取得相应等级的资质证书，并在其资质等级许可的范围内承揽工程。"禁止勘察、设计单位超越其资质等级许可的范围或者以其他勘察、设计单位的名义承揽工程。禁止勘察、设计单位允许其他单位或者个人以本单位的名义承揽工程。工程监理单位应当依法取得相应等级的资质证书，并在其资质等级许可的范围内承担工程监理业务。禁止工程监理单位超越本单位资质等级许可的范围或者以其他工程监理单位的名义承担工程监理业务。禁止工程监理单位允许其他单位或者个人以本单位的名义承担工程监理业务。施工单位应当依法取得相应等级的资质证书，并在其资质等级许可的范围内承揽工程。禁止施工单位超越本单位资质等级许可的业务范围或者以其他施工单位的名义承揽工程。禁止施工单位允许其他单位或者个人以本单位的名义承揽工程。

 **特别提示**

　　2022年1月，住房和城乡建设部发布了《住房和城乡建设部关于修改〈建筑业企业资质管理规定〉等三部规章的决定（征求意见稿）》，就《建筑业企业资质管理规定》《工程监理企业资质管理规定》《建设工程勘察设计资质管理规定》三部规章修改稿向社会公开征求意见。由于修改稿在本教材成书时尚未发布，本教材以2018年修改稿为准。

3.2.2 建筑业企业从业资格的相关规定 ·····························●

　　《建筑业企业资质管理规定》第二条规定，"建筑业企业，是指从事土木工程、建筑工程、线路管道设备安装工程的新建、扩建、改建等施工活动的企业。"

1. 建筑业企业资质的法定条件和等级

（1）施工企业资质的法定条件

　　《建筑业企业资质管理规定》第三条规定，"企业应当按照其拥有的注册资本、专业技术人员、技术装备和已完成的建筑工程业绩等条件申请建筑业企业资质，经审查合格，取得建筑业企业资质证书后，方可在资质许可的范围内从事建筑施工活动。"

　　1）有符合规定的企业净资产

　　企业净资产是指企业的资产总额减去负债以后的净额，是属于企业所有并可以自由支配的资产，即所有者权益。《建筑业企业资质管理规定和资质标准实施意见》规定，企业净资产以企业申请资质前一年度或当期经审计的财务报表中净资产指标为准考核。首次申请资质的，以企业《营业执照》所载注册资本为准考核；申请多项资质的，企业净资产不累加计算考核，按企业所申请资质和已拥有资质标准要求的净资产指标最高值考核。

　　2）有符合规定的主要人员

　　由于工程建设施工活动的专业性、技术性较强，建筑业企业应当具有相应的具有专业技能的人员。《建筑业企业资质管理规定和资质标准实施意见》指出，企业主要人员包括：注册执业人员、技术职称人员（包括技术负责人）、现场管理人员、技术工人等4类人员。为了简化企业资质考核指标，《住房和城乡建设部关于简化建筑业企业资质标准部分指标的通知》（建市〔2016〕226号）要求，除各类别最低等级资质外，取消关于注册建造师、中级以上职称人员、持有岗位证书的现场管理人员、技术工人的指标考核。

3）有符合规定的工程业绩

《住房和城乡建设部关于简化建筑业企业资质标准部分指标的通知》（建市〔2016〕226号）要求，调整建筑工程施工总承包一级及以下资质的建筑面积考核指标。按照调整后的企业工程业绩考核指标，建筑工程施工总承包的一级企业：近5年承担过下列4类中的2类工程的施工总承包或主体工程承包，工程质量合格。①地上25层以上的民用建筑工程1项或地上18~24层的民用建筑工程2项；②高度100m以上的构筑物工程1项或高度80~100m（不含）的构筑物工程2项；③建筑面积12万平方米以上的建筑工程1项或建筑面积10万平方米以上的建筑工程2项；④钢筋混凝土结构单跨30m以上（或钢结构单跨36m以上）的建筑工程1项或钢筋混凝土结构单跨27~30m（不含）（或钢结构单跨30~36m（不含））的建筑工程2项。

对申请建筑工程、市政公用工程施工总承包特级、一级资质的企业，未进入全国建筑市场监管与诚信信息发布平台的企业业绩，不作为有效业绩认定。

4）有符合规定的技术装备

由于许多大中型机械设备都可以采用租赁或融资租赁的方式取得，目前的企业资质标准中对技术装备的要求并不多。

（2）施工企业的资质序列、类别和等级

1）施工企业的资质序列

按照住房和城乡建设部《建设工程企业资质管理制度改革方案》（建市〔2020〕94号）的规定，改革后施工资质分为综合资质、施工总承包资质、专业承包资质和专业作业资质。

2）施工企业的资质类别和等级

《建设工程企业资质管理制度改革方案》（建市〔2020〕94号）指出，精简资质类别，归并等级设置。将10类施工总承包企业特级资质调整为施工综合资质，可承担各行业、各等级施工总承包业务；保留12类施工总承包资质，将民航工程的专业承包资质整合为施工总承包资质；将36类专业承包资质整合为18类；将施工劳务企业资质改为专业作业资质，由审批制改为备案制。综合资质和专业作业资质不分等级；施工总承包资质、专业承包资质等级原则上压减为甲、乙两级（部分专业承包资质不分等级），其中，施工总承包甲级资质在本行业内承揽业务规模不受限制。

2. 施工企业的资质许可

（1）施工企业资质管理体制

《建筑业企业资质管理规定》第四条规定，"国务院住房城乡建设主管部门负责全国建筑业企业资质的统一监督管理。国务院交通运输、水利、工业信息化等有关部门配合国务院住房城乡建设主管部门实施相关资质类别建筑业企业资质的管理工作。

省、自治区、直辖市人民政府住房城乡建设主管部门负责本行政区域内建筑业企业资质的统一监督管理。省、自治区、直辖市人民政府交通运输、水利、通信等有关部门配合同级住房城乡建设主管部门实施本行政区域内相关资质类别建筑业企业资质的管理工作。"

企业违法从事建筑活动的，违法行为发生地的县级以上地方人民政府住房城乡建设主管部门或者其他有关部门应当依法查处，并将违法事实、处理结果或者处理建议及时告知该建筑业企业资质的许可机关。

（2）施工企业资质的许可权限

《建设工程企业资质管理制度改革方案》（建市〔2020〕94号）指出，下放审批权限，方便企业办事。进一步加大放权力度，选择工作基础较好的地方和部分资质类别，开展企业资质审批权下放试点，将除综合资质外的其他等级资质，下放至省级及以下有关主管部门审批（其中，涉及公路、水运、水利、通信、铁路、民航等资质的审批权限由国务院住房和城乡建设主管部门会同国务院有关部门根据实际情况决定），方便企业就近办理。

（3）施工企业资质的适用范围

《建设工程企业资质管理制度改革方案》（建市〔2020〕94号）指出，企业资质全国通用，严禁各行业、各地区设置限制性措施，严厉查处变相设置市场准入壁垒，违规限制企业跨地区、跨行业承揽业务等行为，维护统一规范的建筑市场。

（4）施工企业资质的告知承诺制和证书申请、延续和变更

1）施工企业资质告知承诺制

《国务院办公厅关于开展工程建设项目审批制度改革试点的通知》（国办发〔2018〕33号）规定，对通过事中事后监管能够纠正不符合审批条件的行为且不会产生严重后果的审批事项，实行告知承诺制。公布实行告知承诺制的审批事项清单及具体要求，申请人按照要求作出书面承诺的，审批部门可以直接作出审批决定。

《住房和城乡建设部办公厅关于进一步做好建设工程企业资质告知承诺制审批有关工作的通知》（建办市〔2020〕59号）规定，自2021年1月1日起，建筑工程、市政公用工程施工总承包一级资质继续实行告知承诺制审批，涉及上述资质的重新核定事项不实行告知承诺制审批。实施建设工程企业资质审批权限下放试点的地区，上述企业资质审批方式由相关省级住房和城乡建设主管部门自行确定。通过告知承诺方式申请上述资质的企业，须保证填报的包括业绩项目及项目技术指标在内的所有信息真实有效，项目符合法定基本建设程序、相关工程建设资料齐全，并由企业法定代表人签署书面承诺书。

2）企业资质的申请

《建筑业企业资质管理规定》第八条规定，"企业可以申请一项或多项建筑业企业资质。企业首次申请或增项申请资质，应当申请最低等级资质。"

企业申请建筑业企业资质，在资质许可机关的网站或审批平台提出申请事项，提交资金、专业技术人员、技术装备和已完成业绩等电子材料。

3）企业资质证书的使用与延续

《住房和城乡建设部办公厅关于规范使用建筑业企业资质证书的通知》（建办市函〔2016〕462号）中指出，为切实减轻企业负担，各有关部门和单位在对企业跨地区承揽业务监督管理、招标活动中，不得要求企业提供建筑业企业资质证书原件，企业资质情况可通过扫描建筑业企业资质证书复印件的二维码查询。

《建筑业企业资质管理规定》中规定，资质证书有效期为 5 年。建筑业企业资质证书有效期届满，企业继续从事建筑施工活动的，应当于资质证书有效期届满 3 个月前，向原资质许可机关提出延续申请。资质许可机关应当在建筑业企业资质证书有效期届满前做出是否准予延续的决定；逾期未做出决定的，视为准予延续。

4）企业资质证书变更

《优化营商环境条例》第十九条规定，"企业申请办理住所等相关变更登记的，有关部门应当依法及时办理，不得限制。除法律、法规、规章另有规定外，企业迁移后其持有的有效许可证件不再重复办理。"

①办理企业资质证书变更的程序：《建筑业企业资质管理规定》第十九条规定，"企业在建筑业企业资质证书有效期内名称、地址、注册资本、法定代表人等发生变更的，应当在工商部门办理变更手续后 1 个月内办理资质证书变更手续。"由国务院住房城乡建设主管部门颁发的建筑业企业资质证书的变更，企业应当向企业工商注册所在地省、自治区、直辖市人民政府住房城乡建设主管部门提出变更申请，省、自治区、直辖市人民政府住房城乡建设主管部门应当自受理申请之日起 2 日内将有关变更证明材料报国务院住房城乡建设主管部门，由国务院住房城乡建设主管部门在 2 日内办理变更手续。前款规定以外的资质证书的变更，由企业工商注册所在地的省、自治区、直辖市人民政府住房城乡建设主管部门或者设区的市人民政府住房城乡建设主管部门依法另行规定。变更结果应当在资质证书变更后 15 日内，报国务院住房城乡建设主管部门备案。

②企业更换、遗失补办建筑业企业资质证书：《建筑业企业资质管理规定》第二十二条规定，"企业需增补（含增加、更换、遗失补办）建筑业企业资质证书的，应当持建筑业企业资质证书增补申请等材料向资质许可机关申请办理。遗失资质证书的，在申请补办前应当在公众媒体上刊登遗失声明。资质许可机关应当在 2 日内办理完毕。"

③企业发生合并、分立、改制的资质办理：《建筑业企业资质管理规定》第二十条规定，"企业发生合并、分立、重组以及改制等事项，需承继原建筑业企业资质的，应当申请重新核定建筑业企业资质等级。"

5）不予批准企业资质升级申请和增项申请的规定

《建筑业企业资质管理规定》第二十三条规定，"企业申请建筑业企业资质升级、资质增项，在申请之日起前一年至资质许可决定作出前，有下列情形之一的，资质许可机关不予批准其建筑业企业资质升级申请和增项申请：（一）超越本企业资质等级或以其他企业的名义承揽工程，或允许其他企业或个人以本企业的名义承揽工程的；（二）与建设单位或企业之间相互串通投标，或以行贿等不正当手段谋取中标的；（三）未取得施工许可证擅自施工的；（四）将承包的工程转包或违法分包的；（五）违反国家工程建设强制性标准施工的；（六）恶意拖欠分包企业工程款或者劳务人员工资的；（七）隐瞒或谎报、拖延报告工程质量安全事故，破坏事故现场、阻碍对事故调查的；（八）按照国家法律、法规和标准规定需要持证上岗的现场管理人员和技术工种作业人员未取得证书上岗的；（九）未依法履行工程质量保修义务或拖延履行保修义务的；（十）伪造、变造、倒卖、出租、出借或者以其他形式非法转让建筑业企业资质证书的;(十一)发生过较大以上质量安全事故或者发生过两起以上一般质量安全事故的;(十二)其他违反法律、法规的行为。"

6)企业资质证书的撤回、撤销和注销

①撤回:《建筑业企业资质管理规定》第二十八条规定,"企业不再符合相应建筑业企业资质标准要求条件的,县级以上地方人民政府住房城乡建设主管部门、其他有关部门,应当责令其限期改正并向社会公告,整改期限最长不超过 3 个月;企业整改期间不得申请建筑业企业资质的升级、增项,不能承揽新的工程;逾期仍未达到建筑业企业资质标准要求条件的,资质许可机关可以撤回其建筑业企业资质证书。

被撤回建筑业企业资质证书的企业,可以在资质被撤回后 3 个月内,向资质许可机关提出核定低于原等级同类别资质的申请。"

②撤销:《建筑业企业资质管理规定》第二十九条规定,"有下列情形之一的,资质许可机关应当撤销建筑业企业资质:资质许可机关工作人员滥用职权、玩忽职守准予资质许可的;超越法定职权准予资质许可的;违反法定程序准予资质许可的;对不符合资质标准条件的申请企业准予资质许可的;依法可以撤销资质许可的其他情形。"以欺骗、贿赂等不正当手段取得资质许可的,应当予以撤销。

③注销:《建筑业企业资质管理规定》规定,"有下列情形之一的,资质许可机关应当依法注销建筑业企业资质,并向社会公布其建筑业企业资质证书作废,企业应当及时将建筑业企业资质证书交回资质许可机关:资质证书有效期届满,未依法申请延续的;企业依法终止的;资质证书依法被撤回、撤销或吊销的;企业提出注销申请的;法律、法规规定的应当注销建筑业企业资质的其他情形。"

3.2.3 工程监理企业从业资格相关规定 ·································· ●

1. 工程监理企业资质的资质等级和业务范围

《工程监理企业资质管理规定》第三条规定,"从事建设工程监理活动的企业,应当按照本规定取得工程监理企业资质,并在工程监理企业资质证书(以下简称资质证书)许可的范围内从事工程监理活动。"

(1)工程监理企业资质的资质等级

按照《建设工程企业资质管理制度改革方案》(建市〔2020〕94 号)的规定,改革后工程监理资质分为综合资质和专业资质。保留综合资质;取消专业资质中的水利水电工程、公路工程、港口与航道工程、农林工程资质,保留其余 10 类专业资质;取消事务所资质。综合资质不分等级,专业资质等级压减为甲、乙两级。

(2)承担业务范围

《工程监理企业资质管理规定》第八条规定,"工程监理企业资质相应许可的业务范围如下:

1)综合资质:可以承担所有专业工程类别建设工程项目的工程监理业务。

2）专业资质

①专业甲级资质：可承担相应专业工程类别建设工程项目的工程监理业务。

②专业乙级资质：可承担相应专业工程类别二级以下（含二级）建设工程项目的工程监理业务。工程监理企业可以开展相应类别建设工程的项目管理、技术咨询等业务。"

2. 工程监理企业的资质许可

《工程监理企业资质管理规定》第九条规定，"申请综合资质、专业甲级资质的，应当向企业工商注册所在地的省、自治区、直辖市人民政府建设主管部门提出申请。"省、自治区、直辖市人民政府住房城乡建设主管部门收到申请材料后，应当在5日内将全部申请材料报审批部门。

工程监理企业资质证书分为正本和副本，每套资质证书包括一本正本，四本副本。正、副本具有同等法律效力。工程监理企业资质证书的有效期为5年。工程监理企业资质证书由国务院建设主管部门统一印制并发放。

工程监理企业合并的，合并后存续或者新设立的工程监理企业可以承继合并前各方中较高的资质等级，但应当符合相应的资质等级条件。工程监理企业分立的，分立后企业的资质等级，根据实际达到的资质条件，按照本规定的审批程序核定。

3.2.4 建设工程勘察设计企业从业资格相关规定 ················· ●

1. 建设工程勘察设计企业资质的资质等级和业务范围

《建设工程勘察设计资质管理规定》第三条规定，"从事建设工程勘察、工程设计活动的企业，应当按照其拥有的注册资本、专业技术人员、技术装备和勘察设计业绩等条件申请资质，经审查合格，取得建设工程勘察、工程设计资质证书后，方可在资质许可的范围内从事建设工程勘察、工程设计活动。"

（1）工程勘察资质

按照《建设工程企业资质管理制度改革方案》（建市〔2020〕94号）的规定，改革后工程勘察资质分为综合资质和专业资质。保留综合资质；将4类专业资质及劳务资质整合为岩土工程、工程测量、勘探测试等3类专业资质。综合资质不分等级，专业资质等级压减为甲、乙两级。

《建设工程勘察设计资质管理规定》第五条规定，"取得工程勘察综合资质的企业，可以承接各专业（海洋工程勘察除外）、各等级工程勘察业务；取得工程勘察专业资质的企业，可以承接相应等级相应专业的工程勘察业务；取得工程勘察劳务资质的企业，可以承接岩土工程治理、工程钻探、凿井等工程勘察劳务业务。"

（2）工程设计资质

按照《建设工程企业资质管理制度改革方案》（建市〔2020〕94号）的规定，改革后工程设计资质分为综合资质、行业资质、专业和事务所资质。保留综合资质；将21类行业资质整合为14类行业资质；将151类专业资质、8类专项资质、3类事务所资质整合为70类专业和事务所资质。综合资质、事务所资质不分等级；行业资质、专业资质等级原则上压减为甲、乙两级（部分资质只设甲级）。

《建设工程勘察设计资质管理规定》第六条规定，"取得工程设计综合资质的企业，可以承接各行业、各等级的建设工程设计业务；取得工程设计行业资质的企业，可以承接相应行业相应等级的工程设计业务及本行业范围内同级别的相应专业、专项（设计施工一体化资质除外）工程设计业务；取得工程设计专业资质的企业，可以承接本专业相应等级的专业工程设计业务及同级别的相应专项工程设计业务（设计施工一体化资质除外）；取得工程设计专项资质的企业，可以承接本专项相应等级的专项工程设计业务。"

2. 建设工程勘察设计企业资质许可

（1）甲级资质

《建设工程勘察设计资质管理规定》第八条规定，"申请工程勘察甲级资质、工程设计甲级资质，以及涉及铁路、交通、水利、信息产业、民航等方面的工程设计乙级资质的，应当向企业工商注册所在地的省、自治区、直辖市人民政府建设主管部门提出申请。"

省、自治区、直辖市人民政府住房城乡建设主管部门收到申请材料后，应当在 5 日内将全部申请材料报审批部门。

国务院住房城乡建设主管部门在收到申请材料后，应当依法作出是否受理的决定，并出具凭证；申请材料不齐全或者不符合法定形式的，应当在 5 日内一次性告知申请人需要补正的全部内容。逾期不告知的，自收到申请材料之日起即为受理。

国务院住房城乡建设主管部门应当自受理之日起 20 日内完成审查。自作出决定之日起 10 日内公告审批结果。其中，涉及铁路、交通、水利、信息产业、民航等方面的工程设计资质，由国务院住房城乡建设主管部门送国务院有关部门审核，国务院有关部门应当在 15 日内审核完毕，并将审核意见送国务院住房城乡建设主管部门。

（2）乙级及以下资质

《建设工程勘察设计资质管理规定》第九条规定，"工程勘察乙级及以下资质、劳务资质、工程设计乙级（涉及铁路、交通、水利、信息产业、民航等方面的工程设计乙级资质除外）及以下资质许可由省、自治区、直辖市人民政府建设主管部门实施。具体实施程序由省、自治区、直辖市人民政府建设主管部门依法确定。

省、自治区、直辖市人民政府建设主管部门应当自作出决定之日起 30 日内，将准予资质许可的决定报国务院建设主管部门备案。"

（3）资质证书有效期

《建设工程勘察设计资质管理规定》第十条规定，"工程勘察、工程设计资质证书分为正本和副本，正本一份，副本六份，由国务院建设主管部门统一印制，正、副本具备同等法律效力。资质证书有效期为 5 年。"

资质有效期届满，企业需要延续资质证书有效期的，应当在资质证书有效期届满 60 日前，向原资质许可机关提出资质延续申请，经资质许可机关同意，有效期延续 5 年。

3.2.5 违反建筑企业资格制度应承担的法律责任 ·················· ●

1. 企业申请办理资质违法行为应承担的法律责任

《建筑法》第六十五条规定，"以欺骗手段取得资质证书的，吊销资质证书，处以罚款；构成犯罪的，依法追究刑事责任。"

《建筑业企业资质管理规定》第三十五条规定，"申请企业隐瞒有关真实情况或者提供虚假材料申请建筑业企业资质的，资质许可机关不予许可，并给予警告，申请企业在 1 年内不得再次申请建筑业企业资质。"第三十六条规定，"企业以欺骗、贿赂等不正当手段取得建筑业企业资质的，由原资质许可机关予以撤销；由县级以上地方人民政府住房城乡建设主管部门或者其他有关部门给予警告，并处 3 万元的罚款；申请企业 3 年内不得再次申请建筑业企业资质。"第三十八条规定，"企业未按照本规定及时办理建筑业企业资质证书变更手续的，由县级以上地方人民政府住房城乡建设主管部门责令限期办理；逾期不办理的，可处以 1000 元以上 1 万元以下的罚款。"

2. 无资质、以欺骗手段取得资质或超越资质承揽工程应承担的法律责任

《建筑法》第六十五条规定，"发包单位将工程发包给不具有相应资质条件的承包单位的，或者违反本法规定将建筑工程肢解发包的，责令改正，处以罚款。超越本单位资质等级承揽工程的，责令停止违法行为，处以罚款，可以责令停业整顿，降低资质等级；情节严重的，吊销资质证书；有违法所得的，予以没收。未取得资质证书承揽工程的，予以取缔，并处罚款；有违法所得的，予以没收。"

《建设工程质量管理条例》第六十条进一步规定，"勘察、设计、施工、工程监理单位超越本单位资质等级承揽工程的，责令停止违法行为，对勘察、设计单位或者工程监理单位处合同约定的勘察费、设计费或者监理酬金 1 倍以上 2 倍以下的罚款；对施工单位处工程合同价款 2% 以上 4% 以下的罚款，可以责令停业整顿，降低资质等级；情节严重的，吊销资质证书；有违法所得的，予以没收。未取得资质证书承揽工程的，予以取缔，依照前款规定处以罚款；有违法所得的，予以没收。以欺骗手段取得资质证书承揽工程的，吊销资质证书，依照本条第一款规定处以罚款；有违法所得的，予以没收。"

3. 允许他人以本企业的名义承揽工程的法律责任

《建筑法》第六十六条规定，"建筑施工企业转让、出借资质证书或者以其他方式允许他人以本企业的名义承揽工程的，责令改正，没收违法所得，并处罚款，可以责令停业整顿，降低资质等级；情节严重的，吊销资质证书。对因该项承揽工程不符合规定的质量标准造成的损失，建筑施工企业与使用本企业名义的单位或者个人承担连带赔偿责任。"

《建设工程质量管理条例》第六十一条进一步规定，"勘察、设计、施工、工程监理单位允许其他单位或者个人以本单位名义承揽工程的，责令改正，没收违法所得，对勘察、设计单位和工程监理单位处合同约定的勘察费、设计费和监理酬金 1 倍以上 2 倍以下的罚款；对施工单位处工程合同价款 2% 以上 4% 以下的罚款；可以责令停业整顿，降低资质等级；情

节严重的，吊销资质证书。"

4. 转包、违法分包的法律责任

《建筑法》第六十七条规定，"承包单位将承包的工程转包的，或者违反本法规定进行分包的，责令改正，没收违法所得，并处罚款，可以责令停业整顿，降低资质等级；情节严重的，吊销资质证书。承包单位有前款规定的违法行为的，对因转包工程或者违法分包的工程不符合规定的质量标准造成的损失，与接受转包或者分包的单位承担连带赔偿责任。"

《建设工程质量管理条例》第六十二条进一步规定，"承包单位将承包的工程转包或者违法分包的，责令改正，没收违法所得，对勘察、设计单位处合同约定的勘察费、设计费 25%以上 50% 以下的罚款；对施工单位处工程合同价款 0.5% 以上 1% 以下的罚款；可以责令停业整顿，降低资质等级；情节严重的，吊销资质证书。"

3.3　建筑行业从业人员资格制度

3.3.1　建筑工程专业人员职业资格的一般规定 ·················· ●

《建筑法》第十四条规定，"从事建筑活动的专业技术人员，应当依法取得相应的执业资格证书，并在执业资格证书许可的范围内从事建筑活动。"

我国对建筑工程专业技术人员实行的是职业资格许可制度，建筑工程相关职业资格证书主要包括注册建造师、注册建筑师、注册结构工程师、注册监理工程师、注册造价工程师、注册土木工程师、咨询工程师（投资）等资格证书。

3.3.2　注册建造师的有关规定 ······························· ●

注册建造师是指通过考核认定或考试合格取得中华人民共和国建造师资格证书，并按照规定注册，取得中华人民共和国建造师注册证书和执业印章，担任施工单位项目负责人及从事相关活动的专业技术人员。未取得注册证书和执业印章的，不得担任大中型建设工程项目的施工单位项目负责人，不得以注册建造师的名义从事相关活动。

1. 注册制度

《注册建造师管理规定》第五条规定，"注册建造师实行注册执业管理制度。注册建造师分为一级注册建造师和二级注册建造师。取得资格证书的人员，经过注册方能以注册建造师的名义执业。"

（1）初始注册和延续注册

《注册建造师管理规定》第六条规定，"申请初始注册时应当具备以下条件：（一）经考核认定或考试合格取得资格证书；（二）受聘于一个相关单位；（三）达到继续教育要求；（四）没有本规定第十五条所列情形。"初始注册者，可自资格证书签发之日起 3 年内提出申请。逾期未申请者，须符合本专业继续教育的要求后方可申请初始注册。

《注册建造师管理规定》规定，注册证书与执业印章有效期为 3 年。注册有效期满需继续执业的，应当在注册有效期届满 30 日前，申请延续注册。延续注册的，有效期为 3 年。

（2）变更注册和增项注册

《注册建造师管理规定》第十三条规定，"在注册有效期内，注册建造师变更执业单位，应当与原聘用单位解除劳动关系，并按照第七条、第八条的规定办理变更注册手续，变更注册后仍延续原注册有效期。"

《注册建造师管理规定》第十四条规定，"注册建造师需要增加执业专业的，应当按照第七条的规定申请专业增项注册，并提供相应的资格证明。"

（3）不予注册和注册证书、执业印章失效及注销

《注册建造师管理规定》第十五条规定，"申请人有下列情形之一的，不予注册：（一）不具有完全民事行为能力的；（二）申请在两个或者两个以上单位注册的；（三）未达到注册建造师继续教育要求的；（四）受到刑事处罚，刑事处罚尚未执行完毕的；（五）因执业活动受到刑事处罚，自刑事处罚执行完毕之日起至申请注册之日止不满 5 年的；（六）因前项规定以外的原因受到刑事处罚，自处罚决定之日起至申请注册之日止不满 3 年的；（七）被吊销注册证书，自处罚决定之日起至申请注册之日止不满 2 年的；（八）在申请注册之日前 3 年内担任项目经理期间，所负责项目发生过重大质量和安全事故的；（九）申请人的聘用单位不符合注册单位要求的；（十）年龄超过 65 周岁的；（十一）法律、法规规定不予注册的其他情形。"

《注册建造师管理规定》第十六条规定，"注册建造师有下列情形之一的，其注册证书和执业印章失效：（一）聘用单位破产的；（二）聘用单位被吊销营业执照的；（三）聘用单位被吊销或者撤回资质证书的；（四）已与聘用单位解除聘用合同关系的；（五）注册有效期满且未延续注册的；（六）年龄超过 65 周岁的；（七）死亡或不具有完全民事行为能力的；（八）其他导致注册失效的情形。"

《注册建造师管理规定》第十七条规定，"注册建造师有下列情形之一的，由注册机关办理注销手续，收回注册证书和执业印章或者公告注册证书和执业印章作废：（一）有本规定第十六条所列情形发生的；（二）依法被撤销注册的；（三）依法被吊销注册证书的；（四）受到刑事处罚的；（五）法律、法规规定应当注销注册的其他情形。"

2. 受聘单位

《注册建造师管理规定》第二十条规定，"取得资格证书的人员应当受聘于一个具有建设工程勘察、设计、施工、监理、招标代理、造价咨询等一项或者多项资质的单位，经注册后方可从事相应的执业活动。担任施工单位项目负责人的，应当受聘并注册于一个具有施工资质的企业。"

3. 执业范围

《注册建造师管理规定》第二十一条规定，"注册建造师不得同时在两个及两个以上的建设工程项目上担任施工单位项目负责人。注册建造师可以从事建设工程项目总承包管理或施

工管理，建设工程项目管理服务，建设工程技术经济咨询，以及法律、行政法规和国务院建设主管部门规定的其他业务。"

4. 权利和义务

《注册建造师管理规定》第二十四条规定，"注册建造师享有下列权利：（一）使用注册建造师名称；（二）在规定范围内从事执业活动；（三）在本人执业活动中形成的文件上签字并加盖执业印章；（四）保管和使用本人注册证书、执业印章；（五）对本人执业活动进行解释和辩护；（六）接受继续教育；（七）获得相应的劳动报酬；（八）对侵犯本人权利的行为进行申述。"

《注册建造师管理规定》第二十五条规定，"注册建造师应当履行下列义务：（一）遵守法律、法规和有关管理规定，恪守职业道德；（二）执行技术标准、规范和规程；（三）保证执业成果的质量，并承担相应责任；（四）接受继续教育，努力提高执业水准；（五）保守在执业中知悉的国家秘密和他人的商业、技术等秘密；（六）与当事人有利害关系的，应当主动回避；（七）协助注册管理机关完成相关工作。"

5. 违法应当承担的法律责任

《注册建造师管理规定》对注册建造师法律责任做了如下规定：

（1）隐瞒有关情况或者提供虚假材料申请注册的，住房城乡建设主管部门不予受理或者不予注册，并给予警告，申请人1年内不得再次申请注册。

（2）以欺骗、贿赂等不正当手段取得注册证书的，由注册机关撤销其注册，3年内不得再次申请注册，并由县级以上地方人民政府住房城乡建设主管部门处以罚款。其中没有违法所得的，处以1万元以下的罚款；有违法所得的，处以违法所得3倍以下且不超过3万元的罚款。

（3）未取得注册证书和执业印章，担任大中型建设工程项目施工单位项目负责人，或者以注册建造师的名义从事相关活动的，其所签署的工程文件无效，由县级以上地方人民政府住房城乡建设主管部门或者其他有关部门给予警告，责令停止违法活动，并可处以1万元以上3万元以下的罚款。

（4）未办理变更注册而继续执业的，由县级以上地方人民政府住房城乡建设主管部门或者其他有关部门责令限期改正；逾期不改正的，可处以5000元以下的罚款。

（5）注册建造师在执业活动中有《注册建造师管理规定》第二十六条规定的所列行为之一的，由县级以上地方人民政府住房城乡建设主管部门或者其他有关部门给予警告，责令改正，没有违法所得的，处以1万元以下的罚款；有违法所得的，处以违法所得3倍以下且不超过3万元的罚款。

（6）注册建造师或者其聘用单位未按照要求提供注册建造师信用档案信息的，由县级以上地方人民政府住房城乡建设主管部门或者其他有关部门责令限期改正；逾期未改正的，可处以1000元以上1万元以下的罚款。

（7）聘用单位为申请人提供虚假注册材料的，由县级以上地方人民政府住房城乡建设主管部门或者其他有关部门给予警告，责令限期改正；逾期未改正的，可处以1万元以上3万元以下的罚款。

3.3.3 注册建筑师的有关规定 ······················· ●

注册建筑师，是指经考试、特许、考核认定取得中华人民共和国注册建筑师执业资格证书，或者经资格互认方式取得建筑师互认资格证书，并依法注册，取得中华人民共和国注册建筑师注册证书和中华人民共和国注册建筑师执业印章，从事建筑设计及相关业务活动的专业技术人员。未取得注册证书和执业印章的人员，不得以注册建筑师的名义从事建筑设计及相关业务活动。

《建设工程质量管理条例》第十九条规定，"注册建筑师、注册结构工程师等注册执业人员应当在设计文件上签字，对设计文件负责。"

1. 注册制度

《注册建筑师条例》第十一条规定，"注册建筑师考试合格，取得相应的注册建筑师资格的，可以申请注册。"第十二条规定，"一级注册建筑师的注册，由全国注册建筑师管理委员会负责；二级注册建筑师的注册，由省、自治区、直辖市注册建筑师管理委员会负责。"

《中华人民共和国注册建筑师条例实施细则》（下简称《注册建筑师条例实施细则》）第十三条规定，"注册建筑师实行注册执业管理制度。取得执业资格证书或者互认资格证书的人员，必须经过注册方可以注册建筑师的名义执业。"

（1）初始注册、延续注册

《注册建筑师条例实施细则》第十七条规定，"申请注册建筑师初始注册，应当具备以下条件：（一）依法取得执业资格证书或者互认资格证书；（二）只受聘于中华人民共和国境内的一个建设工程勘察、设计、施工、监理、招标代理、造价咨询、施工图审查、城乡规划编制等单位；（三）近三年内在中华人民共和国境内从事建筑设计及相关业务一年以上；（四）达到继续教育要求；（五）没有本细则第二十一条所列的情形。"初始注册者可以自执业资格证书签发之日起3年内提出申请。逾期未申请者，须符合继续教育的要求后方可申请初始注册。

注册建筑师每一注册有效期为2年。注册建筑师注册有效期满需继续执业的，应在注册有效期届满30日前，按照《注册建筑师条例实施细则》规定的程序申请延续注册。延续注册有效期为2年。

（2）变更注册

注册建筑师变更执业单位，应当与原聘用单位解除劳动关系，并按照《注册建筑师条例实施细则》规定的程序办理变更注册手续。变更注册后，仍延续原注册有效期。

2. 受聘单位

《注册建筑师条例实施细则》第二十七条规定，"取得资格证书的人员，应当受聘于中华人民共和国境内的一个建设工程勘察、设计、施工、监理、招标代理、造价咨询、施工图审查、城乡规划编制等单位，经注册后方可从事相应的执业活动。从事建筑工程设计执业活动的，应当受聘并注册于中华人民共和国境内一个具有工程设计资质的单位。"

3. 执业范围

《注册建筑师条例实施细则》第二十八条规定，"注册建筑师的执业范围具体为：（一）建筑设计；（二）建筑设计技术咨询；（三）建筑物调查与鉴定；（四）对本人主持设计的项目进行施工指导和监督；（五）国务院建设主管部门规定的其他业务。"

4. 权利和义务

（1）权利

《注册建筑师条例》第二十五条规定，"注册建筑师有权以注册建筑师的名义执行注册建筑师业务。非注册建筑师不得以注册建筑师的名义执行注册建筑师业务。二级注册建筑师不得以一级注册建筑师的名义执行业务，也不得超越国家规定的二级注册建筑师的执业范围执行业务。"

《注册建筑师条例》第二十六条规定，"国家规定的一定跨度、跨径和高度以上的房屋建筑，应当由注册建筑师进行设计。"

《注册建筑师条例》第二十七条规定，"任何单位和个人修改注册建筑师的设计图纸，应当征得该注册建筑师同意；但是，因特殊情况不能征得该注册建筑师同意的除外。"

（2）义务

《注册建筑师条例》第二十八条规定，"注册建筑师应当履行下列义务：（一）遵守法律、法规和职业道德，维护社会公共利益；（二）保证建筑设计的质量，并在其负责的设计图纸上签字；（三）保守在执业中知悉的单位和个人的秘密；（四）不得同时受聘于二个以上建筑设计单位执行业务；（五）不得准许他人以本人名义执行业务。"

（3）违法行为应当承担的法律责任

《注册建筑师条例实施细则》对注册建筑师的法律责任做了如下规定：

1）隐瞒有关情况或者提供虚假材料申请注册的，注册机关不予受理，并由建设主管部门给予警告，申请人一年之内不得再次申请注册。

2）以欺骗、贿赂等不正当手段取得注册证书和执业印章的，由全国注册建筑师管理委员会或省、自治区、直辖市注册建筑师管理委员会撤销注册证书并收回执业印章，三年内不得再次申请注册，并由县级以上人民政府建设主管部门处以罚款。其中没有违法所得的，处以1万元以下罚款；有违法所得的处以违法所得3倍以下且不超过3万元的罚款。

3）违反本细则，未受聘并注册于中华人民共和国境内一个具有工程设计资质的单位，从事建筑工程设计执业活动的，由县级以上人民政府建设主管部门给予警告，责令停止违法活动，并可处以1万元以上3万元以下的罚款。

4）违反本细则，未办理变更注册而继续执业的，由县级以上人民政府建设主管部门责令限期改正；逾期未改正的，可处以5000元以下的罚款。

5）违反本细则，涂改、倒卖、出租、出借或者以其他形式非法转让执业资格证书、互认资格证书、注册证书和执业印章的，由县级以上人民政府建设主管部门责令改正，其中没有违法所得的，处以1万元以下罚款；有违法所得的处以违法所得3倍以下且不超过3万元的罚款。

6）违反本细则，注册建筑师或者其聘用单位未按照要求提供注册建筑师信用档案信息的，由县级以上人民政府建设主管部门责令限期改正；逾期未改正的，可处以1000元以上1万元以下的罚款。

7）聘用单位为申请人提供虚假注册材料的，由县级以上人民政府建设主管部门给予警告，责令限期改正；逾期未改正的，可处以1万元以上3万元以下的罚款。

3.3.4 注册结构工程师的有关规定

注册结构工程师，是指取得中华人民共和国注册结构工程师执业资格证书和注册证书，从事房屋结构、桥梁结构及塔架结构等工程设计及相关业务的专业技术人员。注册结构工程师分为一级注册结构工程师和二级注册结构工程师。

注册结构工程师注册有效期为2年。注册结构工程师执行业务，受聘单位应当为勘察设计单位。执业范围为：①结构工程设计；②结构工程设计技术咨询；③建筑物、构筑物、工程设施等调查和鉴定；④对本人主持设计的项目进行施工指导和监督；⑤建设部和国务院有关部门规定的其他业务。

注册结构工程师相关制度与注册建筑师类似，具体详见《注册结构工程师执业资格制度暂行规定》。

3.3.5 注册监理工程师的有关规定

监理工程师，是指通过职业资格考试取得中华人民共和国监理工程师职业资格证书，并经注册后从事建设工程监理及相关业务活动的专业技术人员。未取得注册证书和执业印章的人员，不得以注册监理工程师的名义从事工程监理及相关业务活动。

1. 注册制度

《监理工程师职业资格制度规定》第十三条规定，"国家对监理工程师职业资格实行执业注册管理制度。取得监理工程师职业资格证书且从事工程监理及相关业务活动的人员，经注册方可以监理工程师名义执业。"

（1）初始注册和延续注册

《注册监理工程师管理规定》第十条规定，"初始注册者，可自资格证书签发之日起3年内提出申请。逾期未申请者，须符合继续教育的要求后方可申请初始注册。

申请初始注册，应当具备以下条件：（一）经全国注册监理工程师执业资格统一考试合格，取得资格证书；（二）受聘于一个相关单位；（三）达到继续教育要求；（四）没有本规定第十三条所列情形。"

《注册监理工程师管理规定》第十一条规定，"注册监理工程师每一注册有效期为3年，注册有效期满需继续执业的，应当在注册有效期满30日前，按照本规定第七条规定的程序申请延续注册。延续注册有效期3年。"

（2）变更注册

《注册监理工程师管理规定》第十二条规定，"在注册有效期内，注册监理工程师变更执业单位，应当与原聘用单位解除劳动关系，并按本规定第七条规定的程序办理变更注册手续，变更注册后仍延续原注册有效期。"

2. 受聘单位

《注册监理工程师管理规定》第十七条规定，"取得资格证书的人员，应当受聘于一个具有建设工程勘察、设计、施工、监理、招标代理、造价咨询等一项或者多项资质的单位，经注册后方可从事相应的执业活动。从事工程监理执业活动的，应当受聘并注册于一个具有工程监理资质的单位。"

3. 执业范围

《注册监理工程师管理规定》第十八条规定，"注册监理工程师可以从事工程监理、工程经济与技术咨询、工程招标与采购咨询、工程项目管理服务以及国务院有关部门规定的其他业务。"工程监理活动中形成的监理文件由注册监理工程师按照规定签字盖章后方可生效。

4. 权利和义务

（1）权利

《注册监理工程师管理规定》第二十五条规定，"注册监理工程师享有下列权利：（一）使用注册监理工程师称谓；（二）在规定范围内从事执业活动；（三）依据本人能力从事相应的执业活动；（四）保管和使用本人的注册证书和执业印章；（五）对本人执业活动进行解释和辩护；（六）接受继续教育；（七）获得相应的劳动报酬；（八）对侵犯本人权利的行为进行申诉。"

（2）义务

《注册监理工程师管理规定》第二十六条规定，"注册监理工程师应当履行下列义务：（一）遵守法律、法规和有关管理规定；（二）履行管理职责，执行技术标准、规范和规程；（三）保证执业活动成果的质量，并承担相应责任；（四）接受继续教育，努力提高执业水准；（五）在本人执业活动所形成的工程监理文件上签字、加盖执业印章；（六）保守在执业中知悉的国家秘密和他人的商业、技术秘密；（七）不得涂改、倒卖、出租、出借或者以其他形式非法转让注册证书或者执业印章；（八）不得同时在两个或者两个以上单位受聘或者执业；（九）在规定的执业范围和聘用单位业务范围内从事执业活动；（十）协助注册管理机构完成相关工作。"

5. 违法行为应当承担的法律责任

《注册监理工程师管理规定》对注册监理工程师法律责任做了如下规定：

（1）隐瞒有关情况或者提供虚假材料申请注册的，住房城乡建设主管部门不予受理或者不予注册，并给予警告，1年之内不得再次申请注册。

（2）以欺骗、贿赂等不正当手段取得注册证书的，由国务院住房城乡建设主管部门撤销其注册，3年内不得再次申请注册，并由县级以上地方人民政府住房城乡建设主管部门处以罚款，其中没有违法所得的，处以1万元以下罚款，有违法所得的，处以违法所得3倍以下且不超过3万元的罚款；构成犯罪的，依法追究刑事责任。

（3）违反本规定，未经注册，擅自以注册监理工程师的名义从事工程监理及相关业务活动的，由县级以上地方人民政府住房城乡建设主管部门给予警告，责令停止违法行为，处以3万元以下罚款；造成损失的，依法承担赔偿责任。

（4）违反本规定，未办理变更注册仍执业的，由县级以上地方人民政府住房城乡建设主管部门给予警告，责令限期改正；逾期不改的，可处以 5000 元以下的罚款。

（5）注册监理工程师在执业活动中有下列行为之一的，由县级以上地方人民政府住房城乡建设主管部门给予警告，责令其改正，没有违法所得的，处以 1 万元以下罚款，有违法所得的，处以违法所得 3 倍以下且不超过 3 万元的罚款；造成损失的，依法承担赔偿责任；构成犯罪的，依法追究刑事责任：①以个人名义承接业务的；②涂改、倒卖、出租、出借或者以其他形式非法转让注册证书或者执业印章的；③泄露执业中应当保守的秘密并造成严重后果的；④超出规定执业范围或者聘用单位业务范围从事执业活动的；⑤弄虚作假提供执业活动成果的；⑥同时受聘于两个或者两个以上的单位，从事执业活动的；⑦其他违反法律、法规、规章的行为。

（6）有下列情形之一的，国务院住房城乡建设主管部门依据职权或者根据利害关系人的请求，可以撤销监理工程师注册：①工作人员滥用职权、玩忽职守颁发注册证书和执业印章的；②超越法定职权颁发注册证书和执业印章的；③违反法定程序颁发注册证书和执业印章的；④对不符合法定条件的申请人颁发注册证书和执业印章的；⑤依法可以撤销注册的其他情形。

3.3.6 注册造价工程师的有关规定

注册造价工程师是指通过土木建筑工程或者安装工程专业造价工程师职业资格考试取得造价工程师职业资格证书或者通过资格认定、资格互认，并按照本办法注册后，从事工程造价活动的专业人员。注册造价工程师分为一级注册造价工程师和二级注册造价工程师。

1. 注册制度

《注册造价工程师管理办法》第六条规定，"注册造价工程师实行注册执业管理制度。取得职业资格的人员，经过注册方能以注册造价工程师的名义执业。"

（1）初始注册和延续注册

注册造价工程师的注册条件为：①取得职业资格；②受聘于一个工程造价咨询企业或者工程建设领域的建设、勘察设计、施工、招标代理、工程监理、工程造价管理等单位；③无不予注册的法定情形。

注册造价工程师初始注册的有效期为 4 年。注册造价工程师注册有效期满需继续执业的，应当在注册有效期满 30 日前，按照本办法第八条规定的程序申请延续注册。延续注册的有效期为 4 年。

（2）变更注册

在注册有效期内，注册造价工程师变更执业单位的，应当与原聘用单位解除劳动合同，并按照《注册造价工程师管理办法》规定的程序，到新聘用单位工商注册所在地的省、自治区、直辖市人民政府住房城乡建设主管部门或者国务院有关专业部门办理变更注册手续。变更注册后延续原注册有效期。

2. 受聘单位

《注册造价工程师管理办法》规定，注册造价工程师的注册条件为受聘于一个工程造价咨询企业或者工程建设领域的建设、勘察设计、施工、招标代理、工程监理、工程造价管理等单位。

3. 执业范围

《注册造价工程师管理办法》第十五条规定，"一级注册造价工程师执业范围包括建设项目全过程的工程造价管理与工程造价咨询等，具体工作内容：（一）项目建议书、可行性研究投资估算与审核，项目评价造价分析；（二）建设工程设计概算、施工预算编制和审核；（三）建设工程招标投标文件工程量和造价的编制与审核；（四）建设工程合同价款、结算价款、竣工决算价款的编制与管理；（五）建设工程审计、仲裁、诉讼、保险中的造价鉴定，工程造价纠纷调解；（六）建设工程计价依据、造价指标的编制与管理；（七）与工程造价管理有关的其他事项。

二级注册造价工程师协助一级注册造价工程师开展相关工作，并可以独立开展以下工作：（一）建设工程工料分析、计划、组织与成本管理，施工图预算、设计概算编制；（二）建设工程量清单、最高投标限价、投标报价编制；（三）建设工程合同价款、结算价款和竣工决算价款的编制。"

4. 权利和义务

（1）权利

《注册造价工程师管理办法》第十六条规定，"注册造价工程师享有下列权利：（一）使用注册造价工程师名称；（二）依法从事工程造价业务；（三）在本人执业活动中形成的工程造价成果文件上签字并加盖执业印章；（四）发起设立工程造价咨询企业；（五）保管和使用本人的注册证书和执业印章；（六）参加继续教育。"

（2）义务

《注册造价工程师管理办法》第十七条规定，"注册造价工程师应当履行下列义务：（一）遵守法律、法规、有关管理规定，恪守职业道德；（二）保证执业活动成果的质量；（三）接受继续教育，提高执业水平；（四）执行工程造价计价标准和计价方法；（五）与当事人有利害关系的，应当主动回避；（六）保守在执业中知悉的国家秘密和他人的商业、技术秘密。"

注册造价工程师应当根据执业范围，在本人形成的工程造价成果文件上签字并加盖执业印章，并承担相应的法律责任。最终出具的工程造价成果文件应当由一级注册造价工程师审核并签字盖章。

5. 违法行为应当承担的法律责任

《注册造价工程师管理办法》对注册造价工程师法律责任做了如下规定：

（1）隐瞒有关情况或者提供虚假材料申请造价工程师注册的，不予受理或者不予注册，并给予警告，申请人在1年内不得再次申请造价工程师注册。

（2）聘用单位为申请人提供虚假注册材料的，由县级以上地方人民政府住房城乡建设主管部门或者其他有关部门给予警告，并可处以1万元以上3万元以下的罚款。

（3）以欺骗、贿赂等不正当手段取得造价工程师注册的，由注册机关撤销其注册，3年内不得再次申请注册，并由县级以上地方人民政府住房城乡建设主管部门处以罚款。其中，没有违法所得的，处以1万元以下罚款；有违法所得的，处以违法所得3倍以下且不超过

3 万元的罚款。违反本办法规定，未经注册而以注册造价工程师的名义从事工程造价活动的，所签署的工程造价成果文件无效，由县级以上地方人民政府住房城乡建设主管部门或者其他有关部门给予警告，责令停止违法活动，并可处以 1 万元以上 3 万元以下的罚款。

（4）违反本办法规定，未办理变更注册而继续执业的，由县级以上人民政府住房城乡建设主管部门或者其他有关部门责令限期改正；逾期不改的，可处以 5000 元以下的罚款。注册造价工程师有本办法第二十条规定行为之一的，由县级以上地方人民政府住房城乡建设主管部门或者其他有关部门给予警告，责令改正，没有违法所得的，处以 1 万元以下罚款，有违法所得的，处以违法所得 3 倍以下且不超过 3 万元的罚款。

（5）违反本办法规定，注册造价工程师或者其聘用单位未按照要求提供造价工程师信用档案信息的，由县级以上地方人民政府住房城乡建设主管部门或者其他有关部门责令限期改正；逾期未改正的，可处以 1000 元以上 1 万元以下的罚款。

本章小结

本章基本内容包括建筑工程施工许可制度、建筑行业从业单位资格制度和建筑行业从业人员资格制度三个部分。其中，建筑工程施工许可制度主要涉及施工许可证的适用范围、申请主体、申领条件、延期开工、核验和重新办理批准等。建筑业从业单位资格制度主要涉及建筑行业从业单位的资质条件、类别和等级、资质申请、延续、变更、撤回、撤销、注销等。建筑行业从业人员资格制度主要涉及注册建造师、建筑师、结构工程师、监理工程师、造价师的取得条件、注册种类、执业范围等。

本章习题

一、选择题

请扫描二维码完成自测。

二、问答题

1. 根据相应法律法规规定，建设单位申请领取施工许可证，应当具备哪些条件？

2. 请简述施工许可证延期、核验和重新办理批准的相关规定。

3. 简述注册建造师的初始注册条件和执业范围。

第 3 章选择题

4 建筑工程发承包制度及建筑市场信用管理制度

学 习 目 标

1. 了解建设工程承包制度；

2. 熟悉总承包的法律知识；

3. 能辨识工程发承包违法行为；

4. 提升建设工程发承包管理能力；

5. 了解建筑市场不良行为辨识标准、奖惩机制和诚信评价的规定。

思 维 导 图

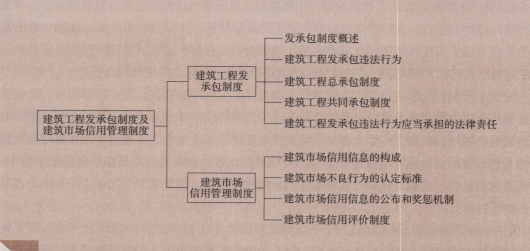

思政导引

工程承包制是世界各国建筑业普遍实行的承包经营方式。随着现代建设规模的日益扩大，各种新技术、新工艺的不断更新，技术变得越来越复杂，专业化程度日益提高，承包方式也趋向多样化。大型建筑企业具有雄厚的资金和技术力量，承包的范围远远超出单纯建筑施工，逐步扩展到可行性研究、工程规划、勘察设计、技术研究、工程管理、技术咨询、干部培训以及城市综合开发等。中小型建筑企业具有投资少、专业性强、经营灵活等优点，也有广阔的承包活动范围。因此我们需要对建设工程的承包方式和管理办法进行细致的了解和学习。

由于建筑业行业涉及的部门多、人员广、跨度大，建筑行业衍生的各种不良现象层出不穷，国家对建筑市场信用体系作出了明确的规定，并制定了相应的奖惩办法。

4.1　建筑工程发承包制度

4.1.1　概述

1. 建筑工程发包制度

《建筑法》规定，建筑工程依法实行招标发包，对不适于招标发包的可以直接发包。建筑工程实行招标发包的，发包单位应当将建筑工程发包给依法中标的承包单位。建筑工程的发包单位与承包单位应当依法订立书面合同，明确双方的权利和义务。发包单位和承包单位应当全面履行合同约定的义务。不按照合同约定履行义务的，依法承担违约责任。

建筑工程实行公开招标的，发包单位应当依照法定程序和方式，发布招标公告，提供载有招标工程的主要技术要求、主要的合同条款、评标的标准和方法以及开标、评标、定标的程序等内容的招标文件。开标应当在招标文件规定的时间、地点公开进行。开标后应当按照招标文件规定的评标标准和程序对标书进行评价、比较，在具备相应资质条件的投标者中，择优选定中标者。建筑工程实行直接发包的，发包单位应当将建筑工程发包给具有相应资质条件的承包单位。

《中华人民共和国招标投标法》（下简称《招标投标法》）规定，涉及国家安全、国家秘密、抢险救灾或者属于利用扶贫资金实行以工代赈、需要使用农民工等特殊情况，不适宜进行招标的项目，按照国家有关规定可以不进行招标，直接发包。

2. 建筑工程承包制度

《建筑法》规定，承包建筑工程的单位应当持有依法取得的资质证书，并在其资质等级许可的业务范围内承揽工程。禁止建筑施工企业超越本企业资质等级许可的业务范围或者以任何形式用其他建筑施工企业的名义承揽工程。禁止建筑施工企业以任何形式允许其他单位或者个人使用本企业的资质证书、营业执照，以本企业的名义承揽工程。

大型建筑工程或者结构复杂的建筑工程，可以由两个以上的承包单位联合共同承包。共同承包的各方对承包合同的履行承担连带责任。两个以上不同资质等级的单位实行联合共同承包的，应当按照资质等级低的单位的业务许可范围承揽工程。

3. 建筑工程承包的方式

建筑工程承包制度主要包括总承包、共同承包、专业承包、专业分包等制度。

依据建筑工程项目的性质，承包建筑工程可以通过公开招标、竞争性谈判、竞争性磋商、邀请招标、单一来源采购等进行承包。

公开招标，是指招标人以招标公告的方式邀请不特定的法人或者其他组织投标。依法必须进行招标的项目的招标公告，应当通过国家指定的报刊、信息网络或者其他媒介发布。

竞争性谈判，是指采购人或代理机构通过与多家供应商（不少3家）进行谈判，最后从中确定中标供应商的一种采购方式。

竞争性磋商，是指采购人、政府采购代理机构通过组建竞争性磋商小组（下简称"磋商小组"）与符合条件的供应商就采购货物、工程和服务事宜进行磋商，供应商按照磋商文件的要求提交响应文件和报价，采购人从磋商小组评审后提出的候选供应商名单中确定成交供应商的采购方式。

竞争性谈判和竞争性磋商的区别在于，竞争性谈判是在谈判的基础上确定成交，而竞争性磋商是在磋商的基础上确定成交。

邀请招标，是指招标人以投标邀请书的方式邀请特定的法人或者其他组织投标。招标人采用邀请招标方式的，应当向三个以上具备承担招标项目的能力、资信良好的特定的法人或者其他组织发出投标邀请书。

单一来源采购，也称直接采购，是出于紧急采购之时效性或者只能从唯一的供应商或承包商取得货物、工程或服务之客观情况下采购人向唯一供应商进行采购的方式。在采购实体的采购涉及国防或国家安全、并断定单一来源采购为最适当的采购方法；或出于经济发展、就业、国内优惠等政策考虑情况下，也可适用单一来源采购。如负责工艺设计的承包商要求从某供应商采购关键部件，并以此作为性能保证的条件，那么采购机构也可采用直接签订合同的采购方法。

4.1.2 建筑工程发承包违法行为 ·····························●

建筑工程发承包违法行为主要是指违法发包、转包、违法分包以及挂靠等违法行为。

1. 违法发包

违法发包是指建设单位将工程发包给个人或不具有相应资质的单位、肢解发包、违反法定程序发包及其他违反法律法规规定的发包行为。

《建筑工程施工发包与承包违法行为认定查处管理办法》规定，存在下列情形之一的，属于违法发包：（一）建设单位将工程发包给个人的；（二）建设单位将工程发包给不具有相应资质的单位的；（三）依法应当招标未招标或未按照法定招标程序发包的；（四）建设单位设置不合理的招标投标条件，限制、排斥潜在投标人或者投标人的；（五）建设单位将一个单位工程的施工分解成若干部分发包给不同的施工总承包或专业承包单位的。

2. 转包

转包是指承包单位承包工程后，不履行合同约定的责任和义务，将其承包的全部工程或者将其承包的全部工程肢解后以分包的名义分别转给其他单位或个人施工的行为。

《建筑工程施工发包与承包违法行为认定查处管理办法》规定，存在下列情形之一的，应当认定为转包，但有证据证明属于挂靠或者其他违法行为的除外：（一）承包单位将其承包的全部工程转给其他单位（包括母公司承接建筑工程后将所承接工程交由具有独立法人资格的子公司施工的情形）或个人施工的；（二）承包单位将其承包的全部工程肢解以后，以分包的名义分别转给其他单位或个人施工的；（三）施工总承包单位或专业承包单位未派驻项目负责人、技术负责人、质量管理负责人、安全管理负责人等主要管理人员，或派驻的项目负责人、技术负责人、质量管理负责人、安全管理负责人中一人及以上与施工单位没有订立劳动合同且没有建立劳动工资和社会养老保险关系，或派驻的项目负责人未对该工程的施工活动进行组织管理，又不能进行合理解释并提供相应证明的；（四）合同约定由承包单位负责采购的主要建筑材料、构配件及工程设备或租赁的施工机械设备，由其他单位或个人采购、租赁，或施工单位不能提供有关采购、租赁合同及发票等证明，又不能进行合理解释并提供相应证明的；（五）专业作业承包人承包的范围是承包单位承包的全部工程，专业作业承包人计取的是除上缴给承包单位"管理费"之外的全部工程价款的；（六）承包单位通过采取合作、联营、个人承包等形式或名义，直接或变相将其承包的全部工程转给其他单位或个人施工的；（七）专业工程的发包单位不是该工程的施工总承包或专业承包单位的，但建设单位依约作为发包单位的除外；（八）专业作业的发包单位不是该工程承包单位的；（九）施工合同主体之间没有工程款收付关系，或者承包单位收到款项后又将款项转拨给其他单位和个人，又不能进行合理解释并提供材料证明的。

特别提示

两个以上的单位组成联合体承包工程，在联合体分工协议中约定或者在项目实际实施过程中，联合体一方不进行施工也未对施工活动进行组织管理的，并且向联合体其他方收取管理费或者其他类似费用的，视为联合体一方将承包的工程转包给联合体其他方。

3. 违法分包

违法分包是指承包单位承包工程后，违反法律法规规定，把单位工程或分部分项工程分包给其他单位或个人施工的行为。

《建筑工程施工发包与承包违法行为认定查处管理办法》规定，存在下列情形之一的，属于违法分包：（一）承包单位将其承包的工程分包给个人的；（二）施工总承包单位或专业承包单位将工程分包给不具备相应资质单位的；（三）施工总承包单位将施工总承包合同范围内工程主体结构的施工分包给其他单位的，钢结构工程除外；（四）专业分包单位将其承包的专业工程中非劳务作业部分再分包的；（五）专业作业承包人将其承包的劳务再分包的；（六）专业作业承包人除计取劳务作业费用外，还计取主要建筑材料款和大中型施工机械设备、主要周转材料费用的。

4. 挂靠

挂靠是指单位或个人以其他有资质的施工单位的名义承揽工程的行为，包括参与投标、订立合同、办理有关施工手续、从事施工等活动。

《建筑工程施工发包与承包违法行为认定查处管理办法》规定，存在下列情形之一的，属于挂靠：（一）没有资质的单位或个人借用其他施工单位的资质承揽工程的；（二）有资质的施工单位相互借用资质承揽工程的，包括资质等级低的借用资质等级高的，资质等级高的借用资质等级低的，相同资质等级相互借用的；（三）本办法第八条第 1 款第（三）至（九）项规定的情形，有证据证明属于挂靠的。

【典型案例】

背景资料

某建筑工程公司法定代表人李某与个体经营者张某是老乡。张某要求能以该公司的名义承接一些工程施工业务，双方便签订了一份承包合同，约定张某可使用该公司的资质证书、营业执照等承接工程，每年上交承包费 20 万元，如不能按时如数上交承包费，该公司有权解除合同。合同签订后，张某利用该公司的资质证书、营业执照等多次承揽工程施工业务，但年底只向该公司上交了 8 万元的承包费。为此，该公司与张某发生激烈争执，并诉至法院。

问题：

（1）本案中，该建筑工程公司与张某存在何种违法行为？

（2）本案中，该建筑工程公司的违法行为应当受到什么处罚？

【案例分析】

（1）本案中该建筑工程公司将资质证书、营业执照等出借给张某，允许以其名义对外承揽工程，属于违法行为。《建筑法》第二十六条第 2 款明确规定，"禁止建筑施工企业以任何形式允许其他单位或者个人使用本企业的资质证书、营业执照，以本企业的名义承揽工程。"

（2）《建筑法》第六十六条规定，"建筑施工企业转让、出借资质证书或者以其他方式允许他人以本企业的名义承揽工程的，责令改正，没收违法所得，并处罚款。"《建设工程质量管理条例》第六十一条进一步规定，"违反本条例规定，勘察、设计、施工、工程监理单位允许其他单位或者个人以本单位名义承揽工程的，责令改正，没收违法所得，……；对施工单位处工程合同价款百分之二以上百分之四以下的罚款；可以责令停业整顿，降低资质等级；情节严重的，吊销资质证书。"据此，该建筑工程公司将被责令改正，没收违法所得，处工程合同价款百分之二以上百分之四以下的罚款；根据情节，还可能被责令停业整顿，降低资质等级，甚至吊销资质证书。

4.1.3 建筑工程总承包制度

1. 一般规定

建筑工程总承包通常为工程总承包和施工总承包。前者是对工程项目的勘察、设计、施工、采购、试运行等全过程或若干阶段的承包，其主要方式有：设计采购施工（EPC）交钥匙总承包；设计施工总承包（D—B）；设计采购总承包（E—P）；采购施工总承包（P—C）。

《建筑法》规定，建筑工程的发包单位可以将建筑工程的勘察、设计、施工、设备采购一并发包给一个工程总承包单位，也可以将建筑工程勘察、设计、施工、设备采购的一项或者多项发包给一个工程总承包单位。

《房屋建筑和市政基础设施项目工程总承包管理办法》（建市规〔2019〕12号）规定，本办法所称工程总承包，是指承包单位按照与建设单位签订的合同，对工程设计、采购、施工或者设计、施工等阶段实行总承包，并对工程的质量、安全、工期和造价等全面负责的工程建设组织实施方式。

2. 工程总承包企业的法律责任

《建筑法》规定建筑工程总承包单位按照总承包合同的约定对建设单位负责；分包单位按照分包合同的约定对总承包单位负责。总承包单位和分包单位就分包工程对建设单位承担连带责任。

《建设工程质量管理条例》进一步规定，建设工程实行总承包的，总承包单位应当对全部建设工程质量负责；建设工程勘察、设计、施工、设备采购的一项或者多项实行总承包的，总承包单位应当对其承包的建设工程或者采购的设备的质量负责。

《房屋建筑和市政基础设施项目工程总承包管理办法》规定，工程总承包单位应当对其承包的全部建设工程质量负责，分包单位对其分包工程的质量负责，分包不免除工程总承包单位对其承包的全部建设工程所负的质量责任。工程总承包单位、工程总承包项目经理依法承担质量终身责任。

工程总承包单位对承包范围内工程的安全生产负总责。分包单位应当服从工程总承包单位的安全生产管理，分包单位不服从管理导致生产安全事故的，由分包单位承担主要责任，分包不免除工程总承包单位的安全责任。

工程总承包单位应当依据合同对工期全面负责，对项目总进度和各阶段的进度进行控制管理，确保工程按期竣工。工程保修书由建设单位与工程总承包单位签署，保修期内工程总承包单位应当根据法律法规规定以及合同约定承担保修责任，工程总承包单位不得以其与分包单位之间保修责任划分而拒绝履行保修责任。

工程总承包单位和工程总承包项目经理在设计、施工活动中有转包违法分包等违法违规行为或者造成工程质量安全事故的，按照法律法规对设计、施工单位及项目负责人相同违法违规行为的规定追究责任。

4.1.4　建筑工程共同承包制度

共同承包是指由两个以上具备承包资格的单位共同组成非法人的联合体，对建筑工程进行承包的行为。这是在国际工程发承包活动中较为通行的一种做法，可有效规避工程承包风险。

1. 共同承包的适用范围

《建筑法》规定，大型建筑工程或者结构复杂的建筑工程，可以由两个以上的承包单位联合共同承包。

作为大型的建筑工程或结构复杂的建筑工程，一般投资额大、技术要求复杂、建设周期长，潜在风险较大，如果采取共同承包的方式，有利于更好发挥各承包单位在资金、技术、管理等方面的优势，增强抗风险能力，保证工程质量和工期，提高投资效益。至于中小型或结构不复杂的工程，则无需采用共同承包方式，完全可由一家承包单位独立完成。

2. 共同承包的资质要求

《建筑法》规定，两个以上不同资质等级的单位实行联合共同承包的，应当按照资质等级低的单位的业务许可范围承揽工程。这主要是为防止以共同承包为名而进行"资质挂靠"的不规范行为。

3. 共同承包的责任

《招标投标法》规定，联合体中标的，联合体各方应当共同与招标人签订合同，就中标项目向招标人承担连带责任。《建筑法》也规定，共同承包的各方对承包合同的履行承担连带责任。

共同承包各方应签订联合承包协议，明确约定各方的权利、义务以及相互合作、违约责任承担等条款。各承包方就承包合同的履行对建设单位承担连带责任。如果出现赔偿责任，建设单位有权向共同承包的任何一方请求赔偿，而被请求方不得拒绝，在其赔偿后可依据联合承包协议及有关各方过错大小，有权对超过自己应赔偿的那部分份额向其他方进行追偿。

4.1.5　建筑工程分包制度

建筑工程施工分包可分为专业工程分包与劳务作业分包：①专业工程分包，是指施工总承包企业将其所承包工程中的专业工程发包给具有相应资质的其他建筑业企业完成的活动。②劳务作业分包，是指施工总承包企业或者专业承包企业将其承包工程中的劳务作业发包给劳务分包企业完成的活动。

1. 分包工程的范围

《建筑法》规定，建筑工程总承包单位可以将承包工程中的部分工程发包给具有相应资质条件的分包单位。禁止承包单位将其承包的全部建筑工程转包给他人，禁止承包单位将其承包的全部建筑工程肢解以后以分包的名义分别转包给他人。施工总承包的，建筑工程主体结构的施工必须由总承包单位自行完成。

《招标投标法》规定，中标人按照合同约定或者经招标人同意，可以将中标项目的部分非主体、非关键性工作分包给他人完成。中标人不得向他人转让中标项目，也不得将中标项目肢解后分别向他人转让。《中华人民共和国招标投标法实施条例》（下简称《招标投标法实施条例》）进一步规定，中标人不得向他人转让中标项目，也不得将中标项目肢解后分别向他人转让。中标人按照合同约定或者经招标人同意，可以将中标项目的部分非主体、非关键性工作分包给他人完成。接受分包的人应当具备相应的资格条件，并不得再次分包。中标人应当就分包项目向招标人负责，接受分包的人就分包项目承担连带责任。

据此，总承包单位承包工程后可以全部自行完成，也可以将其中的部分工程分包给其他承包单位完成，但只能依法分包部分工程，并且是非主体、非关键性工作；如果是施工总承包，其主体结构的施工则须由总承包单位自行完成。

2. 分包工程的条件

《建筑法》规定，建筑工程总承包单位可以将承包工程中的部分工程发包给具有相应资质条件的分包单位；但是，除总承包合同中约定的分包外，必须经建设单位认可。禁止总承包单位将工程分包给不具备相应资质条件的单位。《招标投标法》也规定，接受分包的人应当具备相应的资格条件。《房屋建筑和市政基础设施工程施工分包管理办法》还规定，严禁个人承揽分包工程业务。

总承包单位如果要将所承包的工程再分包给他人，应当依法告知建设单位并取得认可。这种认可应当依法采取两种方式：①在总承包合同中规定分包的内容；②在总承包合同中没有规定分包内容的，应当事先征得建设单位的同意。但是，劳务作业分包由劳务作业发包人与劳务作业承包人通过劳务合同约定，可不经建设单位认可。需要说明的是，分包工程须经建设单位认可，并不等于建设单位可以直接指定分包人。《房屋建筑和市政基础设施工程施工分包管理办法》规定，建设单位不得直接指定分包工程承包人。对于建设单位推荐的分包单位，总承包单位有权作出拒绝或者采用的选择。

3. 分包工程不得再分包

《建筑法》规定，禁止分包单位将其承包的工程再分包。《招标投标法》也规定，接受分包的人不得再次分包。这主要是防止层层分包，导致工程质量安全和工期等难以保障。为此，《房屋建筑和市政基础设施工程施工分包管理办法》规定，除专业承包企业可以将其承包工程中的劳务作业发包给劳务分包企业外，专业分包工程承包人和劳务作业承包人都必须自行完成所承包的任务。

【典型案例】

背景资料

A施工公司中标了某大型建设项目的桩基工程施工任务，但该公司拿到桩基工程后，由于施工力量不足，就将该工程全部转交给了具有桩基施工资质的 **B** 公司。双方还签订了《桩基工程施工合同》，就合同单价、暂定总价、工期、质量、付款方式、结算方式以及违约责任等进行了约定。在合同签订后，**B** 公司组织实施并完成了该桩基工程施工任务。建设单位在组织竣工验收时，发现有部分桩基工程质量不符合规定的质量标准，便要求 **A** 公司负责返工、修理，并赔偿因此造成的损失。但 **A** 公司以该桩基工程已交由 **B** 公司施工为由，拒不承担任何的赔偿责任。

问题：

（1）A 公司在该桩基工程的承包活动中有何违法行为？

（2）A 公司是否应对该桩基工程的质量问题承担连带责任？

【案例分析】

（1）本案中 A 公司存在严重的违法转包行为，《建筑法》第二十八条规定："禁止承包单位将其承包的全部建筑工程转包给他人，禁止承包单位将其承包的全部建筑工程肢解以后以分包的名义转包给他人。"《建设工程质量管理条例》第七十八条进一步明确规定："本条例所称的转包，是指承包单位承包建设工程后，不履行合同约定的责任和义务，将其承包的全部建设工程转给他人或者将其承包的全部建设工程肢解以后以分包的名义分别转给其他单位承包的行为。"

（2）A 公司不仅应对该桩基工程的质量问题依法承担连带赔偿责任，还应当接受相应的行政处罚。《建筑法》第六十七条的规定："承包单位将承包的工程转包的，或者违反本法规定进行分包的，责令改正，没收违法所得，并处罚款，可以责令停业整顿，降低资质等级；情节严重的，吊销资质证书。承包单位有前款规定的违法行为的，对因转包工程或者违法分包的工程不符合规定的质量标准造成的损失，与接受转包或者分包的单位承担连带赔偿责任。"《建设工程质量管理条例》第六十二条进一步规定："违反本条例规定，承包单位将承包的工程转包或者违法分包的，责令改正，没收违法所得，对勘察、设计单位处合同约定的勘察费、设计费 25% 以上 50% 以下的罚款；对施工单位处工程合同价款 0.5% 以上 1% 以下的罚款；可以责令停业整顿，降低资质等级；情节严重的，吊销资质证书。工程监理单位转让工程监理业务的，责令改正，没收违法所得，处合同约定的监理酬金 25% 以上 50% 以下的罚款；可以责令停业整顿，降低资质等级；情节严重的，吊销资质证书。"

4. 分包单位的责任

《建筑法》规定，建筑工程总承包单位按照总承包合同的约定对建设单位负责；分包单位按照分包合同的约定对总承包单位负责。总承包单位和分包单位就分包工程对建设单位承担连带责任。《招标投标法》也规定，中标人应当就分包项目向招标人负责，接受分包的人就分包项目承担连带责任。

连带责任分为法定连带责任和约定连带责任。我国有关工程总分包、联合承包的连带责任，均属法定连带责任。《民法典》规定，二人以上依法承担连带责任的，权利人有权请求部分或者全部连带责任人承担责任。连带责任人的责任份额根据各自责任大小确定；难以确定责任大小的，平均承担责任。实际承担责任超过自己责任份额的连带责任人，有权向其他连带责任人追偿。连带责任，由法律规定或者当事人约定。

4.1.6 建筑工程发承包违法行为应当承担的法律责任 ·············· ●

1. 发包单位违法行为应当承担的法律责任

《建筑法》规定，发包单位将工程发包给不具有相应资质条件的承包单位的，或者违反本法规定将建筑工程肢解发包的，责令改正，处以罚款。

《建设工程质量管理条例》规定，建设单位将建设工程发包给不具有相应资质等级的勘察、设计、施工单位或者委托给不具有相应资质等级的工程监理单位的，责令改正，处50万元以上100万元以下的罚款。建设单位将建设工程肢解发包的，责令改正，处工程合同价款0.5%以上1%以下的罚款；对全部或者部分使用国有资金的项目，并可以暂停项目执行或者暂停资金拨付。

2. 承包单位违法行为应当承担的法律责任

《建筑法》规定，超越本单位资质等级承揽工程的，责令停止违法行为，处以罚款，可以责令停业整顿，降低资质等级；情节严重的，吊销资质证书；有违法所得的，予以没收。未取得资质证书承揽工程的，予以取缔，并处罚款；有违法所得的，予以没收。

建筑施工企业转让、出借资质证书或者以其他方式允许他人以本企业的名义承揽工程的，责令改正，没收违法所得，并处罚款，可以责令停业整顿，降低资质等级；情节严重的，吊销资质证书。对因该项承揽工程不符合规定的质量标准造成的损失，建筑施工企业与使用本企业名义的单位或者个人承担连带赔偿责任。

承包单位将承包的工程转包的，或者违反本法规定进行分包的，责令改正，没收违法所得，并处罚款，可以责令停业整顿，降低资质等级；情节严重的，吊销资质证书。承包单位有前款规定的违法行为的，对因转包工程或者违法分包的工程不符合规定的质量标准造成的损失，与接受转包或分包的单位承担连带赔偿责任。

《建设工程质量管理条例》规定，违反本条例规定，勘察、设计、施工、工程监理单位超越本单位资质等级承揽工程的，责令停止违法行为，对勘察、设计单位或者工程监理单位处合同约定的勘察费、设计费或者监理酬金1倍以上2倍以下的罚款；对施工单位处工程合同价款2%以上4%以下的罚款，可以责令停业整顿，降低资质等级；情节严重的，吊销资质证书；有违法所得的，予以没收。

未取得资质证书承揽工程的，予以取缔，依照前款规定处以罚款；有违法所得的，予以没收。

以欺骗手段取得资质证书承揽工程的，吊销资质证书，依照本条第一款规定处以罚款；有违法所得的，予以没收。

承包单位将承包的工程转包或者违法分包的，责令改正，没收违法所得，对勘察、设计单位处合同约定的勘察费、设计费百分之二十五以上百分之五十以下的罚款；对施工单位处工程合同价款百分之零点五以上百分之一以下的罚款；可以责令停业整顿，降低资质等级；情节严重的，吊销资质证书。

特别提示

> 全国人大常委会法制工作委员会《对建筑施工企业母公司承接工程后交由子公司实施是否属于转包以及行政处罚两年追溯期认定法律适用问题的意见》（法工办发〔2017〕223号）中规定，对于违法发包、转包、分包、挂靠等行为的行政处罚追溯期限，应当从违法发包、转包、分包、挂靠的建筑工程竣工验收之日起计算。合同工程量未全部完成而解除或暂时终止履行合同的，为合同解除或终止之日。

3. 其他违法行为应当承担的法律责任

《建筑法》规定，在工程发包与承包中索贿、受贿、行贿，构成犯罪的，依法追究刑事责任；不构成犯罪的，分别处以罚款，没收贿赂的财物，对直接负责的主管人员和其他直接责任人员给予处分。对在工程承包中行贿的承包单位，除依照以上规定处罚外，可以责令停业整顿，降低资质等级或者吊销资质证书。

思 政 拓 展

近年来，随着中国在基础设施建设领域一系列超级工程的面世，"基建强国"的标签深入人心。"一带一路"倡议提出后，中国对外承包工程行业发展迅速，"一带一路"沿线国家业务已经占到中国对外承包工程企业全球业务的近六成，随着中国对外承包工程行业的发展模式不断转型升级，现在我们更多的是向"投建营一体化"的方向发展，通过PPP、收购当地企业、与信息类企业合作等多种方式积极抢占"新基建"新机，"战略引领、模式创新、科技赋能、高质量可持续"，已成为行业发展共识。中国企业的海外竞争力也越来越强，未来，"中国建设"品牌将像"中国制造"品牌一样，享誉全球。

请同学们结合"一带一路"倡议思考我国当前对外承包工程的总体特点是什么？

4.2 建筑市场信用管理制度

思 政 导 引

为做好2022年住房和城乡建设领域信用体系建设工作，住房和城乡建设部办公厅要求，要以习近平新时代中国特色社会主义思想为指导，全面贯彻党的二十大精神，立足新发展阶段、贯彻新发展理念、构建新发展格局，坚持稳字当头、稳中求进，认真贯彻落实党中央、国务院决策部署，按照全国住房和城乡建设工作会议精神，扎实推进信用体系建设，进一步规范和健全住房和城乡建设领域失信行为认定、记录、归集、共享和公开，积极发挥信用体系在支撑"放管服"改革、营造公平诚信的市场环境、提升政府监管效能等方面的重要作用，逐步建立健全信用承诺、信用评价、信用分级分类监管、信用激励惩戒、信用修复等制度，促进住房和城乡建设事业高质量发展。

住房和城乡建设部
2023年信用体系
建设工作要点

《国务院办公厅关于进一步完善失信约束制度构建诚信建设长效机制的指导意见》（国办发〔2020〕49号）中规定，严格依法依规推动社会信用体系建设。依法依规严格规范信用信息采集、共享、公开范围，严格规范严重失信主体名单认定、失信惩戒和信用修复工作，确保社会信用体系建设各项工作在法治轨道运行。

4.2.1 建筑市场信用信息的构成

住房和城乡建设部《建筑市场信用管理暂行办法》（建市〔2017〕241号）规定，建筑市场信用信息由基本信息、优良信用信息、不良信用信息构成。

1. 基本信息

基本信息是指注册登记信息、资质信息、工程项目信息、注册执业人员信息等。

2. 优良信用信息

优良信用信息是指建筑市场各方主体在工程建设活动中获得的县级以上行政机关或群团组织表彰奖励等信息。

3. 不良信用信息

不良信用信息是指建筑市场各方主体在工程建设活动中违反有关法律、法规、规章或工程建设强制性标准等，受到县级以上住房城乡建设主管部门行政处罚的信息，以及经有关部门认定的其他不良信用信息。

《招标投标违法行为记录公告暂行办法》（发改法规〔2008〕1531号）中规定，招标投标违法行为记录，是指有关行政主管部门在依法履行职责过程中，对招标投标当事人违法行为所作行政处理决定的记录。

4.2.2 建筑市场不良行为认定标准 ·······················●

《全国建筑市场各方主体不良行为记录认定标准》（建市〔2007〕9号）和《注册建造师执业管理办法（试行）》（建市〔2008〕48号）中，分别对施工单位等和注册建造师的不良行为规定了具体的认定标准。

1. 施工单位不良行为记录的认定标准

施工单位的不良行为记录认定标准分为如下5大类、41条：

（1）资质不良行为认定标准

①未取得资质证书承揽工程的，或超越本单位资质等级承揽工程的；②以欺骗手段取得资质证书承揽工程的；③允许其他单位或个人以本单位名义承揽工程的；④未在规定期限内办理资质变更手续的；⑤涂改、伪造、出借、转让《建筑业企业资质证书》的；⑥按照国家规定需要持证上岗的技术工种的作业人员未经培训、考核，未取得证书上岗，情节严重的。

（2）承揽业务不良行为认定标准

①利用向发包单位及其工作人员行贿、提供回扣或者给予其他好处等不正当手段承揽业务的；②相互串通投标或与招标人串通投标的，以向招标人或评标委员会成员行贿的手段谋取中标的；③以他人名义投标或以其他方式弄虚作假，骗取中标的；④不按照与招标人订立的合同履行义务，情节严重的；⑤将承包的工程转包或违法分包的。

（3）工程质量不良行为认定标准

①在施工中偷工减料的，使用不合格建筑材料、建筑构配件和设备的，或者有不按照工程设计图纸或施工技术标准施工的其他行为的；②未按照节能设计进行施工的；③未对建筑材料、建筑构配件、设备和商品混凝土进行检测，或未对涉及结构安全的试块、试件以及有关材料取样检测的；④工程竣工验收后，不向建设单位出具质量保修书的，或质量保修的内容、期限违反规定的；⑤不履行保修义务或者拖延履行保修义务的。

（4）工程安全不良行为认定标准

①在本单位发生重大生产安全事故时，主要负责人不立即组织抢救或在事故调查处理期间擅离职守或逃匿的，主要负责人对生产安全事故隐瞒不报、谎报或拖延不报的；②对建筑安全事故隐患不采取措施予以消除的；③不设立安全生产管理机构、配备专职安全生产管理人员或分部分项工程施工时无专职安全生产管理人员现场监督的；④主要负责人、项目负责人、专职安全生产管理人员、作业人员或特种作业人员，未经安全教育培训或经考核不合格即从事相关工作的；⑤未在施工现场的危险部位设置明显的安全警示标志，或未按照国家有关规定在施工现场设置消防通道、消防水源、配备消防设施和灭火器材的；⑥未向作业人员

提供安全防护用具和安全防护服装的；⑦未按照规定在施工起重机械和整体提升脚手架、模板等自升式架设设施验收合格后登记的；⑧使用国家明确淘汰、禁止使用的危及施工安全的工艺、设备、材料的；⑨违法挪用列入建设工程概算的安全生产作业环境及安全施工措施所需费用的；⑩施工前未对有关安全施工的技术要求作出详细说明的；⑪未根据不同施工阶段和周围环境及季节、气候的变化，在施工现场采取相应的安全施工措施，或在城市市区内的建设工程的施工现场未实行封闭围挡的；⑫在尚未竣工的建筑物内设置员工集体宿舍的；⑬施工现场临时搭建的建筑物不符合安全使用要求的；⑭未对因建设工程施工可能造成损害的毗邻建筑物、构筑物和地下管线等采取专项防护措施的；⑮安全防护用具、机械设备、施工机具及配件在进入施工现场前未经查验或查验不合格即投入使用的；⑯使用未经验收或验收不合格的施工起重机械和整体提升脚手架、模板等自升式架设设施的；⑰委托不具有相应资质的单位承担施工现场安装、拆卸施工起重机械和整体提升脚手架、模板等自升式架设设施的；⑱在施工组织设计中未编制安全技术措施、施工现场临时用电方案或专项施工方案的；⑲主要负责人、项目负责人未履行安全生产管理职责的，或不服管理、违反规章制度和操作规程冒险作业的；⑳施工单位取得资质证书后，降低安全生产条件的，或经整改仍未达到与其资质等级相适应的安全生产条件的；㉑取得安全生产许可证发生重大安全事故的；㉒未取得安全生产许可证擅自进行生产的；㉓安全生产许可证有效期满未办理延期手续，继续进行生产的，或逾期不办理延期手续，继续进行生产的；㉔转让安全生产许可证的，接受转让的，冒用或使用伪造的安全生产许可证的。

（5）拖欠工程款或工人工资不良行为认定标准

恶意拖欠或克扣劳动者工资的。

2. 注册建造师不良行为认定标准

（1）注册不良行为认定标准

①隐瞒有关情况或者提供虚假材料申请注册；②以欺骗、贿赂等不正当手段取得注册证书；③涂改、倒卖、出租、出借或以其他形式非法转让资格证书、注册证书；④未办理变更注册而继续执业。

（2）执业不良行为认定标准

①泄露在执业中知悉的国家秘密和他人的商业、技术等秘密；②未取得注册证书和执业印章，担任大中型建设工程项目施工单位项目负责人，或者以建造师的名义从事相关活动；③同时担任两个及两个以上工程项目负责人；④超出执业范围和聘用单位业务范围从事执业活动；⑤索贿、受贿或者谋取合同约定费用外的其他利益；⑥实施商业贿赂；⑦签署有虚假记载等不合格的文件；⑧允许他人以自己的名义从事执业活动；⑨同时在两个或者两个以上单位受聘或者执业；⑩未按照要求向注册机关提供准确、完整的注册建造师信用档案信息。

（3）其他不良行为认定标准

①因过错造成质量事故；②未履行安全生产管理职责；③违章指挥、强令职工冒险作业，因而发生重大伤亡事故或者造成其他严重后果；④在注册、执业和继续教育活动中，发生其他违反法律、法规和工程建设强制性标准的行为。

4.2.3　建筑市场信用信息的公布和奖惩机制 ·······················●

1. 建筑市场信用信息的公布

《建筑市场信用管理暂行办法》规定，各级住房城乡建设主管部门应当完善信用信息公开制度，通过省级建筑市场监管一体化工作平台和全国建筑市场监管公共服务平台，及时公开建筑市场各方主体的信用信息。

公开建筑市场各方主体信用信息不得危及国家安全、公共安全、经济安全和社会稳定，不得泄露国家秘密、商业秘密和个人隐私。

（1）公布的时限

建筑市场各方主体的信用信息公开期限为：①基本信息长期公开；②优良信用信息公开期限一般为 3 年；③不良信用信息公开期限一般为 6 个月至 3 年，并不得低于相关行政处罚期限。具体公开期限由不良信用信息的认定部门确定。

《建筑市场诚信行为信息管理办法》（建市〔2007〕9 号）规定，省、自治区和直辖市建设行政主管部门负责审查整改结果，对整改确有实效的，由企业提出申请，经批准，可缩短其不良行为记录信息公布期限，但公布期限最短不得少于 3 个月，同时将整改结果列于相应不良行为记录后，供有关部门和社会公众查询；对于拒不整改或整改不力的单位，信息发布部门可延长其不良行为记录信息公布期限。

《招标投标违法行为记录公告暂行办法》规定，国务院有关行政主管部门和省级人民政府有关行政主管部门应自招标投标违法行为行政处理决定作出之日起 20 个工作日内对外登记违法行为记录公告期限为 6 个月。依法限制招标投标当事人资质（资格）等方面的行政处理决定，所认定的限制期限长于 6 个月的，公告期限从其决定。

（2）公布的内容和范围

《建筑市场诚信行为信息管理办法》规定，属于《全国建筑市场各方主体不良行为记录认定标准》范围的不良行为记录除在当地发布外，还将由建设部统一在全国公布，公布期限与地方确定的公布期限相同。通过与工商、税务、纪检、监察、司法、银行等部门建立的信息共享机制，获取的有关建筑市场各方主体不良行为记录的信息，省、自治区、直辖市建设行政主管部门也应在本地区统一公布。

《招标投标违法行为记录公告暂行办法》规定，对招标投标违法行为所作出的以下行政处理决定应给予公告：（一）警告；（二）罚款；（三）没收违法所得；（四）暂停或者取消招标代理资格；（五）取消在一定时期内参加依法必须进行招标的项目的投标资格；（六）取消担任评标委员会成员的资格；（七）暂停项目执行或追回已拨付资金；（八）暂停安排国家建设资金；（九）暂停建设项目的审查批准；（十）行政主管部门依法作出的其他行政处理决定。

招标投标违法行为记录公告不得公开涉及国家秘密、商业秘密、个人隐私的记录。但是，经权利人同意公开或者行政机关认为不公开可能对公共利益造成重大影响的涉及商业秘密、个人隐私的违法行为记录，可以公开。

（3）公告的变更

《建筑市场诚信行为信息管理办法》规定，对发布有误的信息，由发布该信息的省、自治区和直辖市建设行政主管部门进行修正，根据被曝光单位对不良行为的整改情况，调整其信息公布期限，保证信息的准确和有效。

行政处罚决定经行政复议、行政诉讼以及行政执法监督被变更或被撤销，应及时变更或删除该不良记录，并在相应诚信信息平台上予以公布，同时应依法妥善处理相关事宜。

《招标投标违法行为记录公告暂行办法》规定，被公告的招标投标当事人认为公告记录与行政处理决定的相关内容不符的，可向公告部门提出书面更正申请，并提供相关证据。公告部门接到书面申请后，应在5个工作日内进行核对。公告的记录与行政处理决定的相关内容不一致的，应当给予更正并告知申请人；公告的记录与行政处理决定的相关内容一致的，应当告知申请人。公告部门在作出答复前不停止对违法行为记录的公告。

行政处理决定在被行政复议或行政诉讼期间，公告部门依法不停止对违法行为记录的公告，但行政处理决定被依法停止执行的除外。原行政处理决定被依法变更或撤销的，公告部门应当及时对公告记录予以变更或撤销，并在公告平台上予以声明。

2. 建筑市场诚信行为的奖惩机制

《建筑市场信用管理暂行办法》规定，县级以上住房城乡建设主管部门按照"谁处罚、谁列入"的原则，将存在下列情形的建筑市场各方主体，列入建筑市场主体"黑名单"：（一）利用虚假材料、以欺骗手段取得企业资质的；（二）发生转包、出借资质，受到行政处罚的；（三）发生重大及以上工程质量安全事故，或1年内累计发生2次及以上较大工程质量安全事故，或发生性质恶劣、危害性严重、社会影响大的较大工程质量安全事故，受到行政处罚的；（四）经法院判决或仲裁机构裁决，认定为拖欠工程款，且拒不履行生效法律文书确定的义务的。各级住房城乡建设主管部门应当将列入建筑市场主体"黑名单"和拖欠农民工工资"黑名单"的建筑市场各方主体作为重点监管对象，在市场准入、资质资格管理、招标投标等方面依法给予限制。各级住房城乡建设主管部门可以将建筑市场主体"黑名单"通报有关部门，实施联合惩戒。

《建筑业企业资质管理规定》规定，企业未按照本规定要求提供企业信用档案信息的，由县级以上地方人民政府住房城乡建设主管部门或者其他有关部门给予警告，责令限期改正；逾期未改正的，可处以1000元以上1万元以下的罚款。

《注册建造师管理规定》规定，注册建造师或者其聘用单位未按照要求提供注册建造师信用档案信息的，由县级以上地方人民政府建设主管部门或者其他有关部门责令限期改正；逾期未改正的，可处以1000元以上1万元以下的罚款。

4.2.4 建筑市场信用评价制度 ●

《建筑市场信用管理暂行办法》规定，省级住房城乡建设主管部门可以结合本地实际情况，开展建筑市场信用评价工作。鼓励第三方机构开展建筑市场信用评价。

1. 信用评价的主要内容

建筑市场信用评价主要包括企业综合实力、工程业绩、招标投标、合同履约、工程质量控制、安全生产、文明施工、建筑市场各方主体优良信用信息及不良信用信息等内容。

省级住房城乡建设主管部门应当按照公开、公平、公正的原则，制定建筑市场信用评价标准，不得设置歧视外地建筑市场各方主体的评价指标，不得对外地建筑市场各方主体设置信用壁垒。

鼓励设置建设单位对承包单位履约行为的评价指标。

2. 信用评价结果的应用

地方各级住房城乡建设主管部门可以结合本地实际，在行政许可、招标投标、工程担保与保险、日常监管、政策扶持、评优表彰等工作中应用信用评价结果。

省级建筑市场监管一体化工作平台应当公开本地区建筑市场信用评价办法、评价标准及评价结果，接受社会监督。

本章小结

本章基本内容包括建筑工程发承包制度和建筑市场信用管理制度两部分内容。其中，建筑工程发承包制度主要涉及建筑工程发承包的一般规定、建筑工程发承包违法行为的法定情形、建筑工程总承包、建筑工程共同承包、建筑工程分包等。建筑市场信用管理制度主要涉及建筑市场信用信息的构成、建筑市场不良行为的认定标准、建筑市场信用信息的公布和奖惩机制等。

本章习题

一、选择题

请扫描二维码完成自测。

二、问答题

1. 建筑工程发承包的方式有哪些?
2. 简述建筑工程承包过程中的违法行为。

第 4 章选择题

5 建设工程招标投标制度

学习目标

1. 了解有关法律知识；
2. 熟悉有关法律规定；
3. 培养法律务实能力；
4. 提升学生思政素养。

思维导图

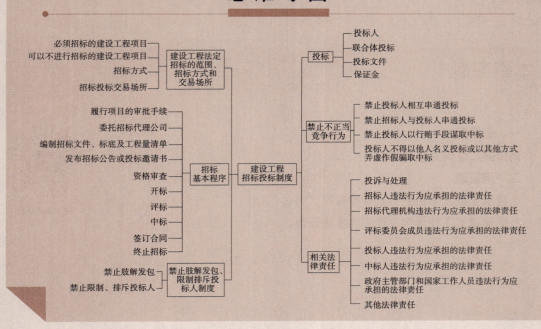

思政导引

目前，中国特色社会主义建设进入关键期和转型期，建筑行业作为国民经济的支柱产业，关系到社会财富的创造、相关产业的发展和人民日益增长的改善性住房需求。

工程招标投标是建筑行业最早进行市场化的领域之一，对于建筑行业的完善以及与国际市场的顺利接轨发挥着重要作用。学生通过课程知识的学习，可以尝试用理论知识解答现实问题，并且在职业活动中践行社会主义核心价值观，全面深刻地认识建设中国特色社会主义的内涵和任务。更要通过国际化视野和角度，从内而外培养道路自信、理论自信、制度自信和文化自信。

5.1　建设工程法定招标的范围、招标方式和交易场所

5.1.1　必须招标的建设工程项目

《招标投标法》第三条规定，"在中华人民共和国境内进行下列工程建设项目包括项目的勘察、设计、施工、监理以及与工程建设有关的重要设备、材料等的采购，必须进行招标：（一）大型基础设施、公用事业等关系社会公共利益、公众安全的项目；（二）全部或者部分使用国有资金投资或者国家融资的项目；（三）使用国际组织或者外国政府贷款、援助资金的项目。"

全部或者部分使用国有资金投资或者国家融资的项目包括：①使用预算资金 200 万元人民币以上，并且该资金占投资额 10% 以上的项目；②使用国有企业事业单位资金，并且该资金占控股或者主导地位的项目。使用国际组织或者外国政府贷款、援助资金的项目包括：①使用世界银行、亚洲开发银行等国际组织贷款、援助资金的项目；②使用外国政府及其机构贷款、援助资金的项目。

以上规定范围内的项目，其勘察、设计、施工、监理以及与工程建设有关的重要设备、材料等的采购达到下列标准之一的，必须招标：①施工单项合同估算价在 400 万元人民币以上；②重要设备、材料等货物的采购，单项合同估算价在 200 万元人民币以上；③勘察、设计、监理等服务的采购，单项合同估算价在 100 万元人民币以上。同一项目中可以合并进行的勘察、设计、施工、监理以及与工程建设有关的重要设备、材料等的采购，合同估算价合计达到上述规定标准的，必须招标。

《招标投标法实施条例》第二条指出，"工程建设项目，是指工程以及与工程建设有关的货物、服务。前款所称工程，是指建设工程，包括建筑物和构筑物的新建、改建、扩建及其相关的装修、拆除、修缮等；所称与工程建设有关的货物，是指构成工程不可分割的组成部

分，且为实现工程基本功能所必需的设备、材料等；所称与工程建设有关的服务，是指为完成工程所需的勘察、设计、监理等服务。"

国家发展和改革委员会《必须招标的基础设施和公用事业项目范围规定》规定，大型基础设施、公用事业等关系社会公共利益、公众安全的项目，必须招标的具体范围包括：①煤炭、石油、天然气、电力、新能源等能源基础设施项目；②铁路、公路、管道、水运，以及公共航空和A1级通用机场等交通运输基础设施项目；③电信枢纽、通信信息网络等通信基础设施项目；④防洪、灌溉、排涝、引（供）水等水利基础设施项目；⑤城市轨道交通等城建项目。

5.1.2 可以不进行招标的建设工程项目

《招标投标法》第六十六条规定，"涉及国家安全、国家秘密、抢险救灾或者属于利用扶贫资金实行以工代赈、需要使用农民工等特殊情况，不适宜进行招标的项目，按照国家有关规定可以不进行招标。"

《招标投标法实施条例》第九条规定，"除招标投标法第六十六条规定的可以不进行招标的特殊情况外，有下列情形之一的，可以不进行招标：（一）需要采用不可替代的专利或者专有技术；（二）采购人依法能够自行建设、生产或者提供；（三）已通过招标方式选定的特许经营项目投资人依法能够自行建设、生产或者提供；（四）需要向原中标人采购工程、货物或者服务，否则将影响施工或者功能配套要求；（五）国家规定的其他特殊情形。"

5.1.3 招标方式

《招标投标法》第十条规定，"招标分为公开招标和邀请招标。"

1. 公开招标

公开招标，是指招标人以招标公告的方式邀请不特定的法人或者其他组织投标。招标人采用公开招标方式的，应当发布招标公告。依法必须进行招标的项目的招标公告，应当通过国家指定的报刊、信息网络或者其他媒介发布。

2. 邀请招标

邀请招标，是指招标人以投标邀请书的方式邀请特定的法人或者其他组织投标。招标人采用邀请招标方式的，应当向3个以上具备承担招标项目的能力、资信良好的特定的法人或者其他组织发出投标邀请书。国务院发展计划部门确定的国家重点项目和省、自治区、直辖市人民政府确定的地方重点项目不适宜公开招标的，经国务院发展计划部门或者省、自治区、直辖市人民政府批准，可以进行邀请招标。

《招标投标法实施条例》第八条规定，"国有资金占控股或者主导地位的依法必须进行招标的项目，应当公开招标；但有下列情形之一的，可以邀请招标：（一）技术复杂、有特殊要求或者受自然环境限制，只有少量潜在投标人可供选择；（二）采用公开招标方式的费用占项目合同金额的比例过大。"

3. 总承包招标

招标人可以依法对工程以及与工程建设有关的货物、服务全部或者部分实行总承包招标。以暂估价形式包括在总承包范围内的工程、货物、服务属于依法必须进行招标的项目范围且达到国家规定规模标准的，应当依法进行招标。所谓暂估价，是指总承包招标时不能确定价格而由招标人在招标文件中暂时估定的工程、货物、服务的金额。

4. 两阶段招标

对技术复杂或者无法精确拟定技术规格的项目，招标人可以分两阶段进行招标：第一阶段，投标人按照招标公告或者投标邀请书的要求提交不带报价的技术建议，招标人根据投标人提交的技术建议确定技术标准和要求，编制招标文件。第二阶段，招标人向在第一阶段提交技术建议的投标人提供招标文件，投标人按照招标文件的要求提交包括最终技术方案和投标报价的投标文件。

5.1.4 招标投标交易场所 •••••••••••••••••••••••••• ●

《招标投标法实施条例》第五条规定，"设区的市级以上地方人民政府可以根据实际需要，建立统一规范的招标投标交易场所，为招标投标活动提供服务。招标投标交易场所不得与行政监督部门存在隶属关系，不得以营利为目的。国家鼓励利用信息网络进行电子招标投标。"

5.2 招标基本程序

招标投标活动应当遵循公开、公平、公正和诚实信用的原则。

招标的基本程序主要包括：履行项目的审批手续、委托招标代理公司、编制招标文件、标底及工程量清单、发布招标公告或投标邀请书、资格审查、开标、评标、中标和签订合同等。

5.2.1 履行项目的审批手续 •••••••••••••••••••••• ●

《招标投标法》第九条规定，"招标项目按照国家有关规定需要履行项目审批手续的，应当先履行审批手续，取得批准。招标人应当有进行招标项目的相应资金或者资金来源已经落实，并应当在招标文件中如实载明。"

《招标投标法实施条例》第七条进一步规定，"按照国家有关规定需要履行项目审批、核准手续的依法必须进行招标的项目，其招标范围、招标方式、招标组织形式应当报项目审批、核准部门审批、核准。项目审批、核准部门应当及时将审批、核准确定的招标范围、招标方式、招标组织形式通报有关行政监督部门。"

5.2.2 委托招标代理公司 ●

《招标投标法》第十二条规定,"招标人有权自行选择招标代理机构,委托其办理招标事宜。任何单位和个人不得以任何方式为招标人指定招标代理机构。招标人具有编制招标文件和组织评标能力的,可以自行办理招标事宜。任何单位和个人不得强制其委托招标代理机构办理招标事宜。依法必须进行招标的项目,招标人自行办理招标事宜的,应当向有关行政监督部门备案。"

《招标投标法实施条例》第十条规定,"招标人具有编制招标文件和组织评标能力,是指招标人具有与招标项目规模和复杂程度相适应的技术、经济等方面的专业人员。"

招标代理机构是依法设立、从事招标代理业务并提供相关服务的社会中介组织。招标代理机构应当具备下列条件:①有从事招标代理业务的营业场所和相应资金;②有能够编制招标文件和组织评标的相应专业力量。

招标代理机构在招标人委托的范围内开展招标代理业务,任何单位和个人不得非法干涉。招标代理机构代理招标业务,应当遵守招标投标法和本条例关于招标人的规定。招标代理机构不得在所代理的招标项目中投标或者代理投标,也不得为所代理的招标项目的投标人提供咨询。

招标人应当与被委托的招标代理机构签订书面委托合同。

5.2.3 编制招标文件、标底及工程量清单 ●

1. 招标文件

《招标投标法》第十九条规定,"招标人应当根据招标项目的特点和需要编制招标文件。招标文件应当包括招标项目的技术要求、对投标人资格审查的标准、投标报价要求和评标标准等所有实质性要求和条件以及拟签订合同的主要条款。国家对招标项目的技术、标准有规定的,招标人应当按照其规定在招标文件中提出相应要求。"

《招标投标法》第二十三条规定,"招标人对已发出的招标文件进行必要的澄清或者修改的,应当在招标文件要求提交投标文件截止时间至少十五日前,以书面形式通知所有招标文件收受人。该澄清或者修改的内容为招标文件的组成部分。"

招标人应当确定投标人编制投标文件所需要的合理时间;但是,依法必须进行招标的项目,自招标文件开始发出之日起至投标人提交投标文件截止之日止,最短不得少于二十日。

《招标投标法实施条例》第二十一条进一步规定,"招标人可以对已发出的资格预审文件或者招标文件进行必要的澄清或者修改。澄清或者修改的内容可能影响资格预审申请文件或者投标文件编制的,招标人应当在提交资格预审申请文件截止时间至少3日前,或者投标截止时间至少 15 日前，以书面形式通知所有获取资格预审文件或者招标文件的潜在投标人；不足 3 日或者 15 日的，招标人应当顺延提交资格预审申请文件或者投标文件的截止时间。"

招标人应当在招标文件中载明投标有效期。投标有效期从提交投标文件的截止之日起算。

潜在投标人或者其他利害关系人对招标文件有异议的，应当在投标截止时间 10 日前提出。招标人应当自收到异议之日起 3 日内作出答复；作出答复前，应当暂停招标投标活动。

招标人编制的招标文件的内容违反法律、行政法规的强制性规定，违反公开、公平、公正和诚实信用原则，影响潜在投标人投标的，依法必须进行招标的项目的招标人应当在修改招标文件后重新招标。

2. 标底

《招标投标法实施条例》第二十七条规定，"招标人可以自行决定是否编制标底。一个招标项目只能有一个标底。标底必须保密。接受委托编制标底的中介机构不得参加受托编制标底项目的投标，也不得为该项目的投标人编制投标文件或者提供咨询。招标人设有最高投标限价的，应当在招标文件中明确最高投标限价或者最高投标限价的计算方法。招标人不得规定最低投标限价。"

3. 工程量清单

《建筑工程施工发包与承包计价管理办法》规定，全部使用国有资金投资或者以国有资金投资为主的建筑工程，应当采用工程量清单计价；非国有资金投资的建筑工程，鼓励采用工程量清单计价。国有资金投资的建筑工程招标的，应当设有最高投标限价；非国有资金投资的建筑工程招标的，可以设有最高投标限价或者招标标底。

工程量清单应当依据国家制定的工程量清单计价规范、工程量计算规范等编制。工程量清单应当作为招标文件的组成部分。

最高投标限价应当依据工程量清单、工程计价有关规定和市场价格信息等编制。招标人设有最高投标限价的，应当在招标时公布最高投标限价的总价，以及各单位工程的分部分项工程费、措施项目费、其他项目费、规费和税金。

【典型案例】

沿海地区某群体住宅工程，包含整体地下室、8 栋住宅楼、1 栋物业配套楼以及小区公共区域园林绿化等，业态丰富、体量较大，工期暂定 3.5 年。招标文件约定：采用工程量清单计价模式，要求投标单位充分考虑风险，特别是通用措施费用项目均应以有竞争力的报价投标，最终按固定总价签订施工合同。

问题：指出本工程招标文件中不妥之处，并写出相应正确做法。

【案例分析】**不妥之处：**要求投标单位充分考虑风险。

正确做法：采用工程量清单计价的工程，应在招标文件中明确计价中的风险内容及其范围（幅度），不得采用无限风险、所有风险或类似语句规定计价中的风险内容及其范围（幅度）。

5.2.4 发布招标公告或投标邀请书 ●

《招标投标法》规定，招标人采用公开招标方式的，应当发布招标公告。依法必须进行招标的项目的招标公告，应当通过国家指定的报刊、信息网络或者其他媒介发布。在不同媒介发布的同一招标项目的资格预审公告或者招标公告的内容应当一致。

招标公告应当载明招标人的名称和地址、招标项目的性质、数量、实施地点和时间以及获取招标文件的办法等事项。招标人采用邀请招标方式的，应当向3个以上具备承担招标项目的能力、资信良好的特定的法人或者其他组织发出投标邀请书。投标邀请书也应当载明招标人的名称和地址、招标项目的性质、数量、实施地点和时间以及获取招标文件的办法等事项。

招标人可以根据招标项目本身的要求，在招标公告或者投标邀请书中，要求潜在投标人提供有关资质证明文件和业绩情况，并对潜在投标人进行资格审查。

招标人根据招标项目的具体情况，可以组织潜在投标人踏勘项目现场。招标人不得向他人透露已获取招标文件的潜在投标人的名称、数量以及可能影响公平竞争的有关招标投标的其他情况。招标人设有标底的，标底必须保密。

《招标投标法实施条例》第十六条进一步规定，"招标人应当按照资格预审公告、招标公告或者投标邀请书规定的时间、地点发售资格预审文件或者招标文件。资格预审文件或者招标文件的发售期不得少于5日。招标人发售资格预审文件、招标文件收取的费用应当限于补偿印刷、邮寄的成本支出，不得以营利为目的。"

编制依法必须进行招标的项目的招标文件，应当使用国务院发展改革部门会同有关行政监督部门制定的标准文本。

5.2.5 资格审查 ●

资格审查分为资格预审和资格后审。

1. 资格预审

招标人采用资格预审办法对潜在投标人进行资格审查的，应当发布资格预审公告、编制资格预审文件。招标人应当合理确定提交资格预审申请文件的时间。依法必须进行招标的项目提交资格预审申请文件的时间，自资格预审文件停止发售之日起不得少于5日。

资格预审应当按照资格预审文件载明的标准和方法进行。国有资金占控股或者主导地位的依法必须进行招标的项目，招标人应当组建资格审查委员会审查资格预审申请文件。资格审查委员会及其成员应当遵守《招标投标法》和《招标投标法实施条例》有关评标委员会及其成员的规定。资格预审结束后，招标人应当及时向资格预审申请人发出资格预审结果通知书。未通过资格预审的申请人不具有投标资格。通过资格预审的申请人少于3个的，应当重新招标。

　　潜在投标人或者其他利害关系人对资格预审文件有异议的，应当在提交资格预审申请文件截止时间 2 日前提出；对招标文件有异议的，应当在投标截止时间 10 日前提出。招标人应当自收到异议之日起 3 日内作出答复；作出答复前，应当暂停招标投标活动。

　　招标人编制的资格预审文件内容违反法律、行政法规的强制性规定，违反公开、公平、公正和诚实信用原则，影响资格预审结果的，依法必须进行招标的项目的招标人应当在修改资格预审文件后重新招标。

2. 资格后审

　　招标人采用资格后审办法对投标人进行资格审查的，应当在开标后由评标委员会按照招标文件规定的标准和方法对投标人的资格进行审查。

5.2.6　开标 ●

　　《招标投标法》第三十四条规定，"开标应当在招标文件确定的提交投标文件截止时间的同一时间公开进行；开标地点应当为招标文件中预先确定的地点。"开标由招标人主持，邀请所有投标人参加。开标时，由投标人或者其推选的代表检查投标文件的密封情况，也可以由招标人委托的公证机构检查并公证；经确认无误后，由工作人员当众拆封，宣读投标人名称、投标价格和投标文件的其他主要内容。招标人在招标文件要求提交投标文件的截止时间前收到的所有投标文件，开标时都应当当众予以拆封、宣读。开标过程应当记录，并存档备查。

　　《招标投标法实施条例》第四十四条进一步规定，"招标人应当按照招标文件规定的时间、地点开标。投标人少于 3 个的，不得开标；招标人应当重新招标。

　　投标人对开标有异议的，应当在开标现场提出，招标人应当当场作出答复，并制作记录。"

5.2.7　评标 ●

　　招标人应当采取必要的措施，保证评标在严格保密的情况下进行。任何单位和个人不得非法干预、影响评标的过程和结果。

　　《招标投标法》第三十七条规定，"评标由招标人依法组建的评标委员会负责。依法必须进行招标的项目，其评标委员会由招标人的代表和有关技术、经济等方面的专家组成，成员人数为五人以上单数，其中技术、经济等方面的专家不得少于成员总数的三分之二。与投标人有利害关系的人不得进入相关项目的评标委员会；已经进入的应当更换。评标委员会成员的名单在中标结果确定前应当保密。"

　　评标委员会可以要求投标人对投标文件中含义不明确的内容作必要的澄清或者说明，但是澄清或者说明不得超出投标文件的范围或者改变投标文件的实质性内容。评标委员会应当按照招标文件确定的评标标准和方法，对投标文件进行评审和比较；设有标底的，应当参考标底。评标委员会完成评标后，应当向招标人提出书面评标报告，并推荐合格的中标候选人。

　　评标委员会经评审，认为所有投标都不符合招标文件要求的，可以否决所有投标。依法必须进行招标的项目的所有投标被否决的，招标人应当依照本法重新招标。

《招标投标法实施条例》第四十九条进一步规定，"评标委员会成员应当依照招标投标法和本条例的规定，按照招标文件规定的评标标准和方法，客观、公正地对投标文件提出评审意见。招标文件没有规定的评标标准和方法不得作为评标的依据。

评标委员会成员不得私下接触投标人，不得收受投标人给予的财物或者其他好处，不得向招标人征询确定中标人的意向，不得接受任何单位或者个人明示或者暗示提出的倾向或者排斥特定投标人的要求，不得有其他不客观、不公正履行职务的行为。"

招标项目设有标底的，招标人应当在开标时公布。标底只能作为评标的参考，不得以投标报价是否接近标底作为中标条件，也不得以投标报价超过标底上下浮动范围作为否决投标的条件。

有下列情形之一的，评标委员会应当否决其投标：①投标文件未经投标单位盖章和单位负责人签字；②投标联合体没有提交共同投标协议；③投标人不符合国家或者招标文件规定的资格条件；④同一投标人提交两个以上不同的投标文件或者投标报价，但招标文件要求提交备选投标的除外；⑤投标报价低于成本或者高于招标文件设定的最高投标限价；⑥投标文件没有对招标文件的实质性要求和条件作出响应；⑦投标人有串通投标、弄虚作假、行贿等违法行为。

投标文件中有含义不明确的内容、明显文字或者计算错误，评标委员会认为需要投标人作出必要澄清、说明的，应当书面通知该投标人。投标人的澄清、说明应当采用书面形式，并不得超出投标文件的范围或者改变投标文件的实质性内容。评标委员会不得暗示或者诱导投标人作出澄清、说明，不得接受投标人主动提出的澄清、说明。

评标完成后，评标委员会应当向招标人提交书面评标报告和中标候选人名单。中标候选人应当不超过3个，并标明排序。

评标报告应当由评标委员会全体成员签字。对评标结果有不同意见的评标委员会成员应当以书面形式说明其不同意见和理由，评标报告应当注明该不同意见。评标委员会成员拒绝在评标报告上签字又不书面说明其不同意见和理由的，视为同意评标结果。

5.2.8 中标 ●

《招标投标法》第四十条规定，"招标人根据评标委员会提出的书面评标报告和推荐的中标候选人确定中标人。招标人也可以授权评标委员会直接确定中标人。"

中标人的投标应当符合下列条件之一：①能够最大限度地满足招标文件中规定的各项综合评价标准；②能够满足招标文件的实质性要求，并且经评审的投标价格最低；但是投标价格低于成本的除外。

中标人确定后，招标人应当向中标人发出中标通知书，并同时将中标结果通知所有未中标的投标人。中标通知书对招标人和中标人具有法律效力。中标通知书发出后，招标人改变中标结果的，或者中标人放弃中标项目的，应当依法承担法律责任。

《招标投标法实施条例》第五十四条进一步规定，"依法必须进行招标的项目，招标人应当自收到评标报告之日起 3 日内公示中标候选人，公示期不得少于 3 日。

投标人或者其他利害关系人对依法必须进行招标的项目的评标结果有异议的，应当在中标候选人公示期间提出。招标人应当自收到异议之日起 3 日内作出答复；作出答复前，应当暂停招标投标活动。"

国有资金占控股或者主导地位的依法必须进行招标的项目，招标人应当确定排名第一的中标候选人为中标人。排名第一的中标候选人放弃中标、因不可抗力不能履行合同、不按照招标文件要求提交履约保证金，或者被查实存在影响中标结果的违法行为等情形，不符合中标条件的，招标人可以按照评标委员会提出的中标候选人名单排序依次确定其他中标候选人为中标人，也可以重新招标。

中标候选人的经营、财务状况发生较大变化或者存在违法行为，招标人认为可能影响其履约能力的，应当在发出中标通知书前由原评标委员会按照招标文件规定的标准和方法审查确认。

依法必须进行招标的项目，招标人应当自确定中标人之日起 15 日内，向有关行政监督部门提交招标投标情况的书面报告。

5.2.9　签订合同

招标人和中标人应当自中标通知书发出之日起 30 日内，按照招标文件和中标人的投标文件订立书面合同。招标人和中标人不得再行订立背离合同实质性内容的其他协议。

招标人最迟应当在书面合同签订后 5 日内向中标人和未中标的投标人退还投标保证金及银行同期存款利息。

《最高人民法院关于审理建设工程施工合同纠纷案件适用法律问题的解释（一）》（法释〔2020〕25 号）规定，当事人签订的建设工程施工合同与招标文件、投标文件、中标通知书载明的工程范围、建设工期、工程质量、工程价款不一致，一方当事人请求将招标文件、投标文件、中标通知书作为结算工程价款的依据的，人民法院应予支持。发包人将依法不属于必须招标的建设工程进行招标后，与承包人另行订立的建设工程施工合同背离中标合同的实质性内容，当事人请求以中标合同作为结算建设工程价款依据的，人民法院应予支持，但发包人与承包人因客观情况发生了在招标投标时难以预见的变化而另行订立建设工程施工合同的除外。

5.2.10　终止招标

《招标投标法实施条例》第三十一条规定，"招标人终止招标的，应当及时发布公告，或者以书面形式通知被邀请的或者已经获取资格预审文件、招标文件的潜在投标人。已经发售资格预审文件、招标文件或者已经收取投标保证金的，招标人应当及时退还所收取的资格预审文件、招标文件的费用，以及所收取的投标保证金及银行同期存款利息。"

5.3 禁止肢解发包、限制排斥投标人制度

5.3.1 禁止肢解发包

招标项目需要划分标段、确定工期的，招标人应当合理划分标段、确定工期，并在招标文件中载明。依法必须进行招标的项目的招标人不得利用划分标段规避招标。

《建筑法》第二十四条规定，"提倡对建筑工程实行总承包，禁止将建筑工程肢解发包。建筑工程的发包单位可以将建筑工程的勘察、设计、施工、设备采购一并发包给一个工程总承包单位，也可以将建筑工程勘察、设计、施工、设备采购的一项或者多项发包给一个工程总承包单位；但是，不得将应当由一个承包单位完成的建筑工程肢解成若干部分发包给几个承包单位。"

《建设工程质量管理条例》规定，建设单位不得将建设工程肢解发包。建设单位将建设工程肢解发包的，责令改正，处工程合同价款 0.5% 以上 1% 以下的罚款；对全部或者部分使用国有资金的项目，并可以暂停项目执行或者暂停资金拨付。

5.3.2 禁止限制、排斥投标人

依法必须进行招标的项目，其招标投标活动不受地区或者部门的限制。任何单位和个人不得违法限制或者排斥本地区、本系统以外的法人或者其他组织参加投标，不得以任何方式非法干涉招标投标活动。

招标文件不得要求或者标明特定的生产供应者以及含有倾向或者排斥潜在投标人的其他内容。招标人对招标项目划分标段的，应当遵守招标投标法的有关规定，不得利用划分标段限制或者排斥潜在投标人。

招标人不得以不合理的条件限制或者排斥潜在投标人，不得对潜在投标人实行歧视待遇。

招标人不得组织单个或者部分潜在投标人踏勘项目现场。

招标人有下列行为之一的，属于以不合理条件限制、排斥潜在投标人或者投标人：①就同一招标项目向潜在投标人或者投标人提供有差别的项目信息；②设定的资格、技术、商务条件与招标项目的具体特点和实际需要不相适应或者与合同履行无关；③依法必须进行招标的项目以特定行政区域或者特定行业的业绩、奖项作为加分条件或者中标条件；④对潜在投标人或者投标人采取不同的资格审查或者评标标准；⑤限定或者指定特定的专利、商标、品牌、原产地或者供应商；⑥依法必须进行招标的项目非法限定潜在投标人或者投标人的所有制形式或者组织形式；⑦以其他不合理条件限制、排斥潜在投标人或者投标人。

5.4　投标

5.4.1　投标人

《招标投标法》第二十五条规定，"投标人是响应招标、参加投标竞争的法人或者其他组织。"投标人应当具备承担招标项目的能力；国家有关规定对投标人资格条件或者招标文件对投标人资格条件有规定的，投标人应当具备规定的资格条件。

《招标投标法实施条例》规定，投标人参加依法必须进行招标的项目的投标，不受地区或者部门的限制，任何单位和个人不得非法干涉。

与招标人存在利害关系可能影响招标公正性的法人、其他组织或者个人，不得参加投标。单位负责人为同一人或者存在控股、管理关系的不同单位，不得参加同一标段投标或者未划分标段的同一招标项目投标。违反以上规定的，相关投标均无效。

投标人发生合并、分立、破产等重大变化的，应当及时书面告知招标人。投标人不再具备资格预审文件、招标文件规定的资格条件或者其投标影响招标公正性的，其投标无效。

5.4.2　联合体投标

《招标投标法》第三十一条规定，"两个以上法人或者其他组织可以组成一个联合体，以一个投标人的身份共同投标。联合体各方均应当具备承担招标项目的相应能力；国家有关规定或者招标文件对投标人资格条件有规定的，联合体各方均应当具备规定的相应资格条件。由同一专业的单位组成的联合体，按照资质等级较低的单位确定资质等级。

联合体各方应当签订共同投标协议，明确约定各方拟承担的工作和责任，并将共同投标协议连同投标文件一并提交招标人。联合体中标的，联合体各方应当共同与招标人签订合同，就中标项目向招标人承担连带责任。招标人不得强制投标人组成联合体共同投标，不得限制投标人之间的竞争。"

《招标投标法实施条例》进一步规定，招标人应当在资格预审公告、招标公告或者投标邀请书中载明是否接受联合体投标。招标人接受联合体投标并进行资格预审的，联合体应当在提交资格预审申请文件前组成。资格预审后联合体增减、更换成员的，其投标无效。联合体各方在同一招标项目中以自己名义单独投标或者参加其他联合体投标的，相关投标均无效。

联合体投标一般适用于大型的或结构复杂的建设项目。

5.4.3　投标文件

《招标投标法》第二十七条规定，"投标人应当按照招标文件的要求编制投标文件。投标文件应当对招标文件提出的实质性要求和条件作出响应。招标项目属于建设施工的，投标文件的内容应当包括拟派出的项目负责人与主要技术人员的简历、业绩和拟用于完成招标项目的机械设备等。"

《中华人民共和国简明标准施工招标文件（2012年版）》中明确指出，投标文件应包括下列内容：（一）投标函及投标函附录；（二）法定代表人身份证明或附有法定代表人身份证明的授权委托书；（三）投标保证金；（四）已标价工程量清单；（五）施工组织设计；（六）项目管理机构；（七）资格审查资料；（八）投标人须知前附表规定的其他材料。

《建筑工程施工发包与承包计价管理办法》规定，投标报价不得低于工程成本，不得高于最高投标限价。投标报价应当依据工程量清单、工程计价有关规定、企业定额和市场价格信息等编制。

投标人应当在招标文件要求提交投标文件的截止时间前，将投标文件送达投标地点。招标人收到投标文件后，应当签收保存，不得开启。投标人少于3个的，招标人应当依照本法重新招标。在招标文件要求提交投标文件的截止时间后送达的投标文件，招标人应当拒收。

投标人在招标文件要求提交投标文件的截止时间前，可以补充、修改或者撤回已提交的投标文件，并书面通知招标人。补充、修改的内容为投标文件的组成部分。

投标人撤回已提交的投标文件，应当在投标截止时间前书面通知招标人。未通过资格预审的申请人提交的投标文件，以及逾期送达或者不按照招标文件要求密封的投标文件，招标人应当拒收。招标人应当如实记载投标文件的送达时间和密封情况，并存档备查。

5.4.4 保证金 ●

《国务院办公厅关于清理规范工程建设领域保证金的通知》（国办发〔2016〕49号）中规定，对建筑业企业在工程建设中需缴纳的保证金，除依法依规设立的投标保证金、履约保证金、工程质量保证金、农民工工资保证金外，其他保证金一律取消。

1. 投标保证金

《工程建设项目施工招标投标办法》规定，投标保证金不得超过项目估算价的2%，但最高不得超过80万元人民币。

《招标投标法实施条例》规定，投标保证金有效期应当与投标有效期一致。依法必须进行招标的项目的境内投标单位，以现金或者支票形式提交的投标保证金应当从其基本账户转出。招标人不得挪用投标保证金。

《招标投标法实施条例》规定，实行两阶段招标的项目，招标人要求投标人提交投标保证金的，应当在第二阶段提出。

招标人终止招标，已经收取投标保证金的，招标人应当及时退还所收取的投标保证金及银行同期存款利息。

投标人撤回已提交的投标文件，招标人已收取投标保证金的，应当自收到投标人书面撤回通知之日起5日内退还。投标截止后投标人撤销投标文件的，招标人可以不退还投标保证金。

招标人最迟应当在书面合同签订后5日内向中标人和未中标的投标人退还投标保证金及银行同期存款利息。

2. 履约保证金

招标文件要求中标人提交履约保证金的，中标人应当提交。履约保证金不得超过中标合同金额的 10%。中标人应当按照合同约定履行义务，完成中标项目。

招标人要求中标人提供履约保证金或其他形式履约担保的，招标人应当同时向中标人提供工程款支付担保。

投标保证金与履约保证金的区别见表 5-1。

投标保证金与履约保证金的区别   表 5-1

	提交人	额度	有效期
投标保证金	所有投标人	≤项目估算价 2%，且≤ 80 万元	开标～签订合同
履约保证金	中标人	≤合同额（中标人投标报价）10%	开工～竣工

5.5 禁止不正当竞争行为

《中华人民共和国反不正当竞争法》（下简称《反不正当竞争法》）规定，本法所称的不正当竞争行为，是指经营者在生产经营活动中，违反本法规定，扰乱市场竞争秩序，损害其他经营者或者消费者的合法权益的行为。

1. 禁止投标人相互串通投标

《招标投标法》第三十二条规定，"投标人不得相互串通投标报价，不得排挤其他投标人的公平竞争，损害招标人或者其他投标人的合法权益。"

《招标投标法实施条例》第三十九条进一步规定，"禁止投标人相互串通投标。有下列情形之一的，属于投标人相互串通投标：（一）投标人之间协商投标报价等投标文件的实质性内容；（二）投标人之间约定中标人；（三）投标人之间约定部分投标人放弃投标或者中标；（四）属于同一集团、协会、商会等组织成员的投标人按照该组织要求协同投标；（五）投标人之间为谋取中标或者排斥特定投标人而采取的其他联合行动。"

有下列情形之一的，视为投标人相互串通投标：①不同投标人的投标文件由同一单位或者个人编制；②不同投标人委托同一单位或者个人办理投标事宜；③不同投标人的投标文件载明的项目管理成员为同一人；④不同投标人的投标文件异常一致或者投标报价呈规律性差异；⑤不同投标人的投标文件相互混装；⑥不同投标人的投标保证金从同一单位或者个人的账户转出。

《刑法》第二百二十三条规定，"投标人相互串通投标报价，损害招标人或者其他投标人利益，情节严重的，处三年以下有期徒刑或者拘役，并处或者单处罚金。"

2. 禁止招标人与投标人串通投标

《招标投标法》第三十二条规定，"投标人不得与招标人串通投标，损害国家利益、社会公共利益或者他人的合法权益。"

《招标投标法实施条例》第四十一条进一步规定，"禁止招标人与投标人串通投标。有下列情形之一的，属于招标人与投标人串通投标：①招标人在开标前开启投标文件并将有关信息泄露给其他投标人；②招标人直接或者间接向投标人泄露标底、评标委员会成员等信息；③招标人明示或者暗示投标人压低或者抬高投标报价；④招标人授意投标人撤换、修改投标文件；⑤招标人明示或者暗示投标人为特定投标人中标提供方便；⑥招标人与投标人为谋求特定投标人中标而采取的其他串通行为。"

3. 禁止投标人以行贿手段谋取中标

《反不正当竞争法》第七条规定，"经营者不得采用财物或者其他手段贿赂下列单位或者个人，以谋取交易机会或者竞争优势：（一）交易相对方的工作人员；（二）受交易相对方委托办理相关事务的单位或者个人；（三）利用职权或者影响力影响交易的单位或者个人。经营者的工作人员进行贿赂的，应当认定为经营者的行为；但是，经营者有证据证明该工作人员的行为与为经营者谋取交易机会或者竞争优势无关的除外。

经营者在交易活动中，可以以明示方式向交易相对方支付折扣，或者向中间人支付佣金。经营者向交易相对方支付折扣、向中间人支付佣金的，应当如实入账。接受折扣、佣金的经营者也应当如实入账。"

《招标投标法》规定：禁止投标人以向招标人或者评标委员会成员行贿的手段谋取中标。

4. 投标人不得以他人名义投标或以其他方式弄虚作假骗取中标

《反不正当竞争法》规定，经营者不得实施下列混淆行为，引人误认为是他人商品或者与他人存在特定联系：①擅自使用与他人有一定影响的商品名称、包装、装潢等相同或者近似的标识；②擅自使用他人有一定影响的企业名称（包括简称、字号等）、社会组织名称（包括简称等）、姓名（包括笔名、艺名、译名等）；③擅自使用他人有一定影响的域名主体部分、网站名称、网页等；④其他足以引人误认为是他人商品或者与他人存在特定联系的混淆行为。

《招标投标法》第三十三条规定，"投标人不得以低于成本的报价竞标，也不得以他人名义投标或者以其他方式弄虚作假，骗取中标。"《招标投标法实施条例》第四十二条进一步作出规定，"使用通过受让或者租借等方式获取的资格、资质证书投标的，属于招标投标法第三十三条规定的以他人名义投标。

投标人有下列情形之一的，属于招标投标法第三十三条规定的以其他方式弄虚作假的行为：（一）使用伪造、变造的许可证件；（二）提供虚假的财务状况或者业绩；（三）提供虚假的项目负责人或者主要技术人员简历、劳动关系证明；（四）提供虚假的信用状况；（五）其他弄虚作假的行为。"

5.6 相关法律责任

1. 投诉与处理

投标人或者其他利害关系人认为招标投标活动不符合法律、行政法规规定的，可以自知道或者应当知道之日起 10 日内向有关行政监督部门投诉。投诉应当有明确的请求和必要的证明材料。

但是，对资格预审文件、招标文件、开标、评标结果有异议的，应当先向招标人提出异议，异议答复期间不计算在上述规定的期限内。

投诉人就同一事项向两个以上有权受理的行政监督部门投诉的，由最先收到投诉的行政监督部门负责处理。行政监督部门应当自收到投诉之日起 3 个工作日内决定是否受理投诉，并自受理投诉之日起 30 个工作日内作出书面处理决定；需要检验、检测、鉴定、专家评审的，所需时间不计算在内。投诉人捏造事实、伪造材料或者以非法手段取得证明材料进行投诉的，行政监督部门应当予以驳回。

行政监督部门处理投诉，有权查阅、复制有关文件、资料，调查有关情况，相关单位和人员应当予以配合。必要时，行政监督部门可以责令暂停招标投标活动。行政监督部门的工作人员对监督检查过程中知悉的国家秘密、商业秘密，应当依法予以保密（表 5-2）。

招标投标投诉与处理要求

表 5-2

对资格预审文件提出异议	至迟在提交资格预审文件截止时间 2 日前	招标人收到异议后 3 日内答复，答复前暂停招标投标活动	招标人不答复，或投标人对招标人答复不服的，可以向招标办投诉
对招标文件提出异议	至迟在提交投标文件截止时间 10 日前	招标人收到异议后 3 日内答复，答复前暂停招标投标活动	
对开标提出异议	开标现场当场提出	招标人当场回复并书面记录	
对评标结果提出异议	中标候选人公示期间	招标人收到异议后 3 日内答复，答复前暂停招标投标活动	
其他事项	知道之日起 10 日内	直接向招标办投诉	

2. 招标人违法行为应承担的法律责任

《招标投标法》第四十九条规定，"必须进行招标的项目而不招标的，将必须进行招标的项目化整为零或者以其他任何方式规避招标的，责令限期改正，可以处项目合同金额千分之五以上千分之十以下的罚款；对全部或者部分使用国有资金的项目，可以暂停项目执行或者暂停资金拨付；对单位直接负责的主管人员和其他直接责任人员依法给予处分。"

招标人以不合理的条件限制或者排斥潜在投标人的，对潜在投标人实行歧视待遇的，强制要求投标人组成联合体共同投标的，或者限制投标人之间竞争的，责令改正，可以处一万元以上五万元以下的罚款。

依法必须进行招标的项目的招标人向他人透露已获取招标文件的潜在投标人的名称、数量或者可能影响公平竞争的有关招标投标的其他情况的，或者泄露标底的，给予警告，可以并处一万元以上十万元以下的罚款；对单位直接负责的主管人员和其他直接责任人员依法给予处分；构成犯罪的，依法追究刑事责任。上述行为影响中标结果的，中标无效。

依法必须进行招标的项目，招标人违反本法规定，与投标人就投标价格、投标方案等实质性内容进行谈判的，给予警告，对单位直接负责的主管人员和其他直接责任人员依法给予处分。上述行为影响中标结果的，中标无效。

招标人在评标委员会依法推荐的中标候选人以外确定中标人的，依法必须进行招标的项目在所有投标被评标委员会否决后自行确定中标人的，中标无效，责令改正，可以处中标项目金额千分之五以上千分之十以下的罚款；对单位直接负责的主管人员和其他直接责任人员依法给予处分。

招标人与中标人不按照招标文件和中标人的投标文件订立合同的，或者招标人、中标人订立背离合同实质性内容的协议的，责令改正；可以处中标项目金额千分之五以上千分之十以下的罚款。

《招标投标法实施条例》第六十三条规定，"招标人有下列限制或者排斥潜在投标人行为之一的，由有关行政监督部门依照招标投标法第五十一条的规定处罚：（一）依法应当公开招标的项目不按照规定在指定媒介发布资格预审公告或者招标公告；（二）在不同媒介发布的同一招标项目的资格预审公告或者招标公告的内容不一致，影响潜在投标人申请资格预审或者投标。

依法必须进行招标的项目的招标人不按照规定发布资格预审公告或者招标公告，构成规避招标的，依照招标投标法第四十九条的规定处罚。"

《招标投标法实施条例》第六十四条规定，"招标人有下列情形之一的，由有关行政监督部门责令改正，可以处10万元以下的罚款：（一）依法应当公开招标而采用邀请招标；（二）招标文件、资格预审文件的发售、澄清、修改的时限，或者确定的提交资格预审申请文件、投标文件的时限不符合招标投标法和本条例规定；（三）接受未通过资格预审的单位或者个人参加投标；（四）接受应当拒收的投标文件。招标人有前款第（一）项、第（三）项、第（四）项所列行为之一的，对单位直接负责的主管人员和其他直接责任人员依法给予处分。"

《招标投标法实施条例》第七十条规定，"依法必须进行招标的项目的招标人不按照规定组建评标委员会，或者确定、更换评标委员会成员违反招标投标法和本条例规定的，由有关行政监督部门责令改正，可以处10万元以下的罚款，对单位直接负责的主管人员和其他直接责任人员依法给予处分；违法确定或者更换的评标委员会成员作出的评审结论无效，依法重新进行评审。"

依法必须进行招标的项目的招标人有下列情形之一的，由有关行政监督部门责令改正，可以处中标项目金额千分之十以下的罚款；给他人造成损失的，依法承担赔偿责任；对单位直接负责的主管人员和其他直接责任人员依法给予处分：①无正当理由不发出中标通知书；②不按照规定确定中标人；③中标通知书发出后无正当理由改变中标结果；④无正当理由不与中标人订立合同；⑤在订立合同时向中标人提出附加条件。

招标人和中标人不按照招标文件和中标人的投标文件订立合同，合同的主要条款与招标文件、中标人的投标文件的内容不一致，或者招标人、中标人订立背离合同实质性内容的协议的，由有关行政监督部门责令改正，可以处中标项目金额千分之五以上千分之十以下的罚款。

招标人不按照规定对异议作出答复，继续进行招标投标活动的，由有关行政监督部门责令改正，拒不改正或者不能改正并影响中标结果的，依照《招标投标法实施条例》第八十一条（招标、投标、中标无效，应当依法重新招标或者评标）的规定处理。

3. 招标代理机构违法行为应承担的法律责任

《招标投标法》第五十条规定，"招标代理机构违反本法规定，泄露应当保密的与招标投标活动有关的情况和资料的，或者与招标人、投标人串通损害国家利益、社会公共利益或者他人合法权益的，处五万元以上二十五万元以下的罚款；对单位直接负责的主管人员和其他直接责任人员处单位罚款数额百分之五以上百分之十以下的罚款；有违法所得的，并处没收违法所得；情节严重的，禁止其一年至二年内代理依法必须进行招标的项目并予以公告，直至由工商行政管理机关吊销营业执照；构成犯罪的，依法追究刑事责任。给他人造成损失的，依法承担赔偿责任。影响中标结果的，中标无效。"

《招标投标法实施条例》第六十五条规定，"招标代理机构在所代理的招标项目中投标、代理投标或者向该项目投标人提供咨询的，接受委托编制标底的中介机构参加受托编制标底项目的投标或者为该项目的投标人编制投标文件、提供咨询的，依照招标投标法第五十条的规定追究法律责任。"

4. 评标委员会成员违法行为应承担的法律责任

《招标投标法》第五十六条规定，"评标委员会成员收受投标人的财物或者其他好处的，评标委员会成员或者参加评标的有关工作人员向他人透露对投标文件的评审和比较、中标候选人的推荐以及与评标有关的其他情况的，给予警告，没收收受的财物，可以并处三千元以上五万元以下的罚款，对有所列违法行为的评标委员会成员取消担任评标委员会成员的资格，不得再参加任何依法必须进行招标的项目的评标；构成犯罪的，依法追究刑事责任。"

《招标投标法实施条例》第七十一条规定，"评标委员会成员有下列行为之一的，由有关行政监督部门责令改正；情节严重的，禁止其在一定期限内参加依法必须进行招标的项目的评标；情节特别严重的，取消其担任评标委员会成员的资格：（一）应当回避而不回避；（二）擅离职守；（三）不按照招标文件规定的评标标准和方法评标；（四）私下接触投标人；（五）向招标人征询确定中标人的意向或者接受任何单位或者个人明示或者暗示提出的倾向或者排斥特定投标人的要求；（六）对依法应当否决的投标不提出否决意见；（七）暗示或者诱导投标人作出澄清、说明或者接受投标人主动提出的澄清、说明；（八）其他不客观、不公正履行职务的行为。"

评标委员会成员收受投标人的财物或者其他好处的，没收收受的财物，处三千元以上五万元以下的罚款，取消担任评标委员会成员的资格，不得再参加依法必须进行招标的项目的评标；构成犯罪的，依法追究刑事责任。

最高人民法院、最高人民检察院《关于办理商业贿赂刑事案件适用法律若干问题的意见》第六条规定，"依法组建的评标委员会、竞争性谈判采购中谈判小组、询价采购中询价小组的组成人员，在招标、政府采购等事项的评标或者采购活动中，索取他人财物或者非法收受他人财物，为他人谋取利益，数额较大的，依照刑法第一百六十三条的规定，以非国家工作人员受贿罪定罪处罚。依法组建的评标委员会、竞争性谈判采购中谈判小组、询价采购中询价小组中国家机关或者其他国有单位的代表有上述行为的，依照刑法第三百八十五条的规定，以受贿罪定罪处罚。"

5. 投标人违法行为应承担的法律责任

《招标投标法》第五十三条规定，"投标人相互串通投标或者与招标人串通投标的，投标人以向招标人或者评标委员会成员行贿的手段谋取中标的，中标无效，处中标项目金额千分之五以上千分之十以下的罚款，对单位直接负责的主管人员和其他直接责任人员处单位罚款数额百分之五以上百分之十以下的罚款；有违法所得的，并处没收违法所得；情节严重的，取消其一年至二年内参加依法必须进行招标的项目的投标资格并予以公告，直至由工商行政管理机关吊销营业执照；构成犯罪的，依法追究刑事责任。给他人造成损失的，依法承担赔偿责任。"

《招标投标法》第五十四条规定，"投标人以他人名义投标或者以其他方式弄虚作假，骗取中标的，中标无效，给招标人造成损失的，依法承担赔偿责任；构成犯罪的，依法追究刑事责任。依法必须进行招标的项目的投标人有上述所列行为尚未构成犯罪的，处中标项目金额千分之五以上千分之十以下的罚款，对单位直接负责的主管人员和其他直接责任人员处单位罚款数额百分之五以上百分之十以下的罚款；有违法所得的，并处没收违法所得；情节严重的，取消其一年至三年内参加依法必须进行招标的项目的投标资格并予以公告，直至由工商行政管理机关吊销营业执照。"

《招标投标法实施条例》第六十七条规定，"投标人相互串通投标或者与招标人串通投标的，投标人向招标人或者评标委员会成员行贿谋取中标的，中标无效；构成犯罪的，依法追究刑事责任；尚不构成犯罪的，依照招标投标法第五十三条的规定处罚。投标人未中标的，对单位的罚款金额按照招标项目合同金额依照招标投标法规定的比例计算。投标人有下列行为之一的，属于招标投标法第五十三条规定的情节严重行为，由有关行政监督部门取消其 1 年至 2 年内参加依法必须进行招标的项目的投标资格：（一）以行贿谋取中标；（二）3 年内 2 次以上串通投标；（三）串通投标行为损害招标人、其他投标人或者国家、集体、公民的合法利益，造成直接经济损失 30 万元以上；（四）其他串通投标情节严重的行为。投标人自本条第二款规定的处罚执行期限届满之日起 3 年内又有该款所列违法行为之一的，或者串通投标、以行贿谋取中标情节特别严重的，由工商行政管理机关吊销营业执照。"

《招标投标法实施条例》第六十八条规定，"投标人以他人名义投标或者以其他方式弄虚作假骗取中标的，中标无效；构成犯罪的，依法追究刑事责任；尚不构成犯罪的，依照招标投标法第五十四条的规定处罚。依法必须进行招标的项目的投标人未中标的，对单位的罚款金额按照招标项目合同金额依照招标投标法规定的比例计算。投标人有下列行为之一的，属于招标投标法第五十四条规定的情节严重行为，由有关行政监督部门取消其一年至三年内参加依法必须进行招标的项目的投标资格：（一）伪造、变造资格、资质证书或者其他许可证件骗取中标；（二）3 年内 2 次以上使用他人名义投标；（三）弄虚作假骗取中标给招标人造成直接经济损失 30 万元以上；（四）其他弄虚作假骗取中标情节严重的行为。投标人自本条第二款规定的处罚执行期限届满之日起 3 年内又有该款所列违法行为之一的，或者弄虚作假骗取中标情节特别严重的，由工商行政管理机关吊销营业执照。"

出让或者出租资格、资质证书供他人投标的，依照法律、行政法规的规定给予行政处罚；构成犯罪的，依法追究刑事责任。

投标人或者其他利害关系人捏造事实、伪造材料或者以非法手段取得证明材料进行投诉，给他人造成损失的，依法承担赔偿责任。

6. 中标人违法行为应承担的法律责任

《招标投标法》第五十八条规定，"中标人将中标项目转让给他人的，将中标项目肢解后分别转让给他人的，违反本法规定将中标项目的部分主体、关键性工作分包给他人的，或者分包人再次分包的，转让、分包无效，处转让、分包项目金额千分之五以上千分之十以下的罚款；有违法所得的，并处没收违法所得；可以责令停业整顿；情节严重的，由工商行政管理机关吊销营业执照。"

中标人不履行与招标人订立的合同的，履约保证金不予退还，给招标人造成的损失超过履约保证金数额的，还应当对超过部分予以赔偿；没有提交履约保证金的，应当对招标人的损失承担赔偿责任。中标人不按照与招标人订立的合同履行义务，情节严重的，取消其二至五年内参加依法必须进行招标的项目的投标资格并予以公告，直至由工商行政管理机关吊销营业执照。因不可抗力不能履行合同的，不适用上述规定。

《招标投标法实施条例》第七十四条规定，"中标人无正当理由不与招标人订立合同，在签订合同时向招标人提出附加条件，或者不按照招标文件要求提交履约保证金的，取消其中标资格，投标保证金不予退还。对依法必须进行招标的项目的中标人，由有关行政监督部门责令改正，可以处中标项目金额 10‰以下的罚款。"

《招标投标法实施条例》第七十六条规定，"中标人将中标项目转让给他人的，将中标项目肢解后分别转让给他人的，违反招标投标法和本条例规定将中标项目的部分主体、关键性工作分包给他人的，或者分包人再次分包的，转让、分包无效，处转让、分包项目金额 5‰以上 10‰以下的罚款；有违法所得的，并处没收违法所得；可以责令停业整顿；情节严重的，由工商行政管理机关吊销营业执照。"

7. 政府主管部门和国家工作人员违法行为应承担的责任

《招标投标法》第六十三条规定，"对招标投标活动依法负有行政监督职责的国家机关工作人员徇私舞弊、滥用职权或者玩忽职守，构成犯罪的，依法追究刑事责任；不构成犯罪的，依法给予行政处分。"

《招标投标法实施条例》第七十九条规定，"项目审批、核准部门不依法审批、核准项目招标范围、招标方式、招标组织形式的，对单位直接负责的主管人员和其他直接责任人员依法给予处分。有关行政监督部门不依法履行职责，对违反招标投标法和本条例规定的行为不依法查处，或者不按照规定处理投诉、不依法公告对招标投标当事人违法行为的行政处理决定的，对直接负责的主管人员和其他直接责任人员依法给予处分。项目审批、核准部门和有关行政监督部门的工作人员徇私舞弊、滥用职权、玩忽职守，构成犯罪的，依法追究刑事责任。"

国家工作人员利用职务便利，以直接或者间接、明示或者暗示等任何方式非法干涉招标投标活动，有下列情形之一的，依法给予记过或者记大过处分；情节严重的，依法给予降级或者撤职处分；情节特别严重的，依法给予开除处分；构成犯罪的，依法追究刑事责任：①要求对依法必须进行招标的项目不招标，或者要求对依法应当公开招标的项目不公开招标；②要求评标委员会成员或者招标人以其指定的投标人作为中标候选人或者中标人，或者以其他方式非法干涉评标活动，影响中标结果；③以其他方式非法干涉招标投标活动。

8. 其他法律责任

《招标投标法》第六十二条规定，"任何单位违反本法规定，限制或者排斥本地区、本系统以外的法人或者其他组织参加投标的，为招标人指定招标代理机构的，强制招标人委托招标代理机构办理招标事宜的，或者以其他方式干涉招标投标活动的，责令改正；对单位直接负责的主管人员和其他直接责任人员依法给予警告、记过、记大过的处分，情节较重的，依法给予降级、撤职、开除的处分。个人利用职权进行上述违法行为的，依照上述规定追究责任。"

　　依法必须进行招标的项目违反本法规定，中标无效的，应当依照本法规定的中标条件从其余投标人中重新确定中标人或者依照本法重新进行招标。

　　《招标投标法实施条例》第八十一条规定，"依法必须进行招标的项目的招标投标活动违反招标投标法和本条例的规定，对中标结果造成实质性影响，且不能采取补救措施予以纠正的，招标、投标、中标无效，应当依法重新招标或者评标。"

本章小结

　　本章基本内容包括建设工程法定招标的范围、招标方式和交易场所、招标基本程序、禁止肢解发包、限制排斥投标人制度、投标、禁止不正当竞争行为以及法律责任6部分内容。其中，招标基本程序主要涉及履行项目的审批手续、委托招标代理公司、编制招标文件、标底及工程量清单、发布招标公告或投标邀请书、资格审查、开标、评标、中标以及签订合同等；投标主要涉及投标人、联合体投标、投标文件、保证金等；禁止不正当竞争行为主要涉及禁止投标人相互串通投标、禁止招标人与投标人串通投标、禁止投标人以行贿手段谋取中标、投标人不得以他人名义投标或以其他方式弄虚作假骗取中标等。

本章习题

一、选择题
请扫描二维码完成自测。
二、问答题
1. 公开招标和邀请招标的区别是什么？
2. 可以不进行招标的项目有哪些？

第 5 章选择题

6 建设工程合同及工程监理合同制度

学习目标

1. 了解有关法律知识；
2. 熟悉有关法律规定；
3. 培养法律务实能力；
4. 提升学生思政素养。

思维导图

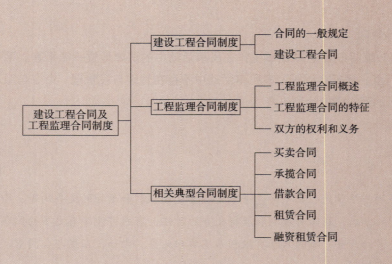

诚是诚实，信是守信。我们所处的社会市场经济已经发展多年，不能再只把诚信约定在道德范畴上，更应落在实处，这就是契约精神。

在项目上，双方的诚信就体现在所建立的契约关系上。遵守规则，重视契约，这是当代诚信的标志，是一种更为明确的诚信。诚信是企业生存发展之本，是维护市场经济秩序、确保企业经济健康发展的重要保证。要始终将诚信守法作为经营活动中一项基本的准则、必备的素质、必须承担的责任。

坚守"诚信是金"的契约精神

6.1　建设工程合同制度

6.1.1　合同的一般规定

《民法典》第四百六十四条规定，"合同是民事主体之间设立、变更、终止民事法律关系的协议。婚姻、收养、监护等有关身份关系的协议，适用有关该身份关系的法律规定；没有规定的，可以根据其性质参照适用本编规定。"

1. 合同订立的基本原则

合同当事人订立合同需要遵循《民法典》总则编中民事主体从事民事活动的六项基本原则。

（1）平等原则

《民法典》第四条规定，"民事主体在民事活动中的法律地位一律平等。平等原则是指合同当事人在订立、履行合同等诸多民事活动中不存在管理与被管理、命令与服从的关系，一方不得将自己的意志强加给另一方。

特别提示

平等原则中法律地位的平等，并不是指享受的权利和承担的义务均等，即当事人根据法律和自身的需求，在享有权利和履行义务的时候，有的可能享有更多的民事权利，有的可能承担更多的义务，有的只享有权利而不承担义务。比如，在赠与合同中，赠与人只承担义务不享有权利。

（2）自愿原则

《民法典》第五条规定，"民事主体从事民事活动，应当遵循自愿原则，按照自己的意思设立、变更、终止民事法律关系。"当事人依法享有自愿订立合同的权利，任何单位和个人不得非法干预。

（3）公平原则

《民法典》第六条规定，"民事主体从事民事活动，应当遵循公平原则，合理确定各方的权利和义务。"公平是一种主观评价。合同内容是否公平，主要看一般人在主观上能否接受。

（4）诚信原则

《民法典》第七条规定，"民事主体从事民事活动，应当遵循诚信原则，秉持诚实、恪守承诺。"诚信原则要求当事人在订立、履行合同及合同终止后，都要诚实、讲信用，相互协作。

（5）守法与公序良俗原则

《民法典》第八条规定，"民事主体从事民事活动，不得违反法律，不得违背公序良俗。"当事人订立、履行合同，应当遵守法律、行政法规等相关规定，尊重社会公德，不得扰乱社会经济秩序，损害社会公共利益。

（6）绿色原则

《民法典》第九条规定，"民事主体从事民事活动，应当有利于节约资源、保护生态环境。"比如，某一企业故意违反国家规定偷排污水，造成环境污染后果严重的，该企业除了可能面对环境信用评级降低、环境监管频次加大、被责令限产停产、被列入环境违法黑名单等一系列联合惩戒措施外，还将承担生态环境损害赔偿、惩罚性赔偿责任等民事责任，甚至要受到行政处罚和刑事处罚。

2. 合同的形式和内容

（1）合同的形式

《民法典》第四百六十九条规定，"当事人订立合同，可以采用书面形式、口头形式或者其他形式。书面形式是合同书、信件、电报、电传、传真等可以有形地表现所载内容的形式。以电子数据交换、电子邮件等方式能够有形地表现所载内容，并可以随时调取查用的数据电文，视为书面形式。"

特别提示

为了适应电子商务快速发展以及百姓网购需求的增多，《民法典》规定，数据电文也具有法律效力，这意味着纸质合同将逐步退出互联网时代。

（2）合同的内容

《民法典》第四百七十条规定，"合同的内容由当事人约定，一般包括下列条款：（一）当事人的姓名或者名称和住所；（二）标的；（三）数量；（四）质量；（五）价款或者报酬；（六）履行期限、地点和方式；（七）违约责任；（八）解决争议的方法。当事人可以参照各类合同的示范文本订立合同。"

合同的标的可以是有形财产，也可以是无形财产、工作成果、劳务等。合同的数量要准确，选择使用合同当事人都接受的计量工具、计量方法和计量单位。合同的质量有国家强制性规定的，必须按照国家的强制性规定执行；如有其他质量标准的，应尽可能约定其适用的标准。合同的价款应当在合同中规定清楚计算的方法。合同的违约责任可以在合同中约定，比如约定违约金、定金、赔偿金等。

3. 合同的要约与承诺

（1）合同的订立与成立

合同的订立是过程；合同的成立是结果。合同订立的两个必经阶段为：要约与承诺。在这里需要注意的是，要约邀请不是必经阶段。

（2）要约

《民法典》第四百七十二条规定，"要约是希望与他人订立合同的意思表示，该意思表示应当符合下列条件：（一）内容具体确定；（二）表明经受要约人承诺，要约人即受该意思表示约束。"

要约生效的时间适用《民法典》第一百三十七条的规定，"以对话方式作出的意思表示，相对人知道其内容时生效。以非对话方式作出的意思表示，到达相对人时生效。以非对话方式作出的采用数据电文形式的意思表示，相对人指定特定系统接收数据电文的，该数据电文进入该特定系统时生效；未指定特定系统的，相对人知道或者应当知道该数据电文进入其系统时生效。当事人对采用数据电文形式的意思表示的生效时间另有约定的，按照其约定。"

要约可以撤回。要约的撤回适用《民法典》第一百四十一条的规定，"行为人可以撤回意思表示。撤回意思表示的通知应当在意思表示到达相对人前或者与意思表示同时到达相对人。"

《民法典》第四百七十六条规定，"要约可以撤销，但是有下列情形之一的除外：（一）要约人以确定承诺期限或者其他形式明示要约不可撤销；（二）受要约人有理由认为要约是不可撤销的，并已经为履行合同做了合理准备工作。撤销要约的意思表示以对话方式作出的，该意思表示的内容应当在受要约人作出承诺之前为受要约人所知道；撤销要约的意思表示以非对话方式作出的，应当在受要约人作出承诺之前到达受要约人。"

《民法典》第四百七十八条规定，"有下列情形之一的，要约失效：（一）要约被拒绝；（二）要约被依法撤销；（三）承诺期限届满，受要约人未作出承诺；（四）受要约人对要约的内容作出实质性变更。"

要约的撤回与要约的撤销的区别在于：要约的撤回发生在要约到达受要约人之前，要约尚未生效，而要约的撤销则是发生在要约到达受要约人，要约已经生效，但受要约人尚未发出承诺通知。

（3）要约邀请

要约邀请是希望他人向自己发出要约的表示。行为人撤回其要约邀请，只要没给善意相对人造成信赖利益的损失，不承担违约责任。

 **特别提示**

> 拍卖公告、招标公告、招股说明书、债券募集办法、基金招募说明书、商业广告和宣传、寄送的价目表等为要约邀请。商业广告和宣传的内容符合要约条件的，构成要约。

（4）承诺

承诺是受要约人同意要约的意思表示。

《民法典》第四百八十条规定，"承诺应当以通知的方式作出；但是，根据交易习惯或者要约表明可以通过行为作出承诺的除外。"

承诺应当在要约确定的期限内到达要约人。要约没有确定承诺期限的，承诺应当依照下列规定到达：①要约以对话方式作出的，应当即时作出承诺；②要约以非对话方式作出的，承诺应当在合理期限内到达。

要约以信件或者电报作出的，承诺期限自信件载明的日期或者电报交发之日开始计算。信件未载明日期的，自投寄该信件的邮戳日期开始计算。要约以电话、传真、电子邮件等快速通讯方式作出的，承诺期限自要约到达受要约人时开始计算。

承诺生效时合同成立，但是法律另有规定或者当事人另有约定的除外。以通知方式作出的承诺，生效的时间适用《民法典》第一百三十七条的规定。承诺不需要通知的，根据交易习惯或者要约的要求作出承诺的行为时生效。

承诺可以撤回。承诺的撤回适用《民法典》第一百四十一条的规定。

受要约人超过承诺期限发出承诺，或者在承诺期限内发出承诺，按照通常情形不能及时到达要约人的，为新要约；但是，要约人及时通知受要约人该承诺有效的除外。

受要约人在承诺期限内发出承诺，按照通常情形能够及时到达要约人，但是因其他原因致使承诺到达要约人时超过承诺期限的，除要约人及时通知受要约人因承诺超过期限不接受该承诺外，该承诺有效。

承诺的内容应当与要约的内容一致。受要约人对要约的内容作出实质性变更的，为新要约。有关合同标的、数量、质量、价款或者报酬、履行期限、履行地点和方式、违约责任和解决争议方法等的变更，是对要约内容的实质性变更。

承诺对要约的内容作出非实质性变更的，除要约人及时表示反对或者要约表明承诺不得对要约的内容作出任何变更外，该承诺有效，合同的内容以承诺的内容为准。

国家根据抢险救灾、疫情防控或者其他需要下达国家订货任务、指令性任务的，有关民事主体之间应当依照有关法律、行政法规规定的权利和义务订立合同。依照法律、行政法规的规定负有发出要约义务的当事人，应当及时发出合理的要约。依照法律、行政法规的规定负有作出承诺义务的当事人，不得拒绝对方合理的订立合同要求。

4. 合同的效力

（1）有效合同和无效合同

有效合同是指符合法律所规定的生效条件的合同。无效合同是指不具备合同生效的条件，对合同当事人不具有法律约束力，不受国家保护的合同。

根据《民法典》的规定，合同生效的要件包括：①行为人具有相应的民事行为能力；②意思表示真实；③不违反法律、行政法规的强制性规定，不违背公序良俗。

1）行为人具有相应的民事行为能力

民事行为能力是指民事主体以自己独立的行为去取得民事权利、承担民事义务的能力。自然人的民事行为能力分三种情况，即完全民事行为能力、限制民事行为能力、无民事行为能力。

无民事行为能力人实施的民事法律行为无效。限制民事行为能力人实施的纯获利益的民事法律行为或者与其年龄、智力、精神健康状况相适应的民事法律行为有效；实施的其他民事法律行为经法定代理人同意或者追认后有效。

 **特别提示**

《民法典》第一百四十四条改变了《民法通则意见》第六条的规定，即"无民事行为能力人、限制民事行为能力人接受奖励、赠与、报酬，他人不得以行为人无民事行为能力、限制民事行为能力为由，主张以上行为无效"，规定无民事行为能力人实施的民事法律行为无效。

2）意思表示真实

《民法典》第一百四十六条规定，"行为人与相对人以虚假的意思表示实施的民事法律行为无效。以虚假的意思表示隐藏的民事法律行为的效力，依照有关法律规定处理。"

意思表示，是指当事人把设立、变更、终止民事权利、民事义务的内在意愿用一定形式表达出来。意思表示真实，就是民事法律行为必须出于当事人的自愿，反映当事人的真实意思。

3）不违反法律、行政法规的强制性规定，不违背公序良俗

《民法典》第一百五十三条规定，"违反法律、行政法规的强制性规定的民事法律行为无效。但是，该强制性规定不导致该民事法律行为无效的除外。违背公序良俗的民事法律行为无效。"行为人与相对人恶意串通，损害他人合法权益的民事法律行为无效。

法律、行政法规中包含强制性规定和任意性规定。强制性规定排除了合同当事人的意思自由，即当事人在合同中不得协议排除法律、行政法规的强制性规定，否则将构成无效合同。

应当指出的是，法律是指全国人大及其常委会颁布的法律，行政法规是指由国务院颁的

法规。

公序良俗是指民事主体的行为应当遵守公共秩序，符合善良风俗，不得违反国家的公共秩序和社会的一般道德。

《民法典》第五百零六条规定，"合同中的下列免责条款无效：（一）造成对方人身损害的；（二）因故意或者重大过失造成对方财产损失的。"

依法成立的合同，自成立时生效，但是法律另有规定或者当事人另有约定的除外。依照法律、行政法规的规定，合同应当办理批准等手续的，依照其规定。未办理批准等手续影响合同生效的，不影响合同中履行报批等义务条款以及相关条款的效力。应当办理申请批准等手续的当事人未履行义务的，对方可以请求其承担违反该义务的责任。依照法律、行政法规的规定，合同的变更、转让、解除等情形应当办理批准等手续的，适用前款规定。

当事人超越经营范围订立的合同的效力，应当依照《民法典》的有关规定确定，不得仅以超越经营范围确认合同无效。依法成立的合同，受法律保护。依法成立的合同，仅对当事人具有法律约束力，但是法律另有规定的除外。

当事人对合同条款的理解有争议的，应当依据《民法典》第一百四十二条的规定，确定争议条款的含义。合同文本采用两种以上文字订立并约定具有同等效力的，对各文本使用的词句推定具有相同含义。各文本使用的词句不一致的，应当根据合同的相关条款、性质、目的以及诚信原则等予以解释。

合同不生效、无效、被撤销或者终止的，不影响合同中有关解决争议方法的条款的效力。民事法律行为无效、被撤销或者确定不发生效力后，行为人因该行为取得的财产，应当予以返还；不能返还或者没有必要返还的，应当折价补偿。有过错的一方应当赔偿对方由此所受到的损失；双方都有过错的，应当各自承担相应的责任。

合同成立与合同生效的区别

总之，合同经过要约与承诺阶段即成立，但只有在法律规定的生效要件具备时，合同才得以生效。合同生效的起始时间依赖于合同的成立，合同成立是合同生效的前提。

（2）效力待定合同

效力待定合同是指合同虽然已经成立，但因其不完全符合有关生效要件的规定，其合同效力能否发生尚未确定，须在法律规定的条件具备时才能生效。

1）限制行为能力人订立的合同

《民法典》第一百四十五条规定，"限制民事行为能力人实施的纯获利益的民事法律行为或者与其年龄、智力、精神健康状况相适应的民事法律行为有效；实施的其他民事法律行为经法定代理人同意或者追认后有效。

相对人可以催告法定代理人自收到通知之日起三十日内予以追认。法定代理人未作表示的，视为拒绝追认。民事法律行为被追认前，善意相对人有撤销的权利。撤销应当以通知的方式作出。"

2）无权代理人订立的合同

行为人没有代理权、超越代理权或者代理权终止后，仍然实施代理行为，未经被代理人追认的，对被代理人不发生效力。

相对人可以催告被代理人自收到通知之日起 30 日内予以追认。被代理人未作表示的，视为拒绝追认。行为人实施的行为被追认前，善意相对人有撤销的权利。撤销应当以通知的方式作出。

行为人实施的行为未被追认的，善意相对人有权请求行为人履行债务或者就其受到的损害请求行为人赔偿。但是，赔偿的范围不得超过被代理人追认时相对人所能获得的利益。

相对人知道或者应当知道行为人无权代理的，相对人和行为人按照各自的过错承担责任。无权代理人以被代理人的名义订立合同，被代理人已经开始履行合同义务或者接受相对人履行的，视为对合同的追认。

（3）可撤销合同

所谓可撤销合同，是指因意思表示不真实，通过有撤销权的机构行使撤销权，使已经生效的意思表示归于无效的合同。

1）可撤销合同的种类

①因重大误解订立的合同：《民法典》第一百四十七条规定，"基于重大误解实施的民事法律行为，行为人有权请求人民法院或者仲裁机构予以撤销。"

所谓重大误解，是指误解者作出意思表示时，对涉及合同法律效果的重要事项存在着认识上的显著缺陷，其后果是使误解者的利益受到较大的损失，或者达不到误解者订立合同的目的。这种情况的出现，并不是由于行为人受到对方的欺诈、胁迫或者是对方利用本方处于危困状态、缺乏判断能力等情形下签订的合同，而是由于为人自己的大意、缺乏经验或者信息不通而造成的。

②在订立合同时显失公平的合同：《民法典》第一百五十一条规定，"一方利用对方处于危困状态、缺乏判断能力等情形，致使民事法律行为成立时显失公平的，受损害方有权请求人民法院或者仲裁机构予以撤销。"

所谓显失公平的合同，就是一方当事人在利用对方处于危困状态、缺乏判断能力等情形，使当事人之间享有的权利和承担的义务严重不对等，致使民事法律行为成立时显失公平的合同。如标的物的价值与价款过于悬殊，承担责任或风险显然不合理的合同，都可称为显失公平的合同。

③以欺诈手段订立的合同：《民法典》第一百四十八条规定，"一方以欺诈手段，使对方在违背真实意思的情况下实施的民事法律行为，受欺诈方有权请求人民法院或者仲裁机构予以撤销。"第三人实施欺诈行为，使一方在违背真实意思的情况下实施的民事法律行为，对方知道或者应当知道该欺诈行为的，受欺诈方有权请求人民法院或者仲裁机构予以撤销。

④以胁迫的手段订立的合同：《民法典》第一百五十条规定，"一方或者第三人以胁迫手段，

使对方在违背真实意思的情况下实施的民事法律行为，受胁迫方有权请求人民法院或者仲裁机构予以撤销。"

2）合同撤销权的行使

《民法典》第一百五十二条规定，"有下列情形之一的，撤销权消灭：（一）当事人自知道或者应当知道撤销事由之日起一年内，重大误解的当事人自知道或者应当知道撤销事由之日起九十日内没有行使撤销权；（二）当事人受胁迫，自胁迫行为终止之日起一年内没有行使撤销权；（三）当事人知道撤销事由后明确表示或者以自己的行为表明放弃撤销权。当事人自民事法律行为发生之日起五年内没有行使撤销权的，撤销权消灭。"

3）被撤销合同的法律后果

《民法典》第一百五十五条规定，"无效的或者被撤销的民事法律行为自始没有法律约束力。"民事法律行为部分无效，不影响其他部分效力的，其他部分仍然有效。

5. 合同的履行、变更、转让和终止

（1）合同的履行

《民法典》第五百零九条规定，"当事人应当按照约定全面履行自己的义务。当事人应当遵循诚信原则，根据合同的性质、目的和交易习惯履行通知、协助、保密等义务。当事人在履行合同过程中，应当避免浪费资源、污染环境和破坏生态。"

合同生效后，当事人不得因姓名、名称的变更或者法定代表人、负责人、承办人的变动而不履行合同义务。

合同生效后，当事人就质量、价款或者报酬、履行地点等内容没有约定或者约定不明确的，可以协议补充；不能达成补充协议的，按照合同相关条款或者交易习惯确定。当事人就有关合同内容约定不明确，依据前条规定仍不能确定的，适用下列规定：

1）质量要求不明确的，按照强制性国家标准履行；没有强制性国家标准的，按照推荐性国家标准履行；没有推荐性国家标准的，按照行业标准履行；没有国家标准、行业标准的，按照通常标准或者符合合同目的的特定标准履行。

2）价款或者报酬不明确的，按照订立合同时履行地的市场价格履行；依法应当执行政府定价或者政府指导价的，依照规定履行。

3）履行地点不明确，给付货币的，在接受货币一方所在地履行；交付不动产的，在不动产所在地履行；其他标的，在履行义务一方所在地履行。

4）履行期限不明确的，债务人可以随时履行，债权人也可以随时请求履行，但是应当给对方必要的准备时间。

5）履行方式不明确的，按照有利于实现合同目的的方式履行。

6）履行费用的负担不明确的，由履行义务一方负担；因债权人原因增加的履行费用，由债权人负担。

（2）合同的变更

当事人协商一致，可以变更合同。当事人对合同变更的内容约定不明确的，推定为未变更。

特别提示

　　合同的变更须经当事人双方协商一致。如果双方当事人就变更事项达成一致意见，则变更后的内容取代原合同的内容，当事人应当按照变更后的内容履行合同。如果一方当事人未经对方同意就改变合同的内容，不仅变更的内容对另一方没有约束力，其做法还是一种违约行为，应当承担违约责任。

　　（3）合同基础条件变化的处理

　　合同成立后，合同的基础条件发生了当事人在订立合同时无法预见的、不属于商业风险的重大变化，继续履行合同对于当事人一方明显不公平的，受不利影响的当事人可以与对方重新协商；在合理期限内协商不成的，当事人可以请求人民法院或者仲裁机构变更或者解除合同。人民法院或者仲裁机构应当结合案件的实际情况，根据公平原则变更或者解除合同。

　　（4）合同权利义务的转让

　　1）合同权利（债权）的转让

　　《民法典》第五百四十五条规定，"债权人可以将债权的全部或者部分转让给第三人，但是有下列情形之一的除外：（一）根据债权性质不得转让；（二）按照当事人约定不得转让；（三）依照法律规定不得转让。当事人约定非金钱债权不得转让的，不得对抗善意第三人。当事人约定金钱债权不得转让的，不得对抗第三人。"

　　根据债权性质不得转让的债权。债权是在债的关系中权利主体具备的能够要求义务主体为一定行为或者不为一定行为的权利。债权和债务一起共同构成债的内容。如果债权随意转让给第三人，会使债权债务关系发生变化，违反当事人订立合同的目的，使当事人的合法利益得不到应有的保护。

　　按照当事人约定不得转让的债权。当事人订立合同时可以对债权的转让做出特别约定，禁止债权人将债权转让给第三人。这种约定只要是当事人真实意思的表示，同时不违反法律禁止性规定，即对当事人产生法律的效力。债权人如果将债权转让给他人，其行为将构成违约。

　　依照法律规定不得转让的债权。《民法典》规定，最高额抵押担保的债权确定前，部分债权转让的，最高额抵押权不得转让，但是当事人另有约定的除外。最高额抵押担保的债权确定前，抵押权人与抵押人可以通过协议变更债权确定的期间、债权范围以及最高债权额。但是，变更的内容不得对其他抵押权人产生不利影响。

　　《民法典》第五百四十六条规定，"债权人转让债权，未通知债务人的，该转让对债务人不发生效力。债权转让的通知不得撤销，但是经受让人同意的除外。"

　　需要说明的是，债权人转让权利应当通知债务人，未经通知的转让行为对债务人不发生效力，但债权人债权的转让无需得到债务人的同意，这一方面是尊重债权人对其权利的行使，另一方面也防止债权人滥用权利损害债务人的利益。当债务人接到权利转让的通知后，权利转让即行生效，原债权人被新的债权人替代，或者新债权人的加入使原债权人不再完全享有原债权。

《民法典》第五百四十八条规定，"债务人接到债权转让通知后，债务人对让与人的抗辩，可以向受让人主张。"

抗辩权是指债权人行使债权时，债务人根据法定事由对抗债权人行使请求权的权利。债务人的抗辩权是其固有的一项权利，并不随权利的转让而消灭。在权利转让的情况下，债务人可以向新债权人行使该权利。受让人不得以任何理由拒绝债务人权利的行使。

《民法典》第五百四十七条规定，"债权人转让债权的，受让人取得与债权有关的从权利，但是该从权利专属于债权人自身的除外。受让人取得从权利不因该从权利未办理转移登记手续或者未转移占有而受到影响。"

2）合同义务（债务）的转让

《民法典》第五百五十一条规定，"债务人将债务的全部或者部分转移给第三人的，应当经债权人同意。债务人或者第三人可以催告债权人在合理期限内予以同意，债权人未作表示的，视为不同意。"

债务转移分为两种情况：一是债务的全部转移，在这种情况下，新的债务人完全取代了旧的债务人，新的债务人负责全面履行债务；另一种情况是债务的部分转移，即新的债务人加入到原债务中，与原债务人一起向债权人履行义务。无论是转移全部债务还是部分债务，债务人都需要征得债权人同意。未经债权人同意，债务人转移债务的行为对债权人不发生效力。

3）合同中权利和义务的一并转让

《民法典》第五百五十五条规定，"当事人一方经对方同意，可以将自己在合同中的权利和义务一并转让给第三人。"合同的权利和义务一并转让的，适用债权转让、债务转移的有关规定。

权利和义务一并转让，是指合同一方当事人将其权利和义务一并转移给第三人，由第三人全部承受这些权利和义务。权利义务一并转让的后果，导致原合同关系的消灭，第三人取代了转让方的地位，产生出一种新的合同关系。只有经对方当事人同意，才能将合同的权利和义务一并转让。如果未经对方同意，一方当事人擅自一并转让权利和义务的，其转让行为无效，对方有权就转让行为对自己造成的损害，追究转让方的违约责任。

（5）合同的终止

合同的终止，是指依法生效的合同，因具备法定的或当事人约定的情形，合同的债权、债务归于消灭，债权人不再享有合同的权利，债务人也不必再履行合同的义务。

《民法典》第五百五十七条规定，"有下列情形之一的，债权债务终止：（一）债务已经履行；（二）债务相互抵销；（三）债务人依法将标的物提存；（四）债权人免除债务；（五）债权债务同归于一人；（六）法律规定或者当事人约定终止的其他情形。合同解除的，该合同的权利义务关系终止。"

1）合同解除的概念和特征

合同的解除，是指合同有效成立后，当具备法律规定的合同解除条件时，因当事人一方或双方的意思表示而使合同关系归于消灭的行为。

合同解除具有如下特征：①合同的解除适用于合法有效的合同，而无效合同、可撤销合同不发生合同解除。②合同解除须具备法律规定的条件。非依照法律规定，当事人不得随意解除合同。③合同解除须有解除的行为，无论哪一方当事人享有解除合同的权利，其必须向对方提出解除合同的意思表示，才能达到合同解除的法律后果。④合同解除使合同关系自始消灭或者向将来消灭，可视为当事人之间未发生合同关系，或者合同尚存的权利义务不再履行。

2）合同解除的种类

①约定解除合同。《民法典》第五百六十二条规定，"当事人协商一致，可以解除合同。当事人可以约定一方解除合同的事由。解除合同的事由发生时，解除权人可以解除合同。"

②法定解除合同。《民法典》第五百六十三条规定，"有下列情形之一的，当事人可以解除合同：（一）因不可抗力致使不能实现合同目的；（二）在履行期限届满前，当事人一方明确表示或者以自己的行为表明不履行主要债务；（三）当事人一方迟延履行主要债务，经催告后在合理期限内仍未履行；（四）当事人一方延迟履行债务或者有其他违约行为致使不能实现合同目的；（五）法律规定的其他情形。以持续履行的债务为内容的不定期合同，当事人可以随时解除合同，但是应当在合理期限之前通知对方。"

法定解除是法律直接规定解除合同的条件，当条件具备时，解除权人可直接行使解除权；约定解除则是双方的法律行为，单方行为不能导致合同的解除。

3）解除合同的程序

《民法典》第五百六十五条规定，"当事人一方依法主张解除合同的，应当通知对方。合同自通知到达对方时解除；通知载明债务人在一定期限内不履行债务则合同自动解除，债务人在该期限内未履行债务的，合同自通知载明的期限届满时解除，对方对解除合同有异议的，任何一方当事人均可以请求人民法院或者仲裁机构确认解除行为的效力。当事人一方未通知对方，直接以提起诉讼或者申请仲裁的方式依法主张解除合同，人民法院或者仲裁机构确认该主张的，合同自起诉状副本或者仲裁申请书副本送达对方时解除。"

当事人对异议期限有约定的依照约定，没有约定的，最长期限 3 个月。

6. 违约责任

（1）违约责任的概念和特征

违约责任，是指合同当事人因违反合同义务所承担的责任。

《民法典》第五百七十七条规定，"当事人一方不履行合同义务或者履行合同义务不符合约定的，应当承担继续履行、采取补救措施或者赔偿损失等违约责任。"

违约责任具有如下特征：①违约责任的产生是以合同当事人不履行合同义务为条件的；②违约责任具有相对性；③违约责任主要具有补偿性，即旨在弥补或补偿因违约行为造成的损害后果；④违约责任可以由合同当事人约定，但约定不符合法律要求的，将会被宣告无效或被撤销；⑤违约责任是民事责任的一种形式。

（2）当事人承担违约责任应具备的条件

《民法典》第五百七十八条规定，"当事人一方明确表示或者以自己的行为表明不履行合同义务的，对方可以在履行期限届满前请求其承担违约责任。"

承担违约责任，首先是合同当事人发生了违约行为，即有违反合同义务的行为；其次，非违约方只需证明违约方的行为不符合合同约定，便可以要求其承担违约责任，而不需要证明其主观上是否具有过错；最后，违约方若想免于承担违约责任，必须举证证明其存在法定的或约定的免责事由，而法定免责事由主要限于不可抗力，约定的免责事由主要是合同中的免责条款。

（3）承担违约责任的种类

合同当事人违反合同义务，承担违约责任的种类主要有：继续履行、采取补救措施、停止违约行为、赔偿损失、支付违约金或定金等。

1）继续履行

《民法典》第五百七十七条规定，"当事人一方不履行合同义务或者履行合同义务不符合约定的，应当承担继续履行、采取补救措施或者赔偿损失等违约责任。"

继续履行是一种违约后的补救方式，是否要求违约方继续履行是非违约方的一项权利。继续履行可以与违约金、定金、赔偿损失并用，但不能与解除合同的方式并用。

2）违约金和定金

违约金有法定违约金和约定违约金两种：由法律规定的违约金为法定违约金；由当事人约定的违约金为约定违约金。

《民法典》第五百八十五条规定，"当事人可以约定一方违约时应当根据违约情况向对方支付一定数额的违约金，也可以约定因违约产生的损失赔偿额的计算方法。

约定的违约金低于造成的损失的，人民法院或者仲裁机构可以根据当事人的请求予以增加；约定的违约金过分高于造成的损失的，人民法院或者仲裁机构可以根据当事人的请求予以适当减少。"

当事人可以约定一方向对方给付定金作为债权的担保。定金合同自实际交付定金时成立。定金的数额由当事人约定；但是，不得超过主合同标的额的20%，超过部分不产生定金的效力。实际交付的定金数额多于或者少于约定数额的，视为变更约定的定金数额。债务人履行债务的，定金应当抵作价款或者收回。给付定金的一方不履行债务或者履行债务不符合约定，致使不能实现合同目的的，无权请求返还定金；收受定金的一方不履行债务或者履行债务不符合约定，致使不能实现合同目的的，应当双倍返还定金。

当事人既约定违约金，又约定定金的，一方违约时，对方可以选择适用违约金或者定金条款。定金不足以弥补一方违约造成的损失的，对方可以请求赔偿超过定金数额的损失。

（4）违约责任的免除

在合同履行过程中，如果出现法定的免责条件或合同约定的免责事由，违约方将免于承担违约责任。我国的《民法典》仅承认不可抗力为法定的免责事由。

《民法典》第五百九十条规定，"当事人一方因不可抗力不能履行合同的，根据不可抗力的影响，部分或者全部免除责任，但是法律另有规定的除外。因不可抗力不能履行合同的，应当及时通知对方，以减轻可能给对方造成的损失，并应当在合理期限内提供证明。

当事人迟延履行后发生不可抗力的，不免除其违约责任。"

6.1.2 建设工程合同 ●●●●●●●●●●●●●●●●●●●●●●●●●●●●●●● ●

1. 建设工程合同的概述

《民法典》第七百八十八条规定,"建设工程合同是承包人进行工程建设,发包人支付价款的合同。建设工程合同包括工程勘察、设计、施工合同。"建设工程合同应当采用书面形式。

勘察、设计合同的内容一般包括提交有关基础资料和概预算等文件的期限、质量要求、费用以及其他协作条件等条款。施工合同的内容一般包括工程范围、建设工期、中间交工工程的开工和竣工时间、工程质量、工程造价、技术资料交付时间、材料和设备供应责任、拨款和结算、竣工验收、质量保修范围和质量保证期、相互协作等条款。

2. 建设工程合同的相关内容

（1）相关名词的界定

工程范围是指施工的界区,是施工人进行施工的工作范围。

建设工期是指施工人完成施工任务的期限。在实践中,有的发包人常常要求缩短工期,施工人为了赶进度,往往导致严重的工程质量问题。因此,为了保证工程质量,双方当事人应当在施工合同中确定合理的建设工期。

中间交工工程是指施工过程中的阶段性工程。为了保证工程各阶段的交接,顺利完成工程建设,当事人应当明确中间交工工程的开工和竣工时间。

工程质量条款是明确施工人施工要求,确定施工人责任的依据。施工人必须按照工程设计图纸和施工技术标准施工,不得擅自修改工程设计,不得偷工减料。发包人也不得明示或者暗示施工人违反工程建设强制性标准,降低建设工程质量。

工程造价是指进行工程建设所需的全部费用,包括人工费、材料费、施工机械使用费、措施费等。在实践中,有的发包人为了获得更多的利益,往往压低工程造价,而施工人为了盈利或不亏本,不得不偷工减料、以次充好,结果导致工程质量不合格,甚至造成严重的工程质量事故。因此,为了保证工程质量,双方当事人应当合理确定工程造价。

其他重要名词规定

竣工验收条款一般应当包括验收范围与内容、验收标准与依据、验收人员组成、验收方式和日期等内容。

建设工程质量保修范围和质量保证期,应当按照《建设工程质量管理条例》的规定执行。

双方相互协作条款一般包括双方当事人在施工前的准备工作,施工人及时向发包人提出开工通知书、施工进度报告书、对发包人的监督检查提供必要协助等。

（2）建设工程施工合同发承包双方的主要义务

1）发包人的主要义务

《民法典》第七百九十一条规定,"发包人不得将应当由一个承包人完成的建设工程肢解成若干部分发包给数个承包人。"

发包人未按照约定的时间和要求提供原材料、设备、场地、资金、技术资料的，承包人可以顺延工程日期，并有权请求赔偿停工、窝工等损失。

隐蔽工程在隐蔽以前，承包人应当通知发包人检查。发包人没有及时检查的，承包人可以顺延工程日期，并有权请求赔偿停工、窝工等损失。

建设工程竣工后，发包人应当根据施工图纸及说明书、国家颁发的施工验收规范和质量检验标准及时进行验收。

发包人应当按照合同约定的时间、地点和方式等，向承包人支付工程价款。

2）承包人的主要义务

承包人不得将其承包的全部建设工程转包给第三人或者将其承包的全部建设工程肢解以后以分包的名义分别转包给第三人。禁止承包人将工程分包给不具备相应资质条件的单位，禁止分包单位将其承包的工程再分包。

建设工程主体结构的施工必须由承包人自行完成。承包人将建设工程主体结构的施工分包给第三人的，该分包合同无效。

发包人在不妨碍承包人正常作业的情况下，可以随时对作业进度、质量进行检查。隐蔽工程在隐蔽以前，承包人应当通知发包人检查。

建设工程竣工经验收合格后，方可交付使用；未经验收或者验收不合格的，不得交付使用。

因施工人的原因致使建设工程质量不符合约定的，发包人有权请求施工人在合理期限内无偿修理或者返工、改建。经过修理或者返工、改建后，造成逾期交付的，施工人应当承担违约责任。

（3）勘察、设计单位的质量责任和义务

从事建设工程勘察、设计的单位应当依法取得相应等级的资质证书，并在其资质等级许可的范围内承揽工程。

禁止勘察、设计单位超越其资质等级许可的范围或者以其他勘察、设计单位的名义承揽工程。禁止勘察、设计单位允许其他单位或者个人以本单位的名义承揽工程。勘察、设计单位不得转包或者违法分包所承揽的工程。

勘察、设计单位必须按照工程建设强制性标准进行勘察、设计，并对其勘察、设计的质量负责。注册建筑师、注册结构工程师等注册执业人员应当在设计文件上签字，对设计文件负责。

勘察单位提供的地质、测量、水文等勘察成果必须真实、准确。

设计单位应当根据勘察成果文件进行建设工程设计。设计文件应当符合国家规定的设计深度要求，注明工程合理使用年限。

设计单位在设计文件中选用的建筑材料、建筑构配件和设备，应当注明规格、型号、性能等技术指标，其质量要求必须符合国家规定的标准。除有特殊要求的建筑材料、专用设备、工艺生产线等外，设计单位不得指定生产厂、供应商。

设计单位应当就审查合格的施工图设计文件向施工单位作出详细说明。设计单位应当参与建设工程质量事故分析，并对因设计造成的质量事故，提出相应的技术处理方案。

（4）建设工程施工合同的无效和解除

1）建设工程施工合同无效的情形

《最高人民法院关于审理建设工程合同纠纷案件适用法律问题的解释（一）》（法释〔2020〕25号）第一条规定，建设工程施工合同具有下列情形之一的，应当依据《民法典》第一百五十三条的规定，认定无效：①承包人未取得建筑施工企业资质或者超越资质等级的；②没有资质的实际施工人借用有资质的建筑施工企业名义的；③建设工程必须进行招标而未招标或者中标无效的。

承包人非法转包、违法分包建设工程或者没有资质的实际施工人借用有资质的建筑施工企业名义与他人签订建设工程施工合同的行为无效。

2）建设工程施工合同无效的工程款结算

《最高人民法院关于审理建设工程合同纠纷案件适用法律问题的解释（一）》（法释〔2020〕25号）第二条规定，建设工程施工合同无效，但建设工程经竣工验收合格，承包人请求参照合同约定支付工程价款的，应予支持。第三条规定，建设工程施工合同无效，且建设工程经竣工验收不合格的，按照以下情形分别处理：①修复后的建设工程经竣工验收合格，发包人请求承包人承担修复费用的，应予支持；②修复后的建设工程经竣工验收不合格，承包人请求支付工程价款的，不予支持。因建设工程不合格造成的损失，发包人有过错的，也应承担相应的民事责任。

3）建设工程施工合同的解除

《最高人民法院关于审理建设工程合同纠纷案件适用法律问题的解释（一）》（法释〔2020〕25号）第八条规定，承包人具有下列情形之一，发包人请求解除建设工程施工合同的，应予支持：①明确表示或者以行为表明不履行合同主要义务的；②合同约定的期限内没有完工，且在发包人催告的合理期限内仍未完工的；③已经完成的建设工程质量不合格，并拒绝修复的；④将承包的建设工程非法转包、违法分包的。

《最高人民法院关于审理建设工程合同纠纷案件适用法律问题的解释（一）》（法释〔2020〕25号）第九条规定，发包人具有下列情形之一，致使承包人无法施工，且在催告的合理期限内仍未履行相应义务，承包人请求解除建设工程施工合同的，应予支持：①未按约定支付工程价款的；②提供的主要建筑材料、建筑构配件和设备不符合强制性标准的；③不履行合同约定的协助义务的。

《最高人民法院关于审理建设工程合同纠纷案件适用法律问题的解释（一）》（法释〔2020〕25号）第十条规定，建设工程施工合同解除后，已经完成的建设工程质量合格的，发包人应当按照约定支付相应的工程价款；已经完成的建设工程质量不合格的，参照本解释第三条规定处理。因一方违约导致合同解除的，违约方应当赔偿因此而给对方造成的损失。

3. 建设工程工期和价款的规定

（1）建设工程工期

住房和城乡建设部、原工商行政管理总局《建设工程施工合同（示范文本）》GF—2017—0201规定，工期：是指在合同协议书约定的承包人完成工程所需的期限，包括按照合同约定所作的期限变更。

开工日期包括计划开工日期和实际开工日期。经发包人同意后，监理人发出的开工通知应符合法律规定。监理人应在计划开工日期 7 天前向承包人发出开工通知，工期自开工通知中载明的开工日期起算。

当事人约定顺延工期应当经发包人或者监理人签证等方式确认，承包人虽未取得工期顺延的确认，但能够证明在合同约定的期限内向发包人或者监理人申请过工期顺延且顺延事由符合合同约定，承包人以此为由主张工期顺延的，人民法院应予支持。

当事人约定承包人未在约定期限内提出工期顺延申请视为工期不顺延的，按照约定处理，但发包人在约定期限后同意工期顺延或者承包人提出合理抗辩的除外。

（2）工程价款的支付

按照合同约定的时间、金额和支付条件支付工程价款，是发包人的主要合同义务，也是承包人的主要合同权利。

《民法典》第五百一十条规定，"合同生效后，当事人就质量、价款或者报酬、履行地点等内容没有约定或者约定不明确的，可以协议补充；不能达成补充协议的，按照合同相关条款或者交易习惯确定。"如果按照合同相关条款或者交易习惯仍不能确定的，《民法典》第五百一十一条规定，"价款或者报酬不明确的，按照订立合同时履行地的市场价格履行；依法应当执行政府定价或者政府指导价的，依照规定履行；履行期限不明确的，债务人可以随时履行，债权人也可以随时请求履行，但是应当给对方必要的准备时间。"

1）合同价款的确定

招标工程的合同价款由发包人、承包人依据中标通知书中的中标价格在协议书内约定。非招标工程的合同价款由发包人、承包人依据工程预算书在协议书内约定。合同价款在协议书内约定后，任何一方不得擅自改变。

合同价款的确定方式有固定价格合同、可调价格合同、成本加酬金合同，双方可在专用条款内约定采用其中一种。

2013 年 12 月住房和城乡建设部发布的《建筑工程施工发包与承包计价管理办法》规定，招标人与中标人应当根据中标价订立合同。不实行招标投标的工程由发承包双方协商订立合同。合同价款的有关事项由发承包双方约定，一般包括合同价款约定方式，预付工程款、工程进度款、工程竣工价款的支付和结算方式，以及合同价款的调整情形等。

发承包双方在确定合同价款时，应当考虑市场环境和生产要素价格变化对合同价款的影响。实行工程量清单计价的建筑工程，鼓励发承包双方采用单价方式确定合同价款建设规模较小、技术难度较低、工期较短的建筑工程，发承包双方可以采用总价方式确定合同价款；紧急抢险、救灾以及施工技术特别复杂的建筑工程，发承包双方可以采用成本加酬金方式确定合同价款。

2）工程价款的支付和竣工结算

《民法典》规定，验收合格的，发包人应当按照约定支付价款，并接收该建设工程。

《优化营商环境条例》规定，国家机关、事业单位不得违约拖欠市场主体的货物、工程、服务等账款，大型企业不得利用优势地位拖欠中小企业账款。

《保障中小企业款项支付条例》第八条规定，"机关、事业单位从中小企业采购货物、工程、服务，应当自货物、工程、服务交付之日起 30 日内支付款项；合同另有约定的，付款期限最长不得超过 60 日。合同约定采取履行进度结算、定期结算等结算方式的，付款期限应当自双方确认结算金额之日起算。"

《建筑工程施工发包与承包计价管理办法》规定，预付工程款按照合同价款或者年度工程计划额度的一定比例确定和支付，并在工程进度款中予以抵扣。承包方应当按照合同约定向发包方提交已完成工程质量报告。发包方收到工程质量报告后，应当按照合同约定及时核对并确认发承包双方应当按照合同约定定期或者按照工程进度分段进行工程款结算和支付；工程完工后，应当按照下列规定进行竣工结算：（一）承包方应当在工程完工后的约定期限内提交竣工结算文件；（二）国有资金投资建筑工程的发包方，应当委托具有相应资质的工程造价咨询企业对竣工结算文件进行审核，并在收到竣工结算文件后的约定期限内向承包方提出由工程造价咨询企业出具的竣工结算文件审核意见；逾期未答复的，按照合同约定处理，合同没有约定的。竣工结算文件视为已被认可非国有资金投资的建筑工程发包方，应当在收到竣工结算文件后的约定期限内予以答复，逾期未答复的，按照合同约定处理，合同没有约定的，竣工结算文件视为已被认可；发包方对竣工结算文件有异议的，应当在答复期内向承包方提出，并可以在提出异议之日起的约定期限内与承包方协商；发包方在协商期内未与承包方协商或者经协商未能与承包方达成协议的，应当委托工程造价咨询企业进行竣工结算审核，并在协商期满后的约定期限内向承包方提出由工程造价咨询企业出具的竣工结算文件审核意见；（三）承包方对发包方提出的工程造价咨询企业竣工结算审核意见有异议的，在接到该审核意见后 1 个月内，可以向有关工程造价管理机构或者有关行业组织申请调解，调解不成的，可以依法申请仲裁或者向人民法院提起诉讼。发承包双方在合同中对本条第（一）项、第（二）项的期限没有明确约定的，应当按照国家有关规定执行；国家没有规定的，可认为其约定期限均为 28 日。工程竣工结算文件经发承包双方签字确认的，应当作为工程决算的依据，未经对方同意，另一方不得就已生效的竣工结算文件委托工程造价咨询企业重复审核。发包方应当按照竣工结算文件及时支付竣工结算款。

3）合同价款的调整：

《建筑工程施工发包与承包计价管理办法》第十四条规定，"发承包双方应当在合同中约定，发生下列情形时合同价款的调整方法：（一）法律、法规、规章或者国家有关政策变化影响合同价款的；（二）工程造价管理机构发布价格调整信息的；（三）经批准变更设计的；（四）发包方更改经审定批准的施工组织设计造成费用增加的；（五）双方约定的其他因素。"

《最高人民法院关于审理建设工程施工合同纠纷案件适用法律问题的解释（一）》（法释〔2020〕25 号）规定，当事人约定，发包人收到竣工结算文件后，在约定期限内不予答复，视为认可竣工结算文件的，按照约定处理；承包人请求按照竣工结算文件结算工程价款的，人民法院应予支持。

当事人对工程量有争议的，按照施工过程中形成的签证等书面文件确认。承包人能够证明发包人同意其施工，但未能提供签证文件证明工程量发生的，可以按照当事人提供的其他证据确认实际发生的工程量。

当事人就同一建设工程订立的数份建设工程施工合同均无效，但建设工程质量合格，一方当事人请求参照实际履行的合同关于工程价款的约定折价补偿承包人的，人民法院应予支持。实际履行的合同难以确定，当事人请求参照最后签订的合同关于工程价款的约定折价补偿承包人的，人民法院应予支持。

当事人签订的建设工程施工合同与招标文件、投标文件、中标通知书载明的工程范围、建设工期、工程质量、工程价款不一致，一方当事人请求将招标文件、投标文件、中标通知书作为结算工程价款的依据的，人民法院应予支持。

当事人对欠付工程价款利息计付标准有约定的，按照约定处理。没有约定的，按照同期同类贷款利率或者同期贷款市场报价利率计息。利息从应付工程价款之日开始计付。当事人对付款时间没有约定或者约定不明的，下列时间视为应付款时间：①建设工程已实际交付的，为交付之日；②建设工程没有交付的，为提交竣工结算文件之日；③建设工程未交付，工程价款也未结算的，为当事人起诉之日。

《保障中小企业款项支付条例》相关规定

4. 建设工程赔偿损失的规定

（1）建设工程施工合同中的赔偿损失

《民法典》第七百九十八条规定，"隐蔽工程在隐蔽以前，承包人应当通知发包人检查。发包人没有及时检查的，承包人可以顺延工程日期，并有权请求赔偿停工、窝工等损失。"

发包人未按照约定的时间和要求提供原材料、设备、场地、资金、技术资料的，承包人可以顺延工程日期，并有权请求赔偿停工、窝工等损失。因发包人的原因致使工程中途停建、缓建的，发包人应当采取措施弥补或者减少损失，赔偿承包人因此造成的停工、窝工、倒运、机械设备调迁、材料和构件积压等损失和实际费用。

承揽人（承包人）发现定作人（发包人）提供的图纸或者技术要求不合理的，应当及时通知定作人（发包人）。因定作人（发包人）怠于答复等原因造成承揽人（承包人）损失的，应当赔偿损失。定作人（发包人）中途变更承揽工作的要求，造成承揽人（承包人）损失的，应当赔偿损失。

《建设工程质量管理条例》规定，建设单位有下列行为之一的，……造成损失的，依法承担赔偿责任：（一）未组织竣工验收，擅自交付使用的；（二）验收不合格，擅自交付使用的；（三）对不合格的建设工程按照合格工程验收的。

（2）承包人应当承担的损失赔偿

《建筑法》规定，建筑施工企业转让、出借资质证书或者以其他方式允许他人以本企业的名义承揽工程的……。对因该项承揽工程不符合规定的质量标准造成的损失，建筑施工企业与使用本企业名义的单位或者个人承担连带赔偿责任。

承包单位将承包的工程转包的，或者违反规定进行分包的，……对因转包工程或者违法分包的工程不符合规定的质量标准造成的损失，与接受转包或者分包的单位承担连带赔偿责任。

建筑施工企业在施工中偷工减料的，使用不合格的建筑材料、建筑构配件和设备的，或者有其他不按照工程设计图纸或者施工技术标准施工的行为的，……造成建筑工程质量不符合规定的质量标准的，负责返工、修理，并赔偿因此造成的损失。

工程监理单位与承包单位串通，为承包单位谋取非法利益，给建设单位造成损失的，应当与承包单位承担连带赔偿责任。

建筑施工企业违反规定，不履行保修义务或者拖延履行保修义务的，……并对在保修期内因屋顶、墙面渗漏、开裂等质量缺陷造成的损失，承担赔偿责任。

承揽人（承包人）应当妥善保管定作人（发包人）提供的材料以及完成的工作成果，因保管不善造成毁损、灭失的，应当承担赔偿责任。

在建筑物的合理使用寿命内，因建筑工程质量不合格受到损害的，有权向责任者要求赔偿。

《民法典》第八百零二条规定，"因承包人的原因致使建设工程在合理使用期限内造成人身损害和财产损失的，承包人应当承担赔偿责任。"

勘察、设计的质量不符合要求或者未按照期限提交勘察、设计文件拖延工期，造成发包人损失的，勘察人、设计人应当继续完善勘察、设计，减收或者免收勘察、设计费并赔偿损失。

【典型案例】

背景资料

某计算机公司与某建筑公司签订了《建筑工程施工合同》，对工程内容、工程价款、支付时间、工程质量、工期、违约责任等作了具体约定。在施工过程中，计算机公司对施工图纸先后做了5次较大修改，但都未能按期交付图纸，致使工期延迟。竣工验收时，计算机公司对工程质量提出了异议，经双方初步沟通协商无果，计算机公司向法院提起了诉讼，要求建筑公司因为工期延迟和工程质量问题承担违约责任。

问题：

1. 建筑公司应当承担哪些法律责任？

2. 对工期的延迟，建筑公司是否应当承担违约责任？

3. 建筑公司今后在施工合同签订与履行过程中应当注意哪些问题？

【案例分析】

1. 依据《民法典》的相关规定和合同中约定的质量标准，该建筑公司应当承担部分工程质量问题的违约责任。

2. 对于工期的延迟，该建筑公司不应当承担违约责任，但需要举证。因为该建筑公司在施工过程中，计算机公司对施工图纸做了5次较大修改，并未按期交付图纸，才导致了工期延迟，建筑公司不应当为此而承担违约责任。但是，建筑公司应当向法院将计算机公司修改的图纸以及图纸修改的时间等相关证据予以举证，即证明工期延迟不是本建筑公司的行为导致。

3. 该建筑公司在今后的施工合同签订与履行过程中，应当对可能出现的工期延迟情况作出专门的预期性约定，或者在合同履行中对由于对方原因而导致合同延期的情况作出书面认定，以备将来一旦发生诉讼时有据可查，可以有效维护自己的权益。

思 政 拓 展

　　想一想：如何领会《民法典》提出的平等自愿、公平诚信等基本原则，学会运用法治手段解决建筑领域的矛盾问题，努力推进社会主义法治建设？

6.2　工程监理合同制度

6.2.1　工程监理合同的概述

　　建设工程监理合同的全称为建设工程委托监理合同，也简称为监理合同，是指工程建设单位聘请监理单位代其对工程项目进行管理，明确双方权利、义务的协议。建设单位称为委托人、监理单位称为受托人。

　　国家推行建筑工程监理制度。国务院可以规定实行强制监理的建筑工程的范围。实行监理的建设工程，建设单位应当委托具有相应资质等级的工程监理单位进行监理，也可以委托具有工程监理相应资质等级并与被监理工程的施工承包单位没有隶属关系或者其他利害关系的该工程的设计单位进行监理。

　　下列建设工程必须实行监理：①国家重点建设工程；②大中型公用事业工程；③成片开发建设的住宅小区工程；④利用外国政府或者国际组织贷款、援助资金的工程；⑤国家规定必须实行监理的其他工程。

6.2.2　工程监理合同的特征

　　（1）监理合同的当事人双方应当是具有民事权利能力和民事行为能力、取得法人资格的企事业单位、其他社会组织，个人在法律允许范围内也可以成为合同当事人。作为委托人必须是有国家批准的建设项目，落实投资计划的企事业单位、其他社会组织及个人；作为监理人必须是依法成立具有法人资格的监理单位，并且所承担的工程监理业务应与单位资质相符合。

　　（2）监理合同的订立必须符合工程项目建设程序。

　　（3）委托监理合同的标的是服务。工程建设实施阶段所签订的其他合同，如勘察设计合同、施工承包合同、物资采购合同、加工承揽合同的标的物是产生新的物质或信息成果，而监理合同的标的是服务，即监理工程师凭据自己的知识、经验、技能受业主委托为其所签订的其他合同的履行实施监督和管理。

6.2.3 双方的权利和义务

1. 委托人的权利和义务

（1）委托人的权利：①委托人有选定工程总承包人，以及与其订立合同的权利；②委托人有对工程规模、设计标准、规划设计、生产工艺设计和设计使用功能要求的认定权，以及对工程设计变更的审批权；③监理人调换总监理工程师需事先经委托人同意；④委托人有权要求监理人提供监理工作月报及监理业务范围内的专项报告；⑤当委托人发现监理人员不按监理合同履行监理职责，或与承包人串通给委托人或工程造成损失的，委托人有权要求监理人更换监理人员，直到解除合同并要求监理人承担相应的赔偿责任或连带赔偿责任。

（2）委托人的义务：①委托人在监理人开展监理业务之前应向监理人支付预付款；②委托人应当负责工程建设的所有外部关系的协调，为监理工作提供外部条件。如将部分或全部协调工作委托监理人承担，则应在专用条款中明确委托的工作和相应的报酬；③委托人应当在双方约定的时间内免费向监理人提供与工程有关的为监理工作所需要的工程资料；④委托人应当在专用条款约定的时间内就监理人书面提交并要求做出决定的一切事宜做出书面决定；⑤委托人应当授权一名熟悉工程情况、能在规定时间内做出决定的常驻代表（在专用条款中约定），负责与监理人联系。更换常驻代表，要提前通知监理人；⑥委托人应当将授予监理人的监理权利，以及监理人主要成员的职能分工、监理权限及时书面通知已选定的合同承包人，并在与第三人签订的合同中予以明确；⑦委托人应当在不影响监理人开展监理工作的时间内提供如下资料：A. 与本工程合作的原材料、构配件、设备等生产厂家名录；B. 提供与本工程有关的协作单位、配合单位的名录；⑧委托人应免费向监理人提供办公用房、通信设施、监理人员工地住房及合同专用条件约定的设施。对监理人自备的设施给予合理的经济补偿（补偿金额 = 设施在工程使用时间占折旧年限的比例 × 设施原值 + 管理费）；⑨根据情况需要，如果双方约定，由委托人免费向监理人提供其他人员，应在监理合同专用条件中予以明确；⑩实施建筑工程监理前，建设单位应当将委托的工程监理单位、监理的内容及监理权限，书面通知被监理的建筑施工企业。

2. 监理人的权利和义务

（1）监理人的权利

在委托人委托的工程范围内，监理人享有以下权利：

1）选择工程总承包人的建议权。

2）选择工程分包人的认可权。

3）对工程建设有关事项包括工程规模、设计标准、规划设计、生产工艺设计和使用功能要求，向委托人的建议权。

4）对工程设计中的技术问题，按照安全和优化的原则，向设计人提出建议，如果提出的建议可能会提高工程造价，或延长工期，应当事先征得委托人的同意。当发现工程设计不符合国家颁布的设计工程质量标准或设计合同约定的质量标准时，监理人应当书面报告委托人并要求设计人更正。

5）审批工程施工组织设计和技术方案，按照保质量、保工期和降低成本的原则，向承包人提出建议，并向委托人提出书面报告。

6）主持工程建设有关协作单位的组织协调，重要协调事项应当事先向委托人报告。

7）征得委托人同意，监理人有权发布开工令、停工令、复工令，但应当事先向委托人报告。如在紧急情况下未能事先报告时，则应在 24 小时内向委托人做出书面报告。

8）工程上使用的材料和施工质量的检验权。对于不符合设计要求和合同约定及国家质量标准的材料、构配件、设备，有权通知承包人停止使用。对于不符同规范和质量标准的工序、分部、分项工程和不安全施工作业、有权通知承包人停工整改、返工。承包人得到监理机构复工令后才能复工。

9）工程施工进度的检查、监督权，以及工程实际竣工日期提前或超过工程施工合同规定的竣工期限的签认权。

10）在工程施工合同约定的工程价格范围内，工程款支付的审核和签认权，以及工程结算的复核确认权与否决权。未经总监理工程师签字确认，委托人不支付工程款。

建筑工程监理应当依照法律、行政法规及有关的技术标准、设计文件和建筑工程承包合同，对承包单位在施工质量、建设工期和建设资金使用等方面，代表建设单位实施监督。

工程监理人员认为工程施工不符合工程设计要求、施工技术标准和合同约定的，有权要求建筑施工企业改正。工程监理人员发现工程设计不符合建筑工程质量标准或者合同约定的质量要求的，应当报告建设单位要求设计单位改正。

监理人在委托人授权下可对任何承包人合同规定的义务提出变更。如果由此严重影响了工程费用或质量，或进度，则这种变更须经委托人事先批准。在紧急情况下未能事先报委托人批准时，监理人所作的变更也应尽快通知委托人。在监理过程中如发现工程承包人员工作不力，监理机构可要求承包人调换有关人员。

在委托的工程范围内，委托人或承包人对对方的任何意见和要求（包括索赔要求），均必须首先向监理机构提出，由监理机构研究处置意见，再同双方协商确定。当委托人和承包人发生争执时，监理机构应根据自己的职能，以独立的身份判断，公正地进行调解。当双方的争议由政府建设行政主管部门调解或仲裁机构仲裁时，应当提供作证的事实材料。

未经监理工程师签字，建筑材料、建筑构配件和设备不得在工程上使用或者安装，施工单位不得进行下一道工序的施工。未经总监理工程师签字，建设单位不拨付工程款，不进行竣工验收。

（2）监理人义务

工程监理单位与被监理工程的承包单位以及建筑材料、建筑构配件和设备供应单位不得有隶属关系或者其他利害关系。工程监理单位应当选派具备相应资格的总监理工程师和监理工程师进驻施工现场。监理工程师应当按照工程监理规范的要求，采取旁站、巡视和平行检验等形式，对建设工程实施监理。

工程监理单位不得转让工程监理业务。监理人按合同约定派出监理工作需要的监理机构及监理人员。向委托人报送委派的总监理工程师及其监理机构的主要成员名单、监理规划，完成监理合同专用条件中约定的监理工程范围内的监理业务。在履行合同义务期间，应按合同约定定期向委托人报告监理工作。

监理人在履行本合同的义务期间，应认真勤奋地工作，为委托人提供与其水平相适应的咨询意见，公正维护各方面的合法利益。监理人使用委托人提供的设施和物品属委托人的财产。在监理工作完成或中止时，应将其设施和剩余的物品按合同约定的时间和方式移交委托人。在合同期内和合同终止后，未征得有关方同意，不得泄露与本工程、本合同业务有关的保密资料。

工程监理单位不按照委托监理合同的约定履行监理义务，对应当监督检查的项目不检查或者不按照规定检查，给建设单位造成损失的，应当承担相应的赔偿责任。工程监理单位与承包单位串通，为承包单位谋取非法利益，给建设单位造成损失的，应当与承包单位承担连带赔偿责任。

6.3 相关典型合同制度

6.3.1 买卖合同

1. 买卖合同概述

买卖合同是出卖人转移标的物的所有权于买受人，买受人支付价款的合同。买卖合同的内容一般包括标的物的名称、数量、质量、价款、履行期限、履行地点和方式、包装方式、检验标准和方法、结算方式、合同使用的文字及其效力等条款。

《中华人民共和国电子商务法》（下简称《电子商务法》）规定，电子商务当事人使用自动信息系统订立或者履行合同的行为对使用该系统的当事人具有法律效力。在电子商务中推定当事人具有相应的民事行为能力，但是，有相反证据足以推翻的除外。

电子商务争议可以通过协商和解，请求消费者组织、行业协会或者其他依法成立的调解组织调解，向有关部门投诉，提请仲裁，或者提起诉讼等方式解决。

2. 买卖合同的特征

（1）买卖合同是有偿合同。买卖合同的实质是以等价有偿方式转让标的物的所有权，即出卖人移转标的物的所有权于买方，买方向出卖人支付价款。这是买卖合同的基本特征，使其与赠与合同相区别。

（2）买卖合同是双务合同。在买卖合同中，买方和卖方都享有一定的权利，承担一定的义务。而且，其权利和义务存在对应关系，即买方的权利就是卖方的义务，买方的义务就是卖方的权利。

（3）买卖合同是诺成合同。买卖合同自双方当事人意思表示一致就可以成立，不以一方交付标的物为合同的成立要件，当事人交付标的物属于履行合同。《民法典》第五百九十七条规定进一步明确了无权处分买卖合同的效力。另外，根据《民法典》第六百四十六条的规定，其他有偿合同可以参照适用该条规定，即《民法典》明确了无权处分的有偿合同为有效合同。

特别提示

《民法典》进一步明确了无权处分的有偿合同为有效合同，这是对合同效力的重要修改。

（4）买卖合同一般是不要式合同。通常情况下，买卖合同的成立、有效并不需要具备一定的形式，但法律另有规定者除外。

（5）买卖合同是双方民事法律行为。买卖合同需要经过合同双方当事人充分协商、达成一致意见方可成立。

3. 双方的权利义务

买卖合同的内容，即买卖合同法律关系中的权利义务。其中卖方最基本的权利是请求买方付价金并取得价金的所有权；买方的基本权利是请求卖方交付货物并取得货物的所有权。买方的权利对应于卖方的义务，反之亦然。买卖合同的当事人除履行买卖合同的总义务即给付义务外，尚需承担法律规定或双方约定的附随义务。

（1）出卖人的主要义务

1）按照合同约定交付标的物的义务。因出卖人未取得处分权致使标的物所有权不能转移的，买受人可以解除合同并请求出卖人承担违约责任。法律、行政法规禁止或者限制转让的标的物，依照其规定。

出卖人应当履行向买受人交付标的物或者交付提取标的物的单证，并转移标的物所有权的义务。按照约定或者交易习惯向买受人交付提取标的物单证以外的有关单证和资料，主要应当包括保险单、保修单、普通发票、增值税专用发票、产品合格证、质量保证书、质量鉴定书、品质检验证书、产品进出口检疫书、原产地证明书、使用说明书、装箱单等。

标的物为无需以有形载体交付的电子信息产品，当事人对交付方式约定不明确，且依照《民法典》第五百一十条的规定仍不能确定的，买受人收到约定的电子信息产品或者权利凭证即为交付。

《民法典》第六百二十九条规定，"出卖人多交标的物的，买受人可以接收或者拒绝接收多交的部分。买受人接收多交部分的，按照约定的价格支付价款；买受人拒绝接收多交部分的，应当及时通知出卖人。"出卖人应当按照约定的时间交付标的物。约定交付期间的，出卖人可以在该交付期间内的任何时间交付。当事人没有约定标的物的交付期限或者约定不明确的，可以协议补充；不能达成补充协议的，按照合同相关条款或者交易习惯确定。对于不能达成补充协议，也不能按照合同相关条款或者交易习惯确定的，债务人可以随时履行，债权人也可以随时请求履行，但是应当给对方必要的准备时间。

出卖人应当按照约定的地点交付标的物。当事人没有约定交付地点或者约定不明确，可以协议补充；不能达成补充协议的，按照合同相关条款或者交易习惯确定。对于不能达成补充协议，也不能按照合同相关条款或者交易习惯确定的，适用下列规定：①标的物需要运输的，出卖人应当将标的物交付给第一承运人以运交给买受人；②标的物需要运输，出卖人和买受人订立合同时知道标的物在某一地点的，出卖人应当在该地点交付标的物；不知道标的物在某一地点的，应当在出卖人订立合同时的营业地交付标的物。

出卖人应当按照约定的质量要求交付标的物。出卖人提供有关标的物质量说明的，交付的标的物应当符合该说明的质量要求。当事人对标的物的质量要求没有约定或者约定不明确，可以协议补充；不能达成补充协议的，按照合同相关条款或者交易习惯确定。对于不能达成补充协议，也不能按照合同相关条款或者交易习惯确定的，按照强制性国家标准履行；没有强制性国家标准的，按照推荐性国家标准履行；没有推荐性国家标准的，按照行业标准履行；没有国家标准、行业标准的，按照通常标准或者符合合同目的的特定标准履行。

出卖人应当按照约定的包装方式交付标的物。对包装方式没有约定或者约定不明确，可以协议补充；不能达成补充协议的，按照合同相关条款或者交易习惯确定。对于不能达成补充协议，也不能按照合同相关条款或者交易习惯确定的，应当按照通用的方式包装，没有通用方式的，应当采取足以保护标的物且有利于节约资源、保护生态环境的包装方式。

2）转移标的物所有权的义务：出卖人应当履行向买受人交付标的物或者交付提取标的物的单证，并转移标的物所有权的义务，但是，出卖具有知识产权的标的物的，除法律另有规定或者当事人另有约定的外，该标的物的知识产权不属于买受人。

3）瑕疵担保义务：出卖人的瑕疵担保义务，可分为权利瑕疵担保义务和物的瑕疵担保义务。

权利瑕疵担保义务是指出卖人就交付的标的物，负有保证第三人对该标的物不享有任何权利的义务，但是法律另有规定的除外。如果出卖人对于出卖的标的物没有所有权或处分权，或者没有完全的所有权或处分权，或者其处分涉及第三人的物权、知识产权等权益，则称其标的物存在权利瑕疵，出卖人因此应当承担权利瑕疵担保责任。但是，买受人订立合同时知道或者应当知道第三人对买卖的标的物享有权利的，出卖人不承担《民法典》规定的义务。买受人有确切证据证明第三人对标的物享有权利的，可以中止支付相应的价款，但是出卖人提供适当担保的除外。

物的瑕疵担保义务，是指出卖人就其所交付的标的物具备约定或法定品质所负有的担保义务。出卖人应当按照约定或者法定的质量要求交付标的物。

（2）买受人的主要义务

1）支付价款的义务：买受人应当按照约定的数额和支付方式支付价款。对价款的数额和支付方式没有约定或者约定不明确的，可以协议补充；不能达成补充协议的，按照合同相关条款或者交易习惯确定。对于不能达成补充协议，也不能按照合同相关条款或者交易习惯确定的，按照订立合同时履行地的市场价格履行；依法应当执行政府定价或者政府指导价的，依照规定履行。执行政府定价或者政府指导价的，在合同约定的交付期限内政府价格调整时，按照交付时的价格计价。逾期交付标的物的，遇价格上涨时，按照原价格执行；价格下降时，按照新价格执行。逾期提取标的物或者逾期付款的，遇价格上涨时，按照新价格执行；价格下降时，按照原价格执行。

买受人应当按照约定的地点支付价款。对支付地点没有约定或者约定不明确，可以协议补充；不能达成补充协议的，按照合同相关条款或者交易习惯确定。对于不能达成补充协议，也不能按照合同相关条款或者交易习惯确定的，买受人应当在出卖人的营业地支付，但是，约定支付价款以交付标的物或者交付提取标的物单证为条件的，在交付标的物或者交付提取标的物单证的所在地支付。

买受人应当按照约定的时间支付价款。对支付时间没有约定或者约定不明确，可以协议补充；不能达成补充协议的，按照合同相关条款或者交易习惯确定。对于不能达成补充协议，也不能按照合同相关条款或者交易习惯确定的，买受人应当在收到标的物或者提取标的物单证的同时支付。

当事人可以在买卖合同中约定买受人未履行支付价款或者其他义务的，标的物的所有权属于出卖人。出卖人对标的物保留的所有权，未经登记，不得对抗善意第三人。

2）受领标的物的义务：买受人应当按照约定接受买卖标的物及其有关权利和单证。没有正当理由拒不受领，致使标的物毁损灭失的风险由买受人承担。

出卖人多交标的物的，买受人可以接收或者拒绝接收多交的部分。买受人接收多交部分的，按照约定的价格支付价款；买受人拒绝接收多交部分的，应当及时通知出卖人。

3）对标的物进行检验和及时通知的义务：买受人收到标的物时应当在约定的检验期限内检验。没有约定检验期限的，应当及时检验。当事人约定检验期限的，买受人应当在检验期限内将标的物的数量或者质量不符合约定的情形通知出卖人。买受人怠于通知的，视为标的物的数量或者质量符合约定。

当事人没有约定检验期限的，买受人应当在发现或者应当发现标的物的数量或者质量不符合约定的合理期限内通知出卖人。买受人在合理期限内未通知或者自收到标的物之日起两年内未通知出卖人的，视为标的物的数量或者质量符合约定，但是，对标的物有质量保证期的，适用质量保证期，不适用该两年的规定。出卖人知道或者应当知道提供的标的物不符合约定的，买受人通知出卖人的时限不受上述检验期间、合理通知时间的限制。

当事人对检验期限未作约定，买受人签收的送货单、确认单等载明标的物数量、型号、规格的，推定买受人已经对数量和外观瑕疵进行检验，但是有相关证据足以推翻的除外。

4. 标的物毁损、灭失风险的承担

标的物毁损、灭失的风险，在标的物交付之前由出卖人承担，交付之后由买受人承担，但是法律另有规定或者当事人另有约定的除外。因买受人的原因致使标的物未按照约定的期限交付的，买受人应当自违反约定时起承担标的物毁损、灭失的风险。

出卖人出卖交由承运人运输的在途标的物，除当事人另有约定外，毁损、灭失的风险自合同成立时起由买受人承担。出卖人按照约定将标的物运送至买受人指定地点并交付给承运人后，标的物毁损、灭失的风险由买受人承担。但在合同成立时出卖人知道或者应当知道标的物已经毁损、灭失却未告知买受人的，出卖人应当负担标的物毁损、灭失的风险。

对于需要运输的标的物，当事人没有约定交付地点或者约定不明确，出卖人将标的物交付给第一承运人后，标的物毁损、灭失的风险由买受人承担。出卖人按照约定或者依据规定将标的物置于交付地点，买受人违反约定没有收取的，标的物毁损、灭失的风险自违反约定时起由买受人承担。

出卖人按照约定未交付有关标的物的单证和资料的，不影响标的物毁损、灭失风险的转移。因标的物质量不符合质量要求，致使不能实现合同目的的，买受人可以拒绝接受标的物或者解除合同。买受人拒绝接受标的物或者解除合同的，标的物毁损、灭失的风险由出卖人承担。标的物毁损、灭失的风险由买受人承担的，不影响因出卖人履行义务不符合约定，买受人请求其承担违约责任的权利。

5. 特殊买卖合同的规定

（1）凭样品买卖

凭样品买卖，是指标的物的品质须与特定的样品品质一致的买卖。

凭样品买卖的当事人应当封存样品，并可以对样品质量予以说明出卖人交付的标的物应当与样品及其说明的质量相同。凭样品买卖的买受人不知道样品有隐蔽瑕疵的，即使交付的标的物与样品相同，出卖人交付的标的物的质量仍然应当符合同种物的通常标准。

（2）试用买卖

试用买卖是指出卖人将标的物交给买受人试用，买受人在试用期间决定是否购买的买卖。

试用买卖的当事人可以约定标的物的试用期限。对试用期限没有约定或者约定不明确的，可以协议补充；不能达成补充协议的，按照合同相关条款或者交易习惯确定。对于不能达成补充协议，也不能按照合同相关条款或者交易习惯确定的，由出卖人确定。试用买卖的买受人在试用期内可以购买标的物，也可以拒绝购买。试用期限届满，买受人对是否购买标的物未作表示的，视为购买。试用买卖的买受人在试用期内已经支付部分价款或者对标的物实施出卖、出租、设立担保物权等行为的，视为同意购买。标的物在试用期内毁损、灭失的风险由出卖人承担。

（3）招标投标买卖

招标投标买卖是指招标人采用招标的方式向投标人购买或出售标的物，投标人编制标书参与竞卖或竞买，招标人根据评标报告确定中标人的特殊买卖形式。

招标投标买卖的当事人的权利和义务以及招标投标程序等，依照有关法律、行政法规的规定，《招标投标法》中对与工程建设有关的重要设备、材料等的采购，作出了明确规定。

（4）拍卖

拍卖是指以公开竞价的方式，将标的物出售给应价最高的竞买人的买卖方式。拍卖的当事人的权利和义务以及拍卖程序等，依照《中华人民共和国拍卖法》（下简称《拍卖法》）等法律、行政法规的规定执行。

（5）易货买卖

易货买卖是指买卖双方以物易物的买卖。一方交付给对方的货物，即是自己取得对方货物支付的特殊对价。对价是指当事人一方在获得某种利益时，必须给付对方相应的代价。

按照《民法典》的规定，当事人约定易货交易，转移标的物的所有权的，参照适用买卖合同的有关规定。

6. 孳息的归属和买卖合同的解除

（1）孳息的归属

标的物在交付之前产生的孳息，归出卖人所有；交付之后产生的孳息，归买受人所有。但是，当事人另有约定的除外。

所谓法定孳息，是指基于法律关系所获得的收益，如出租人根据租赁合同收取的租金、出借人根据贷款合同取得的利息等。

（2）买卖合同的解除

因标的物的主物不符合约定而解除合同的，解除合同的效力及于从物。因标的物的从物不符合约定被解除的，解除的效力不及于主物。

标的物为数物，其中一物不符合约定的，买受人可以就该物解除，但是，该物与他物分离使标的物的价值显受损害的，买受人可以就数物解除合同。

出卖人分批交付标的物的，出卖人对其中一批标的物不交付或者交付不符合约定，致使该批标的物不能实现合同目的的，买受人可以就该批标的物解除。

出卖人不交付其中一批标的物或者交付不符合约定，致使之后其他各批标的物的交付不能实现合同目的的，买受人可以就该批以及之后其他各批标的物解除。

买受人如果就其中一批标的物解除，该批标的物与其他各批标的物相互依存的，可以就已经交付和未交付的各批标的物解除。

分期付款的买受人未支付到期价款的数额达到全部价款的1/5，经催告后在合理期限内仍未支付到期价款的，出卖人可以请求买受人支付全部价款或者解除合同。出卖人解除合同的，可以向买受人请求支付该标的物的使用费。

6.3.2 承揽合同 •• ●

1. 承揽合同概述

承揽合同是承揽人按照定作人的要求完成工作，交付工作成果，定作人支付报酬的合同。承揽包括加工、定作、修理、复制、测试、检验等工作。

承揽合同的内容一般包括承揽的标的、数量、质量、报酬，承揽方式，材料的提供，履行期限，验收标准和方法等条款。

2. 承揽合同的特征

承揽合同是诺成、有偿、双务、非要式合同，具有以下特征：

（1）承揽合同以完成一定的工作并交付工作成果为标的。在承揽合同中，承揽人必须按照定作人的要求完成一定的工作，但定作人的目的不是工作过程，而是工作成果，这是与单纯的提供劳务的合同的不同之处。按照承揽合同所要完成的工作成果可以是体力劳动成果，也可以是脑力劳动成果；既可以是物，也可以是其他财产。

（2）承揽合同的标的物具有特定性。承揽合同是为了满足定作人的特殊要求而订立的，因而定作人对工作质量、数量、规格、形状等的要求使承揽标的物特定化，使它同市场上的物品有所区别，以满足定作人的特殊需要。

（3）承揽人工作具有独立性。承揽人以自己的设备、技术、劳力等完成工作任务，不受定作人的指挥管理，独立承担完成合同约定的质量、数量、期限等责任，在交付工作成果之前，对标的物意外灭失或工作条件意外恶化风险所造成的损失承担责任。故承揽人对完成工作有独立性，这种独立性受到限制时，其承受意外风险的责任亦可相应减免。

（4）承揽合同具有一定人身性质。承揽人一般必须以自己的设备、技术、劳力等完成工作并对工作成果的完成承担风险。承揽人不得擅自将承揽的工作交给第三人完成，且对完成工作过程中遭受的意外风险负责。但是如果经过定作人的同意，承揽人可以将承揽的主要工作交由第三人，但注意的是工程成果承揽人还是要负责的人。

（5）承揽合同是诺成合同、有偿合同、双务合同。

（6）承揽合同强调履行的协作性。

（7）承揽合同的双方是相互独立的责任主体。

3. 双方当事人的权利义务

承揽合同属于双务合同。双方的权利和义务存在着对应关系，即承揽人的权利就是定作人的义务，承揽人的义务就是定作人的权利。

（1）承揽人的义务

1）按照合同约定完成承揽工作的义务：承揽合同的内容一般包括承揽的标的、数量、质量、报酬，承揽方式，材料的提供，履行期限，验收标准和方法等条款。承揽人应当按照合同的约定，按时、按质、按量等完成工作。

2）材料检验的义务：承揽人提供材料的，应当按照约定选用材料，并接受定作人检验。定作人提供材料的，应当按照约定提供材料。承揽人对定作人提供的材料应当及时检验，发现不符合约定时，应当及时通知定作人更换、补齐或者采取其他补救措施。承揽人不得擅自更换定作人提供的材料，不得更换不需要修理的零部件。

3）通知和保密的义务：承揽人发现定作人提供的图纸或者技术要求不合理的，应当及时通知定作人，承揽人应当按照定作人的要求保守秘密，未经定作人许可，不得留存复制品或者技术资料。

4）接受监督检查和妥善保管工作成果的义务：承揽人在工作期间，应当接受定作人必要的监督检验。承揽人应当妥善保管定作人提供的材料以及完成的工作成果，因保管不善造成毁损、灭失的，应当承担损害赔偿责任。

5）交付符合质量要求工作成果的义务：承揽人完成工作的，应当向定作人交付工作成果，并提交必要的技术资料和有关质量证明，承揽人交付的工作成果不符合质量要求的，定作人可以合理选择请求承揽人承担修理、重作、减少报酬、赔偿损失等违约责任。

共同承揽人对定作人承担连带责任，但是当事人另有约定的除外。

（2）定作人的义务

1）按照约定提供材料和协助承揽人完成工作的义务：定作人提供材料的，应当按照约定提供材料。承揽工作需要定作人协助的，定作人有协助的义务。

2）支付报酬的义务：定作人应当按照约定的期限支付报酬，对支付报酬的期限没有约定或者约定不明确的，可以协议补充；不能达成补充协议的，按照合同相关条款或者交易习惯确定。对于不能达成补充协议，也不能按照合同相关条款或者交易习惯确定的，定作人应当在承揽人交付工作成果时支付；工作成果部分交付的，定作人应当相应支付。

定作人未向承揽人支付报酬或者材料费等价款的，承揽人对完成的工作成果享有留置权或者有权拒绝交付，但是当事人另有约定的除外。

3）依法赔偿损失的义务：定作人中途变更承揽工作的要求，造成承揽人损失的，应当赔偿损失。承揽人发现定作人提供的图纸或者技术要求不合理的，应当及时通知定作人。因定作人怠于答复等原因造成承揽人损失的，定作人应当赔偿损失。承揽人在完成工作过程中造成第三人损害或者自己损害的，定作人不承担侵权责任。但是，定作人对定作、指示或者选任有过错的，应当承担相应的责任。

4）验收工作成果的义务：承揽人完成工作向定作人交付工作成果，并提交了必要的技术资料和有关质量证明的，定作人应当验收该工作成果。

4. 承揽合同的解除

承揽合同是以当事人之间的信赖关系为基础。在合同履行过程中，如果这种信赖关系遭到破坏，法律允许当事人解除合同。

（1）承揽人的法定解除权

定作人不履行协助义务致使承揽工作不能完成的，承揽人可以催告定作人在合理期限内履行义务，并可以顺延履行期限；定作人逾期不履行的，承揽人可以依法解除合同。

（2）定作人的法定解除权

承揽人将其承揽的主要工作交由第三人完成的，应当就该第三人完成的工作成果向定作人负责；未经定作人同意的，定作人也可以解除合同。

（3）定作人的法定任意解除权

定作人在承揽人完成工作前可以随时解除承揽合同，造成承揽人损失的，应当赔偿损失。

根据《民法典》的规定，双方当事人可以协商解除合同。当事人一方解除合同的，只限于两种情况：一是发生不可抗力致使合同目的无法实现；二是对方当事人严重违约。除此之外，当事人擅自解除合同的，应当承担违约责任。但在承揽合同中，定作人除了享有上述法定的解除权外，还享有在承揽人完成工作前随时解除合同的权利。这是由承揽合同的性质所决定。因为，承揽合同是定作人为了满足其特殊需求而订立，承揽人是根据定作人的指示进行工作，如果定作人于合同成立后，承揽人完成工作前由于种种原因不再需要承揽人完成工作的，允许定作人解除合同。但是，定作人解除合同的前提是赔偿承揽人的损失。

6.3.3 借款合同 ·······························●

1. 借款合同概述

借款合同是借款人向贷款人借款，到期返还借款并支付利息的合同。借款合同应当采用书面形式，但是自然人之间借款另有约定的除外。

借款合同的内容一般包括借款种类、币种、用途、数额、利率、期限和还款方式等条款。

2. 借款合同的特征

（1）合同的标的物是货币

借款合同的标的物是作为一般等价交换物的货币，属于特殊种类物，原则上仅可能发生履行迟延，不会发生履行不能。

（2）合同一般为要式合同

借款合同应当采用书面形式，但是自然人之间借款另有约定的除外。故借款合同以要式合同为一般，以不要式合同为例外。

（3）借款合同一般是有偿合同（有息借款）

借款合同原则上为有偿合同（有息借款），也可以是无偿合同（无息借款）。借款合同对支付利息没有约定的，视为没有利息。

（4）订立借款合同必须提供保证或担保

借款方向银行申请贷款时，必须有足够的物资作保证或者由第三者提供担保，否则，银行有权拒绝提供贷款。这种保证或担保是使贷款能够得到按期偿还的一种保证措施。

3. 双方的权利和义务

（1）贷款人的义务

贷款人的主要义务是提供借款和不得预扣利息。

贷款人应当按照合同约定提供借款。贷款人未按照约定的日期、数额提供借款，造成借款人损失的，应当赔偿损失。

借款的利息不得预先在本金中扣除。利息预先在本金中扣除的，应当按照实际借款数额返还借款并计算利息。

（2）借款人的义务

借款人的主要义务是提供担保、提供真实情况、按照约定收取借款、按照约定用途使用借款、按期归还本金和利息。

订立借款合同，贷款人可以要求借款人提供担保。订立借款合同，借款人应当按照贷款人的要求提供与借款有关的业务活动和财务状况的真实情况。借款人未按照约定的日期、数额收取借款的，应当按照约定的日期、数额支付利息。

借款人应当按照约定向贷款人定期提供有关财务会计报表或者其他资料。借款人未按照约定的借款用途使用借款的，贷款人可以停止发放借款、提前收回借款或者解除合同。借款人应当按照约定的期限返还借款。对借款期限没有约定或者约定不明确，可以协议补充；不能达成补充协议的，按照合同有关条款或者交易习惯确定。对于不能达成补充协议，也不能按照合同有关条款或者交易习惯确定的，借款人可以随时返还；贷款人可以催告借款人在合理期限内返还。

4. 借款合同的其他规定

借款人可以在还款期限届满前向贷款人申请展期；贷款人同意的，可以展期。办理贷款业务的金融机构贷款的利率，应当按照中国人民银行规定的贷款利率的上下限确定。

自然人之间的借款合同，自贷款人提供借款时成立。禁止高利放贷，借款的利率不得违反国家有关规定。借款合同对支付利息没有约定的，视为没有利息。借款合同对支付利息约定不明确，当事人不能达成补充协议的，按照当地或者当事人的交易方式、交易习惯、市场利率等因素确定利息；自然人之间借款的，视为没有利息。自然人之间的借款合同约定支付利息的，借款的利率不得违反国家有关限制借款利率的规定。

2020年12月最高人民法院经修改后公布的《关于审理民间借贷案件适用法律若干问题的规定》(法释〔2020〕6号)规定，出借人请求借款人按照合同约定利率支付利息的，人民法院应予支持，但是双方约定的利率超过合同成立时1年期贷款市场报价利率4倍除外。1年期贷款市场报价利率，是指中国人民银行授权全国银行间同业拆借中心自2019年8月20日起每月发布的1年期贷款市场报价利率。

《最高人民法院关于依法妥善审理民间借贷案件的通知》(法〔2018〕215号)指出，加大对借贷事实和证据的审查力度。严格区分民间借贷行为与诈骗等犯罪行为，依法严守法定利率红线，建立民间借贷纠纷防范和解决机制。

6.3.4 租赁合同 •••••••••••••••••••••••••••••••••• ●

1. 租赁合同概述

租赁合同是出租人将租赁物交付承租人使用、收益，承租人支付租金的合同。

租赁合同的内容一般包括租赁物的名称、数量、用途、租赁期限、租金及其支付期限和方式、租赁物维修等条款。租赁期限不得超过20年。超过20年的，超过部分无效。租赁期限届满，当事人可以续订租赁合同；但是，约定的租赁期限自续订之日起不得超过20年。

2. 租赁合同的特征

租赁合同是转移租赁物使用收益权的合同，也是诺成合同和双务、有偿合同。

在租赁合同中，承租人的目的是取得租赁物的使用收益权，出租人也只转让租赁物的使用收益权，而不转让其所有权；租赁合同终止时，承租人须返还租赁物。这是租赁合同区别于买卖合同的根本特征。

租赁合同的成立不以租赁物的交付为要件，当事人只要依法达成协议，合同即告成立。在租赁合同中，双方当事人互享权利、互负义务，一方权利的实现有赖于对方履行约定及法定的义务。同时，承租人须向出租人支付租金。

3. 双方当事人的权利和义务

（1）出租人的义务

出租人的主要义务是交付出租物、维修租赁物、权利瑕疵担保、物的瑕疵担保、保证承租人优先购买权和保证共同居住人继续承租。

出租人应当按照约定将租赁物交付承租人，并在租赁期限内保持租赁物符合约定的用途。除当事人另有约定的外，出租人应当履行租赁物的维修义务。承租人在租赁物需要维修时可以请求出租人在合理期限内维修。出租人未履行维修义务的，承租人可以自行维修，维修费用由出租人负担。因维修租赁物影响承租人使用时，应当相应减少租金或者延长租期。因承租人的过错致使租赁物需要维修的，出租人不承担以上规定的维修义务。

在租赁期间，出租人应当担保没有第三人对租赁物主张权利。如果因第三人主张权利，致使承租人不能对租赁物使用、收益的，承租人可以要求减少租金或者不支付租金。出租人应当担保租赁物质量完好，不存在影响承租人正常使用的瑕疵。如果承租人在签订合同时知悉某瑕疵存在，则不应受此约束。租赁物危及承租人的安全或者健康的，即使承租人订立合同时明知该租赁物质量不合格，承租人仍然可以随时解除合同。

出租人出卖租赁房屋的，应当在出卖之前的合理期限内通知承租人，承租人享有以同等条件优先购买的权利；但是，房屋按份共有人行使优先购买权或者出租人将房屋出卖给近亲属的除外。出租人履行通知义务后，承租人在 15 日内未明确表示购买的，视为承租人放弃优先购买权。

租赁物在承租人按照租赁合同占有期限内发生所有权变动的，不影响租赁合同的效力。

承租人在房屋租赁期限内死亡的，与其生前共同居住的人或者共同经营人可以按照原租赁合同租赁该房屋。生前共同居住的人不以与承租人是否有继承关系、亲属关系为限。

（2）承租人的义务

承租人的主要义务是支付租金、按照约定使用租赁物、妥善保管租赁物、有关事项通知、返还租赁物和损失赔偿。

承租人应当按照约定的期限支付租金。对支付租金的期限没有约定或者约定不明确，可以协议补充；不能达成补充协议的，按照合同有关条款或者交易习惯确定。对于不能达成补充协议，也不能按照合同有关条款或者交易习惯确定的，租赁期限不满 1 年的，应当在租赁期限届满时支付；租赁期限 1 年以上的，应当在每届满 1 年时支付，剩余期限不满 1 年的，应当在租赁期限届满时支付。承租人无正当理由未支付或者迟延支付租金的，出租人可以请求承租人在合理期限内支付；承租人逾期不支付的，出租人可以解除合同。

承租人应当按照约定的方法使用租赁物。对租赁物的使用方法没有约定或者约定不明确，可以协议补充；不能达成补充协议的，按照合同有关条款或者交易习惯确定。对于不能达成补充协议，也不能按照合同有关条款或者交易习惯确定的，应当根据租赁物的性质使用。承租人按照约定的方法或者根据租赁物的性质使用租赁物，致使租赁物受到损耗的，不承担赔偿责任。承租人未按照约定的方法或者未根据租赁物的性质使用租赁物，致使租赁物受到损失的，出租人可以解除合同并请求赔偿损失。

　　承租人应当妥善保管租赁物，因保管不善造成租赁物毁损、灭失的，应当承担赔偿责任。承租人经出租人同意，可以对租赁物进行改善或者增设他物。承租人未经出租人同意，对租赁物进行改善或者增设他物的，出租人可以请求承租人恢复原状或者赔偿损失。

　　在租赁期间，遇到租赁物需要维修、第三人主张权利及其他涉及租赁物的相关事项，承租人应当及时通知出租人。租赁期限届满，承租人应当返还租赁物。返还的租赁物应当符合按照约定或者根据租赁物的性质使用后的状态。承租人经出租人同意，可以将租赁物转租给第三人。承租人转租的，承租人与出租人之间的租赁合同继续有效；第三人造成租赁物损失的，承租人应当赔偿损失。承租人未经出租人同意转租的，出租人可以解除合同。

 **特别提示**

　　为落实党中央提出的建立租购同权住房制度的要求，保护承租人的利益，《民法典》增加规定房屋承租人的优先承租权。

6.3.5　融资租赁合同 ⋯⋯⋯⋯⋯⋯⋯⋯⋯⋯⋯⋯⋯⋯⋯⋯ ●

1. 融资租赁合同概述

　　融资租赁合同是出租人根据承租人对出卖人、租赁物的选择，向出卖人购买租赁物，提供给承租人使用，承租人支付租金的合同。

　　融资租赁合同的内容一般包括租赁物的名称、数量、规格、技术性能、检验方法，租赁期限，租金构成及其支付期限和方式、币种，租赁期限届满租赁物的归属等条款。

　　融资租赁合同应当采用书面形式。

2. 融资租赁合同的特征

　　（1）与买卖合同不同，融资合同的出卖人是向承租人履行交付标的物和瑕疵担保义务，而不是向买受人（出租人）履行义务，即承租人享有买受人的权利但不承担买受人的义务。与租赁合同不同，融资租赁合同的出租人不负担租赁物的维修与瑕疵担保义务，但承租人须向出租人履行交付租金义务。

　　（2）当事人身份的二重性。出租人是租赁行为的出租方，但在承租人选择承租物和出卖人后，出租人与出卖人之间构成了法律上的买卖关系，因而又是买受人。反之亦然。根据约定以及支付的价金数额，融资租赁合同的承租人有取得租赁物之所有权或返还租赁物的选择权，即如果承租人支付的是租赁物的对价，就可以取得租赁物之所有权，如果支付的仅是租金，则须于合同期间届满时将租赁物返还出租人。

　　2020 年 12 月最高人民法院经修改后公布的《最高人民法院关于审理融资租赁合同纠纷案件适用法律问题的解释》中规定，承租人将其自有物出卖给出租人，再通过融资租赁合同将租赁物从出租人处租回的，人民法院不应仅以承租人和出卖人系同一人为由认定不构成融资租赁法律关系。

（3）融资租赁合同是要式合同。融资租赁是三方主体参与的经济活动。为明确各自的权利和义务，《民法典》规定，融资租赁合同应当采用书面形式。

3. 融资租赁合同当事人的权利义务

（1）出租人的义务

出租人的主要义务是向出卖人支付价金、保证承租人对租赁物占有和使用、协助承租人索赔和尊重承租人选择权。出租人根据承租人对出卖人、租赁物的选择订立的买卖合同，出卖人应当按照约定向承租人交付标的物，承租人享有与受领标的物有关的买受人的权利。出租人应当保证承租人对租赁物的占有和使用。出租人、出卖人、承租人可以约定，出卖人不履行买卖合同义务的，由承租人行使索赔的权利。承租人行使索赔权利的，出租人应当协助。

出租人根据承租人对出卖人、租赁物的选择订立的买卖合同。未经承租人同意，出租人不得变更与承租人有关的合同内容。租赁物不符合约定或者不符合使用目的的，出租人不承担责任，但是，承租人依赖出租人的技能确定租赁物或者出租人干预选择租赁物的除外。

（2）出卖人的义务

出卖人的主要义务是向承租人交付标的物和标的物的瑕疵担保。

融资租赁合同，虽然出卖人是向出租人主张价金，但需按照约定向承租人交付标的物。承租人享有与受领标的物有关的买受人的权利。由于出卖人是向承租人交付标的物，则承租人便享有与受领标的物有关的买受人的权利，包括出卖人应向承租人履行标的物的瑕疵担保义务。

《民法典》第七百四十条规定，"出卖人违反向承租人交付标的物的义务，有下列情形之一的，承租人可以拒绝受领出卖人向其交付的标的物：（一）标的物严重不符合约定；（二）未按照约定交付标的物，经承租人或者出租人催告后在合理期限内仍未交付。承租人拒绝受领标的物的，应当及时通知出租人。"

（3）承租人的义务

承租人的主要义务是支付租金、妥善保管和使用租赁物、租赁期限届满返还租赁物。

承租人应当按照约定支付租金。承租人经催告后在合理期限内仍不支付租金的，出租人可以请求支付全部租金；也可以解除合同，收回租赁物。当事人约定租赁期限届满租赁物归承租人所有，承租人已经支付大部分租金，但无力支付剩余租金，出租人因此解除合同收回租赁物，收回的租赁物的价值超过承租人欠付的租金以及其他费用的，承租人可以请求相应返还。当事人约定租赁期限届满租赁物归出租人所有，因租赁物毁损、灭失或者附合、混合于他物致使承租人不能返还的，出租人有权请求承租人给予合理补偿。

承租人应当妥善保管、使用租赁物。承租人应当履行占有租赁物期间的维修义务。承租人占有租赁物期间，租赁物造成第三人人身损害或者财产损失的，出租人不承担责任。

出租人对租赁物享有的所有权，未经登记，不得对抗善意第三人。出租人和承租人可以约定租赁期限届满租赁物的归属；对租赁物的归属没有约定或者约定不明确，可以协议补充；不能达成补充协议的，按照合同有关条款或者交易习惯确定。对于不能达成补充协议，也不能按照合同有关条款或者交易习惯确定的，租赁物的所有权归出租人。

承租人占有租赁物期间，租赁物毁损、灭失的，出租人有权请求承租人继续支付租金，但是法律另有规定或者当事人另有约定的除外。融资租赁合同因租赁物交付承租人后意外毁损、灭失等不可归责于当事人的原因解除的，出租人可以请求承租人按照租赁物折旧情况给予补偿。

承租人未经出租人同意，将租赁物转让、抵押、质押、投资入股或者以其他方式处分的，出租人可以解除融资租赁合同。

6.3.6 委托合同

1. 委托合同概述
委托合同是委托人和受托人约定，由受托人处理委托人事务的合同。

2. 委托合同的特征
委托合同是典型的劳务合同；受托人以委托人的费用办理委托事务；委托合同具有人身性质，以当事人之间相互信任为前提；委托合同既可以是有偿合同，也可以是无偿合同；委托合同是诺成的、双务的合同。

3. 双方的权利和义务
（1）委托人的义务

委托人的主要义务是支付费用、支付报酬和赔偿损失。

委托人应当预付处理委托事务的费用。受托人为处理委托事务垫付的必要费用，委托人应当偿还该费用并支付利息。无论委托合同是否有偿，委托人都有义务提供或偿还委托事务的必要费用。

受托人完成委托事务的，委托人应当按照约定向其支付报酬。因不可归责于受托人的事由，委托合同解除或者委托事务不能完成的，委托人应当向受托人支付相应的报酬。当事人另有约定的，按照其约定。

委托人经受托人同意，可以在受托人之外委托第三人处理委托事务。因此造成受托人损失的，受托人可以向委托人请求赔偿损失。受托人处理委托事务时，因不可归责于自己的事由受到损失的，可以向委托人请求赔偿损失。

（2）受托人的义务

受托人的主要义务是按指示处理委托事务、亲自处理委托事务、委托事务报告和转交财产、披露委托人或第三人以及承担赔偿。

受托人应当按照委托人的指示处理委托事务。需要变更委托人指示的，应当经委托人同意；因情况紧急，难以和委托人取得联系的，受托人应当妥善处理委托事务，但事后应当将该情况及时报告委托人。

受托人应当亲自处理委托事务。经委托人同意，受托人可以转委托。转委托经同意或者追认的，委托人可以就委托事务直接指示转委托的第三人，受托人仅就第三人的选任及其对第三人的指示承担责任。转委托未经同意或者追认的，受托人应当对转委托的第三人的行为承担责任；但在紧急情况下受托人为了维护委托人的利益需要转委托第三人的除外。受托人应当按照委托人的要求，报告委托事务的处理情况。委托合同终止时，受托人应当报告委托事务的结果。受托人处理委托事务取得的财产，应当转交给委托人。

本章小结

　　本章内容主要包括建设工程合同制度、工程监理合同制度以及相关典型合同制度三部分。其中，建设工程合同制度主要涉及合同的一般规定和建设工程合同的主要规定。合同的一般规定主要涉及合同订立的基本原则、合同的形式和内容、合同的要约与承诺、合同的效力、合同的履行、变更、转让和终止以及违约责任等。建设工程合同主要涉及建设工程合同当事人的权利和义务、无效和解除、工期与价款以及损失赔偿等。工程监理合同主要涉及工程监理合同的概念、特征、当事人的权利和义务等。相关典型合同制度主要涉及买卖合同、承揽合同、借款合同、租赁合同、融资租赁合同和委托合同的有关规定。

本章习题

一、选择题
请扫描二维码完成自测。

二、简答题
1. 要约撤回与撤销的区别是什么？
2. 效力待定的合同有哪些？
3. 哪些建设工程必须实行监理？

第 6 章选择题

7　建设工程安全生产法律制度

学习目标

1. 了解有关法律知识；
2. 熟悉有关法律规定；
3. 培养法律务实能力；
4. 提升学生思政素养。

思维导图

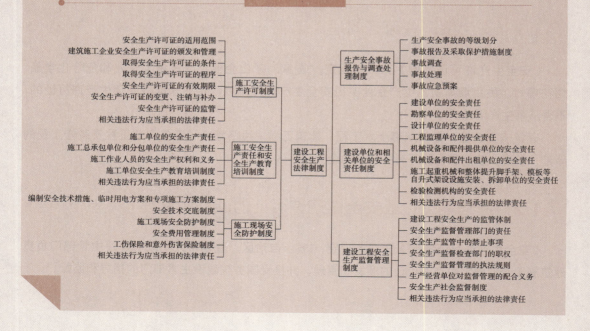

思政导引

　　安全生产是关系人民群众生命财产安全的大事，是经济社会协调健康发展的一个重要标志，是党和政府对人民利益高度负责的充分体现。我们党始终坚持以人民为中心的发展思想，坚持"人民至上、生命至上"的价值理念。须坚持安全发展，扎实落实安全生产责任制，堵塞各类安全漏洞，坚决遏制重特大事故频发势头。针对安全生产事故主要特点和突出问题，层层压实责任，狠抓整改落实，强化风险防控，从根本上消除事故隐患，有效遏制重特大事故发生。要加强安全生产监管，分区分类加强安全监管执法，强化企业主体责任落实，牢牢守住安全生产底线，切实维护人民群众生命财产安全。

　　新时代人民群众对美好生活的向往、对安全感的期待日益增长，如果安全工作都做不好，人民生命安全得不到保障，就谈不上让人民生活得更美好。

7.1　施工安全生产许可制度

7.1.1　安全生产许可证的适用范围

　　《安全生产许可证条例》第二条规定，"国家对矿山企业、建筑施工企业和危险化学品、烟花爆竹、民用爆炸物品生产企业实行安全生产许可制度。企业未取得安全生产许可证的，不得从事生产活动。"

　　建筑施工企业，是指从事土木工程、建筑工程、线路管道和设备安装工程及装修工程的新建、扩建、改建和拆除等有关活动的企业。

7.1.2　建筑施工企业安全生产许可证的颁发和管理

　　《安全生产许可证条例》第四条规定，"省、自治区、直辖市人民政府建设主管部门负责建筑施工企业安全生产许可证的颁发和管理，并接受国务院建设主管部门的指导和监督。"

7.1.3　取得安全生产许可证的条件 ··· ●

　　《建筑施工企业安全生产许可证管理规定》第四条规定，"建筑施工企业取得安全生产许可证，应当具备下列安全生产条件：①建立、健全安全生产责任制，制定完备的安全生产规章制度和操作规程；②保证本单位安全生产条件所需资金的投入；③设置安全生产管理机构，按照国家有关规定配备专职安全生产管理人员；④主要负责人、项目负责人、专职安全生产管理人员经建设主管部门或者其他有关部门考核合格；⑤特种作业人员经有关业务主管部门考核合格，取得特种作业操作资格证书；⑥管理人员和作业人员每年至少进行一次安全生产教育培训并考核合格；⑦依法参加工伤保险，依法为施工现场从事危险作业的人员办理意外伤害保险，为从业人员交纳保险费；⑧施工现场的办公、生活区及作业场所和安全防护用具、机械设备、施工机具及配件符合有关安全生产法律、法规、标准和规程的要求；⑨有职业危害防治措施，并为作业人员配备符合国家标准或者行业标准的安全防护用具和安全防护服装；⑩有对危险性较大的分部分项工程及施工现场易发生重大事故的部位、环节的预防、监控措施和应急预案；⑪有生产安全事故应急救援预案、应急救援组织或者应急救援人员，配备必要的应急救援器材、设备；⑫法律、法规规定的其他条件。"

7.1.4　取得安全生产许可证的程序 ··· ●

　　根据《建筑施工企业安全生产许可证管理规定》的规定，建筑施工企业从事建筑施工活动前，应当依法向注册所在地省、自治区、直辖市人民政府住房城乡建设主管部门申请领取安全生产许可证，并向住房城乡建设主管部门提供下列材料：①建筑施工企业安全生产许可证申请表；②企业法人营业执照；③申请安全生产许可证应当具备条件的相关文件、材料。住房城乡建设主管部门应当自受理申请之日起45日内审查完毕，经审查符合本条例规定的安全生产条件的，颁发安全生产许可证；不符合本条例规定的安全生产条件的，不予颁发安全生产许可证，书面通知企业并说明理由。企业自接到通知之日起应当进行整改，整改合格后方可再次提出申请。

7.1.5　安全生产许可证的有效期限 ··· ●

　　《安全生产许可证条例》第九条规定，"安全生产许可证的有效期为3年。安全生产许可证有效期满需要延期的，企业应当于期满前3个月向原安全生产许可证颁发管理机关办理延期手续。"

　　企业在安全生产许可证有效期内，严格遵守有关安全生产的法律法规，未发生死亡事故的，安全生产许可证有效期届满时，经原安全生产许可证颁发管理机关同意，不再审查，安全生产许可证有效期延期3年。

7.1.6 安全生产许可证的变更、注销与补办 ●

根据《建筑施工企业安全生产许可证管理规定》的规定，建筑施工企业变更名称、地址、法定代表人等，应当在变更后 10 日内，到原安全生产许可证颁发管理机关办理安全生产许可证变更手续。

建筑施工企业破产、倒闭、撤销的，应当将安全生产许可证交回原安全生产许可证颁发管理机关予以注销。

建筑施工企业遗失安全生产许可证，应当立即向原安全生产许可证颁发管理机关报告，并在公众媒体上声明作废后，方可申请补办。

7.1.7 安全生产许可证的监管 ●

根据《建筑施工企业安全生产许可证管理规定》的规定，县级以上人民政府住房城乡建设主管部门应当加强对建筑施工企业安全生产许可证的监督管理。住房城乡建设主管部门在审核发放施工许可证时，应当对已经确定的建筑施工企业是否有安全生产许可证进行审查，对没有取得安全生产许可证的，不得颁发施工许可证。

建筑施工企业取得安全生产许可证后，不得降低安全生产条件，并应当加强日常安全生产管理，接受住房城乡建设主管部门的监督检查。安全生产许可证颁发管理机关发现企业不再具备安全生产条件的，应当暂扣或者吊销安全生产许可证。建筑施工企业不得转让、冒用安全生产许可证或者使用伪造的安全生产许可证。

安全生产许可证颁发管理机关或者其上级行政机关发现有下列情形之一的，可以撤销已经颁发的安全生产许可证：①安全生产许可证颁发管理机关工作人员滥用职权、玩忽职守颁发安全生产许可证的；②超越法定职权颁发安全生产许可证的；③违反法定程序颁发安全生产许可证的；④对不具备安全生产条件的建筑施工企业颁发安全生产许可证的；⑤依法可以撤销已经颁发的安全生产许可证的其他情形。

7.1.8 相关违法行为应当承担的法律责任 ●

《建筑施工企业安全生产许可证管理规定》规定，取得安全生产许可证的建筑施工企业，发生重大安全事故的，暂扣安全生产许可证并限期整改。

建筑施工企业不再具备安全生产条件的，暂扣安全生产许可证并限期整改；情节严重的，吊销安全生产许可证。

违反本规定，建筑施工企业未取得安全生产许可证擅自从事建筑施工活动的，责令其在建项目停止施工，没收违法所得，并处 10 万元以上 50 万元以下的罚款；造成重大安全事故或者其他严重后果，构成犯罪的，依法追究刑事责任。

违反本规定，安全生产许可证有效期满未办理延期手续，继续从事建筑施工活动的，责令其在建项目停止施工，限期补办延期手续，没收违法所得，并处 5 万元以上 10 万元以下的罚款；逾期仍不办理延期手续，继续从事建筑施工活动的，依照本规定第二十四条的规定处罚。

违反本规定，建筑施工企业转让安全生产许可证的，没收违法所得，处 10 万元以上 50 万元以下的罚款，并吊销安全生产许可证；构成犯罪的，依法追究刑事责任；接受转让的，依照本规定第二十四条的规定处罚。冒用安全生产许可证或者使用伪造的安全生产许可证的，依照本规定第二十四条的规定处罚。

违反本规定，建筑施工企业隐瞒有关情况或者提供虚假材料申请安全生产许可证的，不予受理或者不予颁发安全生产许可证，并给予警告，1 年内不得申请安全生产许可证。建筑施工企业以欺骗、贿赂等不正当手段取得安全生产许可证的，撤销安全生产许可证，3 年内不得再次申请安全生产许可证；构成犯罪的，依法追究刑事责任。

7.2　施工安全生产责任和安全生产教育培训制度

7.2.1　施工单位的安全生产责任

1. 安全生产管理的方针

《中华人民共和国安全生产法》（下简称《安全生产法》）第三条规定，"安全生产工作坚持中国共产党的领导。"

安全生产工作应当以人为本，坚持人民至上、生命至上，把保护人民生命安全摆在首位，树牢安全发展理念，坚持安全第一、预防为主、综合治理的方针，从源头上防范化解重大安全风险。

安全生产工作实行管行业必须管安全、管业务必须管安全、管生产经营必须管安全，强化和落实生产经营单位主体责任与政府监管责任，建立生产经营单位负责、职工参与、政府监管、行业自律和社会监督的机制。

2. 安全生产责任制度

安全生产责任制度是建筑生产中最基本的安全生产管理制度，是所有安全生产规章制度的核心。

（1）施工单位主要负责人的安全生产责任

《安全生产法》第五条规定，"生产经营单位的主要负责人是本单位安全生产第一责任人，对本单位的安全生产工作全面负责。其他负责人对职责范围内的安全生产工作负责。"

《安全生产法》第二十一条规定，"生产经营单位的主要负责人对本单位安全生产工作负有下列职责：①建立健全并落实本单位全员安全生产责任制，加强安全生产标准化建设；

②组织制定并实施本单位安全生产规章制度和操作规程；③组织制定并实施本单位安全生产教育和培训计划；④保证本单位安全生产投入的有效实施；⑤组织建立并落实安全风险分级管控和隐患排查治理双重预防工作机制，督促、检查本单位的安全生产工作，及时消除生产安全事故隐患；⑥组织制定并实施本单位的生产安全事故应急救援预案；⑦及时、如实报告生产安全事故。"

《建设工程安全生产条例》第二十一条规定，"施工单位主要负责人依法对本单位的安全生产工作全面负责。施工单位应当建立健全安全生产责任制度和安全生产教育培训制度，制定安全生产规章制度和操作规程，保证本单位安全生产条件所需资金的投入，对所承担的建设工程进行定期和专项安全检查，并做好安全检查记录。"

根据《建筑施工企业主要负责人、项目负责人和专职安全生产管理人员安全生产管理规定》及其《建筑施工企业主要负责人、项目负责人和专职安全生产管理人员安全生产管理规定实施意见》的规定，企业主要负责人，是指对本企业生产经营活动和安全生产工作具有决策权的领导人员。企业主要负责人包括法定代表人、总经理（总裁）、分管安全生产的副总经理（副总裁）、分管生产经营的副总经理（副总裁）、技术负责人、安全总监等。

（2）施工单位项目负责人的安全生产责任

根据《建筑施工企业主要负责人、项目负责人和专职安全生产管理人员安全生产管理规定》的规定，项目负责人，是指取得相应注册执业资格，由企业法定代表人授权，负责具体工程项目管理的人员。

《建设工程安全生产管理条例》第二十一条规定，"施工单位的项目负责人应当由取得相应执业资格的人员担任，对建设工程项目的安全施工负责，落实安全生产责任制度、安全生产规章制度和操作规程，确保安全生产费用的有效使用，并根据工程的特点组织制定安全施工措施，消除安全事故隐患，及时、如实报告生产安全事故。"

《建筑施工企业主要负责人、项目负责人和专职安全生产管理人员安全生产管理规定》规定，项目负责人对本项目安全生产管理全面负责，应当建立项目安全生产管理体系，明确项目管理人员安全职责，落实安全生产管理制度，确保项目安全生产费用有效使用。项目负责人应当按规定实施项目安全生产管理，监控危险性较大分部分项工程，及时排查处理施工现场安全事故隐患，隐患排查处理情况应当记入项目安全管理档案；发生事故时，应当按规定及时报告并开展现场救援。工程项目实行总承包的，总承包企业项目负责人应当定期考核分包企业安全生产管理情况。

（3）安全生产管理机构和专职安全生产管理人员的安全生产责任

1）安全生产管理机构和专职安全生产管理人员

《建设工程安全生产管理条例》第二十三条规定，"施工单位应当设立安全生产管理机构，配备专职安全生产管理人员。专职安全生产管理人员负责对安全生产进行现场监督检查。发现安全事故隐患，应当及时向项目负责人和安全生产管理机构报告；对违章指挥、违章操作的，应当立即制止。"

《建筑施工企业安全生产管理机构设置及专职安全生产管理人员配备办法》第七条规定，

"建筑施工企业安全生产管理机构专职安全生产管理人员在施工现场检查过程中具有以下职责：①查阅在建项目安全生产有关资料、核实有关情况；②检查危险性较大工程安全专项施工方案落实情况；③监督项目专职安全生产管理人员履责情况；④监督作业人员安全防护用品的配备及使用情况；⑤对发现的安全生产违章违规行为或安全隐患，有权当场予以纠正或作出处理决定；⑥对不符合安全生产条件的设施、设备、器材，有权当场作出查封的处理决定；⑦对施工现场存在的重大安全隐患有权越级报告或直接向建设主管部门报告；⑧企业明确的其他安全生产管理职责。"

2）专职安全生产管理人员的配备

《建筑施工企业安全生产管理机构设置及专职安全生产管理人员配备办法》第八条规定，"建筑施工企业安全生产管理机构专职安全生产管理人员的配备应满足下列要求，并应根据企业经营规模、设备管理和生产需要予以增加：①建筑施工总承包资质序列企业：特级资质不少于6人；一级资质不少于4人；二级和二级以下资质企业不少于3人。②建筑施工专业承包资质序列企业：一级资质不少于3人；二级和二级以下资质企业不少于2人。③建筑施工劳务分包资质序列企业：不少于2人。④建筑施工企业的分公司、区域公司等较大的分支机构（以下简称分支机构）应依据实际生产情况配备不少于2人的专职安全生产管理人员。"

总承包单位配备项目专职安全生产管理人员应当满足下列要求：第一，建筑工程、装修工程按照建筑面积配备：①1万 m^2 以下的工程不少于1人；②1万~5万 m^2 的工程不少于2人；③5万 m^2 及以上的工程不少于3人，且按专业配备专职安全生产管理人员。第二，土木工程、线路管道、设备安装工程按照工程合同价配备：①5000万元以下的工程不少于1人；②5000万~1亿元的工程不少于2人；③1亿元及以上的工程不少于3人，且按专业配备专职安全生产管理人员。

分包单位配备项目专职安全生产管理人员应当满足下列要求：第一，专业承包单位应当配置至少1人，并根据所承担的分部分项工程的工程量和施工危险程度增加。第二，劳务分包单位施工人员在50人以下的，应当配备1名专职安全生产管理人员；50~200人的，应当配备2名专职安全生产管理人员；200人及以上的，应当配备3名及以上专职安全生产管理人员，并根据所承担的分部分项工程施工危险实际情况增加，不得少于工程施工人员总人数的千分之五。

采用新技术、新工艺、新材料或致害因素多、施工作业难度大的工程项目，项目专职安全生产管理人员的数量应当根据施工实际情况，在上述规定的配备标准上增加。

3. 施工现场带班制度

《建筑施工企业负责人及项目负责人施工现场带班暂行办法》规定，建筑施工企业应当建立企业负责人及项目负责人施工现场带班制度，并严格考核。施工现场带班包括企业负责人带班检查和项目负责人带班生产。企业负责人带班检查是指由建筑施工企业负责人带队实施对工程项目质量安全生产状况及项目负责人带班生产情况的检查。项目负责人带班生产是指项目负责人在施工现场组织协调工程项目的质量安全生产活动。

建筑施工企业负责人要定期带班检查，每月检查时间不少于其工作日的25%。建筑施工企业负责人带班检查时，应认真做好检查记录，并分别在企业和工程项目存档备查。工程项目进行超过一定规模的危险性较大的分部分项工程施工时，建筑施工企业负责人应到施工现场进行带班检查。对于有分公司（非独立法人）的企业集团，集团负责人因故不能到现场的，可书面委托工程所在地的分公司负责人对施工现场进行带班检查。工程项目出现险情或发现重大隐患时，建筑施工企业负责人应到施工现场带班检查，督促工程项目进行整改，及时消除险情和隐患。

项目负责人是工程项目质量安全管理的第一责任人，应对工程项目落实带班制度负责。项目负责人在同一时期只能承担一个工程项目的管理工作。项目负责人带班生产时，要全面掌握工程项目质量安全生产状况，加强对重点部位、关键环节的控制，及时消除隐患。要认真做好带班生产记录并签字存档备查。项目负责人每月带班生产时间不得少于本月施工时间的80%。因其他事务需离开施工现场时，应向工程项目的建设单位请假，经批准后方可离开。离开期间应委托项目相关负责人负责其外出时的日常工作。

4. 群防群治制度

群防群治制度是《建筑法》规定的、职工群众进行预防和治理安全的一种制度。这一制度要求职工群众在施工过程中，应当遵守有关的法律、法规及规章，不得违章作业；对于危及生命安全和身体健康的行为有权提出批评、检举和控告。

5. 重大事故隐患治理督办制度

《房屋市政工程生产安全重大隐患排查治理挂牌督办暂行办法》规定，建筑施工企业是房屋市政工程生产安全重大隐患排查治理的责任主体，应当建立健全重大隐患排查治理工作制度，并落实到每一个工程项目。企业及工程项目的主要负责人对重大隐患排查治理工作全面负责。建筑施工企业应当定期组织安全生产管理人员、工程技术人员和其他相关人员排查每一个工程项目的重大隐患，特别是对深基坑、高支模、地铁隧道等技术难度大、风险大的重要工程应重点定期排查。对排查出的重大隐患，应及时实施治理消除，并将相关情况进行登记存档。

7.2.2 施工总承包单位和分包单位的安全生产责任 …………… ●

《安全生产法》第四十八条规定，"两个以上生产经营单位在同一作业区域内进行生产经营活动，可能危及对方生产安全的，应当签订安全生产管理协议，明确各自的安全生产管理职责和应当采取的安全措施，并指定专职安全生产管理人员进行安全检查与协调。"

《建筑法》第四十五条规定，"施工现场安全由建筑施工企业负责。实行施工总承包的，由总承包单位负责。分包单位向总承包单位负责，服从总承包单位对施工现场的安全生产管理。"

《建设工程安全生产管理条例》第二十四条规定，"建设工程实行施工总承包的，由总承包单位对施工现场的安全生产负总责。总承包单位应当自行完成建设工程主体结构的施工。承包单位依法将建设工程分包给其他单位的，分包合同中应当明确各自的安全生产方面的权利、义务。总承包单位和分包单位对分包工程的安全生产承担连带责任。分包单位应当服从总承包单位的安全生产管理，分包单位不服从管理导致生产安全事故的，由分包单位承担主要责任。"

7.2.3 施工作业人员的安全生产权利和义务 ·························· ●

1. 施工作业人员的安全生产权利

根据《安全生产法》《建筑法》及其他有关法律、法规的规定，施工作业人员主要享有以下权利：

（1）依法签约权

《安全生产法》第五十二条规定，"生产经营单位与从业人员订立的劳动合同，应当载明有关保障从业人员劳动安全、防止职业危害的事项，以及依法为从业人员办理工伤保险的事项。生产经营单位不得以任何形式与从业人员订立协议，免除或者减轻其对从业人员因生产安全事故伤亡依法应承担的责任。"

（2）获得劳动防护用品权

《安全生产法》第四十五条规定，"生产经营单位必须为从业人员提供符合国家标准或者行业标准的劳动防护用品，并监督、教育从业人员按照使用规则佩戴、使用。"

（3）知情建议权

《安全生产法》第五十三条规定，"生产经营单位的从业人员有权了解其作业场所和工作岗位存在的危险因素、防范措施及事故应急措施，有权对本单位的安全生产工作提出建议。"

（4）监督拒绝权

《安全生产法》第五十四条规定，"从业人员有权对本单位安全生产工作中存在的问题提出批评、检举、控告；有权拒绝违章指挥和强令冒险作业。生产经营单位不得因从业人员对本单位安全生产工作提出批评、检举、控告或者拒绝违章指挥、强令冒险作业而降低其工资、福利等待遇或者解除与其订立的劳动合同。"

（5）紧急避险权

《安全生产法》第五十五条规定，"从业人员发现直接危及人身安全的紧急情况时，有权停止作业或者在采取可能的应急措施后撤离作业场所。生产经营单位不得因从业人员在前款紧急情况下停止作业或者采取紧急撤离措施而降低其工资、福利等待遇或者解除与其订立的劳动合同。"

（6）获得赔偿权

《建筑法》第四十八条规定，"建筑施工企业应当依法为职工参加工伤保险缴纳工伤保险费。鼓励企业为从事危险作业的职工办理意外伤害保险，支付保险费。"

《安全生产法》第五十六条规定，"生产经营单位发生生产安全事故后，应当及时采取措施救治有关人员。因生产安全事故受到损害的从业人员，除依法享有工伤保险外，依照有关民事法律尚有获得赔偿的权利的，有权向本单位提出赔偿要求。"

（7）工会保护权

《安全生产法》第六十条规定，"工会有权对建设项目的安全设施与主体工程同时设计、同时施工、同时投入生产和使用进行监督，提出意见。工会对生产经营单位违反安全生产法律、法规，侵犯从业人员合法权益的行为，有权要求纠正；发现生产经营单位违章指挥、强令冒险作业或者发现事故隐患时，有权提出解决的建议，生产经营单位应当及时研究答复；发现危及从业人员生命安全的情况时，有权向生产经营单位建议组织从业人员撤离危险场所，生产经营单位必须立即作出处理。工会有权依法参加事故调查，向有关部门提出处理意见，并要求追究有关人员的责任。"

2. 施工作业人员的义务

根据《安全生产法》《建筑法》及其他有关法律、法规的规定，施工作业人员主要应当履行以下义务：

（1）遵规守法，服从管理，正确佩戴和使用劳动防护用品的义务。

《安全生产法》第五十七条规定，"从业人员在作业过程中，应当严格遵守本单位的安全生产规章制度和操作规程，服从管理，正确佩戴和使用劳动防护用品。"

《建设工程安全生产管理条例》第三十三条规定，"作业人员应当遵守安全施工的强制性标准、规章制度和操作规程，正确使用安全防护用具、机械设备等。"

（2）接受安全生产教育培训的义务。

《安全生产法》第五十八条规定，"从业人员应当接受安全生产教育和培训，掌握本职工作所需的安全生产知识，提高安全生产技能，增强事故预防和应急处理能力。"

《建设工程安全生产管理条例》第三十六条规定，"施工单位应当对管理人员和作业人员每年至少进行一次安全生产教育培训，其教育培训情况记入个人工作档案。安全生产教育培训考核不合格的人员，不得上岗。"

（3）事故隐患的报告义务。

《安全生产法》第五十九条规定，"从业人员发现事故隐患或者其他不安全因素，应当立即向现场安全生产管理人员或者本单位负责人报告；接到报告的人员应当及时予以处理。"

7.2.4 施工单位安全生产教育培训制度 ·····························●

1. 安管人员的培训考核制度

《建设工程安全生产管理条例》第三十六条规定，"施工单位的主要负责人、项目负责人、专职安全生产管理人员应当经建设行政主管部门或者其他有关部门考核合格后方可任职。"

根据《建筑施工企业主要负责人、项目负责人和专职安全生产管理人员安全生产管理规定》的规定，建筑施工企业主要负责人、项目负责人和专职安全生产管理人员合称为安管人员。

"安管人员"应当通过其受聘企业，向企业工商注册地的省、自治区、直辖市人民政府住房城乡建设主管部门申请安全生产考核，并取得安全生产考核合格证书。安全生产考核不得收费。安全生产考核合格证书有效期为 3 年，证书在全国范围内有效。

根据《建筑施工企业主要负责人、项目负责人和专职安全生产管理人员安全生产管理规定实施意见》的规定，专职安全生产管理人员分为机械、土建、综合三类。机械类专职安全生产管理人员可以从事起重机械、土石方机械、桩工机械等安全生产管理工作。土建类专职安全生产管理人员可以从事除起重机械、土石方机械、桩工机械等安全生产管理工作以外的安全生产管理工作。综合类专职安全生产管理人员可以从事全部安全生产管理工作。

2. 特种作业人员的培训考核制度

《建设工程安全生产管理条例》第二十五条规定，"垂直运输机械作业人员、安装拆卸工、爆破作业人员、起重信号工、登高架设作业人员等特种作业人员，必须按照国家有关规定经过专门的安全作业培训，并取得特种作业操作资格证书后，方可上岗作业。"

建筑施工特种作业包括：①建筑电工；②建筑架子工；③建筑起重信号司索工；④建筑起重机械司机；⑤建筑起重机械安装拆卸工；⑥高处作业吊篮安装拆卸工；⑦经省级以上人民政府建设主管部门认定的其他特种作业。

3. 企业全员的安全生产教育培训制度

《建筑法》第四十六条规定，"建筑施工企业应当建立健全劳动安全生产教育培训制度，加强对职工安全生产的教育培训；未经安全生产教育培训的人员，不得上岗作业。"

《建设工程安全生产管理条例》第三十六条规定，"施工单位应当对管理人员和作业人员每年至少进行一次安全生产教育培训，其教育培训情况记入个人工作档案。安全生产教育培训考核不合格的人员，不得上岗。"

4. 作业人员进入新的岗位或者新的施工现场前的安全生产教育培训制度

《建设工程安全生产管理条例》第三十七条规定，"作业人员进入新的岗位或者新的施工现场前，应当接受安全生产教育培训。未经教育培训或者教育培训考核不合格的人员，不得上岗作业。"

5. 采用新技术、新工艺、新设备、新材料时的安全生产教育培训制度

《安全生产法》第二十九条规定，"生产经营单位采用新工艺、新技术、新材料或者使用新设备，必须了解、掌握其安全技术特性，采取有效的安全防护措施，并对从业人员进行专门的安全生产教育和培训。"

7.2.5　相关违法行为应当承担的法律责任 ⋯⋯⋯⋯⋯⋯⋯⋯⋯⋯ ●

1. 施工单位应当承担的法律责任

《安全生产法》第九十七条规定，"生产经营单位有下列行为之一的，责令限期改正，处十万元以下的罚款；逾期未改正的，责令停产停业整顿，并处十万元以上二十万元以下的罚款，对其直接负责的主管人员和其他直接责任人员处二万元以上五万元以下的罚款：（一）未按照规定设置安全生产管理机构或者配备安全生产管理人员、注册安全工程师的；（二）危险物品的生产、经营、储存、装卸单位以及矿山、金属冶炼、建筑施工、道路运输单位的主要负

责人和安全生产管理人员未按照规定经考核合格的;(三)未按照规定对从业人员、被派遣劳动者、实习学生进行安全生产教育和培训,或者未按照规定如实告知有关的安全生产事项的;(四)未如实记录安全生产教育和培训情况的;(五)未将事故隐患排查治理情况如实记录或者未向从业人员通报的;(六)未按照规定制定生产安全事故应急救援预案或者未定期组织演练的;(七)特种作业人员未按照规定经专门的安全作业培训并取得相应资格,上岗作业的。"

《建设工程安全生产管理条例》第六十二条规定,"违反本条例的规定,施工单位有下列行为之一的,责令限期改正;逾期未改正的,责令停业整顿,依照《中华人民共和国安全生产法》的有关规定处以罚款;造成重大安全事故,构成犯罪的,对直接责任人员,依照刑法有关规定追究刑事责任:(一)未设立安全生产管理机构、配备专职安全生产管理人员或者分部分项工程施工时无专职安全生产管理人员现场监督的;(二)施工单位的主要负责人、项目负责人、专职安全生产管理人员、作业人员或者特种作业人员,未经安全教育培训或者经考核不合格即从事相关工作的;(三)未在施工现场的危险部位设置明显的安全警示标志,或者未按照国家有关规定在施工现场设置消防通道、消防水源、配备消防设施和灭火器材的;(四)未向作业人员提供安全防护用具和安全防护服装的;(五)未按照规定在施工起重机械和整体提升脚手架、模板等自升式架设设施验收合格后登记的;(六)使用国家明令淘汰、禁止使用的危及施工安全的工艺、设备、材料的。"

《刑法》第一百三十七条规定,"建设单位、设计单位、施工单位、工程监理单位违反国家规定,降低工程质量标准,造成重大安全事故的,对直接责任人员,处5年以下有期徒刑或者拘役,并处罚金;后果特别严重的,处五年以上十年以下有期徒刑,并处罚金。"

2. 安管人员应当承担的法律责任

《安全生产法》第九十五条规定,"生产经营单位的主要负责人未履行本法规定的安全生产管理职责,导致发生生产安全事故的,由应急管理部门依照下列规定处以罚款:(一)发生一般事故的,处上一年年收入百分之四十的罚款;(二)发生较大事故的,处上一年年收入百分之六十的罚款;(三)发生重大事故的,处上一年年收入百分之八十的罚款;(四)发生特别重大事故的,处上一年年收入百分之一百的罚款。"

《建设工程安全生产管理条例》第五十八条规定,"注册执业人员未执行法律、法规和工程建设强制性标准的,责令停止执业3个月以上1年以下;情节严重的,吊销执业资格证书,5年内不予注册;造成重大安全事故的,终身不予注册;构成犯罪的,依照刑法有关规定追究刑事责任。"

《建设工程安全生产管理条例》第六十六条规定,"违反本条例的规定,施工单位的主要负责人、项目负责人未履行安全生产管理职责的,责令限期改正;逾期未改正的,责令施工单位停业整顿;造成重大安全事故、重大伤亡事故或者其他严重后果,构成犯罪的,依照刑法有关规定追究刑事责任。作业人员不服管理、违反规章制度和操作规程冒险作业造成重大伤亡事故或者其他严重后果,构成犯罪的,依照刑法有关规定追究刑事责任。施工单位的主要负责人、项目负责人有前款违法行为,尚不够刑事处罚的,处2万元以上20万元以下的罚款或者按照管理权限给予撤职处分;自刑罚执行完毕或者受处分之日起,5年内不得担任任何施工单位的主要负责人、项目负责人。"

《刑法》第一百三十四条规定,"强令他人违章冒险作业,或者明知存在重大事故隐患而不排除,仍冒险组织作业,因而发生重大伤亡事故或者造成其他严重后果的,处五年以下有期徒刑或者拘役;情节特别恶劣的,处五年以上有期徒刑。"

《刑法》第一百三十五条规定,"安全生产设施或者安全生产条件不符合国家规定,因而发生重大伤亡事故或者造成其他严重后果的,对直接负责的主管人员和其他直接责任人员,处三年以下有期徒刑或者拘役;情节特别恶劣的,处三年以上七年以下有期徒刑。"

3. 作业人员应当承担的法律责任

《安全生产法》第一百零七条规定,"生产经营单位的从业人员不落实岗位安全责任,不服从管理,违反安全生产规章制度或者操作规程的,由生产经营单位给予批评教育,依照有关规章制度给予处分;构成犯罪的,依照刑法有关规定追究刑事责任。"

《刑法》第一百三十四条规定,"在生产、作业中违反有关安全管理的规定,因而发生重大伤亡事故或者造成其他严重后果的,处三年以下有期徒刑或者拘役;情节特别恶劣的,处三年以上七年以下有期徒刑。"

7.3 施工现场安全防护制度

7.3.1 编制安全技术措施、临时用电方案和专项施工方案制度 ●

《建筑法》第三十八条规定,"建筑施工企业在编制施工组织设计时,应当根据建筑工程的特点制定相应的安全技术措施;对专业性较强的工程项目,应当编制专项安全施工组织设计,并采取安全技术措施。"

《建设工程安全生产管理条例》第二十六条规定,"施工单位应当在施工组织设计中编制安全技术措施和施工现场临时用电方案,对下列达到一定规模的危险性较大的分部分项工程编制专项施工方案,并附具安全验算结果,经施工单位技术负责人、总监理工程师签字后实施,由专职安全生产管理人员进行现场监督:(一)基坑支护与降水工程;(二)土方开挖工程;(三)模板工程;(四)起重吊装工程;(五)脚手架工程;(六)拆除、爆破工程;(七)国务院建设行政主管部门或者其他有关部门规定的其他危险性较大的工程。对前款所列工程中涉及深基坑、地下暗挖工程、高大模板工程的专项施工方案,施工单位还应当组织专家进行论证、审查。"

7.3.2 安全技术交底制度 ·····················●

《建设工程安全生产管理条例》第二十七条规定,"建设工程施工前,施工单位负责项目管理的技术人员应当对有关安全施工的技术要求向施工作业班组、作业人员作出详细说明,并由双方签字确认。"

《危险性较大的分部分项工程安全管理规定》（住房和城乡建设部令第 37 号）规定，"专项施工方案实施前，编制人员或者项目技术负责人应当向施工现场管理人员进行方案交底。施工现场管理人员应当向作业人员进行安全技术交底，并由双方和项目专职安全生产管理人员共同签字确认。"

7.3.3　施工现场安全防护制度 ●

1. 安全警示标志设置制度

《建设工程安全生产管理条例》第二十八条规定，"施工单位应当在施工现场入口处、施工起重机械、临时用电设施、脚手架、出入通道口、楼梯口、电梯井口、孔洞口、桥梁口、隧道口、基坑边沿、爆破物及有害危险气体和液体存放处等危险部位，设置明显的安全警示标志。安全警示标志必须符合国家标准。"

2. 施工现场安全防护措施制度

《建设工程安全生产管理条例》第二十八条规定，"施工单位应当根据不同施工阶段和周围环境及季节、气候的变化，在施工现场采取相应的安全施工措施。施工现场暂时停止施工的，施工单位应当做好现场防护，所需费用由责任方承担，或者按照合同约定执行。"

3. 施工现场临时设施安全卫生制度

《建设工程安全生产管理条例》第二十九条规定，"施工单位应当将施工现场的办公、生活区与作业区分开设置，并保持安全距离；办公、生活区的选址应当符合安全性要求。职工的膳食、饮水、休息场所等应当符合卫生标准。施工单位不得在尚未竣工的建筑物内设置员工集体宿舍。施工现场临时搭建的建筑物应当符合安全使用要求。施工现场使用的装配式活动房屋应当具有产品合格证。"

4. 对施工周边环境的安全防护措施制度

《建设工程安全生产管理条例》第三十条规定，"施工单位对因建设工程施工可能造成损害的毗邻建筑物、构筑物和地下管线等，应当采取专项防护措施。施工单位应当遵守有关环境保护法律、法规的规定，在施工现场采取措施，防止或者减少粉尘、废气、废水、固体废物、噪声、振动和施工照明对人和环境的危害和污染。在城市市区内的建设工程，施工单位应当对施工现场实行封闭围挡。"

5. 安全防护用具、机械设备等安全管理制度

《建设工程安全生产管理条例》第三十四条规定，"施工单位采购、租赁的安全防护用具、机械设备、施工机具及配件，应当具有生产（制造）许可证、产品合格证，并在进入施工现场前进行查验。施工现场的安全防护用具、机械设备、施工机具及配件必须由专人管理，定期进行检查、维修和保养，建立相应的资料档案，并按照国家有关规定及时报废。"

《建设工程安全生产管理条例》第三十五条规定，"施工单位在使用施工起重机械和整体提升脚手架、模板等自升式架设设施前，应当组织有关单位进行验收，也可以委托具有相应

资质的检验检测机构进行验收；使用承租的机械设备和施工机具及配件的，由施工总承包单位、分包单位、出租单位和安装单位共同进行验收。验收合格的方可使用。"

《特种设备安全监察条例》规定的施工起重机械，在验收前应当经有相应资质的检验检测机构监督检验合格。施工单位应当自施工起重机械和整体提升脚手架、模板等自升式架设设施验收合格之日起 30 日内，向建设行政主管部门或者其他有关部门登记。登记标志应当置于或者附着于该设备的显著位置。

7.3.4 安全费用管理制度

1. 安全费用管理制度概述

《安全生产法》第二十三条规定，"生产经营单位应当具备的安全生产条件所必需的资金投入，由生产经营单位的决策机构、主要负责人或者个人经营的投资人予以保证，并对由于安全生产所必需的资金投入不足导致的后果承担责任。有关生产经营单位应当按照规定提取和使用安全生产费用，专门用于改善安全生产条件。安全生产费用在成本中据实列支。安全生产费用提取、使用和监督管理的具体办法由国务院财政部门会同国务院应急管理部门征求国务院有关部门意见后制定。"

《建设工程安全生产管理条例》第八条规定，"建设单位在编制工程概算时，应当确定建设工程安全作业环境及安全施工措施所需费用。"第二十二条规定，"施工单位对列入建设工程概算的安全作业环境及安全施工措施所需费用，应当用于施工安全防护用具及设施的采购和更新、安全施工措施的落实、安全生产条件的改善，不得挪作他用。"

2. 施工单位安全费用的提取制度

《企业安全生产费用提取和使用管理办法》第七条规定，"建设工程施工企业以建筑安装工程造价为计提依据。各建设工程类别安全费用提取标准如下：（一）矿山工程为 2.5%；（二）房屋建筑工程、水利水电工程、电力工程、铁路工程、城市轨道交通工程为 2.0%；（三）市政公用工程、冶炼工程、机电安装工程、化工石油工程、港口与航道工程、公路工程、通信工程为1.5%。建设工程施工企业提取的安全费用列入工程造价，在竞标时，不得删减，列入标外管理。国家对基本建设投资概算另有规定的，从其规定。总包单位应当将安全费用按比例直接支付分包单位并监督使用，分包单位不再重复提取。"

《建筑工程安全防护、文明施工措施费用及使用管理规定》第六条规定，"依法进行工程招标投标的项目，招标方或具有资质的中介机构编制招标文件时，应当按照有关规定并结合工程实际单独列出安全防护、文明施工措施项目清单。投标方应当根据现行标准规范，结合工程特点、工期进度和作业环境要求，在施工组织设计文件中制定相应的安全防护、文明施工措施，并按照招标文件要求结合自身的施工技术水平、管理水平对工程安全防护、文明施工措施项目单独报价。投标方安全防护、文明施工措施的报价，不得低于依据工程所在地工程造价管理机构测定费率计算所需费用总额的 90%。"

《建筑工程安全防护、文明施工措施费用及使用管理规定》第八条规定，"建设单位申请领取建筑工程施工许可证时，应当将施工合同中约定的安全防护、文明施工措施费用支付计划作为保证工程安全的具体措施提交建设行政主管部门。未提交的，建设行政主管部门不予核发施工许可证。"

3. 施工单位安全费用的使用制度

《企业安全生产费用提取和使用管理办法》第十九条规定，"建设工程施工企业安全费用应当按照以下范围使用：（一）完善、改造和维护安全防护设施设备支出（不含"三同时"要求初期投入的安全设施），包括施工现场临时用电系统、洞口、临边、机械设备、高处作业防护、交叉作业防护、防火、防爆、防尘、防毒、防雷、防台风、防地质灾害、地下工程有害气体监测、通风、临时安全防护等设施设备支出；（二）配备、维护、保养应急救援器材、设备支出和应急演练支出；（三）开展重大危险源和事故隐患评估、监控和整改支出；（四）安全生产检查、评价（不包括新建、改建、扩建项目安全评价）、咨询和标准化建设支出；（五）配备和更新现场作业人员安全防护用品支出；（六）安全生产宣传、教育、培训支出；（七）安全生产适用的新技术、新标准、新工艺、新装备的推广应用支出；（八）安全设施及特种设备检测检验支出；（九）其他与安全生产直接相关的支出。"

7.3.5 工伤保险和意外伤害保险制度 ·······················●

该部分内容详见本教材 10.2 节。

7.3.6 相关违法行为应当承担的法律责任 ·······················●

1. 施工现场安全防护违法行为的法律责任

《安全生产法》第九十九条规定，"生产经营单位有下列行为之一的，责令限期改正，处五万元以下的罚款；逾期未改正的，处五万元以上二十万元以下的罚款，对其直接负责的主管人员和其他直接责任人员处一万元以上二万元以下的罚款；情节严重的，责令停产停业整顿；构成犯罪的，依照刑法有关规定追究刑事责任：（一）未在有较大危险因素的生产经营场所和有关设施、设备上设置明显的安全警示标志的；（二）安全设备的安装、使用、检测、改造和报废不符合国家标准或者行业标准的；（三）未对安全设备进行经常性维护、保养和定期检测的；（四）关闭、破坏直接关系生产安全的监控、报警、防护、救生设备、设施，或者篡改、隐瞒、销毁其相关数据、信息的；（五）未为从业人员提供符合国家标准或者行业标准的劳动防护用品的；（六）危险物品的容器、运输工具，以及涉及人身安全、危险性较大的海洋石油开采特种设备和矿山井下特种设备未经具有专业资质的机构检测、检验合格，取得安全使用证或者安全标志，投入使用的；（七）使用应当淘汰的危及生产安全的工艺、设备的；（八）餐饮等行业的生产经营单位使用燃气未安装可燃气体报警装置的。"

《建筑法》第七十一条规定，"建筑施工企业违反本法规定，对建筑安全事故隐患不采取措施予以消除的，责令改正，可以处以罚款；情节严重的，责令停业整顿，降低资质等级或者吊销资质证书；构成犯罪的，依法追究刑事责任。"

《建设工程安全生产管理条例》第六十二条规定，"违反本条例的规定，施工单位有下列行为之一的，责令限期改正；逾期未改正的，责令停业整顿，依照《中华人民共和国安全生产法》的有关规定处以罚款；造成重大安全事故，构成犯罪的，对直接责任人员，依照刑法有关规定追究刑事责任：（一）未设立安全生产管理机构、配备专职安全生产管理人员或者分部分项工程施工时无专职安全生产管理人员现场监督的；（二）施工单位的主要负责人、项目负责人、专职安全生产管理人员、作业人员或者特种作业人员，未经安全教育培训或者经考核不合格即从事相关工作的；（三）未在施工现场的危险部位设置明显的安全警示标志，或者未按照国家有关规定在施工现场设置消防通道、消防水源、配备消防设施和灭火器材的；（四）未向作业人员提供安全防护用具和安全防护服装的；（五）未按照规定在施工起重机械和整体提升脚手架、模板等自升式架设设施验收合格后登记的；（六）使用国家明令淘汰、禁止使用的危及施工安全的工艺、设备、材料的。"

《建设工程安全生产管理条例》第六十四条规定，"违反本条例的规定，施工单位有下列行为之一的，责令限期改正；逾期未改正的，责令停业整顿，并处 5 万元以上 10 万元以下的罚款；造成重大安全事故，构成犯罪的，对直接责任人员，依照刑法有关规定追究刑事责任：（一）施工前未对有关安全施工的技术要求作出详细说明的；（二）未根据不同施工阶段和周围环境及季节、气候的变化，在施工现场采取相应的安全施工措施，或者在城市市区内的建设工程的施工现场未实行封闭围挡的；（三）在尚未竣工的建筑物内设置员工集体宿舍的；（四）施工现场临时搭建的建筑物不符合安全使用要求的；（五）未对因建设工程施工可能造成损害的毗邻建筑物、构筑物和地下管线等采取专项防护措施的。施工单位有前款规定第（四）项、第（五）项行为，造成损失的，依法承担赔偿责任。"

《建设工程安全生产管理条例》第六十五条规定，"违反本条例的规定，施工单位有下列行为之一的，责令限期改正；逾期未改正的，责令停业整顿，并处 10 万元以上 30 万元以下的罚款；情节严重的，降低资质等级，直至吊销资质证书；造成重大安全事故，构成犯罪的，对直接责任人员，依照刑法有关规定追究刑事责任；造成损失的，依法承担赔偿责任：（一）安全防护用具、机械设备、施工机具及配件在进入施工现场前未经查验或者查验不合格即投入使用的；（二）使用未经验收或者验收不合格的施工起重机械和整体提升脚手架、模板等自升式架设设施的；（三）委托不具有相应资质的单位承担施工现场安装、拆卸施工起重机械和整体提升脚手架、模板等自升式架设设施的；（四）在施工组织设计中未编制安全技术措施、施工现场临时用电方案或者专项施工方案的。"

2. 施工单位安全费用违法行为的法律责任

《安全生产法》第九十三条规定，"生产经营单位的决策机构、主要负责人或者个人经营的投资人不依照本法规定保证安全生产所必需的资金投入，致使生产经营单位不具备安全生产条件的，责令限期改正，提供必需的资金；逾期未改正的，责令生产经营单位停产停业整顿。有前款违法行为，导致发生生产安全事故的，对生产经营单位的主要负责人给予撤职处分，对个人经营的投资人处二万元以上二十万元以下的罚款；构成犯罪的，依照刑法有关规定追究刑事责任。"

《建设工程安全生产管理条例》第六十三条规定，"违反本条例的规定，施工单位挪用列入建设工程概算的安全生产作业环境及安全施工措施所需费用的，责令限期改正，处挪用费用 20% 以上 50% 以下的罚款；造成损失的，依法承担赔偿责任。"

3. 工伤保险违法行为的法律责任

《工伤保险条例》第六十条规定，"用人单位、工伤职工或者其近亲属骗取工伤保险待遇，医疗机构、辅助器具配置机构骗取工伤保险基金支出的，由社会保险行政部门责令退还，处骗取金额 2 倍以上 5 倍以下的罚款；情节严重，构成犯罪的，依法追究刑事责任。"

《工伤保险条例》第六十二条规定，"用人单位依照本条例规定应当参加工伤保险而未参加的，由社会保险行政部门责令限期参加，补缴应当缴纳的工伤保险费，并自欠缴之日起，按日加收万分之五的滞纳金；逾期仍不缴纳的，处欠缴数额 1 倍以上 3 倍以下的罚款。依照本条例规定应当参加工伤保险而未参加工伤保险的用人单位职工发生工伤的，由该用人单位按照本条例规定的工伤保险待遇项目和标准支付费用。用人单位参加工伤保险并补缴应当缴纳的工伤保险费、滞纳金后，由工伤保险基金和用人单位依照本条例的规定支付新发生的费用。"

7.4　生产安全事故报告与调查处理制度

7.4.1　生产安全事故的等级划分 ·································· •

1. 生产安全事故等级划分标准和类别

《生产安全事故报告和调查处理条例》第三条规定，"根据生产安全事故（以下简称事故）造成的人员伤亡或者直接经济损失，事故一般分为以下等级：（一）特别重大事故，是指造成 30 人以上死亡，或者 100 人以上重伤（包括急性工业中毒，下同），或者 1 亿元以上直接经济损失的事故；（二）重大事故，是指造成 10 人以上 30 人以下死亡，或者 50 人以上 100 人以下重伤，或者 5000 万元以上 1 亿元以下直接经济损失的事故；（三）较大事故，是指造成 3 人以上 10 人以下死亡，或者 10 人以上 50 人以下重伤，或者 1000 万元以上 5000 万元以下直接经济损失的事故；（四）一般事故，是指造成 3 人以下死亡，或者 10 人以下重伤，或者 1000 万元以下直接经济损失的事故。国务院安全生产监督管理部门可以会同国务院有关部门，制定事故等级划分的补充性规定。本条第一款所称的"以上"包括本数，所称的"以下"不包括本数。"

2. 事故等级划分的要素

事故等级的划分要素有三个，即人身要素、经济要素和社会要素。

人身要素是指事故造成的伤亡人数。伤亡人数是划分事故等级的第一要素。经济要素是指事故造成的直接经济损失。直接经济损失的多少是划分事故等级的重要因素。社会要素是指事故在社会上的影响。《生产安全事故报告和调查处理条例》第四十四条规定，"没有造成人员伤亡，但是社会影响恶劣的事故，国务院或者有关地方人民政府认为需要调查处理的，依照本条例的有关规定执行。"

7.4.2　事故报告及采取保护措施制度

1. 事故报告的主体

《建设工程安全生产管理条例》第五十条规定，"施工单位发生生产安全事故，应当按照国家有关伤亡事故报告和调查处理的规定，及时、如实地向负责安全生产监督管理的部门、建设行政主管部门或者其他有关部门报告；特种设备发生事故的，还应当同时向特种设备安全监督管理部门报告。接到报告的部门应当按照国家有关规定，如实上报。实行施工总承包的建设工程，由总承包单位负责上报事故。"

《生产安全事故报告和调查处理条例》第十条规定，"安全生产监督管理部门和负有安全生产监督管理职责的有关部门接到事故报告后，应当依照下列规定上报事故情况，并通知公安机关、劳动保障行政部门、工会和人民检察院：（一）特别重大事故、重大事故逐级上报至国务院安全生产监督管理部门和负有安全生产监督管理职责的有关部门；（二）较大事故逐级上报至省、自治区、直辖市人民政府安全生产监督管理部门和负有安全生产监督管理职责的有关部门；（三）一般事故上报至设区的市级人民政府安全生产监督管理部门和负有安全生产监督管理职责的有关部门。安全生产监督管理部门和负有安全生产监督管理职责的有关部门依照前款规定上报事故情况，应当同时报告本级人民政府。国务院安全生产监督管理部门和负有安全生产监督管理职责的有关部门以及省级人民政府接到发生特别重大事故、重大事故的报告后，应当立即报告国务院。必要时，安全生产监督管理部门和负有安全生产监督管理职责的有关部门可以越级上报事故情况。"

2. 事故报告的时间

《生产安全事故报告和调查处理条例》第四条规定，"事故报告应当及时、准确、完整，任何单位和个人对事故不得迟报、漏报、谎报或者瞒报。"

《生产安全事故报告和调查处理条例》第九条规定，"事故发生后，事故现场有关人员应当立即向本单位负责人报告；单位负责人接到报告后，应当于1小时内向事故发生地县级以上人民政府安全生产监督管理部门和负有安全生产监督管理职责的有关部门报告。情况紧急时，事故现场有关人员可以直接向事故发生地县级以上人民政府安全生产监督管理部门和负有安全生产监督管理职责的有关部门报告。"

《生产安全事故报告和调查处理条例》第十一条规定，"安全生产监督管理部门和负有安全生产监督管理职责的有关部门逐级上报事故情况，每级上报的时间不得超过2小时。"

3. 事故报告的内容

《生产安全事故报告和调查处理条例》第十二条规定，"报告事故应当包括下列内容：（一）事故发生单位概况；（二）事故发生的时间、地点以及事故现场情况；（三）事故的简要经过；（四）事故已经造成或者可能造成的伤亡人数（包括下落不明的人数）和初步估计的直接经济损失；（五）已经采取的措施；（六）其他应当报告的情况。"

4. 事故的补报

《生产安全事故报告和调查处理条例》第十三条规定，"事故报告后出现新情况的，应当及时补报。自事故发生之日起 30 日内，事故造成的伤亡人数发生变化的，应当及时补报。道路交通事故、火灾事故自发生之日起 7 日内，事故造成的伤亡人数发生变化的，应当及时补报。"

5. 事故发生后的保护措施

《安全生产法》第八十三条规定，"生产经营单位发生生产安全事故后，事故现场有关人员应当立即报告本单位负责人。单位负责人接到事故报告后，应当迅速采取有效措施，组织抢救，防止事故扩大，减少人员伤亡和财产损失，并按照国家有关规定立即如实报告当地负有安全生产监督管理职责的部门，不得隐瞒不报、谎报或者迟报，不得故意破坏事故现场、毁灭有关证据。"

《建设工程安全生产管理条例》第五十一条规定，"发生生产安全事故后，施工单位应当采取措施防止事故扩大，保护事故现场。需要移动现场物品时，应当做出标记和书面记录，妥善保管有关证物。"

《生产安全事故报告和调查处理条例》第十六条规定，"事故发生后，有关单位和人员应当妥善保护事故现场以及相关证据，任何单位和个人不得破坏事故现场、毁灭相关证据。因抢救人员、防止事故扩大以及疏通交通等原因，需要移动事故现场物件的，应当做出标志，绘制现场简图并做出书面记录，妥善保存现场重要痕迹、物证。"

7.4.3 事故调查

1. 事故的调查管辖

《生产安全事故报告和调查处理条例》第十九条规定，"特别重大事故由国务院或者国务院授权有关部门组织事故调查组进行调查。重大事故、较大事故、一般事故分别由事故发生地省级人民政府、设区的市级人民政府、县级人民政府负责调查。省级人民政府、设区的市级人民政府、县级人民政府可以直接组织事故调查组进行调查，也可以授权或者委托有关部门组织事故调查组进行调查。未造成人员伤亡的一般事故，县级人民政府也可以委托事故发生单位组织事故调查组进行调查。"

《生产安全事故报告和调查处理条例》第二十条规定，"上级人民政府认为必要时，可以调查由下级人民政府负责调查的事故。自事故发生之日起 30 日内（道路交通事故、火灾事故自发生之日起 7 日内），因事故伤亡人数变化导致事故等级发生变化，依照本条例规定应当由上级人民政府负责调查的，上级人民政府可以另行组织事故调查组进行调查。"

《生产安全事故报告和调查处理条例》第二十一条规定，"特别重大事故以下等级事故，事故发生地与事故发生单位不在同一个县级以上行政区域的，由事故发生地人民政府负责调查，事故发生单位所在地人民政府应当派人参加。"

2. 事故调查组的组成

《生产安全事故报告和调查处理条例》第二十二条规定，"事故调查组的组成应当遵循精简、效能的原则。根据事故的具体情况，事故调查组由有关人民政府、安全生产监督管理部门、负有安全生产监督管理职责的有关部门、监察机关、公安机关以及工会派人组成，并应当邀请人民检察院派人参加。事故调查组可以聘请有关专家参与调查。"

《生产安全事故报告和调查处理条例》第二十三条规定，"事故调查组成员应当具有事故调查所需要的知识和专长，并与所调查的事故没有直接利害关系。"

《生产安全事故报告和调查处理条例》第二十四条规定，"事故调查组组长由负责事故调查的人民政府指定。事故调查组组长主持事故调查组的工作。"

3. 事故调查组的职责

《生产安全事故报告和调查处理条例》第二十五条规定，"事故调查组履行下列职责：（一）查明事故发生的经过、原因、人员伤亡情况及直接经济损失；（二）认定事故的性质和事故责任；（三）提出对事故责任者的处理建议；（四）总结事故教训，提出防范和整改措施；（五）提交事故调查报告。"

4. 事故调查组的权利和义务

《生产安全事故报告和调查处理条例》第二十六条规定，"事故调查组有权向有关单位和个人了解与事故有关的情况，并要求其提供相关文件、资料，有关单位和个人不得拒绝。事故发生单位的负责人和有关人员在事故调查期间不得擅离职守，并应当随时接受事故调查组的询问，如实提供有关情况。事故调查中发现涉嫌犯罪的，事故调查组应当及时将有关材料或者其复印件移交司法机关处理。"

《生产安全事故报告和调查处理条例》第二十七条规定，"事故调查中需要进行技术鉴定的，事故调查组应当委托具有国家规定资质的单位进行技术鉴定。必要时，事故调查组可以直接组织专家进行技术鉴定。技术鉴定所需时间不计入事故调查期限。"

《生产安全事故报告和调查处理条例》第二十八条规定，"事故调查组成员在事故调查工作中应当诚信公正、恪尽职守，遵守事故调查组的纪律，保守事故调查的秘密。未经事故调查组组长允许，事故调查组成员不得擅自发布有关事故的信息。"

5. 事故调查报告

《生产安全事故报告和调查处理条例》第二十九条规定，"事故调查组应当自事故发生之日起 60 日内提交事故调查报告；特殊情况下，经负责事故调查的人民政府批准，提交事故调查报告的期限可以适当延长，但延长的期限最长不超过 60 日。"

《生产安全事故报告和调查处理条例》第三十条规定，"事故调查报告应当包括下列内容：（一）事故发生单位概况；（二）事故发生经过和事故救援情况；（三）事故造成的人员伤亡和直接经济损失；（四）事故发生的原因和事故性质；（五）事故责任的认定以及对事故责任者的处理建议；（六）事故防范和整改措施。事故调查报告应当附具有关证据材料。事故调查组成员应当在事故调查报告上签名。"

《生产安全事故报告和调查处理条例》第三十一条规定，"事故调查报告报送负责事故调查的人民政府后，事故调查工作即告结束。事故调查的有关资料应当归档保存。"

7.4.4 事故处理 ●

《生产安全事故报告和调查处理条例》第三十二条规定，"重大事故、较大事故、一般事故，负责事故调查的人民政府应当自收到事故调查报告之日起 15 日内做出批复；特别重大事故，30 日内做出批复，特殊情况下，批复时间可以适当延长，但延长的时间最长不超过 30日。有关机关应当按照人民政府的批复，依照法律、行政法规规定的权限和程序，对事故发生单位和有关人员进行行政处罚，对负有事故责任的国家工作人员进行处分。事故发生单位应当按照负责事故调查的人民政府的批复，对本单位负有事故责任的人员进行处理。负有事故责任的人员涉嫌犯罪的，依法追究刑事责任。"

7.4.5 事故应急预案 ●

1. 应急预案的概述

《生产安全事故应急预案管理办法》第六条规定，"生产经营单位应急预案分为综合应急预案、专项应急预案和现场处置方案。

综合应急预案，是指生产经营单位为应对各种生产安全事故而制定的综合性工作方案，是本单位应对生产安全事故的总体工作程序、措施和应急预案体系的总纲。

专项应急预案，是指生产经营单位为应对某一种或者多种类型生产安全事故，或者针对重要生产设施、重大危险源、重大活动防止生产安全事故而制定的专项性工作方案。

现场处置方案，是指生产经营单位根据不同生产安全事故类型，针对具体场所、装置或者设施所制定的应急处置措施。"

2. 应急预案的编制

《生产安全事故应急预案管理办法》第七条规定，"应急预案的编制应当遵循以人为本、依法依规、符合实际、注重实效的原则，以应急处置为核心，明确应急职责、规范应急程序、细化保障措施。"

《建设工程安全生产管理条例》第四十九条规定，"施工单位应当根据建设工程施工的特点、范围，对施工现场易发生重大事故的部位、环节进行监控，制定施工现场生产安全事故应急救援预案。实行施工总承包的，由总承包单位统一组织编制建设工程生产安全事故应急救援预案，工程总承包单位和分包单位按照应急救援预案，各自建立应急救援组织或者配备应急救援人员，配备救援器材、设备，并定期组织演练。"

《生产安全事故应急预案管理办法》第八条规定，"应急预案的编制应当符合下列基本要求：（一）有关法律、法规、规章和标准的规定；（二）本地区、本部门、本单位的安全生产实际情况；（三）本地区、本部门、本单位的危险性分析情况；（四）应急组织和人员的职责分工明确，并有具体的落实措施；（五）有明确、具体的应急程序和处置措施，并与其应急能力相适应;（六）有明确的应急保障措施,满足本地区、本部门、本单位的应急工作需要;（七）应急预案基本要素齐全、完整,应急预案附件提供的信息准确;（八）应急预案内容与相关应急预案相互衔接。"

3. 应急预案的评审、公布和备案

《生产安全事故应急预案管理办法》第二十一条规定,"矿山、金属冶炼企业和易燃易爆物品、危险化学品的生产、经营（带储存设施的,下同）、储存、运输企业,以及使用危险化学品达到国家规定数量的化工企业、烟花爆竹生产、批发经营企业和中型规模以上的其他生产经营单位,应当对本单位编制的应急预案进行评审,并形成书面评审纪要。"

《生产安全事故应急预案管理办法》第二十四条规定,"生产经营单位的应急预案经评审或者论证后,由本单位主要负责人签署,向本单位从业人员公布,并及时发放到本单位有关部门、岗位和相关应急救援队伍。"

《生产安全事故应急预案管理办法》第二十六条规定,"易燃易爆物品、危险化学品等危险物品的生产、经营、储存、运输单位,矿山、金属冶炼、城市轨道交通运营、建筑施工单位,以及宾馆、商场、娱乐场所、旅游景区等人员密集场所经营单位,应当在应急预案公布之日起20个工作日内,按照分级属地原则,向县级以上人民政府应急管理部门和其他负有安全生产监督管理职责的部门进行备案,并依法向社会公布。

前款所列单位属于中央企业的,其总部（上市公司）的应急预案,报国务院主管的负有安全生产监督管理职责的部门备案,并抄送应急管理部;其所属单位的应急预案报所在地的省、自治区、直辖市或者设区的市级人民政府主管的负有安全生产监督管理职责的部门备案,并抄送同级人民政府应急管理部门。

本条第一款所列单位不属于中央企业的,其中非煤矿山、金属冶炼和危险化学品生产、经营、储存、运输企业,以及使用危险化学品达到国家规定数量的化工企业、烟花爆竹生产、批发经营企业的应急预案,按照隶属关系报所在地县级以上地方人民政府应急管理部门备案;本款前述单位以外的其他生产经营单位应急预案的备案,由省、自治区、直辖市人民政府负有安全生产监督管理职责的部门确定。

油气输送管道运营单位的应急预案,除按照本条第一款、第二款的规定备案外,还应当抄送所经行政区域的县级人民政府应急管理部门。

海洋石油开采企业的应急预案,除按照本条第一款、第二款的规定备案外,还应当抄送所经行政区域的县级人民政府应急管理部门和海洋石油安全监管机构。

煤矿企业的应急预案除按照本条第一款、第二款的规定备案外,还应当抄送所在地的煤矿安全监察机构。"

对于实行安全生产许可的生产经营单位,已经进行应急预案备案的,在申请安全生产许可证时,可以不提供相应的应急预案,仅提供应急预案备案登记表。

4. 应急预案的实施

《生产安全事故应急预案管理办法》第三十一条规定,"生产经营单位应当组织开展本单位的应急预案、应急知识、自救互救和避险逃生技能的培训活动,使有关人员了解应急预案

内容，熟悉应急职责、应急处置程序和措施。应急培训的时间、地点、内容、师资、参加人员和考核结果等情况应当如实记入本单位的安全生产教育和培训档案。"

《生产安全事故应急预案管理办法》第三十三条规定，"生产经营单位应当制定本单位的应急预案演练计划，根据本单位的事故风险特点，每年至少组织一次综合应急预案演练或者专项应急预案演练，每半年至少组织一次现场处置方案演练。易燃易爆物品、危险化学品等危险物品的生产、经营、储存、运输单位，矿山、金属冶炼、城市轨道交通运营、建筑施工单位，以及宾馆、商场、娱乐场所、旅游景区等人员密集场所经营单位，应当至少每半年组织一次生产安全事故应急预案演练，并将演练情况报送所在地县级以上地方人民政府负有安全生产监督管理职责的部门。"

7.4.6 相关违法行为应当承担的法律责任 ·························· ●

1. 事故报告及采取措施违法行为的法律责任

《安全生产法》第一百一十条规定，"生产经营单位的主要负责人在本单位发生生产安全事故时，不立即组织抢救或者在事故调查处理期间擅离职守或者逃匿的，给予降级、撤职的处分，并由应急管理部门处上一年年收入百分之六十至百分之一百的罚款；对逃匿的处十五日以下拘留；构成犯罪的，依照刑法有关规定追究刑事责任。

生产经营单位的主要负责人对生产安全事故隐瞒不报、谎报或者迟报的，依照前款规定处罚。"

《生产安全事故报告和调查处理条例》第三十六条规定，"事故发生单位及其有关人员有下列行为之一的，对事故发生单位处 100 万元以上 500 万元以下的罚款；对主要负责人、直接负责的主管人员和其他直接责任人员处上一年年收入60% 至100% 的罚款；属于国家工作人员的，并依法给予处分；构成违反治安管理行为的，由公安机关依法给予治安管理处罚；构成犯罪的，依法追究刑事责任：（一）谎报或者瞒报事故的；（二）伪造或者故意破坏事故现场的；（三）转移、隐匿资金、财产，或者销毁有关证据、资料的；（四）拒绝接受调查或者拒绝提供有关情况和资料的；（五）在事故调查中作伪证或者指使他人作伪证的；（六）事故发生后逃匿的。"

《刑法》第一百三十九条规定，"在安全事故发生后，负有报告职责的人员不报或者谎报事故情况，贻误事故抢救，情节严重的，处三年以下有期徒刑或者拘役；情节特别严重的，处三年以上七年以下有期徒刑。"

2. 事故责任单位及主要负责人的法律责任

《安全生产法》第一百一十四条规定，"发生生产安全事故，对负有责任的生产经营单位除要求其依法承担相应的赔偿等责任外，由应急管理部门依照下列规定处以罚款：（一）发生一般事故的，处三十万元以上一百万元以下的罚款；（二）发生较大事故的，处一百万元以上二百万元以下的罚款；（三）发生重大事故的，处二百万元以上一千万元以下的罚款；（四）发生特别重大事故的，处一千万元以上二千万元以下的罚款。发生生产安全事故，情节特别严重、影响特别恶劣的，应急管理部门可以按照前款罚款数额的二倍以上五倍以下对负有责任的生产经营单位处以罚款。"

《生产安全事故报告和调查处理条例》第三十八条规定，"事故发生单位主要负责人未依法履行安全生产管理职责，导致事故发生的，依照下列规定处以罚款；属于国家工作人员的，并依法给予处分；构成犯罪的，依法追究刑事责任：（一）发生一般事故的，处上一年年收入30%的罚款；（二）发生较大事故的，处上一年年收入40%的罚款；（三）发生重大事故的，处上一年年收入60%的罚款；（四）发生特别重大事故的，处上一年年收入80%的罚款。"

《生产安全事故报告和调查处理条例》第四十条规定，"事故发生单位对事故发生负有责任的，由有关部门依法暂扣或者吊销其有关证照；对事故发生单位负有事故责任的有关人员，依法暂停或者撤销其与安全生产有关的执业资格、岗位证书；事故发生单位主要负责人受到刑事处罚或者撤职处分的，自刑罚执行完毕或者受处分之日起，5年内不得担任任何生产经营单位的主要负责人。为发生事故的单位提供虚假证明的中介机构，由有关部门依法暂扣或者吊销其有关证照及其相关人员的执业资格；构成犯罪的，依法追究刑事责任。"

3. 应急预案违法行为的法律责任

《生产安全事故应急预案管理办法》第四十四条规定，"生产经营单位有下列情形之一的，由县级以上人民政府应急管理等部门依照《中华人民共和国安全生产法》第九十四条的规定，责令限期改正，可以处5万元以下罚款；逾期未改正的，责令停产停业整顿，并处5万元以上10万元以下罚款，对直接负责的主管人员和其他直接责任人员处1万元以上2万元以下的罚款：①未按照规定编制应急预案的；②未按照规定定期组织应急预案演练的。"

《生产安全事故应急预案管理办法》第四十五条规定，"生产经营单位有下列情形之一的，由县级以上人民政府应急管理等部门责令限期改正，可以处1万元以上3万元以下罚款：（一）在应急预案编制前未按照规定开展风险辨识、评估和应急资源调查的；（二）未按照规定开展应急预案评审的；（三）事故风险可能影响周边单位、人员的，未将事故风险的性质、影响范围和应急防范措施告知周边单位和人员的；（四）未按照规定开展应急预案评估的；（五）未按照规定进行应急预案修订的；（六）未落实应急预案规定的应急物资及装备的。

生产经营单位未按照规定进行应急预案备案的，由县级以上人民政府应急管理等部门依照职责责令限期改正；逾期未改正的，处3万元以上5万元以下的罚款，对直接负责的主管人员和其他直接责任人员处1万元以上2万元以下的罚款。"

7.5 建设单位和相关单位的安全责任制度

7.5.1 建设单位的安全责任

1. 向施工单位提供真实、准确、完整的相关资料

《建设工程安全生产管理条例》第六条规定，"建设单位应当向施工单位提供施工现场及毗邻

区域内供水、排水、供电、供气、供热、通信、广播电视等地下管线资料，气象和水文观测资料，相邻建筑物和构筑物、地下工程的有关资料，并保证资料的真实、准确、完整。建设单位因建设工程需要，向有关部门或者单位查询前款规定的资料时，有关部门或者单位应当及时提供。"

2. 不得对有关单位提出违法要求，不得压缩合同工期

《建设工程安全生产管理条例》第七条规定，"建设单位不得对勘察、设计、施工、工程监理等单位提出不符合建设工程安全生产法律、法规和强制性标准规定的要求，不得压缩合同约定的工期。"

3. 编制工程概算时应当确定安全作业环境及安全施工措施所需的费用

《建设工程安全生产管理条例》第八条规定，"建设单位在编制工程概算时，应当确定建设工程安全作业环境及安全施工措施所需费用。"

4. 不得示意施工单位购买、租赁、使用不符合安全施工要求的安全防护用具、机械设备、施工机具及配件、消防设施和器材

《建设工程安全生产管理条例》第九条规定，"建设单位不得明示或者暗示施工单位购买、租赁、使用不符合安全施工要求的安全防护用具、机械设备、施工机具及配件、消防设施和器材。"

5. 在申请施工许可证或者开工报告批准时应当提供有关安全事故措施的资料

《建设工程安全生产管理条例》第十条规定，"建设单位在申请领取施工许可证时，应当提供建设工程有关安全施工措施的资料。依法批准开工报告的建设工程，建设单位应当自开工报告批准之日起15日内，将保证安全施工的措施报送建设工程所在地的县级以上地方人民政府建设行政主管部门或者其他有关部门备案。"

6. 应当将拆除工程发包给具有相应资质等级的施工单位，并将拆除工程施工的有关资料报送有关部门备案。

《建设工程安全生产管理条例》第十一条规定，"建设单位应当将拆除工程发包给具有相应资质等级的施工单位。建设单位应当在拆除工程施工15日前，将下列资料报送建设工程所在地的县级以上地方人民政府建设行政主管部门或者其他有关部门备案：（一）施工单位资质等级证明；（二）拟拆除建筑物、构筑物及可能危及毗邻建筑的说明；（三）拆除施工组织方案；（四）堆放、清除废弃物的措施。"

7. 依法办理特殊作业的申请批准手续。

《建筑法》第四十二条规定，"有下列情形之一的，建设单位应当按照国家有关规定办理申请批准手续：（一）需要临时占用规划批准范围以外场地的；（二）可能损坏道路、管线、电力、邮电通讯等公共设施的；（三）需要临时停水、停电、中断道路交通的；（四）需要进行爆破作业的；（五）法律、法规规定需要办理报批手续的其他情形。"

7.5.2 勘察单位的安全责任 ●

《建设工程安全生产管理条例》第十二条规定，"勘察单位应当按照法律、法规和工程建设强制性标准进行勘察，提供的勘察文件应当真实、准确，满足建设工程安全生产的需要。

勘察单位在勘察作业时，应当严格执行操作规程，采取措施保证各类管线、设施和周边建筑物、构筑物的安全。"

7.5.3 设计单位的安全责任 ·· ●

《建设工程安全生产管理条例》第十三条规定，"设计单位应当按照法律、法规和工程建设强制性标准进行设计，防止因设计不合理导致生产安全事故的发生。

设计单位应当考虑施工安全操作和防护的需要，对涉及施工安全的重点部位和环节在设计文件中注明，并对防范生产安全事故提出指导意见。

采用新结构、新材料、新工艺的建设工程和特殊结构的建设工程，设计单位应当在设计中提出保障施工作业人员安全和预防生产安全事故的措施建议。

设计单位和注册建筑师等注册执业人员应当对其设计负责。"

7.5.4 工程监理单位的安全责任 ·································· ●

《建设工程安全生产管理条例》第十四条规定，"工程监理单位应当审查施工组织设计中的安全技术措施或者专项施工方案是否符合工程建设强制性标准。

工程监理单位在实施监理过程中，发现存在安全事故隐患的，应当要求施工单位整改；情况严重的，应当要求施工单位暂时停止施工，并及时报告建设单位。施工单位拒不整改或者不停止施工的，工程监理单位应当及时向有关主管部门报告。

工程监理单位和监理工程师应当按照法律、法规和工程建设强制性标准实施监理，并对建设工程安全生产承担监理责任。"

7.5.5 机械设备和配件提供单位的安全责任 ·············· ●

《建设工程安全生产管理条例》第十五条规定，"为建设工程提供机械设备和配件的单位，应当按照安全施工的要求配备齐全有效的保险、限位等安全设施和装置。"

7.5.6 机械设备和配件出租单位的安全责任 ·············· ●

《建设工程安全生产管理条例》第十六条规定，"出租的机械设备和施工机具及配件，应当具有生产（制造）许可证、产品合格证。

出租单位应当对出租的机械设备和施工机具及配件的安全性能进行检测，在签订租赁协议时，应当出具检测合格证明。

禁止出租检测不合格的机械设备和施工机具及配件。"

7.5.7 施工起重机械和整体提升脚手架、模板等自升式架设设施安装、拆卸单位的安全责任 ·····························●

《建设工程安全生产管理条例》第十七条规定，"在施工现场安装、拆卸施工起重机械和整体提升脚手架、模板等自升式架设设施，必须由具有相应资质的单位承担。

安装、拆卸施工起重机械和整体提升脚手架、模板等自升式架设设施，应当编制拆装方案、制定安全施工措施，并由专业技术人员现场监督。

施工起重机械和整体提升脚手架、模板等自升式架设设施安装完毕后，安装单位应当自检，出具自检合格证明，并向施工单位进行安全使用说明，办理验收手续并签字。"

《建设工程安全生产管理条例》第十八条规定，"施工起重机械和整体提升脚手架、模板等自升式架设设施的使用达到国家规定的检验检测期限的，必须经具有专业资质的检验检测机构检测。经检测不合格的，不得继续使用。"

7.5.8 检验检测机构的安全责任 ···································●

《建设工程安全生产管理条例》第十九条规定，"检验检测机构对检测合格的施工起重机械和整体提升脚手架、模板等自升式架设设施，应当出具安全合格证明文件，并对检测结果负责。"

7.5.9 相关违法行为应当承担的法律责任 ·······················●

1. 建设单位违法行为的法律责任

《建设工程安全生产管理条例》第五十四条规定，"违反本条例的规定，建设单位未提供建设工程安全生产作业环境及安全施工措施所需费用的，责令限期改正；逾期未改正的，责令该建设工程停止施工。

建设单位未将保证安全施工的措施或者拆除工程的有关资料报送有关部门备案的，责令限期改正，给予警告。"

《建设工程安全生产管理条例》第五十五条规定，"违反本条例的规定，建设单位有下列行为之一的，责令限期改正，处 20 万元以上 50 万元以下的罚款；造成重大安全事故，构成犯罪的，对直接责任人员，依照刑法有关规定追究刑事责任；造成损失的，依法承担赔偿责任：（一）对勘察、设计、施工、工程监理等单位提出不符合安全生产法律、法规和强制性标准规定的要求的；（二）要求施工单位压缩合同约定的工期的；（三）将拆除工程发包给不具有相应资质等级的施工单位的。"

2. 勘察、设计单位违法行为的法律责任

《建设工程安全生产管理条例》第五十六条规定，"违反本条例的规定，勘察单位、设计

单位有下列行为之一的，责令限期改正，处 10 万元以上 30 万元以下的罚款；情节严重的，责令停业整顿，降低资质等级，直至吊销资质证书；造成重大安全事故，构成犯罪的，对直接责任人员，依照刑法有关规定追究刑事责任；造成损失的，依法承担赔偿责任：（一）未按照法律、法规和工程建设强制性标准进行勘察、设计的；（二）采用新结构、新材料、新工艺的建设工程和特殊结构的建设工程，设计单位未在设计中提出保障施工作业人员安全和预防生产安全事故的措施建议的。"

3. 工程监理单位违法行为的法律责任

《建设工程安全生产管理条例》第五十七条规定，"违反本条例的规定，工程监理单位有下列行为之一的，责令限期改正；逾期未改正的，责令停业整顿，并处 10 万元以上 30 万元以下的罚款；情节严重的，降低资质等级，直至吊销资质证书；造成重大安全事故，构成犯罪的，对直接责任人员，依照刑法有关规定追究刑事责任；造成损失的，依法承担赔偿责任：（一）未对施工组织设计中的安全技术措施或者专项施工方案进行审查的；（二）发现安全事故隐患未及时要求施工单位整改或者暂时停止施工的；（三）施工单位拒不整改或者不停止施工，未及时向有关主管部门报告的；（四）未依照法律、法规和工程建设强制性标准实施监理的。"

4. 机械设备和配件提供单位违法行为的法律责任

《建设工程安全生产管理条例》第五十九条规定，"违反本条例的规定，为建设工程提供机械设备和配件的单位，未按照安全施工的要求配备齐全有效的保险、限位等安全设施和装置的，责令限期改正，处合同价款 1 倍以上 3 倍以下的罚款；造成损失的，依法承担赔偿责任。"

5. 机械设备和配件出租单位违法行为的法律责任

《建设工程安全生产管理条例》第六十条规定，"违反本条例的规定，出租单位出租未经安全性能检测或者经检测不合格的机械设备和施工机具及配件的，责令停业整顿，并处 5 万元以上 10 万元以下的罚款；造成损失的，依法承担赔偿责任。"

6. 施工起重机械和整体提升脚手架、模板等自升式架设设施安装、拆卸单位违法行为的法律责任

《建设工程安全生产管理条例》第六十一条规定，"违反本条例的规定，施工起重机械和整体提升脚手架、模板等自升式架设设施安装、拆卸单位有下列行为之一的，责令限期改正，处 5 万元以上 10 万元以下的罚款；情节严重的，责令停业整顿，降低资质等级，直至吊销资质证书；造成损失的，依法承担赔偿责任：（一）未编制拆装方案、制定安全施工措施的；（二）未由专业技术人员现场监督的；（三）未出具自检合格证明或者出具虚假证明的；④未向施工单位进行安全使用说明，办理移交手续的。

施工起重机械和整体提升脚手架、模板等自升式架设设施安装、拆卸单位有前款规定的第①项、第③项行为，经有关部门或者单位职工提出后，对事故隐患仍不采取措施，因而发生重大伤亡事故或者造成其他严重后果，构成犯罪的，对直接责任人员，依照刑法有关规定追究刑事责任。"

7. 注册执业人员违法行为的法律责任

《建设工程安全生产管理条例》第五十八条规定，"注册执业人员未执行法律、法规和工

程建设强制性标准的，责令停止执业 3 个月以上 1 年以下；情节严重的，吊销执业资格证书，5 年内不予注册；造成重大安全事故的，终身不予注册；构成犯罪的，依照刑法有关规定追究刑事责任。"

7.6 建设工程安全生产监督管理制度

7.6.1 建设工程安全生产的监管体制 ·····································●

《建设工程安全生产管理条例》第三十九条规定，"国务院负责安全生产监督管理的部门依照《中华人民共和国安全生产法》的规定，对全国建设工程安全生产工作实施综合监督管理。县级以上地方人民政府负责安全生产监督管理的部门依照《中华人民共和国安全生产法》的规定，对本行政区域内建设工程安全生产工作实施综合监督管理。"

《建设工程安全生产管理条例》第四十条规定，"国务院建设行政主管部门对全国的建设工程安全生产实施监督管理。国务院铁路、交通、水利等有关部门按照国务院规定的职责分工，负责有关专业建设工程安全生产的监督管理。县级以上地方人民政府建设行政主管部门对本行政区域内的建设工程安全生产实施监督管理。县级以上地方人民政府交通、水利等有关部门在各自的职责范围内，负责本行政区域内的专业建设工程安全生产的监督管理。"

《建设工程安全生产管理条例》第四十四条规定，"建设行政主管部门或者其他有关部门可以将施工现场的监督检查委托给建设工程安全监督机构具体实施。"

7.6.2 安全生产监督管理部门的职责 ·····································●

《安全生产法》第六十三条规定，"负有安全生产监督管理职责的部门依照有关法律、法规的规定，对涉及安全生产的事项需要审查批准（包括批准、核准、许可、注册、认证、颁发证照等，下同）或者验收的，必须严格依照有关法律、法规和国家标准或者行业标准规定的安全生产条件和程序进行审查；不符合有关法律、法规和国家标准或者行业标准规定的安全生产条件的，不得批准或者验收通过。对未依法取得批准或者验收合格的单位擅自从事有关活动的，负责行政审批的部门发现或者接到举报后应当立即予以取缔，并依法予以处理。对已经依法取得批准的单位，负责行政审批的部门发现其不再具备安全生产条件的，应当撤销原批准。"

7.6.3 在安全生产监管中的禁止事项 ·····································●

《安全生产法》第六十四条规定，"负有安全生产监督管理职责的部门对涉及安全生产的事项进行审查、验收，不得收取费用；不得要求接受审查、验收的单位购买其指定品牌或者指定生产、销售单位的安全设备、器材或者其他产品。"

《安全生产法》第六十五条规定，"应急管理部门和其他负有安全生产监督管理职责的部门依法开展安全生产行政执法工作，对生产经营单位执行有关安全生产的法律、法规和国家标准或者行业标准的情况进行监督检查时，监督检查不得影响被检查单位的正常生产经营活动。"

《建设工程安全生产管理条例》第四十二条规定，"建设行政主管部门在审核发放施工许可证时，应当对建设工程是否有安全施工措施进行审查，对没有安全施工措施的，不得颁发施工许可证。建设行政主管部门或者其他有关部门对建设工程是否有安全施工措施进行审查时，不得收取费用。"

7.6.4 安全生产监督检查部门的职权 ●

《安全生产法》第六十五条规定，"应急管理部门和其他负有安全生产监督管理职责的部门依法开展安全生产行政执法工作，对生产经营单位执行有关安全生产的法律、法规和国家标准或者行业标准的情况进行监督检查，行使以下职权：（一）进入生产经营单位进行检查，调阅有关资料，向有关单位和人员了解情况；（二）对检查中发现的安全生产违法行为，当场予以纠正或者要求限期改正；对依法应当给予行政处罚的行为，依照本法和其他有关法律、行政法规的规定作出行政处罚决定；（三）对检查中发现的事故隐患，应当责令立即排除；重大事故隐患排除前或者排除过程中无法保证安全的，应当责令从危险区域内撤出作业人员，责令暂时停产停业或者停止使用相关设施、设备；重大事故隐患排除后，经审查同意，方可恢复生产经营和使用；（四）对有根据认为不符合保障安全生产的国家标准或者行业标准的设施、设备、器材以及违法生产、储存、使用、经营、运输的危险物品予以查封或者扣押，对违法生产、储存、使用、经营危险物品的作业场所予以查封，并依法作出处理决定。监督检查不得影响被检查单位的正常生产经营活动。"

7.6.5 安全生产监督管理的执法规则 ●

《安全生产法》第六十七条规定，"安全生产监督检查人员应当忠于职守，坚持原则，秉公执法。安全生产监督检查人员执行监督检查任务时，必须出示有效的监督执法证件；对涉及被检查单位的技术秘密和业务秘密，应当为其保密。"

7.6.6 生产经营单位对监督管理的配合义务 ●

《安全生产法》第六十六条规定，"生产经营单位对负有安全生产监督管理职责的部门的监督检查人员（以下统称安全生产监督检查人员）依法履行监督检查职责，应当予以配合，不得拒绝、阻挠。"

《安全生产法》第七十条规定，"负有安全生产监督管理职责的部门依法对存在重大事故隐患的生产经营单位作出停产停业、停止施工、停止使用相关设施或者设备的决定，生产经营单位应当依法执行，及时消除事故隐患。生产经营单位拒不执行，有发生生产安全事故的现实危险的，在保证安全的前提下，经本部门主要负责人批准，负有安全生产监督管理职责的部门可以采取通知有关单位停止供电、停止供应民用爆炸物品等措施，强制生产经营单位履行决定。通知应当采用书面形式，有关单位应当予以配合。"

7.6.7　安全生产社会监督制度

《安全生产法》规定，负有安全生产监督管理职责的部门应当建立举报制度，公开举报电话、信箱或者电子邮件地址等网络举报平台，受理有关安全生产的举报；受理的举报事项经调查核实后，应当形成书面材料；需要落实整改措施的，报经有关负责人签字并督促落实。对不属于本部门职责，需要由其他有关部门进行调查处理的，转交其他有关部门处理。

7.6.8　相关违法行为应当承担的法律责任

《建设工程安全生产管理条例》第五十三条规定，"违反本条例的规定，县级以上人民政府建设行政主管部门或者其他有关行政管理部门的工作人员，有下列行为之一的，给予降级或者撤职的行政处分；构成犯罪的，依照刑法有关规定追究刑事责任：（一）对不具备安全生产条件的施工单位颁发资质证书的；（二）对没有安全施工措施的建设工程颁发施工许可证的；（三）发现违法行为不予查处的；（四）不依法履行监督管理职责的其他行为。"

本章小结

本章基本内容包括施工安全生产许可制度、施工安全生产责任和安全生产教育培训制度、施工现场安全防护制度、生产安全事故报告与调查处理制度、建设单位和相关单位的建设工程安全责任制度以及建设工程安全生产的监督管理制度。其中，施工安全生产许可制度主要涉及安全生产许可证的适用范围、颁发和管理权限、取得条件、取得程序、有效期限、变更、注销与补办以及监管等。施工安全生产责任制度主要涉及施工单位的安全生产责任、施工总承包单位和分包单位的安全生产责任、施工作业人员的安全生产权利和义务等。安全生产教育培训制度主要涉及安管人员的培训考核、特种作业人员的培训考核、企业全员的安全生产教育培训、作业人员进入新的岗位或者新的施工现场前的安全生产教育培训、采用新技术、新工艺、新设备、新材料时的安全生产教育培训等。施工现场安全防护制度主要涉及编制安全技术措施、临时用电方案和专项施工方案、安全技术交底、施工现场安全防护、安全费用管理等。生产安全事故报告与调查处理制度主要涉及生产安全事故的等级划分、事故报告及采取保护措施、事故调查、事故处理、事故应急预案等。建设单位和相关单位的安全责任制度主要涉及建设单位、勘察单位、设计单位、工程监理单位、机械设备和配件提供、出租单位、施工起重机械和整体提升脚手架、模板等自升式架设设施安装、拆卸单位、检验检测单位的安全生产责任和义务。建设工程安全生产监督管理制度主要涉及建设工程安全生产的监管体制、安全生产监督管理部门的职责、在安全生产监管中的禁止事项、安全生产监督检查部门的职权、安全生产监督管理的执法规则、生产经营单位对监督管理的配合义务以及安全生产社会监督等。

本章习题

一、选择题

请扫描二维码完成自测。

第 7 章选择题

二、问答题

1. 施工企业申请领取安全生产许可证应该具备哪些条件?

2. 施工总承包单位和分包单位的安全生产责任如何划分?

3. 安全技术交底有哪些要求?

4. 生产安全事故报告的时间有哪些要求?

5. 建筑工程各参与单位的安全责任是什么?

8 建设工程质量管理制度

学习目标

1. 了解有关法律知识；
2. 熟悉有关法律规定；
3. 培养法律务实能力；
4. 提升学生思政素养。

思维导图

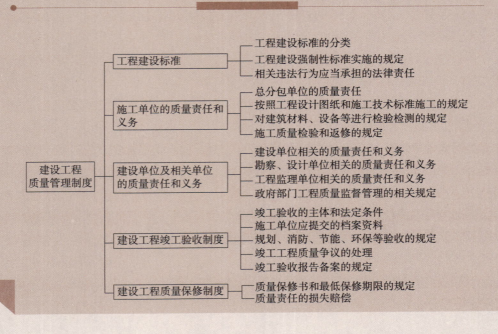

建设工程质量管理制度	工程建设标准	工程建设标准的分类
		工程建设强制性标准实施的规定
		相关违法行为应当承担的法律责任
	施工单位的质量责任和义务	总分包单位的质量责任
		按照工程设计图纸和施工技术标准施工的规定
		对建筑材料、设备等进行检验检测的规定
		施工质量检验和返修的规定
	建设单位及相关单位的质量责任和义务	建设单位相关的质量责任和义务
		勘察、设计单位相关的质量责任和义务
		工程监理单位相关的质量责任和义务
		政府部门工程质量监督管理的相关规定
	建设工程竣工验收制度	竣工验收的主体和法定条件
		施工单位应提交的档案资料
		规划、消防、节能、环保等验收的规定
		竣工工程质量争议的处理
		竣工验收报告备案的规定
	建设工程质量保修制度	质量保修书和最低保修期限的规定
		质量责任的损失赔偿

思 政 导 引

　　"百年大计，质量第一"是我国工程建设的基本方针之一。毫无疑问，一个能够遮风挡雨的建筑空间，是我们生存发展的最基本的物质需求。2017 年 10 月，党的十九大报告中提出了"质量第一、效益优先"重要原则，从"百年大计、质量第一"到"质量第一、效益优先"，变化的是侧重点，不变的是理念，是对"质量第一"的坚持。

　　安全和质量是一切工程项目的生命线，因此，工程建设上，绝不能允许偷工减料、粗制滥造和"豆腐渣"工程横行，而必须坚持"百年大计，质量第一"的方针。它不仅仅是工程建设领域的质量目标和要求，更是一个国家质量发展的目标和要求。

8.1　工程建设标准

　　2017 年 11 月经修改后公布的《中华人民共和国标准化法》(下简称《标准化法》)规定，本法所称标准(含标准样品)，是指农业、工业、服务业以及社会事业等领域需要统一的技术要求。

　　对下列需要统一的技术要求，应当制定标准：……(4)建设工程的设计、施工方法和安全要求。(5)有关工业生产、工程建设和环境保护的技术术语、符号、代号和制图方法。

8.1.1　工程建设标准的分类 ●

　　《标准化法》第二条规定，"标准包括国家标准、行业标准、地方标准和团体标准、企业标准。国家标准分为强制性标准、推荐性标准，行业标准、地方标准是推荐性标准。强制性标准必须执行。国家鼓励采用推荐性标准。"

　　法律、行政法规和国务院决定对强制性标准的制定另有规定的，从其规定。

1. 工程建设国家标准

　　工程建设国家标准分为强制性标准和推荐性标准。

　　(1)工程建设国家标准的范围和类型

　　《标准化法》第十条规定，"对保障人身健康和生命财产安全、国家安全、生态环境安全以及满足经济社会管理基本需要的技术要求，应当制定强制性国家标准。"

对满足基础通用、与强制性国家标准配套、对各有关行业起引领作用等需要的技术要求，可以制定推荐性国家标准。

2020 年 1 月国家市场监督管理总局发布的《强制性国家标准管理办法》规定，强制性国家标准的技术要求应当全部强制，并且可验证、可操作。

1992 年 12 月建设部发布的《工程建设国家标准管理办法》规定，对需要在全国范围内统一的下列技术要求，应当制定国家标准：

1）工程建设勘察、规划、设计、施工（包括安装）及验收等通用的质量要求；

2）工程建设通用的有关安全、卫生和环境保护的技术要求；

3）工程建设通用的术语、符号、代号、量与单位、建筑模数和制图方法；

4）工程建设通用的试验、检验和评定等方法；

5）工程建设通用的信息技术要求；

6）国家需要控制的其他工程建设通用的技术要求。法律另有规定的，依照法律的规定执行。

下列标准属于强制性标准：

1）工程建设勘察、规划、设计、施工（包括安装）及验收等通用的综合标准和重要的通用的质量标准；

2）工程建设通用的有关安全、卫生和环境保护的标准；

3）工程建设重要的通用的术语、符号、代号、量与单位、建筑模数和制图方法标准；

4）工程建设重要的通用的试验、检验和评定方法等标准；

5）工程建设重要的通用的信息技术标准；

6）国家需要控制的其他工程建设通用的标准。

（2）工程建设国家标准的制定

《标准化法》第十条规定，"国务院有关行政主管部门依据职责负责强制性国家标准的项目提出、组织起草、征求意见和技术审查。国务院标准化行政主管部门负责强制性国家标准的立项、编号和对外通报。"

省、自治区、直辖市人民政府标准化行政主管部门可以向国务院标准化行政主管部门提出强制性国家标准的立项建议，由国务院标准化行政主管部门会同国务院有关行政主管部门决定。社会团体、企业事业组织以及公民可以向国务院标准化行政主管部门提出强制性国家标准的立项建议，国务院标准化行政主管部门认为需要立项的，会同国务院有关行政主管部门决定。

推荐性国家标准由国务院标准化行政主管部门制定。

《强制性国家标准管理办法》第六条规定，"制定强制性国家标准应当结合国情采用国际标准。"强制性国家标准应当有明确的标准实施监督管理部门，并能够依据法律、行政法规、部门规章的规定对违反强制性国家标准的行为予以处理。

（3）工程建设国家标准的批准发布和编号

《标准化法》第十条规定，"强制性国家标准由国务院批准发布或者授权批准发布。"强制性标准文本应当免费向社会公开。国家推动免费向社会公开推荐性标准文本。

《强制性国家标准管理办法》第三十七条规定，"国务院标准化行政主管部门应当自发布之日起二十日内在全国标准信息公共服务平台上免费公开强制性国家标准文本。"强制性国家标准的解释与标准具有同等效力。解释发布后，国务院标准化行政主管部门应当自发布之日起二十日内在全国标准信息公共服务平台上免费公开解释文本。

《工程建设国家标准管理办法》规定，工程建设国家标准的编号由国家标准代号、发布标准的顺序号和发布标准的年号组成。强制性国家标准的代号为"GB"，推荐性国家标准的代号为"GB/T"。例如：《建筑工程施工质量验收统一标准》GB 50300—2013，其中 GB 表示为强制性国家标准，50300 表示标准发布顺序号，2013 表示是 2013 年批准发布；《工程建设施工企业质量管理规范》GB/T 50430—2017，其中 GB/T 表示为推荐性国家标准，50430 表示标准发布顺序号，2017 表示是 2017 年批准发布。

（4）强制性国家标准的复审、修订和废止

强制性国家标准的复审、修订和废止按照《强制性国家标准管理办法》规定进行。复审周期一般不得超过 5 年。

2. 工程建设行业标准

《标准化法》第十二条规定，"对没有推荐性国家标准、需要在全国某个行业范围内统一的技术要求，可以制定行业标准。行业标准由国务院有关行政主管部门制定，报国务院标准化行政主管部门备案。"

（1）工程建设行业标准的范围

1992 年 12 月建设部发布的《工程建设行业标准管理办法》规定，下列技术要求，可以制定行业标准：

1）工程建设勘察、规划、设计、施工（包括安装）及验收等行业专用的质量要求；

2）工程建设行业专用的有关安全、卫生和环境保护的技术要求；

3）工程建设行业专用的术语、符号、代号、量与单位和制图方法；

4）工程建设行业专用的试验、检验和评定等方法；

5）工程建设行业专用的信息技术要求；

6）其他工程建设行业专用的技术要求。

行业标准不得与国家标准相抵触。行业标准的某些规定与国家标准不一致时，必须有充分的科学依据和理由，并经国家标准的审批部门批准。行业标准在相应的国家标准实施后，应当及时修订或废止。

（2）工程建设行业标准的制定、修订程序与复审

工程建设行业标准的制定、修订程序，也可以按准备、征求意见、送审和报批四个阶段进行。工程建设行业标准实施后，根据科学技术的发展和工程建设的实际需要，该标准的批准部门应当适时进行复审，确认其继续有效或予以修订、废止。一般也是 5 年复审 1 次。

3. 工程建设地方标准

《标准化法》第十三条规定，"为满足地方自然条件、风俗习惯等特殊技术要求，可以制定地方标准。"

地方标准由省、自治区、直辖市人民政府标准化行政主管部门制定；设区的市级人民政府标准化行政主管部门根据本行政区域的特殊需要，经所在地省、自治区、直辖市人民政府标准化行政主管部门批准，可以制定本行政区域的地方标准。

4. 工程建设团体标准

《标准化法》第十八条规定，"国家鼓励学会、协会、商会、联合会、产业技术联盟等社会团体协调相关市场主体共同制定满足市场和创新需要的团体标准，由本团体成员约定采用或者按照本团体的规定供社会自愿采用。"

（1）团体标准的定性和基本要求

国家标准化管理委员会、民政部《团体标准管理规定》（国标委联〔2019〕1号）规定，团体标准是依法成立的社会团体为满足市场和创新需要，协调相关市场主体共同制定的标准。

制定团体标准，应当遵循开放、透明、公平的原则，保证各参与主体获取相关信息，反映各参与主体的共同需求，并应当组织对标准相关事项进行调查分析、实验、论证。国家支持在重要行业、战略性新兴产业、关键共性技术等领域利用自主创新技术制定团体标准、企业标准。

《团体标准管理规定》进一步规定，禁止利用团体标准实施妨碍商品、服务自由流通等排除、限制市场竞争的行为。团体标准应当符合相关法律法规的要求，不得与国家有关产业政策相抵触。团体标准的技术要求不得低于强制性标准的相关技术要求。

国家鼓励社会团体制定高于推荐性标准相关技术要求的团体标准；鼓励制定具有国际领先水平的团体标准。

（2）团体标准制定的程序

制定团体标准的一般程序包括：提案、立项、起草、征求意见、技术审查、批准、编号、发布、复审。

5. 工程建设企业标准

《标准化法》第十九条规定，"企业可以根据需要自行制定企业标准，或者与其他企业联合制定企业标准。"

推荐性国家标准、行业标准、地方标准、团体标准、企业标准的技术要求不得低于强制性国家标准的相关技术要求。国家鼓励社会团体、企业制定高于推荐性标准相关技术要求的团体标准、企业标准。

国家实行团体标准、企业标准自我声明公开和监督制度。企业应当公开其执行的强制性标准、推荐性标准、团体标准或者企业标准的编号和名称；企业执行自行制定的企业标准的，还应当公开产品、服务的功能指标和产品的性能指标。国家鼓励团体标准、企业标准通过标准信息公共服务平台向社会公开。

企业应当按照标准组织生产经营活动，其生产的产品、提供的服务应当符合企业公开标准的技术要求。

需要说明的是，标准、规范、规程都是标准的表现方式，习惯上统称为标准。当针对产品、方法、符号、概念等基础标准时，一般采用"标准"，如《建筑抗震鉴定标准》等；当针对工程勘察、规划、设计、施工等通用的技术事项作出规定时，一般采用"规范"，如《建筑设计防火规范》等；当针对操作、工艺、管理等专用技术要求时，一般采用"规程"，如《建筑机械使用安全技术规程》等。

8.1.2　工程建设强制性标准实施的规定 ·························· ●

工程建设标准制定的目的在于实施。否则，再好的标准也是一纸空文。我国工程建设领域所出现的各类工程质量事故，大都是没有贯彻或没有严格贯彻强制性标准的结果。因此，《标准化法》规定，强制性标准必须执行。2019年4月经修改后公布的《建筑法》规定，建筑活动应当确保建筑工程质量和安全，符合国家的建设工程安全标准。

1. 工程建设各方主体实施强制性标准的法律规定

《建筑法》第五十四条规定，"建设单位不得以任何理由，要求建筑设计单位或者建筑施工企业在工程设计或者施工作业中，违反法律、行政法规和建筑工程质量、安全标准，降低工程质量。"

建筑工程设计应当符合按照国家规定制定的建筑安全规程和技术规范，保证工程的安全性能。勘察、设计文件应当符合有关法律、行政法规的规定和建筑工程质量、安全标准、建筑工程勘察、设计技术规范以及合同的约定。设计文件选用的建筑材料、建筑构配件和设备，应当注明其规格、型号、性能等技术指标，其质量要求必须符合国家规定的标准。

建筑工程监理应当依照法律、行政法规及有关的技术标准、设计文件和建筑工程承包合同，对承包单位在施工质量、建设工期和建设资金使用等方面，代表建设单位实施监督。工程监理人员认为工程施工不符合工程设计要求、施工技术标准和合同约定的，有权要求建筑施工企业改正。工程监理人员发现工程设计不符合建筑工程质量标准或者合同约定的质量要求的，应当报告建设单位要求设计单位改正。

2019年4月，国务院经修改后公布的《建设工程质量管理条例》进一步规定，建设单位不得明示或者暗示设计单位或者施工单位违反工程建设强制性标准，降低建设工程质量。建筑设计单位和建筑施工企业对建设单位违反规定提出的降低工程质量的要求，应当予以拒绝。勘察、设计单位必须按照工程建设强制性标准进行勘察、设计，并对其勘察、设计的质量负责。

施工单位必须按照工程设计图纸和施工技术标准施工，不得擅自修改工程设计，不得偷工减料。施工单位必须按照工程设计要求、施工技术标准和合同约定，对建筑材料、建筑构配件、设备和商品混凝土进行检验，检验应当有书面记录和专人签字；未经检验或者检验不合格的，不得使用。

2. 工程建设强制性标准的实施管理

《强制性国家标准管理办法》第三十九条规定，"强制性国家标准发布后实施前，企业可以选择执行原强制性国家标准或者新强制性国家标准。新强制性国家标准实施后，原强制性国家标准同时废止。"

2021年3月，住房城乡建设部经修改后发布的《实施工程建设强制性标准监督规定》规定，在中华人民共和国境内从事新建、扩建、改建等工程建设活动，必须执行工程建设强制性标准。

建设工程勘察、设计文件中规定采用的新技术、新材料，可能影响建设工程质量和安全，又没有国家技术标准的，应当由国家认可的检测机构进行试验、论证，出具检测报告，并经国务院有关主管部门或者省、自治区、直辖市人民政府有关主管部门组织的建设工程技术专家委员会审定后，方可使用。

（1）监督管理机构及分工

国务院住房城乡建设主管部门负责全国实施工程建设强制性标准的监督管理工作。国务院有关主管部门按照国务院的职能分工负责实施工程建设强制性标准的监督管理工作。县级以上地方人民政府住房城乡建设主管部门负责本行政区域内实施工程建设强制性标准的监督管理工作。

建设项目规划审查机构应当对工程建设规划阶段执行强制性标准的情况实施监督；施工图设计文件审查单位应当对工程建设勘察、设计阶段执行强制性标准的情况实施监督；建筑安全监督管理机构应当对工程建设施工阶段执行施工安全强制性标准的情况实施监督；工程质量监督机构应当对工程建设施工、监理、验收等阶段执行强制性标准的情况实施监督。

建设项目规划审查机关、施工设计图设计文件审查单位、建筑安全监督管理机构、工程质量监督机构的技术人员必须熟悉、掌握工程建设强制性标准。

（2）监督检查的内容和方式

强制性标准监督检查的内容包括：

1）有关工程技术人员是否熟悉、掌握强制性标准；

2）工程项目的规划、勘察、设计、施工、验收等是否符合强制性标准的规定；

3）工程项目采用的材料、设备是否符合强制性标准的规定；

4）工程项目的安全、质量是否符合强制性标准的规定；

5）工程中采用的导则、指南、手册、计算机软件的内容是否符合强制性标准的规定。

工程建设标准批准部门应当定期对建设项目规划审查机关、施工图设计文件审查单位、建筑安全监督管理机构、工程质量监督机构实施强制性标准的监督进行检查，对监督不力的单位和个人，给予通报批评，建议有关部门处理。

工程建设标准批准部门应当对工程项目执行强制性标准情况进行监督检查。监督检查可以采取重点检查、抽查和专项检查的方式。

工程建设标准批准部门应当将强制性标准监督检查结果在一定范围内公告。

【典型案例】

背景资料

2017年4月1日，某建筑工程有限责任公司（以下简称施工单位）中标承包了某开发公司（以下简称建设单位）的住宅工程施工项目，双方于同年4月10日签订了建设工程施工合同。2018 年 11 月该工程封顶时，建设单位发现该住宅楼的顶层防水工程做得不到位，认为是施工单位使用的防水卷材不符合标准，要求施工单位采取措施，对该顶层防水工程重新施工。施工单位则认为，防水卷材符合标准，不同意重新施工或者采取其他措施。双方协商未果，建设单位将施工单位起诉至法院，要求施工单位对顶层防水工程重新施工或采取其他措施，并赔偿建设单位的相应损失。

根据当事人的请求，受诉法院委托某建筑工程质量检测中心对顶层防水卷材进行检测，检测结果表明：本工程使用的"弹性体改性沥青防水卷材"，不符合自 2009 年 9 月 1 日起正式实施的国家标准《弹性体改性沥青防水卷材》GB 18242—2008 的要求。但是，施工单位则认为，施工合同中并未约定使用此强制性国家标准，不同意重新施工或者采取其他措施。

问题：

本案中建设单位的诉讼请求能否得到支持？为什么？

【案例分析】

《标准化法》第二条规定，"强制性标准必须执行。"本案中的"弹性体改性沥青防水卷材"有强制性国家标准，必须无条件遵照执行。施工单位认为，在施工合同中并未约定使用此强制性国家标准，所以，不应该遵守适用的观点是错误的。而且，在有国家强制性标准的情况下，即使双方当事人在合同中约定了采用某项推荐性标准，也属于无效约定，仍然必须适用于国家强制性标准。

因此，本案中建设单位的诉讼请求应该给予支持，施工单位应该对顶层防水工程重新施工或采取其他措施，并赔偿建设单位的相应损失。

8.1.3 相关违法行为应承担的法律责任 ·····················

1. 相关单位的法律责任

建设单位、勘察设计单位、施工企业、工程监理单位违法行为应承担相应的法律责任。

2. 相关主体的刑事责任

建设单位、设计单位、施工单位、工程监理单位违反国家规定，降低工程质量标准，造成重大安全事故，构成犯罪的，对直接责任人员依法追究刑事责任。

8.2 施工单位的质量责任和义务

施工单位是工程建设的重要责任主体之一。由于施工阶段影响质量稳定的因素和涉及的责任主体均较多，协调管理的难度较大，施工阶段的质量责任制度尤为重要。

住房城乡建设部《建筑工程五方责任主体项目负责人质量终身责任追究暂行办法》（建质

〔2014〕124 号）规定，建筑工程开工建设前，建设、勘察、设计、施工、监理单位法定代表人应当签署授权书，明确本单位项目负责人。建筑工程五方责任主体项目负责人质量终身责任，是指参与新建、扩建、改建的建筑工程项目负责人按照国家法律法规和有关规定，在工程设计使用年限内对工程质量承担相应责任。工程质量终身责任实行书面承诺和竣工后永久性标牌等制度。

思 政 拓 展

2016 年 3 月 29 日，第二届中国质量奖颁奖大会在北京召开。会议指出：质量发展是强国之基、立业之本和转型之要。各行各业要向获奖组织和个人学习，弘扬"工匠精神"，勇攀质量高峰，打造更多消费者满意的知名品牌，让追求卓越、崇尚质量成为全社会、全民族的价值导向和时代精神，为促进经济"双中高"、全面建成小康社会作出更大贡献！

弘扬工匠精神
勇攀质量高峰

8.2.1 总分包单位的质量责任 ······················•

1. 施工单位对施工质量负责

《建筑法》第五十八条规定，"建筑施工企业对工程的施工质量负责。"《建设工程质量管理条例》进一步规定，施工单位对建设工程的施工质量负责。施工单位应当建立质量责任制，确定工程项目的项目经理、技术负责人和施工管理负责人。

2021 年 7 月公布的《建设工程抗震管理条例》规定，工程总承包单位、施工单位及工程监理单位应当建立建设工程质量责任制度，加强对建设工程抗震设防措施施工质量的管理。国家鼓励工程总承包单位、施工单位采用信息化手段采集、留存隐蔽工程施工质量信息。施工单位应当按照抗震设防强制性标准进行施工。

需要指出的是，施工单位是建设工程质量的重要责任主体，但不是唯一的责任主体。对施工质量负责是施工单位法定的质量责任。施工单位的质量责任制，主要包括制定质量目标计划，建立考核标准，并层层分解落实到具体的责任单位和责任人，特别是工程项目的项目经理、技术负责人和施工管理负责人。

《建筑工程五方责任主体项目负责人质量终身责任追究暂行办法》规定，施工单位项目经理应当按照经审查合格的施工图设计文件和施工技术标准进行施工，对因施工导致的工程质量事故或质量问题承担责任。

2. 总分包单位的质量责任

《建筑法》第五十五条规定，"建筑工程实行总承包的，工程质量由工程总承包单位负责，总承包单位将建筑工程分包给其他单位的，应当对分包工程的质量与分包单位承担连带责任。分包单位应当接受总承包单位的质量管理。"

《建设工程质量管理条例》进一步规定，建设工程实行总承包的，总承包单位应当对全部建设工程质量负责；建设工程勘察、设计、施工、设备采购的一项或者多项实行总承包的，总承包单位应当对其承包的建设工程或者采购的设备的质量负责。总承包单位依法将建设工程分包给其他单位的，分包单位应当按照分包合同的约定对其分包工程的质量向总承包单位负责，总承包单位与分包单位对分包工程的质量承担连带责任。

《建设工程抗震管理条例》规定，实行施工总承包的，隔震减震装置属于建设工程主体结构的施工，应当由总承包单位自行完成。

【典型案例】

背景资料

某城市建设开发集团在该市南三环建设拆迁居民安置区。甲建筑公司通过投标获得了该工程项目，经建设单位同意，甲建筑公司将该工程中的 A、B、C、D 共 4 栋多层住宅楼分包给乙公司，并签订了分包合同。在工程交付使用后，发现 A 号楼因偷工减料存在严重质量问题，城市建设开发集团便要求甲建筑公司承担责任。甲建筑公司认为工程 A 号楼是由分包商乙公司完成的，应由乙公司承担相关责任，并以乙公司早已结账撤出而失去联系为由，不予配合问题的处理。

问题：

甲建筑公司是否应该对 A 号楼的质量问题承担责任？为什么？

【案例分析】

应承担责任。《建筑法》第五十五条规定："建筑工程实行总承包的，工程质量由工程总承包单位负责，总承包单位将建筑工程分包给其他单位的，应当对分包工程的质量与分包单位承担连带责任。分包单位应当接受总承包单位的质量管理。"本案中存在着总分包两个合同。在总包合同中，甲建筑公司应该向建设单位即城市建设开发集团负责；在分包合同中，分包商乙公司应该向总承包单位即甲建筑公司负责。同时，甲建筑公司与乙公司还要对分包工程的质量承担连带责任。因此，建设单位有权要求甲建筑公司或乙公司对 A 号楼的质量问题承担责任，任何一方都无权拒绝。在乙公司早已失去联系的情况下，建设单位要求甲建筑公司承担质量责任是符合法律规定的。至于甲建筑公司如何再去追偿乙公司的质量责任，则完全是由甲建筑公司自行负责。

8.2.2　按照工程设计图纸和施工技术标准施工的规定 …………●

《建筑法》第五十八条规定，"建筑施工企业必须按照工程设计图纸和施工技术标准施工，不得偷工减料。工程设计的修改由原设计单位负责，建筑施工企业不得擅自修改工程设计。"

《建设工程质量管理条例》进一步规定，施工单位必须按照工程设计图纸和施工技术标准施工，不得擅自修改工程设计，不得偷工减料。施工单位在施工过程中发现设计文件和图纸有差错的，应当及时提出意见和建议。

1. 按图施工，遵守标准

按工程设计图纸施工，是保证工程实现设计意图的前提，也是明确划分设计、施工单位质量责任的前提。施工技术标准则是工程建设过程中规范施工行为的技术依据。施工单位只有按照施工技术标准，特别是强制性标准的要求施工，才能保证工程的施工质量。此外，从法律的角度来看，工程设计图纸和施工技术标准都属于合同文件的组成部分，如果施工单位不按照工程设计图纸和施工技术标准施工，则属于违约行为，应该对建设单位承担违约责任。

2. 防止设计文件和图纸出现差错

工程项目的设计往往涉及多个专业之间的协调配合。所以，设计文件和图纸也有可能会出现差错。这些差错通常会在图纸会审或施工过程中被逐渐发现。施工人员特别是施工管理负责人、技术负责人以及项目经理等，均为具有丰富实践经验的专业技术人员、专业管理人员。施工单位在施工过程中发现设计文件和图纸有差错的，有义务及时向建设单位或监理单位提出意见和建议，以免造成不必要的损失和质量问题。这也是其履行施工合同应尽的基本义务。

8.2.3　对建筑材料、设备等进行检验检测的规定 ⋯⋯⋯⋯⋯ ●

建设工程属于特殊产品，其质量隐蔽性强、终检局限性大，在施工全过程质量控制中，必须严格执行法定的检验、检测制度，否则将造成质量隐患甚至导致质量事故。

《建筑法》第五十九条规定，"建筑施工企业必须按照工程设计要求、施工技术标准和合同的约定，对建筑材料、建筑构配件和设备进行检验，不合格的不得使用。"《建设工程质量管理条例》进一步规定，施工单位必须按照工程设计要求、施工技术标准和合同约定，对建筑材料、建筑构配件、设备和商品混凝土进行检验，检验应当有书面记录和专人签字；未经检验或者检验不合格的，不得使用。

1. 建筑材料、构配件、设备和商品混凝土的检验制度

施工单位对进入施工现场的建筑材料、建筑构配件、设备和商品混凝土实行检验制度，是施工单位质量保证体系的重要组成部分，也是保证施工质量的重要前提。

施工单位的检验要依据工程设计要求、施工技术标准和合同约定。检验对象是将在工程施工中使用的建筑材料、建筑构配件、设备和商品混凝土。合同若有其他约定的，检验工作还应满足合同相应条款的要求。检验结果要按规定的格式形成书面记录，并由相关的专业人员签字。对于未经检验或检验不合格的，不得在施工中使用。

2. 施工检测的见证取样和送检制度

《建设工程质量管理条例》第三十一条规定，"施工人员对涉及结构安全的试块、试件以及有关材料，应当在建设单位或者工程监理单位监督下现场取样，并送具有相应资质等级的

质量检测单位进行检测。"

《建设工程抗震管理条例》第十八条规定，"隔震减震装置用于建设工程前，施工单位应当在建设单位或者工程监理单位监督下进行取样，送建设单位委托的具有相应建设工程质量检测资质的机构进行检测。禁止使用不合格的隔震减震装置。"

（1）见证取样和送检

建设部《房屋建筑工程和市政基础设施工程实行见证取样和送检的规定》（建建〔2000〕211号）中规定，涉及结构安全的试块、试件和材料见证取样和送检的比例不得低于有关技术标准中规定应取样数量的30%。下列试块、试件和材料必须实施见证取样和送检：

1）用于承重结构的混凝土试块；

2）用于承重墙体的砌筑砂浆试块；

3）用于承重结构的钢筋及连接接头试件；

4）用于承重墙的砖和混凝土小型砌块；

5）用于拌制混凝土和砌筑砂浆的水泥；

6）用于承重结构的混凝土中使用的掺加剂；

7）地下、屋面、厕浴间使用的防水材料；

8）国家规定必须实行见证取样和送检的其他试块、试件和材料。

见证人员应由建设单位或该工程的监理单位中具备施工试验知识的专业技术人员担任，并由建设单位或该工程的监理单位书面通知施工单位、检测单位和负责该项工程的质量监督机构。

在施工过程中，见证人员应按照见证取样和送检计划，对施工现场的取样和送检进行见证。取样人员应在试样或其包装上作出标识、封志。标识和封志应标明工程名称、取样部位、取样日期、样品名称和样品数量，并由见证人员和取样人员签字。见证人员和取样人员应对试样的代表性和真实性负责。

（2）工程质量检测机构的资质和检测规定

2015年5月，住房和城乡建设部经修改后发布的《建设工程质量检测管理办法》规定，工程质量检测机构是具有独立法人资格的中介机构。检测机构资质按照其承担的检测业务内容分为专项检测机构资质和见证取样检测机构资质。检测机构未取得相应的资质证书，不得承担本办法规定的质量检测业务。

质量检测业务由工程项目建设单位委托具有相应资质的检测机构进行检测。委托方与被委托方应当签订书面合同。检测机构完成检测业务后，应当及时出具检测报告。检测报告经检测人员签字、检测机构法定代表人或者其授权的签字人签署，并加盖检测机构公章或者检测专用章后方可生效。检测报告经建设单位或者工程监理单位确认后，由施工单位归档。任何单位和个人不得明示或者暗示检测机构出具虚假检测报告，不得篡改或者伪造检测报告。如果检测结果利害关系人对检测结果发生争议的，由双方共同认可的检测机构复检，复检结果由提出复检方报当地建设主管部门备案。

检测机构应当将检测过程中发现的建设单位、监理单位、施工单位违反有关法律、法规和工程建设强制性标准的情况，以及涉及结构安全检测结果的不合格情况，及时报告工程所在地建设主管部门。检测机构应当建立档案管理制度，并应当单独建立检测结果不合格项目台账。

检测人员不得同时受聘于两个或者两个以上的检测机构。检测机构和检测人员不得推荐或者监制建筑材料、构配件和设备。检测机构不得与行政机关，法律、法规授权的具有管理公共事务职能的组织以及所检测工程项目相关的设计单位、施工单位、监理单位有隶属关系或者其他利害关系。

检测机构不得转包检测业务。检测机构应当对其检测数据和检测报告的真实性和准确性负责。检测机构违反法律、法规和工程建设强制性标准，给他人造成损失的，应当依法承担相应的赔偿责任。

8.2.4 施工质量检验和返修的规定 ················●

1. 施工质量检验制度

施工质量检验，通常是指工程施工过程中工序质量检验（或称为过程检验），包括预检、自检、交接检、专职检、分部工程中间检验以及隐蔽工程检验等。

《建设工程质量管理条例》第三十条规定，"施工单位必须建立、健全施工质量的检验制度，严格工序管理，作好隐蔽工程的质量检查和记录。隐蔽工程在隐蔽前，施工单位应当通知建设单位和建设工程质量监督机构。"

（1）严格工序质量检验和管理

任何一项工程的施工，都是通过一个由许多工序或过程组成的工序（或过程）网络来实现的。完善的检验制度和严格的工序管理是保证工序或过程质量的前提。因此，施工单位要加强对施工工序或过程的质量控制，特别是要加强影响结构安全的地基和结构等关键施工过程的质量控制。

（2）强化隐蔽工程质量检查

隐蔽工程，是指在施工过程中某一道工序所完成的工程实物，被后一工序形成的工程实物所隐蔽，而且不可以逆向作业的那部分工程。例如，钢筋混凝土工程施工中，钢筋为混凝土所覆盖，前者即为隐蔽工程。

由于隐蔽工程被后续工序覆盖后，其施工质量就很难检验及认定。所以，隐蔽工程在覆盖前，施工单位除了要做好检查、检验并做好记录外，还应当及时通知建设单位（实施监理的工程为监理单位）和建设工程质量监督机构，以接受政府监督和向建设单位提供质量保证。

2. 建设工程的返修

《建筑法》第六十条规定，"对已发现的质量缺陷，建筑施工企业应当修复。"《建设工程质量管理条例》进一步规定，施工单位对施工中出现质量问题的建设工程或者竣工验收不合格的建设工程，应当负责返修。

2020年5月公布的《民法典》也作了相应规定，因施工人的原因致使建设工程质量不符合约定的，发包人有权请求施工人在合理期限内无偿修理或者返工、改建。

返修作为施工单位的法定义务，应包括施工过程中出现质量问题的建设工程和竣工验收不合格的建设工程两种情形。不论是施工过程中出现质量问题的建设工程，还是竣工验收时发现质量问题的工程，施工单位都应当负责返修。

对于非施工单位原因造成的质量问题，施工单位也应当负责返修，但是因此而造成的损失及返修费用由责任方负责。

【典型案例】

背景资料

某房地产开发公司与某建筑公司签订了一份建筑工程承包合同。合同规定，建筑公司为房地产开发公司建造一栋写字楼，开工时间为 2017 年 5 月 10 日，竣工时间为 2018 年 11 月 10 日。在施工过程中，建筑公司以工期紧为由，在一些隐蔽工程隐蔽前没有通知房地产开发公司、监理工程师和建设工程质量监督机构，就进行了下一道程序的施工。在竣工验收时，发现该工程存在多处质量缺陷。房地产开发公司要求该建筑公司返修，但建筑公司以下一个工程项目马上要开工为由，拒绝返修。

问题：

（1）该建筑公司有何过错？

（2）该写字楼工程的质量问题应该如何解决？

【案例分析】

（1）《建设工程质量管理条例》第三十条规定："施工单位必须建立、健全施工质量的检验制度，严格工序管理，作好隐蔽工程的质量检查和记录。隐蔽工程在隐蔽前，施工单位应当通知建设单位和建设工程质量监督机构。"在本案中，建筑公司没有通知有关单位验收就将隐蔽工程进行隐蔽并继续施工，严重违反了《建设工程质量管理条例》的上述规定，应该承担相应的法律责任。

（2）《建筑法》第六十一条规定："建筑工程竣工经验收合格后，方可交付使用；未经验收或者验收不合格的，不得交付使用。"《建设工程质量管理条例》第三十二条规定，"施工单位对施工中出现质量问题的建设工程或者竣工验收不合格的建设工程，应当负责返修。"第六十四条规定："违反本条例规定，施工单位……造成建设工程质量不符合规定的质量标准的，负责返工、修理，并赔偿因此造成的损失；情节严重的，责令停业整顿，降低资质等级或者吊销资质证书。"本案中，建筑公司应该对存在的工程质量缺陷进行修复，并赔偿因此造成的损失；情节严重的，政府主管部门应责令停业整顿，降低资质等级或者吊销资质证书。

8.3 建设单位及相关单位的质量责任和义务

建设工程质量责任制涵盖了多方主体的质量责任制，除施工单位外，还有建设单位，勘察、设计单位，工程监理单位的质量责任制。

思 政 拓 展

全面落实工程质量
终身责任

　　2020 年 10 月 15 日住房和城乡建设部印发《住房和城乡建设部关于落实建设单位工程质量首要责任的通知》(建质规〔2020〕9 号)(下简称《通知》),要求依法界定并严格落实建设单位工程质量首要责任,不断提高房屋建筑和市政基础设施工程质量水平。《通知》明确,建设单位是工程质量第一责任人,要依法对工程质量承担全面责任。早在 2015 年 3 月,住房和城乡建设部明确规定,工程质量安全事故将终身追责。

　　《建筑工程五方责任主体项目负责人质量终身责任追究暂行办法》明确规定,建筑工程五方责任主体项目负责人是指承担建筑工程项目建设的建设单位项目负责人、勘察单位项目负责人、设计单位项目负责人、施工单位项目经理、监理单位总监理工程师。

　　《住房和城乡建设部关于落实建设单位工程质量首要责任的通知》(建质规〔2020〕9 号)规定,建设单位是工程质量第一责任人,依法对工程质量承担全面责任。对因工程质量给工程所有权人、使用人或第三方造成的损失,建设单位依法承担赔偿责任,有其他责任人的,可以向其他责任人追偿。

　　建设单位要严格履行基本建设程序,不得直接发包预拌混凝土等专业分包工程,不得指定按照合同约定应由施工单位购入用于工程的装配式建筑构配件、建筑材料和设备或者指定生产厂、供应商。

　　建设单位要科学合理确定工程建设工期和造价,严禁盲目赶工期、抢进度,不得迫使工程其他参建单位简化工序、降低质量标准。调整合同约定的勘察、设计周期和施工工期的,应相应调整相关费用。因极端恶劣天气等不可抗力以及重污染天气、重大活动保障等原因停工的,应给予合理的工期补偿。因材料、工程设备价格变化等原因,需要调整合同价款的,应按照合同约定给予调整。

　　建设合同应约定施工过程结算周期、工程进度款结算办法等内容。分部工程验收通过时原则上应同步完成工程款结算,不得以设计变更、工程洽商等理由变相拖延结算。

　　建设单位要健全工程项目质量管理体系,配备专职人员并明确其质量管理职责,不具备条件的可聘用专业机构或人员。加强对按照合同约定自行采购的建筑材料、构配件和设备等的质量管理,并承担相应的质量责任。

　　建设单位要在收到工程竣工报告后及时组织竣工验收,重大工程或技术复杂工程可邀请有关专家参加,未经验收合格不得交付使用。

8.3.1　建设单位相关的质量责任和义务 ·························· ●

建设单位作为建设工程的投资人，是建设工程的重要责任主体。为确保建设工程的质量，必须规范建设单位的行为，明确其质量责任。

1. 依法发包工程

《建设工程质量管理条例》第七条规定，"建设单位应当将工程发包给具有相应资质等级的单位。建设单位不得将建设工程肢解发包。"建设单位应当依法对工程建设项目的勘察、设计、施工、监理以及与工程建设有关的重要设备、材料等的采购进行招标。

《建筑工程五方责任主体项目负责人质量终身责任追究暂行办法》进一步规定，建设单位项目负责人对工程质量承担全面责任，不得违法发包、肢解发包，不得以任何理由要求勘察、设计、施工、监理单位违反法律法规和工程建设标准，降低工程质量，其违法违规或不当行为造成工程质量事故或质量问题应当承担责任。

建设单位将工程发包给具有相应资质等级的单位来承担，是保证建设工程质量的基本前提。《建设工程勘察设计资质管理规定》《建筑业企业资质管理规定》《工程监理企业资质管理规定》等均对工程勘察单位、工程设计单位、施工企业和工程监理单位的资质等级、资质标准、业务范围等作出了明确规定。

2. 依法提供原始资料

《建设工程质量管理条例》第九条规定，"建设单位必须向有关的勘察、设计、施工、工程监理等单位提供与建设工程有关的原始资料。原始资料必须真实、准确、齐全。"

原始资料是工程勘察、设计、施工、监理等单位赖以进行相关工程建设的基础性材料。建设单位作为建设活动的总负责方，向有关单位提供原始资料，以及施工地段地下管线现状资料，并保证这些资料的真实、准确、齐全，是其基本的质量责任和义务。

3. 限制不合理的干预行为

《建筑法》第五十四条规定，"建设单位不得以任何理由，要求建筑设计单位或者建筑施工企业在工程设计或者施工作业中，违反法律、行政法规和建筑工程质量、安全标准，降低工程质量。"

2019 年 4 月公布的《政府投资条例》规定，政府投资项目应当按照国家有关规定合理确定并严格执行建设工期，任何单位和个人不得非法干预。

《建设工程质量管理条例》第十条规定，"建设工程发包单位，不得迫使承包方以低于成本的价格竞标，不得任意压缩合理工期。建设单位不得明示或者暗示设计单位或者施工单位违反工程建设强制性标准，降低建设工程质量。"

《建设工程抗震管理条例》第十条规定，"建设单位应当对建设工程勘察、设计和施工全过程负责，在勘察、设计和施工合同中明确拟采用的抗震设防强制性标准，按照合同要求对勘察设计成果文件进行核验，组织工程验收，确保建设工程符合抗震设防强制性标准。建设单位不得明示或者暗示勘察、设计、施工等单位和从业人员违反抗震设防强制性标准，降低工程抗震性能。"

如果建设单位迫使承包方以低于成本的价格中标，势必会导致中标单位在承包工程后，为了减少开支、降低成本而采取偷工减料、以次充好、粗制滥造等手段，最终导致建设工程出现质量问题，影响投资效益的发挥。

建设单位也不得任意压缩合理工期。如果盲目要求赶工期，势必会简化工序，不按规程操作，从而导致建设工程出现质量等诸多问题。建设单位更不得以任何理由，诸如建设资金不足、工期紧等，违反强制性标准的规定，要求设计单位降低设计标准，或者要求施工单位采用建设单位采购的不合格材料设备等。

【典型案例】

背景资料

某化工厂在同一厂区建设第2个大型厂房时，为了节省投资，决定不做勘察，便将4年前为第1个大型厂房做的勘察成果提供给设计院作为设计依据，让其设计新厂房。设计院先是不同意，但在该化工厂的一再坚持下最终妥协，同意使用旧的勘察成果。该厂房建成后使用1年多就发现墙体多处开裂。该化工厂一纸诉状将施工单位告上法庭，请求判定施工单位承担工程质量责任。

问题：

（1）本案中的质量责任应当由谁承担？

（2）工程中设计方是否有过错？违反了什么规定？

【案例分析】

（1）经检测，墙体开裂系设计中对地基处理不当引起厂房不均匀沉陷所致。《建筑法》第五十四条规定："建设单位不得以任何理由，要求建筑设计单位或者建筑施工企业在工程设计或者施工作业中，违反法律、行政法规和建筑工程质量、安全标准，降低工程质量。"本案中的化工厂为节省投资，坚持不委托勘察，只向设计单位提供旧的勘察成果，违反了法律规定，对该工程的质量问题应该承担主要责任。

（2）设计方也有过错。《建筑法》第五十四条还规定，"建筑设计单位和建筑施工企业对建设单位违反规定提出的降低工程质量的要求，应当予以拒绝。"《建设工程质量管理条例》第二十一条规定："设计单位应当根据勘察成果文件进行建设工程设计。"因此，设计单位尽管开始不同意建设单位的做法，但后来没有坚持原则作了妥协，也应该对工程设计承担质量责任。

法庭经审理，认定该工程的质量责任由该化工厂承担主要责任，由设计方承担次要责任。

4.依法报审施工图设计文件

《建设工程质量管理条例》第十一条规定，"施工图设计文件未经审查批准的，不得使用。"

施工图设计文件是编制施工图预算、安排材料、设备订货和非标准设备制作，进行施工、安装和工程验收等工作的依据。因此，施工图设计文件的质量直接影响建设工程的质量。

建立和实施施工图设计文件审查制度，通过开展对施工图设计文件的审查，既可以对设计单位的成果进行质量控制，也能纠正参与建设活动各方特别是建设单位的不规范行为。

5. 依法实行工程监理

《建设工程质量管理条例》第十二条规定,"实行监理的建设工程,建设单位应当委托具有相应资质等级的工程监理单位进行监理,也可以委托具有工程监理相应资质等级并与被监理工程的施工承包单位没有隶属关系或者其他利害关系的该工程的设计单位进行监理。"

《建设工程质量管理条例》还规定,下列建设工程必须实行监理:

(1)国家重点建设工程;

(2)大中型公用事业工程;

(3)成片开发建设的住宅小区工程;

(4)利用外国政府或者国际组织贷款、援助资金的工程;

(5)国家规定必须实行监理的其他工程。

6. 依法办理工程质量监督手续

《建设工程质量管理条例》第十三条规定,"建设单位在开工前,应当按照国家有关规定办理工程质量监督手续,工程质量监督手续可以与施工许可证或者开工报告合并办理。"

据此,建设单位在开工之前,应当依法到建设行政主管部门或铁路、交通、水利等有关管理部门,或其委托的工程质量监督机构办理工程质量监督手续,接受政府主管部门的工程质量监督。

7. 依法保证建筑材料等符合要求

《建设工程质量管理条例》第十四条规定,"按照合同约定,由建设单位采购建筑材料、建筑构配件和设备的,建设单位应当保证建筑材料、建筑构配件和设备符合设计文件和合同要求。建设单位不得明示或者暗示施工单位使用不合格的建筑材料、建筑构配件和设备。"

在工程实践中,常由建设单位采购建筑材料、构配件和设备,在合同中应当明确约定采购责任,即谁采购、谁负责。对于建设单位负责供应的材料设备,在使用前施工单位应当按照规定对其进行检验和试验,如果不合格,不得在工程上使用,并应通知建设单位予以退换。

8. 依法进行装修工程

《建设工程质量管理条例》第十五条规定,"涉及建筑主体和承重结构变动的装修工程,建设单位应当在施工前委托原设计单位或者具有相应资质等级的设计单位提出设计方案;没有设计方案的,不得施工。房屋建筑使用者在装修过程中,不得擅自变动房屋建筑主体和承重结构。"

随意拆改建筑主体结构和承重结构等,会危及建设工程安全和人民生命财产安全。因此,建设单位应当委托该建筑工程的原设计单位或者具有相应资质条件的设计单位提出装修工程的设计方案。如果没有设计方案就擅自施工,将留下质量隐患甚至造成质量事故,后果严重。至于房屋使用者,在装修过程中也不得擅自变动房屋建筑主体和承重结构,如拆除隔墙、窗洞改门洞等,否则很有可能会酿成房倒屋塌的灾难。

8.3.2 勘察、设计单位相关的质量责任和义务 ···················· ●

《建筑法》第五十六条规定,"建筑工程的勘察、设计单位必须对其勘察、设计的质量负责。勘察、设计文件应当符合有关法律、行政法规的规定和建筑工程质量、安全标准、建筑工程勘察、设计技术规范以及合同的约定。"

《建设工程质量管理条例》进一步规定，勘察、设计单位必须按照工程建设强制性标准进行勘察、设计，并对其勘察、设计的质量负责。注册建筑师、注册结构工程师等注册执业人员应当在设计文件上签字，对设计文件负责。

谁勘察设计谁负责，谁施工谁负责，这是国际上通行的做法。勘察、设计单位和执业注册人员是勘察设计质量的责任主体，也是整个工程质量的责任主体之一。勘察、设计质量实行单位与执业注册人员双重责任制，即勘察、设计单位对其勘察、设计的质量负责，注册建筑师、注册结构工程师等专业人士对其签字的设计文件负责。

1. 依法承揽勘察、设计业务

《建设工程质量管理条例》第十八条规定，"从事建设工程勘察、设计的单位应当依法取得相应等级的资质证书，并在其资质等级许可的范围内承揽工程。禁止勘察、设计单位超越其资质等级许可的范围或者以其他勘察、设计单位的名义承揽工程。禁止勘察、设计单位允许其他单位或者个人以本单位的名义承揽工程。勘察、设计单位不得转包或者违法分包所承揽的工程。"

2. 勘察、设计必须执行强制性标准

《建设工程质量管理条例》第十九条规定，"勘察、设计单位必须按照工程建设强制性标准进行勘察、设计，并对其勘察、设计的质量负责。"

《建筑工程五方责任主体项目负责人质量终身责任追究暂行办法》进一步规定，勘察、设计单位项目负责人应当保证勘察设计文件符合法律法规和工程建设强制性标准的要求，对因勘察、设计导致的工程质量事故或质量问题承担责任。

多年的实践证明，强制性标准是工程建设技术和经验的积累，是勘察、设计工作的技术依据。只有满足工程建设强制性标准才能保证质量，才能满足工程对安全、卫生、环保等多方面的质量要求。

3. 勘察单位提供的勘察成果必须真实、准确

《建设工程质量管理条例》第二十条规定，"勘察单位提供的地质、测量、水文等勘察成果必须真实、准确。"

工程勘察是工程建设的基础性工作。工程勘察成果文件是设计和施工的基础资料和重要依据，其真实准确与否直接影响到设计、施工质量。因而，工程勘察成果必须真实准确、安全可靠。

4. 设计依据和设计深度

《建设工程质量管理条例》第二十一条规定，"设计单位应当根据勘察成果文件进行建设工程设计。设计文件应当符合国家规定的设计深度要求，注明工程合理使用年限。"

勘察成果文件是设计的基础资料，是设计的依据。我国对各类设计文件的编制深度都有规定，在实践中应当贯彻执行。工程合理使用年限是指从工程竣工验收合格之日起，工程的地基基础、主体结构能保证在正常情况下安全使用的年限。它与《建筑法》中的"建筑物合理寿命年限"、《民法典》中的"建设工程在合理使用期限内"等，在概念上是一致的。

【典型案例】

背景资料

某写字楼项目的整体结构属"筒中筒",核心"筒"高18层,四周裙楼3层,地基设计是"满堂红"布桩,素混凝土排土灌桩。施工到12层时,地下筏板剪切破坏,地下水上冲。经鉴定发现,此地基土属于饱和土,地基中素混凝土排土桩被破坏。

经调查得知:

(1)该工程的地质勘查报告已经载明,此地基土属于饱和土;

(2)在打桩过程中曾出现跳土现象。

问题:

本案中设计方有何过错?违反了什么规定?

【案例分析】

本案中涉及多方面的结构技术问题,较为复杂,地下筏板剪切破坏的可能原因并不唯一,需要作进一步的结构计算分析才能够下结论。但是,设计单位对桩型选择是有失误的。因为,该工程的地质勘察报告已经载明了地基土属于饱和土。饱和土的湿软特性决定了设计单位不应该选择采用排土灌桩,此失误导致了在打桩过程中出现跳土现象。

设计单位没有根据勘察成果文件提供的信息进行设计,违反了《建设工程质量管理条例》第二十一条规定,"设计单位应当根据勘察成果文件进行建设工程设计。"设计单位应该对该工程设计承担质量责任。

5. 依法规范设计单位对建筑材料等的选用

《建筑法》《建设工程质量管理条例》均规定,设计单位在设计文件中选用的建筑材料、建筑构配件和设备,应当注明规格、型号、性能等技术指标,其质量要求必须符合国家规定的标准。除有特殊要求的建筑材料、专用设备、工艺生产线等外,设计单位不得指定生产厂、供应商。

为了使施工能准确满足设计意图,设计文件中必须注明所选用的建筑材料、建筑构配件和设备的规格、型号、性能等技术指标。这也是设计文件编制深度的要求。但是,在通用产品能保证工程质量的前提下,设计单位就不应选用特殊要求的产品,也不能滥用权力指定生产厂、供应商,以免限制建设单位或者施工单位在材料等采购上的自主权,导致垄断或者变相垄断现象的发生。

6. 依法对设计文件进行技术交底

《建设工程质量管理条例》第二十三条规定,"设计单位应当就审查合格的施工图设计文件向施工单位作出详细说明。"

设计文件的技术交底,是指设计单位将设计意图、特殊工艺要求,以及建筑、结构、设备等各专业在施工中的难点、疑点和容易发生的问题等向施工单位作详细说明,并负责解释施工单位对设计图纸的疑问。

对设计文件进行技术交底是设计单位的重要义务,对确保工程质量有重要的意义。

7. 依法参与建设工程质量事故分析

《建设工程质量管理条例》规定，设计单位应当参与建设工程质量事故分析，并对因设计造成的质量事故，提出相应的技术处理方案。

工程质量的好坏，在一定程度上就是工程建设是否准确贯彻了设计意图。因此，一旦发生了质量事故，该工程的设计单位最有可能在短时间内发现存在的问题，对事故的分析具有权威性。这对及时进行事故处理十分有利。对因设计造成的质量事故，原设计单位必须提出相应的技术处理方案，这是设计单位的法定义务。

8.3.3 工程监理单位相关的质量责任和义务 ·················· ●

工程监理单位接受建设单位的委托，代表建设单位，对建设工程进行管理。因此，工程监理单位也是建设工程质量的责任主体之一。

1. 依法承担工程监理业务

《建筑法》第三十四条规定，"工程监理单位应当在其资质等级许可的监理范围内，承担工程监理业务。工程监理单位不得转让工程监理业务。"

《建设工程质量管理条例》进一步规定，工程监理单位应当依法取得相应等级的资质证书，并在其资质等级许可的范围内承担工程监理业务。禁止工程监理单位超越本单位资质等级许可的范围或者以其他工程监理单位的名义承担工程监理业务。禁止工程监理单位允许其他单位或者个人以本单位的名义承担工程监理业务。工程监理单位不得转让工程监理业务。

监理单位必须按照资质等级承担工程监理业务。越级监理、允许其他单位或者个人以本单位的名义承担监理业务等，都将使工程监理变得有名无实，最终将对工程质量造成危害。监理单位转让工程监理业务，与施工单位转包工程有着同样的危害性。

2. 对有隶属关系或其他利害关系的回避

《建筑法》《建设工程质量管理条例》都规定，工程监理单位与被监理工程的施工承包单位以及建筑材料、建筑构配件和设备供应单位有隶属关系或者其他利害关系的，不得承担该项建设工程的监理业务。

由于工程监理单位与被监理工程的承包单位以及建筑材料、建筑构配件和设备供应单位之间，是一种监督与被监督的关系，为了保证客观、公正执行监理任务，工程监理单位与上述单位不能有隶属关系或者其他利害关系。如果有这种关系，工程监理单位在接受监理委托前，应当自行回避；对于没有回避而被发现的，建设单位可以依法解除委托关系。

3. 监理工作的依据和监理责任

《建设工程质量管理条例》第三十六条规定，"工程监理单位应当依照法律、法规以及有关技术标准、设计文件和建设工程承包合同，代表建设单位对施工质量实施监理，并对施工质量承担监理责任。"

《建筑工程五方责任主体项目负责人质量终身责任追究暂行办法》进一步规定，监理单位总监理工程师应当按照法律法规、有关技术标准、设计文件和工程承包合同进行监理，对施工质量承担监理责任。

监理工作的主要依据是：

（1）法律、法规，如《民法典》《建筑法》《建设工程质量管理条例》等；

（2）有关技术标准，如工程建设强制性标准以及建设工程承包合同中确认采用的推荐性标准等；

（3）设计文件，施工图设计等设计文件既是施工的依据，也是监理单位对施工活动进行监督管理的依据；

（4）建设工程承包合同，监理单位据此监督施工单位是否全面履行合同约定的义务。

监理单位对施工质量承担监理责任，包括违约责任和违法责任两个方面：

（1）违约责任。如果监理单位不按照监理合同约定履行监理义务，给建设单位或其他单位造成损失的，应当承担相应的赔偿责任。

（2）违法责任。如果监理单位违法监理，或者降低工程质量标准，造成质量事故的，要承担相应的法律责任。

4. 工程监理的职责和权限

《建设工程质量管理条例》第三十七条规定，"工程监理单位应当选派具备相应资格的总监理工程师和监理工程师进驻施工现场。未经监理工程师签字，建筑材料、建筑构配件和设备不得在工程上使用或者安装，施工单位不得进行下一道工序的施工。未经总监理工程师签字，建设单位不拨付工程款，不进行竣工验收。"

监理单位应根据所承担的监理任务，组建驻工地监理机构。监理机构一般由总监理工程师、监理工程师和其他监理人员组成。工程监理实行总监理工程师负责制。总监理工程师依法在授权范围内可以发布有关指令，全面负责受委托的监理工程。监理工程师拥有对建筑材料、建筑构配件和设备以及每道施工工序的检查权，对检查不合格的，有权决定是否允许在工程上使用或进行下一道工序的施工。

5. 工程监理的形式

《建设工程质量管理条例》第三十八条规定，"监理工程师应当按照工程监理规范的要求，采取旁站、巡视和平行检验等形式，对建设工程实施监理。"

所谓旁站，是指对工程中有关地基和结构安全的关键工序和关键施工过程，进行连续不断地监督检查或检验的监理活动，有时甚至要连续跟班监理。所谓巡视，主要是强调除了关键点的质量控制外，监理工程师还应对施工现场进行面上的巡查监理。所谓平行检验，主要是强调监理单位对施工单位已经检验的工程应及时进行检验。对于关键性、较大体量的工程实物，采取分段后平行检验的方式，有利于及时发现质量问题，及时采取措施予以纠正。

8.3.4 政府部门工程质量监督管理的相关规定 ·····················●

为了确保建设工程质量，保障公共安全和人民生命财产安全，政府必须加强对建设工程质量的监督管理。因此，《建设工程质量管理条例》第四十三条规定，"国家实行建设工程质量监督管理制度。"

1. 我国的建设工程质量监督管理体制

《建设工程质量管理条例》第四十三条规定,"国务院建设行政主管部门对全国的建设工程质量实施统一监督管理。国务院铁路、交通、水利等有关部门按照国务院规定的职责分工,负责对全国的有关专业建设工程质量的监督管理。"

国务院发展计划部门按照国务院规定的职责,组织稽查特派员,对国家出资的重大建设项目实施监督检查。国务院经济贸易主管部门按照国务院规定的职责,对国家重大技术改造项目实施监督检查。

县级以上地方人民政府建设行政主管部门对本行政区域内的建设工程质量实施监督管理。县级以上地方人民政府交通、水利等有关部门在各自的职责范围内,负责对本行政区域内的专业建设工程质量的监督管理。建设工程质量监督管理,可以由建设行政主管部门或者其他有关部门委托的建设工程质量监督机构具体实施。

从事房屋建筑工程和市政基础设施工程质量监督的机构,必须按照国家有关规定经国务院建设行政主管部门或者省、自治区、直辖市人民政府建设行政主管部门考核;从事专业建设工程质量监督的机构,必须按照国家有关规定经国务院有关部门或者省、自治区、直辖市人民政府有关部门考核。经考核合格后,方可实施质量监督。

在政府加强监督的同时,还要发挥社会监督的巨大作用,即任何单位和个人对建设工程的质量事故、质量缺陷都有权检举、控告、投诉。

2. 政府监督检查的内容和有权采取的措施

《建设工程质量管理条例》规定,国务院建设行政主管部门和国务院铁路、交通、水利等有关部门以及县级以上地方人民政府建设行政主管部门和其他有关部门,应当加强对有关建设工程质量的法律、法规和强制性标准执行情况的监督检查。

县级以上人民政府建设行政主管部门和其他有关部门履行监督检查职责时,有权采取下列措施:

（1）要求被检查的单位提供有关工程质量的文件和资料;

（2）进入被检查单位的施工现场进行检查;

（3）发现有影响工程质量的问题时,责令改正。

有关单位和个人对县级以上人民政府建设行政主管部门和其他有关部门进行的监督检查应当支持与配合,不得拒绝或者阻碍建设工程质量监督检查人员依法执行职务。

3. 禁止滥用权力的行为

《建设工程质量管理条例》第五十一条规定,"供水、供电、供气、公安消防等部门或者单位不得明示或者暗示建设单位、施工单位购买其指定的生产供应单位的建筑材料、建筑构配件和设备。"

在实践中,一些部门或单位利用其管理职能或者垄断地位指定生产厂家或产品的现象较多,如果建设单位或者施工单位不采用,就在竣工验收时故意刁难或不予验收,不准投入使用。这种非法滥用职权的行为,是法律所禁止的。

4. 建设工程质量事故报告制度

《建设工程质量管理条例》第五十二条规定，"建设工程发生质量事故，有关单位应当在24小时内向当地建设行政主管部门和其他有关部门报告。对重大质量事故，事故发生地的建设行政主管部门和其他有关部门应当按照事故类别和等级向当地人民政府和上级建设行政主管部门和其他有关部门报告。特别重大质量事故的调查程序按照国务院有关规定办理。"

2007年4月公布的《生产安全事故报告和调查处理条例》规定，特别重大事故，是指造成30人以上死亡，或者100人以上重伤（包括急性工业中毒），或者1亿元以上直接经济损失的事故。特别重大事故、重大事故逐级上报至国务院安全生产监督管理部门和负有安全生产监督管理职责的有关部门。每级上报的时间不得超过2小时。必要时，安全生产监督管理部门和负有安全生产监督管理职责的有关部门可以越级上报事故情况。

8.4 建设工程竣工验收制度

思 政 拓 展

工程项目的竣工验收制度是施工全过程的最后一道工序，也是工程项目管理的最后一项工作。它是建设投资成果转入生产或使用的标志，也是全面考核投资效益、检验设计和施工质量的重要环节。

8.4.1 竣工验收的主体和法定条件 ···●

1. 建设工程竣工验收的主体

《建设工程质量管理条例》第十六条规定，"建设单位收到建设工程竣工报告后，应当组织设计、施工、工程监理等有关单位进行竣工验收。"

对工程进行竣工检查和验收，是建设单位法定的权利和义务。在建设工程完工后，承包单位应当向建设单位提供完整的竣工资料和竣工验收报告，提请建设单位组织竣工验收。建设单位收到竣工验收报告后，应及时组织有设计、施工、工程监理等有关单位参加的竣工验收，检查整个工程项目是否已按照设计要求和合同约定全部建设完成，并符合竣工验收条件。

2. 竣工验收应当具备的法定条件

《建筑法》第六十一条规定，"交付竣工验收的建筑工程，必须符合规定的建筑工程质量标准，有完整的工程技术经济资料和经签署的工程保修书，并具备国家规定的其他竣工条件。

建筑工程竣工经验收合格后，方可交付使用；未经验收或者验收不合格的，不得交付使用。"

《建设工程质量管理条例》进一步规定，建设工程竣工验收应当具备下列条件：

（1）完成建设工程设计和合同约定的各项内容；

（2）有完整的技术档案和施工管理资料；

（3）有工程使用的主要建筑材料、建筑构配件和设备的进场试验报告；

（4）有勘察、设计、施工、工程监理等单位分别签署的质量合格文件；

（5）有施工单位签署的工程保修书。

建设工程经验收合格的，方可交付使用。

1）完成建设工程设计和合同约定的各项内容

建设工程设计和合同约定的内容，主要是指设计文件所确定的以及承包合同"承包人承揽工程项目一览表"中载明的工作范围，也包括监理工程师签发的变更通知单中所确定的工作内容。

2）有完整的技术档案和施工管理资料

《建设工程文件归档规范》GB/T 50328—2014（2019年局部修订）规定，建设工程档案的验收应纳入建设工程竣工联合验收环节。

工程技术档案和施工管理资料是工程竣工验收和质量保证的重要依据之一，主要包括以下档案和资料：

①工程项目竣工验收报告；

②分项、分部工程和单位工程技术人员名单；

③图纸会审和技术交底记录；

④设计变更通知单，技术变更核实单；

⑤工程质量事故发生后调查和处理资料；

⑥隐蔽验收记录及施工日志；

⑦竣工图；

⑧质量检验评定资料；

⑨合同约定的其他资料。

3）有工程使用的主要建筑材料、建筑构配件和设备的进场试验报告

对建设工程使用的主要建筑材料、建筑构配件和设备，除须具有质量合格证明资料外，还应当有进场试验、检验报告，其质量要求必须符合国家规定的标准。

4）有勘察、设计、施工、工程监理等单位分别签署的质量合格文件

勘察、设计、施工、工程监理等有关单位要依据工程设计文件及承包合同所要求的质量标准，对竣工工程进行检查评定；符合规定的，应当签署合格文件。

5）有施工单位签署的工程保修书

施工单位同建设单位签署的工程保修书，也是交付竣工验收的条件之一。

凡是没有经过竣工验收或者经过竣工验收确定为不合格的建设工程，不得交付使用。如果建设单位为提前获得投资效益，在工程未经验收就提前投产或使用，由此而发生的质量等

问题，建设单位要承担相应的质量责任。

8.4.2　施工单位应提交的档案资料 ·····················●

《建设工程质量管理条例》第十七条规定，"建设单位应当严格按照国家有关档案管理的规定，及时收集、整理建设项目各环节的文件资料，建立健全建设项目档案，并在建设工程竣工验收后，及时向建设行政主管部门或者其他有关部门移交建设项目档案。"

2019年3月住房和城乡建设部经修改后发布的《城市建设档案管理规定》中规定，建设单位应当在工程竣工验收后3个月内，向城建档案馆报送一套符合规定的建设工程档案。凡建设工程档案不齐全的，应当限期补充。对改建、扩建和重要部位维修的工程，建设单位应当组织设计、施工单位据实修改、补充和完善原建设工程档案。

《建设工程文件归档规范》GB/T 50328—2014规定，勘察、设计、施工、监理等单位应将本单位形成的工程文件立卷后向建设单位移交。

建设工程项目实行总承包管理的，总包单位应负责收集、汇总各分包单位形成的工程档案，并应及时向建设单位移交；各分包单位应将本单位形成的工程文件整理、立卷后及时移交总包单位。建设工程项目由几个单位承包的，各承包单位应负责收集、整理立卷其承包项目的工程文件，并应及时向建设单位移交。

每项建设工程应编制一套电子档案，随纸质档案一并移交城建档案管理机构。电子档案签署了具有法律效力的电子印章或电子签名的，可不移交相应纸质档案。

8.4.3　规划、消防、节能、环保等验收的规定 ···········●

《建设工程质量管理条例》第四十九条规定，"建设单位应当自建设工程竣工验收合格之日起15日内，将建设工程竣工验收报告和规划、公安消防、环保等部门出具的认可文件或者准许使用文件报建设行政主管部门或者其他有关部门备案。"

1. 建设工程竣工规划验收

2019年4月经修改后公布的《中华人民共和国城乡规划法》（下简称《城乡规划法》）第四十五条规定，"县级以上地方人民政府城乡规划主管部门按照国务院规定对建设工程是否符合规划条件予以核实。未经核实或者经核实不符合规划条件的，建设单位不得组织竣工验收。建设单位应当在竣工验收后六个月内向城乡规划主管部门报送有关竣工验收资料。"

建设工程竣工后，建设单位应当依法向城乡规划行政主管部门提出竣工规划验收申请，由城乡规划行政主管部门按照选址意见书、建设用地规划许可证、建设工程规划许可证、乡村建设规划许可证及其有关规划的要求，对建设工程进行规划验收，包括对建设用地范围内的各项工程建设情况，建筑物的使用性质、位置、间距、层数、标高、平面、立面、外墙装饰材料和色彩，各类配套服务设施、临时施工用房、施工场地等进行全面核查，并作出验收记录。对于验收合格的，由城乡规划行政主管部门出具规划认可文件或核发建设工程竣工规划验收合格证。

《城乡规划法》还规定，建设单位未在建设工程竣工验收后6个月内向城乡规划主管部门报送有关竣工验收资料的，由所在地城市、县人民政府城乡规划主管部门责令限期补报；逾期不补报的，处1万元以上5万元以下的罚款。

2. 建设工程竣工消防验收

2021年4月经修改后公布的《中华人民共和国消防法》（下简称《消防法》）第十三条规定，"国务院住房和城乡建设主管部门规定应当申请消防验收的建设工程竣工，建设单位应当向住房和城乡建设主管部门申请消防验收。"

上述规定以外的其他建设工程，建设单位在验收后应当报住房和城乡建设主管部门备案，住房和城乡建设主管部门应当进行抽查。依法应当进行消防验收的建设工程，未经消防验收或者消防验收不合格的，禁止投入使用；其他建设工程经依法抽查不合格的，应当停止使用。

依法应当进行消防验收的建设工程，未经消防验收或者消防验收不合格，擅自投入使用的，《消防法》第五十八条规定，"由住房和城乡建设主管部门、消防救援机构按照各自职权责令停止施工、停止使用或者停产停业，并处三万元以上三十万元以下罚款。"

3. 建设工程竣工环保验收

2017年7月国务院经修改后发布的《建设项目环境保护管理条例》第十七条规定，"编制环境影响报告书、环境影响报告表的建设项目竣工后，建设单位应当按照国务院环境保护行政主管部门规定的标准和程序，对配套建设的环境保护设施进行验收，编制验收报告。建设单位在环境保护设施验收过程中，应当如实查验、监测、记载建设项目环境保护设施的建设和调试情况，不得弄虚作假。除按照国家规定需要保密的情形外，建设单位应当依法向社会公开验收报告。"

分期建设、分期投入生产或者使用的建设项目，其相应的环境保护设施应当分期验收。

编制环境影响报告书、环境影响报告表的建设项目，其配套建设的环境保护设施经验收合格，方可投入生产或者使用；未经验收或者验收不合格的，不得投入生产或者使用。

4. 建筑工程节能验收

2018年10月经修改后公布的《中华人民共和国节约能源法》第十五条规定，"国家实行固定资产投资项目节能评估和审查制度。不符合强制性节能标准的项目，建设单位不得开工建设；已经建成的，不得投入生产、使用。政府投资项目不符合强制性节能标准的，依法负责项目审批的机关不得批准建设。"

2008年8月国务院发布的《民用建筑节能条例》进一步规定，建设单位组织竣工验收，应当对民用建筑是否符合民用建筑节能强制性标准进行查验；对不符合民用建筑节能强制性标准的，不得出具竣工验收合格报告。

建筑节能工程施工质量的验收，主要应按照国家标准《建筑节能工程施工质量验收标准》GB 50411—2019以及《建筑工程施工质量验收统一标准》GB 50300—2013、各专业工程施工质量验收规范等执行。单位工程竣工验收应在建筑节能分部工程验收合格后进行。

建筑节能工程为单位建筑工程的一个分部工程，并按规定划分为分项工程和检验批。建筑节能工程应按照分项工程进行验收，如墙体节能工程、幕墙节能工程、门窗节能工程、屋面节能工程、地面节能工程、采暖节能工程、通风与空气调节节能工程、配电与照明节能工程等。当建筑节能分项工程的工程量较大时，可以将分项工程划分为若干个检验批进行验收。当建筑节能工程验收无法按照要求划分分项工程或检验批时，可由建设、施工、监理等各方协商进行划分。但验收项目、验收内容、验收标准和验收记录均应遵守《建筑节能工程施工质量验收标准》GB 50411—2019 的规定。

（1）建筑节能分部工程进行质量验收的条件

建筑节能分部工程的质量验收，应在检验批、分项工程全部合格的基础上，进行建筑围护结构的外墙节能构造实体检验，严寒、寒冷和夏热冬冷地区的外窗气密性现场检测，以及系统节能性能检测和系统联合试运转与调试，确认建筑节能工程质量达到验收的条件后方可进行。

（2）建筑节能分部工程验收的组织

建筑节能工程验收的程序和组织应遵守《建筑工程施工质量验收统一标准》GB 50300—2013 的要求，并符合下列规定：①节能工程的检验批验收和隐蔽工程验收应由监理工程师主持，施工单位相关专业的质量检查员与施工员参加；②节能分项工程验收应由监理工程师主持，施工单位项目技术负责人和相关专业的质量检查员、施工员参加，必要时可邀请设计单位相关专业的人员参加；③节能分部工程验收应由总监理工程师（建设单位项目负责人）主持，施工单位项目经理、项目技术负责人和相关专业的质量检查员、施工员参加，施工单位的质量或技术负责人应参加，设计单位节能设计人员应参加。

（3）建筑节能工程专项验收应注意事项

1）建筑节能工程验收重点是检查建筑节能工程效果是否满足设计及规范要求，监理和施工单位应加强和重视节能验收工作，对验收中发现的工程实物质量问题及时解决。

2）工程项目存在以下问题之一的，监理单位不得组织节能工程验收：

①未完成建筑节能工程设计内容的；

②隐蔽验收记录等技术档案和施工管理资料不完整的；

③工程使用的主要建筑材料、建筑构配件和设备未提供进场检验报告的，未提供相关的节能性检测报告的；

④工程存在违反强制性标准的质量问题而未整改完毕的；

⑤对监督机构发出的责令整改内容未整改完毕的；

⑥存在其他违反法律、法规行为而未处理完毕的。

3）工程项目验收存在以下问题之一的，应重新组织建筑节能工程验收：

①验收组织机构不符合法规及规范要求的；

②参加验收人员不具备相应资格的；

③参加验收各方主体验收意见不一致的；

④验收程序和执行标准不符合要求的；

⑤各方提出的问题未整改完毕的。

4）单位工程在办理竣工备案时应提交建筑节能相关资料，不符合要求的不予备案。

（4）建筑工程节能验收违法行为应承担的法律责任

《民用建筑节能条例》规定，建设单位对不符合民用建筑节能强制性标准的民用建筑项目出具竣工验收合格报告的，由县级以上地方人民政府建设主管部门责令改正，处民用建筑项目合同价款 2% 以上 4% 以下的罚款；造成损失的，依法承担赔偿责任。

8.4.4 竣工工程质量争议的处理 ·······················●

竣工验收是工程建设活动的最后阶段。在此阶段，建设单位与施工单位容易就合同价款结算、质量缺陷等引起纠纷，导致建设工程不能及时办理竣工验收或完成竣工验收。

1. 工程竣工结算

《民法典》第七百九十九条规定，"建设工程竣工后，发包人应当根据施工图纸及说明书、国家颁发的施工验收规范和质量检验标准及时进行验收。验收合格的，发包人应当按照约定支付价款，并接收该建设工程。"《建筑法》也规定，发包单位应当按照合同的约定，及时拨付工程款项。

2021 年 2 月公布的《行政事业性国有资产管理条例》第三十一条规定，"各部门及其所属单位采用建设方式配置资产的，应当在建设项目竣工验收合格后及时办理资产交付手续，并在规定期限内办理竣工财务决算，期限最长不得超过 1 年。各部门及其所属单位对已交付但未办理竣工财务决算的建设项目，应当按照国家统一的会计制度确认资产价值。"

（1）工程竣工结算方式

财政部、建设部《建设工程价款结算暂行办法》（财建〔2004〕369 号）第十四条规定，"工程完工后，双方应按照约定的合同价款及合同价款调整内容以及索赔事项，进行工程竣工结算。"工程竣工结算分为单位工程竣工结算、单项工程竣工结算和建设项目竣工总结算。

（2）竣工结算文件的编制、提交与审查

1）竣工结算文件的提交

2013 年 12 月住房城乡建设部发布的《建筑工程施工发包与承包计价管理办法》第十八条规定，"承包方应当在工程完工后的约定期限内提交竣工结算文件。"

《建设工程价款结算暂行办法》第十四条规定，"承包人应在合同约定期限内完成项目竣工结算编制工作，未在规定期限内完成的并且提不出正当理由延期的，责任自负。"

2）竣工结算文件的编审

单位工程竣工结算由承包人编制，发包人审查；实行总承包的工程，由具体承包人编制，在总包人审查的基础上，发包人审查。

单项工程竣工结算或建设项目竣工总结算由总（承）包人编制，发包人可直接进行审查，也可以委托具有相应资质的工程造价咨询机构进行审查。政府投资项目，由同级财政部门审查。单项工程竣工结算或建设项目竣工总结算经发、承包人签字盖章后有效。

《建筑工程施工发包与承包计价管理办法》第十八条规定，"国有资金投资建筑工程的发包方，应当委托具有相应资质的工程造价咨询企业对竣工结算文件进行审核，并在收到竣工结算文件后的约定期限内向承包方提出由工程造价咨询企业出具的竣工结算文件审核意见；逾期未答复的，按照合同约定处理，合同没有约定的，竣工结算文件视为已被认可。"

非国有资金投资的建筑工程发包方，应当在收到竣工结算文件后的约定期限内予以答复，逾期未答复的，按照合同约定处理，合同没有约定的，竣工结算文件视为已被认可；发包方对竣工结算文件有异议的，应当在答复期内向承包方提出，并可以在提出异议之日起的约定期限内与承包方协商；发包方在协商期内未与承包方协商或者经协商未能与承包方达成协议的，应当委托工程造价咨询企业进行竣工结算审核，并在协商期满后的约定期限内向承包方提出由工程造价咨询企业出具的竣工结算文件审核意见。

3）承包方异议的处理

承包方对发包方提出的工程造价咨询企业竣工结算审核意见有异议的，在接到该审核意见后1个月内，可以向有关工程造价管理机构或者有关行业组织申请调解，调解不成的，可以依法申请仲裁或者向人民法院提起诉讼。

4）竣工结算文件的确认与备案

工程竣工结算文件经发承包双方签字确认的，应当作为工程决算的依据，未经对方同意，另一方不得就已生效的竣工结算文件委托工程造价咨询企业重复审核。发包方应当按照竣工结算文件及时支付竣工结算款。

竣工结算文件应当由发包方报工程所在地县级以上地方人民政府住房城乡建设主管部门备案。

（3）竣工结算文件的审查期限

《建设工程价款结算暂行办法》第十四条规定，"单项工程竣工后，承包人应在提交竣工验收报告的同时，向发包人递交竣工结算报告及完整的结算资料，发包人应按相应规定时限进行核对（审查）并提出审查意见。"

建设项目竣工总结算在最后一个单项工程竣工结算审查确认后15天内汇总，送发包人后30天内审查完成。

《建筑工程施工发包与承包计价管理办法》规定，发承包双方在合同中对竣工结算文件提交、审核的期限没有明确约定的，应当按照国家有关规定执行；国家没有规定的，可认为其约定期限均为28日。

（4）工程竣工价款结算

《建设工程价款结算暂行办法》第十四条规定，"发包人收到承包人递交的竣工结算报告及完整的结算资料后，应按以上规定的期限（合同约定有期限的，从其约定）进行核实，给予确认或者提出修改意见。"

工程竣工结算以合同工期为准，实际施工工期比合同工期提前或延后，发、承包双方应按合同约定的奖惩办法执行。

（5）索赔及合同以外零星项目工程价款结算

发承包人未能按合同约定履行自己的各项义务或发生错误，给另一方造成经济损失的，由受损方按合同约定提出索赔，索赔金额按合同约定支付。

发包人要求承包人完成合同以外零星项目，承包人应在接受发包人要求的 7 天内就用工数量和单价、机械台班数量和单价、使用材料和金额等向发包人提出施工签证，发包人签证后施工，如发包人未签证，承包人施工后发生争议的，责任由承包人自负。

发包人和承包人要加强施工现场的造价控制，及时对工程合同外的事项如实记录并履行书面手续。凡由发、承包双方授权的现场代表签字的现场签证以及发、承包双方协商确定的索赔等费用，应在工程竣工结算中如实办理，不得因发、承包双方现场代表的中途变更改变其有效性。

（6）未按规定时限办理事项的处理

发包人收到竣工结算报告及完整的结算资料后，在《建设工程价款结算暂行办法》规定或合同约定期限内，对结算报告及资料没有提出意见，则视同认可。

承包人如未在规定时间内提供完整的工程竣工结算资料，经发包人催促后 14 天内仍未提供或没有明确答复，发包人有权根据已有资料进行审查，责任由承包人自负。

根据确认的竣工结算报告，承包人向发包人申请支付工程竣工结算款。发包人应在收到申请后 15 天内支付结算款，到期没有支付的应承担违约责任。承包人可以催告发包人支付结算价款，如达成延期支付协议，发包人应按同期银行贷款利率支付拖欠工程价款的利息。如未达成延期支付协议，承包人可以与发包人协商将该工程折价，或申请人民法院将该工程依法拍卖，承包人就该工程折价或者拍卖的价款优先受偿。

《行政事业性国有资产管理条例》规定，各部门及其所属单位有下列行为之一的，责令改正，情节较重的，对负有直接责任的主管人员和其他直接责任人员依法给予处分："……（五）未按照规定期限办理建设项目竣工财务决算……"

（7）工程价款结算争议处理

《建设工程价款结算暂行办法》第十八条规定，"工程造价咨询机构接受发包人或承包人委托，编审工程竣工结算，应按合同约定和实际履约事项认真办理，出具的竣工结算报告经发、承包双方签字后生效。当事人一方对报告有异议的，可对工程结算中有异议部分，向有关部门申请咨询后协商处理，若不能达成一致的，双方可按合同约定的争议或纠纷解决程序办理。"

发包人对工程质量有异议，已竣工验收或已竣工未验收但实际投入使用的工程，其质量争议按该工程保修合同执行；已竣工未验收且未实际投入使用的工程以及停工、停建工程的质量争议，应当就有争议部分的竣工结算暂缓办理，双方可就有争议的工程委托有资质的检测鉴定机构进行检测，根据检测结果确定解决方案，或按工程质量监督机构的处理决定执行，其余部分的竣工结算依照约定办理。

当事人对工程造价发生合同纠纷时，可通过下列办法解决：

1）双方协商确定；

2）按合同条款约定的办法提请调解；

3）向有关仲裁机构申请仲裁或向人民法院起诉。

《最高人民法院关于审理建设工程施工合同纠纷案件适用法律问题的解释（一）》（法释

〔2020〕25号）规定，当事人对建设工程的计价标准或者计价方法有约定的，按照约定结算工程价款。因设计变更导致建设工程的工程量或者质量标准发生变化，当事人对该部分工程价款不能协商一致的，可以参照签订建设工程施工合同时当地建设行政主管部门发布的计价方法或者计价标准结算工程价款。

（8）工程价款结算管理

《建设工程价款结算暂行办法》第二十一条规定，"工程竣工后，发、承包双方应及时办清工程竣工结算，否则，工程不得交付使用，有关部门不予办理权属登记。"

2. 竣工工程质量争议的处理

《建筑法》规定，建筑工程竣工时，屋顶、墙面不得留有渗漏、开裂等质量缺陷；对已发现的质量缺陷，建筑施工企业应当修复。《建设工程质量管理条例》规定，施工单位对施工中出现质量问题的建设工程或者竣工验收不合格的建设工程，应当负责返修。

据此，建设工程竣工时发现的质量问题或者质量缺陷，无论是建设单位的责任还是施工单位的责任，施工单位都有义务进行修复或返修。但是，对于非施工单位原因出现的质量问题或质量缺陷，其返修的费用和造成的损失是应由责任方承担。

（1）承包方责任的处理

《民法典》第八百零一条规定，"因施工人的原因致使建设工程质量不符合约定的，发包人有权请求施工人在合理期限内无偿修理或者返工、改建。"

如果承包人拒绝修理、返工或改建的，《最高人民法院关于审理建设工程施工合同纠纷案件适用法律问题的解释（一）》（法释〔2020〕25号）规定，因承包人的原因造成建设工程质量不符合约定，承包人拒绝修理、返工或者改建，发包人请求减少支付工程价款的，人民法院应予支持。

（2）发包方责任的处理

《建筑法》第五十四条规定，"建设单位不得以任何理由，要求建筑设计单位或者建筑施工企业在工程设计或者施工作业中，违反法律、行政法规和建筑工程质量、安全标准，降低工程质量。"

《最高人民法院关于审理建设工程施工合同纠纷案件适用法律问题的解释（一）》（法释〔2020〕25号）规定，发包人具有下列情形之一，造成建设工程质量缺陷，应当承担过错责任：

1）提供的设计有缺陷；

2）提供或者指定购买的建筑材料、建筑构配件、设备不符合强制性标准；

3）直接指定分包人分包专业工程。

（3）未经竣工验收擅自使用的处理

《民法典》《建筑法》《建设工程质量管理条例》均规定，建设工程竣工经验收合格后，方可交付使用；未经验收或验收不合格的，不得交付使用。

在实践中，一些建设单位出于各种原因，往往未经验收就擅自提前占有使用建设工程。为此，《最高人民法院关于审理建设工程施工合同纠纷案件适用法律问题的解释（一）》（法释〔2020〕25号）规定，建设工程未经竣工验收，发包人擅自使用后，又以使用部分质量不符合约定为由主张权利的，人民法院不予支持；但是承包人应当在建设工程的合理使用寿命内对地基基础工程和主体结构质量承担民事责任。

【典型案例】

背景资料

某钢铁厂将一幢职工宿舍楼的修建工程承包给 A 建筑公司，签订了一份建筑工程施工承包合同，对工期、质量、价款、结算等作了详细规定。合同签订后，施工顺利。在宿舍楼工程的二层内装修完毕后，该厂的员工就强行搬了进去，以后每装修完一层，就住进去一层。到工程完工时，此楼已全部被该厂员工所占用。这时，钢铁厂对宿舍楼进行验收，发现一、二层墙皮脱落，门窗开关使用不便等问题，要求施工单位返工。A 建筑公司遂对门窗进行了检修，但拒绝重新粉刷墙壁，于是钢铁厂拒付剩余的工程款。A 建筑公司便向法院起诉，要求钢铁厂付清剩余的工程款。

问题：

本案中的宿舍楼工程未经验收，钢铁厂员工便提前占据使用，其质量责任该如何承担？

【案例分析】

《民法典》《建筑法》《建设工程质量管理条例》均规定，建设工程竣工经验收合格后，方可交付使用；未经验收或验收不合格的，不得交付使用。同时，《最高人民法院关于审理建设工程施工合同纠纷案件适用法律问题的解释（一）》（法释〔2020〕25 号）规定，建设工程未经竣工验收，发包人擅自使用后，又以使用部分质量不符合约定为由主张权利的，人民法院不予支持；但是承包人应当在建设工程的合理使用寿命内对地基基础工程和主体结构质量承担民事责任。

本案中的宿舍楼工程未经竣工验收，发包方即钢铁厂员工就擅自使用，且该工程没有地基基础工程和主体结构的质量问题。根据上述法律和司法解释的规定，钢铁厂应当对工程质量承担相应责任，并应当尽快支付剩余的工程款。

8.4.5 竣工验收报告备案的规定 ●

《建设工程质量管理条例》第四十九条规定，"建设单位应当自建设工程竣工验收合格之日起 15 日内，将建设工程竣工验收报告和规划、公安消防、环保等部门出具的认可文件或者准许使用文件报建设行政主管部门或者其他有关部门备案。建设行政主管部门或者其他有关部门发现建设单位在竣工验收过程中有违反国家有关建设工程质量管理规定行为的，责令停止使用，重新组织竣工验收。"

1. 竣工验收备案的时间及须提交的文件

2009 年 10 月住房和城乡建设部经修改后发布的《房屋建筑和市政基础设施工程竣工验收备案管理办法》规定，建设单位应当自工程竣工验收合格之日起 15 日内，依照本办法规定，向工程所在地的县级以上地方人民政府建设主管部门（以下简称备案机关）备案。

根据《房屋建筑和市政基础设施工程竣工验收备案管理办法》《住房和城乡建设部关于取

消部分部门规章和规范性文件设定的证明事项（第二批）的决定》（建法规〔2020〕2号）的规定，建设单位办理工程竣工验收备案应当提交下列文件：

（1）工程竣工验收备案表；

（2）工程竣工验收报告。竣工验收报告应当包括工程报建日期，施工许可证号，施工图设计文件审查意见，勘察、设计、施工、工程监理等单位分别签署的质量合格文件及验收人员签署的竣工验收原始文件，市政基础设施的有关质量检测和功能性试验资料以及备案机关认为需要提供的有关资料；

（3）法律、行政法规规定应当由规划等部门出具的认可文件或者准许使用文件；

（4）施工单位签署的工程质量保修书；

（5）法规、规章规定必须提供的其他文件。

住宅工程还应当提交《住宅质量保证书》和《住宅使用说明书》。

2019年3月住房和城乡建设部经修改后发布的《城市地下管线工程档案管理办法》还规定，建设单位在地下管线工程竣工验收备案前，应当向城建档案管理机构移交下列档案资料：

1）地下管线工程项目准备阶段文件、监理文件、施工文件、竣工验收文件和竣工图；

2）地下管线竣工测量成果；

3）其他应当归档的文件资料（电子文件、工程照片、录像等）。

建设单位向城建档案管理机构移交的档案资料应当符合《建设工程文件归档规范》GB/T 50328—2014的要求。

2. 竣工验收备案文件的签收和处理

《房屋建筑和市政基础设施工程竣工验收备案管理办法》规定，备案机关收到建设单位报送的竣工验收备案文件，验证文件齐全后，应当在工程竣工验收备案表上签署文件收讫。工程竣工验收备案表一式两份，1份由建设单位保存，1份留备案机关存档。

工程质量监督机构应当在工程竣工验收之日起5日内，向备案机关提交工程质量监督报告。

备案机关发现建设单位在竣工验收过程中有违反国家有关建设工程质量管理规定行为的，应当在收讫竣工验收备案文件15日内，责令停止使用，重新组织竣工验收。

3. 竣工验收备案违反规定的处罚

《房屋建筑和市政基础设施工程竣工验收备案管理办法》规定，建设单位在工程竣工验收合格之日起15日内未办理工程竣工验收备案的，备案机关责令限期改正，处20万元以上50万元以下罚款。

建设单位将备案机关决定重新组织竣工验收的工程，在重新组织竣工验收前，擅自使用的，备案机关责令停止使用，处工程合同价款2%以上4%以下罚款。

建设单位采用虚假证明文件办理工程竣工验收备案的，工程竣工验收无效，备案机关责令停止使用，重新组织竣工验收，处20万元以上50万元以下罚款；构成犯罪的，依法追究刑事责任。

备案机关决定重新组织竣工验收并责令停止使用的工程，建设单位在备案之前已投入使用或者建设单位擅自继续使用造成使用人损失的，由建设单位依法承担赔偿责任。

《城市地下管线工程档案管理办法》规定，建设单位违反本办法规定，未移交地下管线工程档案的，由建设主管部门责令改正，处 1 万元以上 10 万元以下的罚款；对单位直接负责的主管人员和其他直接责任人员，处单位罚款数额 5% 以上 10% 以下的罚款；因建设单位未移交地下管线工程档案，造成施工单位在施工中损坏地下管线的，建设单位依法承担相应的责任。

8.5　建设工程质量保修制度

《建筑法》《建设工程质量管理条例》均规定，建设工程实行质量保修制度。

建设工程质量保修制度，是指建设工程竣工经验收后，在规定的保修期限内，因勘察、设计、施工、材料等原因造成的质量缺陷，应当由施工承包单位负责维修、返工或更换，由责任单位负责赔偿损失的法律制度。

8.5.1　质量保修书和最低保修期限的规定 ⋯⋯⋯⋯⋯⋯⋯⋯⋯ ●

1. 建设工程质量保修书

《建设工程质量管理条例》第三十九条规定，"建设工程承包单位在向建设单位提交工程竣工验收报告时，应当向建设单位出具质量保修书。质量保修书中应当明确建设工程的保修范围、保修期限和保修责任等。"

（1）质量保修范围

《建筑法》第六十二条规定，"建筑工程的保修范围应当包括地基基础工程、主体结构工程、屋面防水工程和其他土建工程，以及电气管线、上下水管线的安装工程，供热、供冷系统工程等项目。"当然，不同类型的建设工程，其保修范围有所不同。

（2）质量保修期限

《建筑法》规定，保修的期限应当按照保证建筑物合理寿命年限内正常使用，维护使用者合法权益的原则确定。具体的保修范围和最低保修期限，应当按照《建设工程质量管理条例》的规定执行。

（3）质量保修责任

施工单位在质量保修书中，应当向建设单位承诺保修范围、保修期限和有关具体实施保修的措施，如保修的方法、人员及联络办法，保修答复和处理时限，不履行保修责任的罚则等。

需要注意的是，施工单位在建设工程质量保修书中，应当对建设单位合理使用建设工程有所提示。如果是因建设单位或者用户使用不当或擅自改动结构、设备位置以及不当装修等造成质量问题的，施工单位不承担保修责任；由此而造成的质量受损或者其他用户损失，应当由责任人承担相应的责任。

2. 建设工程质量的最低保修期限

《建设工程质量管理条例》第四十条规定，"在正常使用条件下，建设工程的最低保修期限为：

1）基础设施工程、房屋建筑的地基基础工程和主体结构工程，为设计文件规定的该工程的合理使用年限；

2）屋面防水工程、有防水要求的卫生间、房间和外墙面的防渗漏，为5年；

3）供热与供冷系统，为2个采暖期、供冷期；

4）电气管线、给排水管道、设备安装和装修工程，为2年。

其他项目的保修期限由发包方与承包方约定。建设工程保修期的起始日是竣工验收合格之日。"

（1）地基基础工程和主体结构的保修期

基础设施工程、房屋建筑的地基基础工程和主体结构工程的质量，直接关系到基础设施工程和房屋建筑的整体安全可靠，必须在该工程的合理使用年限内予以保修，即实行终身负责制。因此，工程合理使用年限就是该工程勘察、设计、施工等单位的质量责任年限。

（2）屋面防水工程、供热与供冷系统等的最低保修期

在《建设工程质量管理条例》中，对屋面防水工程、供热与供冷系统、电气管线、给排水管道、设备安装和装修工程等的最低保修期限分别作出了规定。如果建设单位与施工单位经平等协商另行签订保修合同的，其保修期限可以高于法定的最低保修期限，但不能低于最低保修期限，否则视作无效。

（3）建设工程超过合理使用年限后需要继续使用的规定

《建设工程质量管理条例》第四十二条规定，"建设工程在超过合理使用年限后需要继续使用的，产权所有人应当委托具有相应资质等级的勘察、设计单位鉴定，并根据鉴定结果采取加固、维修等措施，重新界定使用期。"

8.5.2　质量责任的损失赔偿 ··· ●

《建设工程质量管理条例》第四十一条规定，"建设工程在保修范围和保修期限内发生质量问题的，施工单位应当履行保修义务，并对造成的损失承担赔偿责任。"

1. 保修义务的责任落实与损失赔偿责任的承担

《最高人民法院关于审理建设工程施工合同纠纷案件适用法律问题的解释（一）》（法释〔2020〕25号）规定，因保修人未及时履行保修义务，导致建筑物毁损或者造成人身损害、财产损失的，保修人应当承担赔偿责任。保修人与建筑物所有人或者发包人对建筑物毁损均有过错的，各自承担相应的责任。

2. 建设工程质量保证金

《国务院办公厅关于清理规范工程建设领域保证金的通知》（国办发〔2016〕49号）规定，对建筑业企业在工程建设中需缴纳的保证金，除依法依规设立的投标保证金、履约保证金、工程质量保证金、农民工工资保证金外，其他保证金一律取消；严禁新设保证金项目；转变

保证金缴纳方式，推行银行保函制度；未按规定或合同约定返还保证金的，保证金收取方应向建筑业企业支付逾期返还违约金；在工程项目竣工前，已经缴纳履约保证金的，建设单位不得同时预留工程质量保证金。

住房城乡建设部、财政部《建设工程质量保证金管理办法》（建质〔2017〕138号）规定，建设工程质量保证金（以下简称保证金）是指发包人与承包人在建设工程承包合同中约定，从应付的工程款中预留，用以保证承包人在缺陷责任期内对建设工程出现的缺陷进行维修的资金。

（1）缺陷责任期的确定

所谓缺陷，是指建设工程质量不符合工程建设强制性标准、设计文件，以及承包合同的约定。缺陷责任期一般为1年，最长不超过2年，由发承包双方在合同中约定。

缺陷责任期从工程通过竣工验收之日起计。由于承包人原因导致工程无法按规定期限进行竣工验收的，缺陷责任期从实际通过竣工验收之日起计。由于发包人原因导致工程无法按规定期限进行竣工验收的，在承包人提交竣工验收报告90天后，工程自动进入缺陷责任期。

（2）质量保证金的预留与使用管理

缺陷责任期内，实行国库集中支付的政府投资项目，保证金的管理应按国库集中支付的有关规定执行。其他政府投资项目，保证金可以预留在财政部门或发包方。缺陷责任期内，如发包方被撤销，保证金随交付使用资产一并移交使用单位管理，由使用单位代行发包人职责。

社会投资项目采用预留保证金方式的，发、承包双方可以约定将保证金交由第三方金融机构托管。

发包人应按照合同约定方式预留保证金，保证金总预留比例不得高于工程价款结算总额的3%。合同约定由承包人以银行保函替代预留保证金的，保函金额不得高于工程价款结算总额的3%。

推行银行保函制度，承包人可以银行保函替代预留保证金。在工程项目竣工前，已经缴纳履约保证金的，发包人不得同时预留工程质量保证金。采用工程质量保证担保、工程质量保险等其他保证方式的，发包人不得再预留保证金。

缺陷责任期内，由承包人原因造成的缺陷，承包人应负责维修，并承担鉴定及维修费用。如承包人不维修也不承担费用，发包人可按合同约定从保证金或银行保函中扣除。费用超出保证金额的，发包人可按合同约定向承包人进行索赔。承包人维修并承担相应费用后，不免除对工程的损失赔偿责任。由他人原因造成的缺陷，发包人负责组织维修，承包人不承担费用，且发包人不得从保证金中扣除费用。

（3）质量保证金的返还

缺陷责任期内，承包人认真履行合同约定的责任，到期后，承包人向发包人申请返还保证金。

发包人在接到承包人返还保证金申请后，应于14天内会同承包人按照合同约定的内容进行核实。如无异议，发包人应当按照约定将保证金返还给承包人。对返还期限没有约定或者约定不明确的，发包人应当在核实后14天内将保证金返还承包人，逾期未返还的，依法承担违约责任。发包人在接到承包人返还保证金申请后 14 天内不予答复，经催告后 14 天内仍不予答复，视同认可承包人的返还保证金申请。

发包人和承包人对保证金预留、返还以及工程维修质量、费用有争议的，按承包合同约定的争议和纠纷解决程序处理。建设工程实行工程总承包的，总承包单位与分包单位有关保证金的权利与义务的约定，参照本办法关于发包人与承包人相应权利与义务的约定执行。

《最高人民法院关于审理建设工程施工合同纠纷案件适用法律问题的解释（一）》（法释〔2020〕25 号）规定，有下列情形之一，承包人请求发包人返还工程质量保证金的，人民法院应予支持：

1）当事人约定的工程质量保证金返还期限届满；

2）当事人未约定工程质量保证金返还期限的，自建设工程通过竣工验收之日起满 2 年；

3）因发包人原因建设工程未按约定期限进行竣工验收的，自承包人提交工程竣工验收报告 90 日后当事人约定的工程质量保证金返还期限届满；当事人未约定工程质量保证金返还期限的，自承包人提交工程竣工验收报告 90 日后起满 2 年。

发包人返还工程质量保证金后，不影响承包人根据合同约定或者法律规定履行工程保修义务。

本章小结

本章基本内容包括工程建设标准，施工单位的质量责任和义务，建设单位及相关单位的质量责任和义务，建设工程竣工验收制度，建设工程质量保修制度。工程建设标准主要涉及工程建设标准的分类、工程建设强制性标准实施的规定、违法行为应承担的法律责任。施工单位的质量责任和义务主要涉及总分包单位的质量责任、按照工程设计图纸和施工技术标准施工的规定、对建筑材料及设备等进行检验检测的规定、施工质量检验和返修的规定、违法行为应承担的法律责任。

本章习题

一、选择题

请扫描二维码完成自测。

二、简答题

1. 强制性标准监督检查的内容有哪些？

2. 建设工程竣工验收应当具备的条件有哪些？

第 8 章选择题

9 环保、节能及文物保护制度

学习目标

1. 了解有关法律知识；
2. 熟悉有关法律规定；
3. 培养法律务实能力；
4. 提升学生思政素养。

思维导图

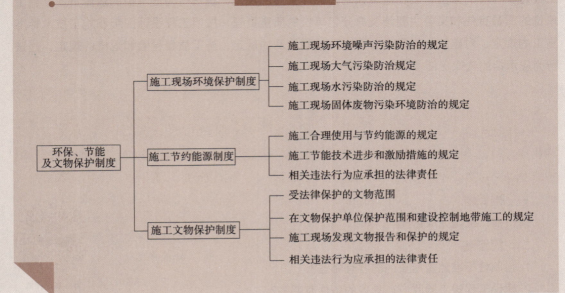

思政导引

　　"金山银山"与"绿水青山"这一论述，正在被海内外越来越多的人所知晓和接受。很重要一个原因是党的十八大以来，我国在国内国际很多场合，以此来阐明生态文明建设的重要性，为美丽中国指引方向。可以说，这一论述已经成为习近平治国理政思想的重要组成部分。

　　生态文明有时候又被称为后工业文明，从根本上改变了唯人的利益至上的传统思维模式。不管是在哪种语境中，生态文明都是环境友好型的文明形态，都需要在环境保护的前提下索取于自然并无害化废弃于自然，环境保护是实现生态文明的基础和前提。

生态环境保护任重道远

9.1　施工现场环境保护制度

9.1.1　施工现场环境噪声污染防治的规定 ·························

　　环境噪声，是指在工业生产、建筑施工、交通运输和社会生活中所产生的干扰周围生活环境的声音。环境噪声污染，则是指产生的环境噪声超过国家规定的环境噪声排放标准，并干扰他人正常生活、工作和学习的现象。

　　在工程建设领域，环境噪声污染的防治主要包括两个方面：一是施工现场环境噪声污染的防治；二是建设项目环境噪声污染的防治。前者主要解决建设工程施工过程中产生的施工噪声污染问题，后者则是要解决建设项目建成后使用过程中可能产生的环境噪声污染问题。

1. 施工现场环境噪声污染的防治

　　施工噪声，是指在建设工程施工过程中产生的干扰周围生活环境的声音。随着城市化的持续发展和大规模的工程建设，施工噪声污染问题日益突出，尤其是在城市中心地区施工所产生的噪声污染，不仅影响周围居民的正常生活，还损害城市的环境形象。因此，依法加强施工现场噪声管理、有效防治施工噪声污染是非常必要的。

　　（1）建筑施工场界环境噪声排放标准的规定

　　2021年12月公布的《中华人民共和国噪声污染防治法》（下简称《噪声污染防治法》）规定，所谓建筑施工噪声，是指建筑施工过程中产生的干扰周围生活环境的声音。建筑施工场界，是指由有关主管部门批准的建筑施工场地边界或建筑施工过程中实际使用的施工场地边界。《建筑施工场界环境噪声排放标准》GB 12523—2011 中规定，建筑施工过程中场界环境噪声不得超过规定的排放限值。建筑施工场界环境噪声排放限值，昼间 70dB（A），夜间55dB（A）。夜间噪声最大声级超过限值的幅度不得高于 15dB（A）。"昼间"是指 6：00 至22：00 之间的时段；"夜间"是指 22：00 至次日 6：00 之间的时段。县级以上人民政府为环境噪声污染防治的需要（如考虑时差、作息习惯差异等）而对昼间、夜间的划分另有规定的，应按其规定执行。

特别提示

　　dB 是英文 Decibel（分贝）的缩写，是噪声强度的单位。（A）是指频率加权特性为 A，A 计权声级是目前世界上噪声测量中应用最广泛的一种。

　　（2）使用机械设备可能产生环境噪声污染须申报的规定

　　在城市市区范围内，建筑施工过程中使用机械设备，可能产生环境噪声污染的，施工单位必须在工程开工 15 日以前向工程所在地县级以上地方人民政府生态环境主管部门申报该工程的项目名称、施工场所和期限、可能产生的环境噪声值以及所采取的环境噪声污染防治措施的情况。

　　（3）禁止夜间进行产生环境噪声污染施工作业的规定

　　在城市市区噪声敏感建筑物集中区域内，禁止夜间进行产生环境噪声污染的建筑施工作业，但抢修、抢险作业和因生产工艺上要求或者特殊需要必须连续作业的除外。因特殊需要必须连续作业的，必须有县级以上人民政府或者其有关主管部门的证明。以上规定的夜间作业，必须公告附近居民。

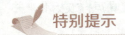

特别提示

　　所谓噪声敏感建筑物集中区域，是指医疗区、文教科研区和以机关或者居民住宅为主的区域。所谓噪声敏感建筑物，是指医院、学校、机关、科研单位、住宅等需要保持安静的建筑物。

　　（4）政府监管部门现场检查的规定

　　县级以上人民政府生态环境主管部门和其他环境噪声污染防治工作的监督管理部门、机构，有权依据各自的职责对管辖范围内排放环境噪声的单位进行现场检查。

　　被检查的单位必须如实反映情况，并提供必要的资料。检查部门、机构应当为被检查的单位保守技术秘密和业务秘密。检查人员进行现场检查，应当出示证件。

2. 建设项目环境噪声污染的防治

　　城市道桥、铁路（包括轻轨）、工业厂房等建设项目，在建成后的使用过程中可能会对周围环境产生噪声污染。因此，建设单位在建设前期就须依法规定防治措施，并同步建设环境噪声污染防治设施。

新建、改建、扩建的建设项目，必须遵守国家有关建设项目环境保护管理的规定。

建设项目可能产生环境噪声污染的，建设单位必须提出环境影响报告书，规定环境噪声污染的防治措施，并按照国家规定的程序报生态环境主管部门批准。环境影响报告书中，应当有该建设项目所在地单位和居民的意见。

建设项目的环境噪声污染防治设施必须与主体工程同时设计、同时施工、同时投产使用。例如，建设经过已有的噪声敏感建筑物集中区域的高速公路和城市高架、轻轨道路，有可能造成环境噪声污染的，应当设置声屏障或者采取其他有效的控制环境噪声污染的措施；在已有的城市交通干线的两侧建设噪声敏感建筑物的，建设单位应当按照国家规定间隔一定距离，并采取减轻、避免交通噪声影响的措施等。

建设项目在投入生产或者使用之前，其环境噪声污染防治设施必须按照国家规定的标准和程序进行验收；达不到国家规定要求的，该建设项目不得投入生产或者使用。

3. 对产生环境噪声污染企业事业单位的规定

产生环境噪声污染的企业事业单位，必须保持防治环境噪声污染的设施的正常使用；拆除或者闲置环境噪声污染防治设施的，必须事先报经所在地的县级以上地方人民政府生态环境主管部门批准。

产生环境噪声污染的单位，应当采取措施进行治理，并按照国家规定缴纳超标准排污费。征收的超标准排污费必须用于污染的防治，不得挪作他用。

对于在噪声敏感建筑物集中区域内造成严重环境噪声污染的企业事业单位，限期治理。被限期治理的单位必须按期完成治理任务。

4. 施工现场环境噪声污染防治违法行为应承担的法律责任

未经生态环境主管部门批准，擅自拆除或者闲置环境噪声污染防治设施，致使环境噪声排放超过规定标准的，由县级以上地方人民政府生态环境主管部门责令改正，并处罚款。

排放环境噪声的单位违反规定，拒绝生态环境主管部门或者其他依照本法规定行使环境噪声监督管理权的部门、机构现场检查或者在被检查时弄虚作假的，生态环境主管部门或者其他依照本法规定行使环境噪声监督管理权的监督管理部门、机构可以根据不同情节，给予警告或者处以罚款。

建筑施工单位违反规定，在城市市区噪声敏感建筑物集中区域内，夜间进行禁止进行的产生环境噪声污染的建筑施工作业的，由工程所在地县级以上地方人民政府生态环境主管部门责令改正，可以并处罚款。

机动车辆不按照规定使用声响装置的，由当地公安机关根据不同情节给予警告或者处以罚款。

受到环境噪声污染危害的单位和个人，有权要求加害人排除危害；造成损失的，依法赔偿损失。赔偿责任和赔偿金额的纠纷，可以根据当事人的请求，由生态环境主管部门或者其他环境噪声污染防治工作的监督管理部门、机构调解处理；调解不成的，当事人可以向人民法院起诉。当事人也可以直接向人民法院起诉。

【典型案例】

背景资料

某日 22：00 以后，某市城管执法队员接群众举报，在某工地内有产生噪声污染的建筑施工作业，严重影响了周围居民的休息。城管执法队员经调查取证后了解到，噪声源为混凝土施工，施工场界噪声经测试为 72.4dB，该施工单位未办理过任何夜间施工手续并公告附近居民，也非抢险、抢修等特殊作业。

问题：

1. 本案中，施工单位的夜间施工作业有无违法行为？

2. 本案中的施工单位应当接受哪些行政处罚？

【案例分析】

1. 本案中的施工单位违反了有关夜间施工作业的法律规定。《噪声污染防治法》第四十三条规定，"在噪声敏感建筑物集中区域，禁止夜间进行产生噪声的建筑施工作业，但抢修、抢险作业，因生产工艺上要求或者特殊需要必须连续作业的除外。因特殊需要必须连续施工作业的。"该施工单位的夜间作业不属于抢修、抢险作业，也没有县级以上人民政府或有关主管部门出具的因生产工艺上要求或特殊需要而必须连续作业的证明，并且未向附近居民进行公告。经检测，该施工场界噪声为 72.4dB，超过了《建筑施工场界环境噪声排放标准》GB 12523—2011 关于建筑施工场界环境噪声排放限值夜间 55dB（A），且夜间噪声最大声级超过限值的幅度不得高于 15dB（A）的规定。据此，其夜间施工作业构成了环境噪声污染的违法行为。

2. 该施工单位应当接受市生态环境主管部门责令改正，可以并处罚款的行政处罚。

9.1.2 施工现场大气污染防治的规定 ·····························●

按照国际标准化组织（ISO）的定义，大气污染通常是指由于人类活动或自然过程引起某些物质进入大气中，呈现出足够的浓度，达到足够的时间，并因此危害了人体的舒适、健康和福利或环境污染的现象。如果不对大气污染物的排放总量加以控制和防治，将会严重破坏生态系统和人类生存条件。

在工程建设领域，对于大气污染的防治，也包括施工现场和建设项目两大方面。

1. 施工现场大气污染的防治

2018 年 10 月经修改后公布的《中华人民共和国大气污染防治法》（下简称《大气污染防治法》）第七条规定，"企业事业单位和其他生产经营者应当采取有效措施，防止、减少大气污染，对所造成的损害依法承担责任。"

企业事业单位和其他生产经营者向大气排放污染物的，应当依照法律法规和国务院生态环境主管部门的规定设置大气污染物排放口。禁止通过偷排、篡改或者伪造监测数据、以逃避现场检查为目的的临时停产、非紧急情况下开启应急排放通道、不正常运行大气污染防治设施等逃避监管的方式排放大气污染物。

建设单位应当将防治扬尘污染的费用列入工程造价，并在施工承包合同中明确施工单位扬尘污染防治责任。施工单位应当制定具体的施工扬尘污染防治实施方案。施工单位应当在施工工地设置硬质围挡，并采取覆盖、分段作业、择时施工、洒水抑尘、冲洗地面和车辆等有效防尘降尘措施。建筑土方、工程渣土、建筑垃圾应当及时清运；在场地内堆存的，应当采用密闭式防尘网遮盖。工程渣土、建筑垃圾应当进行资源化处理。

施工单位应当在施工工地公示扬尘污染防治措施、负责人、扬尘监督管理主管部门等信息。暂时不能开工的建设用地，建设单位应当对裸露地面进行覆盖；超过3个月的，应当进行绿化、铺装或者遮盖。禁止在人口集中地区和其他依法需要特殊保护的区域内焚烧沥青、油毡、橡胶、塑料、皮革、垃圾以及其他产生有毒有害烟尘和恶臭气体的物质。

运输煤炭、垃圾、渣土、砂石、土方、灰浆等散装、流体物料的车辆应当采取密闭或者其他措施防止物料遗撒造成扬尘污染，并按照规定路线行驶。装卸物料应当采取密闭或者喷淋等方式防治扬尘污染。

贮存煤炭、煤矸石、煤渣、煤灰、水泥、石灰、石膏、砂土等易产生扬尘的物料应当密闭；不能密闭的，应当设置不低于堆放物高度的严密围挡，并采取有效覆盖措施防治扬尘污染。码头、矿山、填埋场和消纳场应当实施分区作业，并采取有效措施防治扬尘污染。

城市范围内主要路段的施工工地应设置高度不小于2.5m的封闭围挡，一般路段的施工工地应设置高度不小于1.8m的封闭围挡。施工工地的封闭围挡应坚固、稳定、整洁、美观。

施工现场的建筑材料、构件、料具应按总平面布局进行码放。在规定区域内的施工现场应使用预拌混凝土及预拌砂浆；采用现场搅拌混凝土或砂浆的场所应采取封闭、降尘、降噪措施；水泥和其他易飞扬的细颗粒建筑材料应密闭存放或采取覆盖等措施。

施工现场土方作业应采取防止扬尘措施，主要道路应定期清扫、洒水。拆除建筑物或构筑物时，应采用隔离、洒水等降噪、降尘措施，并应及时清理废弃物。施工进行铣刨、切割等作业时，应采取有效防扬尘措施；灰土和无机料应采用预拌进场，碾压过程中应洒水降尘。

施工现场的主要道路及材料加工区地面应进行硬化处理，道路应畅通，路面应平整坚实。裸露的场地和堆放的土方应采取覆盖、固化或绿化等措施。施工现场出入口应设置车辆冲洗设施，并对驶出车辆进行清洗。

土方和建筑垃圾的运输应采用封闭式运输车辆或采取覆盖措施。建筑物内施工垃圾的清运，应采用器具或管道运输，严禁随意抛掷。施工现场严禁焚烧各类废弃物。

鼓励施工工地安装在线监测和视频监控设备，并与当地有关主管部门联网。当环境空气质量指数达到中度及以上污染时，施工现场应增加洒水频次，加强覆盖措施，减少易造成大气污染的施工作业。

2. 建设项目大气污染的防治

新建、扩建、改建向大气排放污染物的项目，必须遵守国家有关建设项目环境保护管理的规定。

建设项目的环境影响报告书，必须对建设项目可能产生的大气污染和对生态环境的影响作出评价，规定防治措施，并按照规定的程序报生态环境主管部门审查批准。例如，新建、扩建排放二氧化硫的火电厂和其他大中型企业，超过规定的污染物排放标准或者总量控制指标的，必须建设配套脱硫、除尘装置或者采取其他控制二氧化硫排放、除尘的措施；炼制石油、生产合成氨、煤气和燃煤焦化、有色金属冶炼过程中排放含有硫化物气体的，应当配备脱硫装置或者采取其他脱硫措施等。

建设项目投入生产或者使用之前，其大气污染防治设施必须经过生态环境主管部门验收，达不到国家有关建设项目环境保护管理规定的要求的建设项目，不得投入生产或者使用。

3. 对向大气排放污染物单位的监管

《大气污染防治法》第六十八条规定，"地方各级人民政府应当加强对建设施工和运输的管理，保持道路清洁，控制料堆和渣土堆放，扩大绿地、水面、湿地和地面铺装面积，防治扬尘污染。"

从事房屋建筑、市政基础设施建设、河道整治以及建筑物拆除等施工单位，应当向负责监督管理扬尘污染防治的主管部门备案。

企业事业单位和其他生产经营者违反法律法规规定排放大气污染物，造成或者可能造成严重大气污染，或者有关证据可能灭失或者被隐匿的，县级以上人民政府生态环境主管部门和其他负有大气环境保护监督管理职责的部门，可以对有关设施、设备、物品采取查封、扣押等行政强制措施。

4. 碳排放权交易管理

2020年12月生态环境部发布的《碳排放权交易管理办法（试行）》第八条规定，"温室气体排放单位符合下列条件的，应当列入温室气体重点排放单位（以下简称重点排放单位）名录：

（1）属于全国碳排放权交易市场覆盖行业；

（2）年度温室气体排放量达到2.6万吨二氧化碳当量。"

碳排放：是指煤炭、石油、天然气等化石能源燃烧活动和工业生产过程以及土地利用变化与林业等活动产生的温室气体排放，也包括因使用外购的电力和热力等所导致的温室气体排放。

碳排放权：是指分配给重点排放单位的规定时期内的碳排放额度。

5. 施工现场大气污染防治违法行为应承担的法律责任

（1）施工单位应承担的法律责任

《大气污染防治法》第九十八条规定，"违反本法规定，以拒绝进入现场等方式拒不接受生态环境主管部门及其环境监察机构或者其他负有大气环境保护监督管理职责的部门的监督检查，或者在接受监督检查时弄虚作假的，由县级以上人民政府生态环境主管部门或者其他负有大气环境保护监督管理职责的部门责令改正，处二万元以上二十万元以下的罚款；构成违反治安管理行为的，由公安机关依法予以处罚。"

在人口集中地区和其他依法需要特殊保护的区域内，焚烧沥青、油毡、橡胶、塑料、皮革、垃圾以及其他产生有毒有害烟尘和恶臭气体的物质的，由县级人民政府确定的监督管理部门责令改正，对单位处一万元以上十万元以下的罚款，对个人处五百元以上二千元以下的罚款。

思 政 拓 展

2020 年 9 月 22 日，我国在第七十五届联合国大会上宣布，中国力争 2030 年前二氧化碳排放达到峰值，努力争取 2060 年前实现碳中和目标。根据国际能源署和联合国环境规划署发布的《2019 年全球建筑和建筑业状况报告》，建筑业占全球能源和过程相关二氧化碳排放的近40%。中国建筑业规模位居世界第一，现有城镇总建筑存量约 650 亿 m^2。2020 年 7 月，住房和城乡建设部、发改委、工信部等 13 个部门联合印发《关于推动智能建造与建筑工业化协同发展的指导意见》（建市〔2020〕60 号），明确要求实行工程建设项目全生命周期内的绿色建造，推动建立建筑业绿色供应链，提高建筑垃圾的综合利用水平，促进建筑业绿色改造升级。

请同学们思考双碳战略即为碳达峰和碳中和，何为碳达峰？何为碳中和？在双碳战略背景下，中国的建筑业转型升级的方向有哪些？

拒不执行停止工地土石方作业或者建筑物拆除施工等重污染天气应急措施的，由县级以上地方人民政府确定的监督管理部门处一万元以上十万元以下的罚款。

施工单位有下列行为之一的，由县级以上人民政府住房城乡建设等主管部门按照职责责令改正，处一万元以上十万元以下的罚款；拒不改正的，责令停工整治：

1）施工工地未设置硬质密闭围挡，或者未采取覆盖、分段作业、择时施工、洒水抑尘、冲洗地面和车辆等有效防尘降尘措施的；

2）建筑土方、工程渣土、建筑垃圾未及时清运，或者未采用密闭式防尘网遮盖的。

运输煤炭、垃圾、渣土、砂石、土方、灰浆等散装、流体物料的车辆，未采取密闭或者其他措施防止物料遗撒的，由县级以上地方人民政府确定的监督管理部门责令改正，处二千元以上二万元以下的罚款；拒不改正的，车辆不得上道路行驶。

有下列行为之一的，由县级以上人民政府生态环境等主管部门按照职责责令改正，处一万元以上十万元以下的罚款；拒不改正的，责令停工整治或者停业整治：

①未密闭煤炭、煤矸石、煤渣、煤灰、水泥、石灰、石膏、砂土等易产生扬尘的物料的；

②对不能密闭的易产生扬尘的物料，未设置不低于堆放物高度的严密围挡，或者未采取有效覆盖措施防治扬尘污染的；

③装卸物料未采取密闭或者喷淋等方式控制扬尘排放的；

④存放煤炭、煤矸石、煤渣、煤灰等物料，未采取防燃措施的；

⑤码头、矿山、填埋场和消纳场未采取有效措施防治扬尘污染的；

⑥排放有毒有害大气污染物名录中所列有毒有害大气污染物的企业事业单位，未按照规定建设环境风险预警体系或者对排放口和周边环境进行定期监测、排查环境安全隐患并采取

有效措施防范环境风险的；

⑦向大气排放持久性有机污染物的企业事业单位和其他生产经营者以及废弃物焚烧设施的运营单位，未按照国家有关规定采取有利于减少持久性有机污染物排放的技术方法和工艺，配备净化装置的；

⑧未采取措施防止排放恶臭气体的。

企业事业单位和其他生产经营者有下列行为之一，受到罚款处罚，被责令改正，拒不改正的，依法作出处罚决定的行政机关可以自责令改正之日的次日起，按照原处罚数额按日连续处罚：

A. 未依法取得排污许可证排放大气污染物的；

B. 超过大气污染物排放标准或者超过重点大气污染物排放总量控制指标排放大气污染物的；

C. 通过逃避监管的方式排放大气污染物的；

D. 建筑施工或者贮存易产生扬尘的物料未采取有效措施防治扬尘污染的。

（2）建设单位应承担的法律责任

建设单位未对暂时不能开工的建设用地的裸露地面进行覆盖，或者未对超过三个月不能开工的建设用地的裸露地面进行绿化、铺装或者遮盖的，由县级以上人民政府住房城乡建设等主管部门依照前款规定予以处罚。

【典型案例】

背景资料

某小区居民向市住房和城乡建设局投诉，反映其居住的住宅小区旁有一处建筑工地正在施工，尘土飞扬，已严重影响了当地居民的正常生活。市住房和城乡建设局立即派人对该工地进行检查，发现该工地正处于土石方开挖阶段，大量的建筑土方堆积在工地，且没有任何覆盖，造成工地周边尘土飞扬，对邻近住宅小区居民的日常生活造成了严重影响。市住房和城乡建设局当即要求该施工单位进行限期整改。但是，该施工单位迟迟不采取任何整改措施，依然照常进行施工作业。

问题：

1. 施工单位有何违法行为？

2. 市住房和城乡建设局应当对其作何行政处罚？

【案例分析】

1.《大气污染防治法》第六十九条第 3 款规定："施工单位应当在施工工地设置硬质围挡，并采取覆盖、分段作业、择时施工、洒水抑尘、冲洗地面和车辆等有效防尘降尘措施。建筑土方、工程渣土、建筑垃圾应当及时清运；在场地内堆存的，应当采用密闭式防尘网遮盖。"本案中的施工单位违反了此项法律规定，对建筑土石方未能及时清运和有效遮盖，导致产生了大量粉尘外泄而污染了环境。

2. 依据《大气污染防治法》第一百一十五条第 1 款规定，市住房和城乡建设局应当按照职责责令改正，处 1 万元以上 10 万元以下的罚款；拒不改正的，责令停工整治。如果该施工单位受到罚款处罚，被责令改正，拒不改正的，还可依据该法第一百二十三条规定，依法作出处罚决定的行政机关可以自责令改正之日的次日起，按照原处罚数额按日连续处罚。

9.1.3 施工现场水污染防治的规定 ·························· ●

水污染，是指水体因某种物质的介入，而导致其化学、物理、生物或者放射性等方面特性的改变，从而影响水的有效利用，危害人体健康或者破坏生态环境，造成水质恶化的现象。水污染防治包括江河、湖泊、运河、渠道、水库等地表水体以及地下水体的污染防治。

2017 年 6 月经修改后公布的《中华人民共和国水污染防治法》(简称《水污染防治法》)第三条规定，"水污染防治应当坚持预防为主、防治结合、综合治理的原则，优先保护饮用水水源，严格控制工业污染、城镇生活污染，防治农业面源污染，积极推进生态治理工程建设，预防、控制和减少水环境污染和生态破坏。"

1. 施工现场水污染的防治

《水污染防治法》第十条规定，"排放水污染物，不得超过国家或者地方规定的水污染物排放标准和重点水污染物排放总量控制指标。"

(1) 禁止向水体排放油类、酸液、碱液或者剧毒废液。禁止在水体清洗装贮过油类或者有毒污染物的车辆和容器。禁止向水体排放、倾倒放射性固体废物或者含有高放射性和中放射性物质的废水。向水体排放含低放射性物质的废水，应当符合国家有关放射性污染防治的规定和标准。

(2) 禁止向水体排放、倾倒工业废渣、城镇垃圾和其他废弃物。禁止将含有汞、镉、砷、铬、铅、氰化物、黄磷等的可溶性剧毒废渣向水体排放、倾倒或者直接埋入地下。存放可溶性剧毒废渣的场所，应当采取防水、防渗漏、防流失的措施。禁止在江河、湖泊、运河、渠道、水库最高水位线以下的滩地和岸坡堆放、存贮固体废弃物和其他污染物。

(3) 在饮用水水源保护区内，禁止设置排污口。在风景名胜区水体、重要渔业水体和其他具有特殊经济文化价值的水体的保护区内，不得新建排污口。在保护区附近新建排污口，应当保证保护区水体不受污染。

(4) 禁止利用渗井、渗坑、裂隙、溶洞，私设暗管，篡改、伪造监测数据，或者不正常运行水污染防治设施等逃避监管的方式排放水污染物。禁止利用无防渗漏措施的沟渠、坑塘等输送或者存贮含有毒污染物的废水、含病原体的污水和其他废弃物。

(5) 兴建地下工程设施或者进行地下勘探、采矿等活动，应当采取防护性措施，防止地下水污染。人工回灌补给地下水，不得恶化地下水质。

2013 年 10 月公布的《城镇排水与污水处理条例》第四十三条规定，"建设工程开工前，建设单位应当查明工程建设范围内地下城镇排水与污水处理设施的相关情况。城镇排水主管部门及其他相关部门和单位应当及时提供相关资料。"建设工程施工范围内有排水管网等城镇排水与污水处理设施的，建设单位应当与施工单位、设施维护运营单位共同制定设施保护方案，并采取相应的安全保护措施。因工程建设需要拆除、改动城镇排水与污水处理设施的，建设单位应当制定拆除、改动方案，报城镇排水主管部门审核，并承担重建、改建和采取临时措施的费用。

2015年1月住房和城乡建设部发布的《城镇污水排入排水管网许可管理办法》进一步规定，未取得排水许可证，排水户不得向城镇排水设施排放污水。各类施工作业需要排水的，由建设单位申请领取排水许可证。因施工作业需要向城镇排水设施排水的，排水许可证的有效期，由城镇排水主管部门根据排水状况确定，但不得超过施工期限。排水户应当按照排水许可证确定的排水类别、总量、时限、排放口位置和数量、排放的污染物项目和浓度等要求排放污水。

排水户不得有下列危及城镇排水设施安全的行为：

1）向城镇排水设施排放、倾倒剧毒、易燃易爆物质、腐蚀性废液和废渣、有害气体和烹饪油烟等；

2）堵塞城镇排水设施或者向城镇排水设施内排放、倾倒垃圾、渣土、施工泥浆、油脂、污泥等易堵塞物；

3）擅自拆卸、移动和穿凿城镇排水设施；

4）擅自向城镇排水设施加压排放污水。

排水户因发生事故或者其他突发事件，排放的污水可能危及城镇排水与污水处理设施安全运行的，应当立即停止排放，采取措施消除危害，并按规定及时向城镇排水主管部门等有关部门报告。

城镇排水主管部门实施监督检查时，有权采取下列措施：

1）进入现场开展检查、监测；

2）要求被监督检查的排水户出示排水许可证；

3）查阅、复制有关文件和材料；

4）要求被监督检查的单位和个人就有关问题做出说明；

5）依法采取禁止排水户向城镇排水设施排放污水等措施，纠正违反有关法律、法规和本办法规定的行为。

被监督检查的单位和个人应当予以配合，不得妨碍和阻挠依法进行的监督检查活动。城镇排水主管部门委托的专门机构，可以开展排水许可审查、档案管理、监督指导排水户排水行为等工作，并协助城镇排水主管部门对排水许可实施监督管理。

城镇排水主管部门实施排水许可不得收费。

2. 建设项目水污染的防治

《水污染防治法》第十九条规定，"新建、改建、扩建直接或者间接向水体排放污染物的建设项目和其他水上设施，应当依法进行环境影响评价。"

禁止在饮用水水源一级保护区内新建、改建、扩建与供水设施和保护水源无关的建设项目；已建成的与供水设施和保护水源无关的建设项目，由县级以上人民政府责令拆除或者关闭。禁止在饮用水水源二级保护区内新建、改建、扩建排放污染物的建设项目；已建成的排放污染物的建设项目，由县级以上人民政府责令拆除或者关闭。

禁止在饮用水水源准保护区内新建、扩建对水体污染严重的建设项目；改建建设项目，不得增加排污量。

3. 发生事故或者其他突发性事件的规定

《水污染防治法》第七十八条规定，"企业事业单位发生事故或者其他突发性事件，造成或者可能造成水污染事故的，应当立即启动本单位的应急方案，采取隔离等应急措施，防止水污染物进入水体，并向事故发生地的县级以上地方人民政府或者生态环境主管部门报告。"

4. 施工现场水污染防治违法行为应承担的法律责任

《水污染防治法》规定，违反本法规定，有下列行为之一的，由县级以上人民政府生态环境主管部门责令改正或者责令限制生产、停产整治，并处十万元以上一百万元以下的罚款；情节严重的，报经有批准权的人民政府批准，责令停业、关闭：

（1）未依法取得排污许可证排放水污染物的；

（2）超过水污染物排放标准或者超过重点水污染物排放总量控制指标排放水污染物的；

（3）利用渗井、渗坑、裂隙、溶洞，私设暗管，篡改、伪造监测数据，或者不正常运行水污染防治设施等逃避监管的方式排放水污染物的；

（4）未按照规定进行预处理，向污水集中处理设施排放不符合处理工艺要求的工业废水的。

在饮用水水源保护区内设置排污口的，由县级以上地方人民政府责令限期拆除，处十万元以上五十万元以下的罚款；逾期不拆除的，强制拆除，所需费用由违法者承担，处五十万元以上一百万元以下的罚款，并可以责令停产整治。

除上述规定外，违反法律、行政法规和国务院生态环境主管部门的规定设置排污口的，由县级以上地方人民政府生态环境主管部门责令限期拆除，处二万元以上十万元以下的罚款；逾期不拆除的，强制拆除，所需费用由违法者承担，处十万元以上五十万元以下的罚款；情节严重的，可以责令停产整治。

有下列行为之一的，由县级以上地方人民政府生态环境主管部门责令停止违法行为，限期采取治理措施，消除污染，处以罚款；逾期不采取治理措施的，生态环境主管部门可以指定有治理能力的单位代为治理，所需费用由违法者承担：

1）向水体排放油类、酸液、碱液的；

2）向水体排放剧毒废液，或者将含有汞、镉、砷、铬、铅、氰化物、黄磷等的可溶性剧毒废渣向水体排放、倾倒或者直接埋入地下的；

3）在水体清洗装贮过油类、有毒污染物的车辆或者容器的；

4）向水体排放、倾倒工业废渣、城镇垃圾或者其他废弃物，或者在江河、湖泊、运河、渠道、水库最高水位线以下的滩地、岸坡堆放、存贮固体废弃物或者其他污染物的；

5）向水体排放、倾倒放射性固体废物或者含有高放射性、中放射性物质的废水的；

6）违反国家有关规定或者标准，向水体排放含低放射性物质的废水、热废水或者含病原体的污水的；

7）未采取防渗漏等措施，或者未建设地下水水质监测井进行监测的；

8）加油站等的地下油罐未使用双层罐或者采取建造防渗池等其他有效措施，或者未进行防渗漏监测的；

9）未按照规定采取防护性措施，或者利用无防渗漏措施的沟渠、坑塘等输送或者存贮含有毒污染物的废水、含病原体的污水或者其他废弃物的。

有以上第3）项、第4）项、第6）项、第7）项、第8）项行为之一的，处二万元以上二十万元以下的罚款。有以上第1）项、第2）项、第5）项、第9）项行为之一的，处十万元以上一百万元以下的罚款；情节严重的，报经有批准权的人民政府批准，责令停业、关闭。

企业事业单位有下列行为之一的，由县级以上人民政府生态环境主管部门责令改正；情节严重的，处二万元以上十万元以下的罚款：

1）不按照规定制定水污染事故的应急方案的；

2）水污染事故发生后，未及时启动水污染事故的应急方案，采取有关应急措施的。

【典型案例】

背景资料

某环保局接到村民投诉，称某高速公路建设项目给村民的稻田造成了大面积污染。该环保局执法人员迅速赶到现场。经了解，是施工单位在混凝土搅拌场处私设排污口，将生产过程中产生的废水直接排入水沟，经水沟进入稻田，形成了板结，使村里几十亩水稻受损严重，还有几十亩水稻及经济作物轻微受损。

问题：

1. 本案中，施工单位向水沟直接排放施工废水的行为构成了何种水污染违法行为？

2. 施工单位直接向水沟排放施工废水的行为应受到何种处罚？

【案例分析】

1.《水污染防治法》第三十三条第1款规定："禁止向水体排放油类、酸液、碱液或者剧毒废液。"第三十七条第1款规定："禁止向水体排放、倾倒工业废渣、城镇垃圾和其他废弃物。"第三十九条规定："禁止利用渗井、渗坑、裂隙、溶洞，私设暗管，篡改、伪造监测数据，或者不正常运行水污染防治设施等逃避监管的方式排放水污染物。"本案中的施工单位，违法直接向水沟排放了施工废水。

2. 依据《水污染防治法》第八十三条、第八十五条的规定，市环保局应当责令停止违法行为，限期采取治理措施，消除污染，处以罚款；逾期不采取治理措施的，生态环境主管部门可以指定有治理能力的单位代为治理，所需费用由违法者承担：情节严重的，报经有批准权的人民政府批准，责令停业、关闭。

9.1.4 施工现场固体废物污染环境防治的规定 ·················· ●

固体废物，是指在生产、生活和其他活动中产生的丧失原有利用价值或者虽未丧失利用价值但被抛弃或者放弃的固态、半固态和置于容器中的气态的物品、物质以及法律、行政法规规定纳入固体废物管理的物品、物质。固体废物污染环境，是指固体废物在产生、收集、贮存、运输、利用、处置的过程中产生的危害环境的现象。

2020 年 4 月，经修改后公布的《中华人民共和国固体废物污染环境防治法》（简称《固体废物污染环境防治法》）第三条规定，"国家推行绿色发展方式，促进清洁生产和循环经济发展。国家倡导简约适度、绿色低碳的生活方式，引导公众积极参与固体废物污染环境防治。"

1. 施工现场固体废物污染环境的防治

固体废物又分为一般固体废物和危险废物。所谓危险废物，是指列入国家危险废物名录或者根据国家规定的危险废物鉴别标准和鉴别方法认定的具有危险特性的固体废物。

（1）一般固体废物污染环境的防治

《固体废物污染环境防治法》第四条规定，"任何单位和个人都应当采取措施，减少固体废物的产生量，促进固体废物的综合利用，降低固体废物的危害性。"

产生、收集、贮存、运输、利用、处置固体废物的单位和其他生产经营者，应当采取防扬散、防流失、防渗漏或者其他防止污染环境的措施，不得擅自倾倒、堆放、丢弃、遗撒固体废物。禁止任何单位或者个人向江河、湖泊、运河、渠道、水库及其最高水位线以下的滩地和岸坡以及法律法规规定的其他地点倾倒、堆放、贮存固体废物。

转移固体废物出省、自治区、直辖市行政区域贮存、处置的，应当向固体废物移出地的省、自治区、直辖市人民政府生态环境主管部门提出申请。移出地的省、自治区、直辖市人民政府生态环境主管部门应当及时经接受地的省、自治区、直辖市人民政府生态环境主管部门同意后，在规定期限内批准转移该固体废物出省、自治区、直辖市行政区域。未经批准的，不得转移。

工程施工单位应当及时清运工程施工过程中产生的建筑垃圾等固体废物，并按照环境卫生行政主管部门的规定进行利用或者处置。

（2）危险废物污染环境防治的特别规定

对危险废物的容器和包装物以及收集、贮存、运输、利用、处置危险废物的设施、场所，应当按照规定设置危险废物识别标志。从事收集、贮存、利用、处置危险废物经营活动的单位，应当按照国家有关规定申请取得许可证。

禁止将危险废物提供或者委托给无许可证的单位或者其他生产经营者从事收集、贮存、利用、处置活动。运输危险废物，应当采取防止污染环境的措施，并遵守国家有关危险货物运输管理的规定。禁止将危险废物与旅客在同一运输工具上载运。

收集、贮存、运输、利用、处置危险废物的场所、设施、设备和容器、包装物及其他物品转作他用时，应当按照国家有关规定经过消除污染处理，方可使用。

产生、收集、贮存、运输、利用、处置危险废物的单位，应当依法制定意外事故的防范措施和应急预案，并向所在地生态环境主管部门和其他负有固体废物污染环境防治监督管理职责的部门备案；生态环境主管部门和其他负有固体废物污染环境防治监督管理职责的部门应当进行检查。因发生事故或者其他突发性事件，造成危险废物严重污染环境的单位，应当立即采取有效措施消除或者减轻对环境的污染危害，及时通报可能受到污染危害的单位和居民，并向所在地生态环境主管部门和有关部门报告，接受调查处理。

（3）施工现场固体废物的减量化和回收再利用

施工现场的固体废物主要是建筑垃圾和生活垃圾。建筑垃圾，是指建设单位、施工单位新建、改建、扩建和拆除各类建筑物、构筑物、管网等，以及居民装饰装修房屋过程中产生的弃土、弃料和其他固体废物。生活垃圾，是指在日常生活中或者为日常生活提供服务的活动中产生的固体废物，以及法律、行政法规规定视为生活垃圾的固体废物。

《住房和城乡建设部关于推进建筑垃圾减量化的指导意见》（建质〔2020〕46号）规定，施工单位应建立建筑垃圾分类收集与存放管理制度，实行分类收集、分类存放、分类处置。鼓励以末端处置为导向对建筑垃圾进行细化分类。严禁将危险废物和生活垃圾混入建筑垃圾。

施工单位应实时统计并监控建筑垃圾产生量，及时采取针对性措施降低建筑垃圾排放量。鼓励采用现场泥沙分离、泥浆脱水预处理等工艺，减少工程渣土和工程泥浆排放。

施工单位应充分利用混凝土、钢筋、模板、珍珠岩保温材料等余料，在满足质量要求的前提下，根据实际需求加工制作成各类工程材料，实行循环利用。施工现场不具备就地利用条件的，应按规定及时转运到建筑垃圾处置场所进行资源化处置和再利用。

建设部《绿色施工导则》（建质〔2007〕223号）规定，加强建筑垃圾的回收再利用，力争建筑垃圾的再利用和回收率达到30%，建筑物拆除产生的废弃物的再利用和回收率大于40%。对于碎石类、土石方类建筑垃圾，可采用地基填埋、铺路等方式提高再利用率，力争再利用率大于50%。

（4）建设项目固体废物污染环境的防治

《固体废物污染环境防治法》第十七条规定，"建设产生贮存、利用、处置固体废物的项目，应当依法进行环境影响评价，并遵守国家有关建设项目环境保护管理的规定。"

建设项目的环境影响评价文件确定需要配套建设的固体废物污染环境防治设施，应当与主体工程同时设计、同时施工、同时投入使用。

2. 施工现场固体废物污染环境防治违法行为应承担的法律责任

《固体废物污染环境防治法》规定，违反本法规定，有下列行为之一，由县级以上地方人民政府环境卫生主管部门责令改正，处以罚款，没收违法所得：

（1）随意倾倒、抛撒、堆放或者焚烧生活垃圾的；

（2）擅自关闭、闲置或者拆除生活垃圾处理设施、场所的；

（3）工程施工单位未编制建筑垃圾处理方案报备案，或者未及时清运施工过程中产生的固体废物的；

（4）工程施工单位擅自倾倒、抛撒或者堆放工程施工过程中产生的建筑垃圾，或者未按照规定对施工过程中产生的固体废物进行利用或者处置的；

……

（7）在运输过程中沿途丢弃、遗撒生活垃圾的。单位有以上第（1）项、第（7）项行为之一，处五万元以上五十万元以下的罚款；单位有以上第（2）项、第（3）项、第（4）项，处十万元以上一百万元以下的罚款；个人有以上第（1）项、第（7）项行为之一，处一百元以上五百元以下的罚款。

违反本法规定，有下列行为之一，由生态环境主管部门责令改正，处以罚款，没收违法所得；情节严重的，报经有批准权的人民政府批准，可以责令停业或者关闭：

（1）未按照规定设置危险废物识别标志的；

（2）未按照国家有关规定制定危险废物管理计划或者申报危险废物有关资料的；

（3）擅自倾倒、堆放危险废物的；

（4）将危险废物提供或者委托给无许可证的单位或者其他生产经营者从事经营活动的；

（5）未按照国家有关规定填写、运行危险废物转移联单或者未经批准擅自转移危险废物的；

（6）未按照国家环境保护标准贮存、利用、处置危险废物或者将危险废物混入非危险废物中贮存的；

（7）未经安全性处置，混合收集、贮存、运输、处置具有不相容性质的危险废物的；

（8）将危险废物与旅客在同一运输工具上载运的；

（9）未经消除污染处理，将收集、贮存、运输、处置危险废物的场所、设施、设备和容器、包装物及其他物品转作他用的；

（10）未采取相应防范措施，造成危险废物扬散、流失、渗漏或者其他环境污染的；

（11）在运输过程中沿途丢弃、遗撒危险废物的；

（12）未制定危险废物意外事故防范措施和应急预案的；

（13）未按照国家有关规定建立危险废物管理台账并如实记录的。有以上第（1）项、第（2）项、第（5）项、第（6）项、第（7）项、第（8）项、第（9）项、第（12）项、第（13）项行为之一，处十万元以上一百万元以下的罚款；有以上第（3）项、第（4）项、第（10）项、第（11）项行为之一，处所需处置费用三倍以上五倍以下的罚款，所需处置费用不足二十万元的，按二十万元计算。

违反本法规定，有下列行为之一，尚不构成犯罪的，由公安机关对法定代表人、主要负责人、直接负责的主管人员和其他责任人员处十日以上十五日以下的拘留；情节较轻的，处5日以上10日以下的拘留：

（1）擅自倾倒、堆放、丢弃、遗撒固体废物，造成严重后果的；

（2）在生态保护红线区域、永久基本农田集中区域和其他需要特别保护的区域内，建设工业固体废物、危险废物集中贮存、利用、处置的设施、场所和生活垃圾填埋场的；

（3）将危险废物提供或者委托给无许可证的单位或者其他生产经营者堆放、利用、处置的；

（4）无许可证或者未按照许可证规定从事收集、贮存、利用、处置危险废物经营活动的；

（5）未经批准擅自转移危险废物的；

（6）未采取防范措施，造成危险废物扬散、流失、渗漏或者其他严重后果的。

【典型案例】

背景资料

某市的一立交桥下，在路两侧堆起了2~3m高的木板、水泥块、砖头等建筑垃圾，附近居民每天回家都得穿过这个巨型的垃圾堆。市环卫处派人清理过 10 多次，仍不断发现有新的建筑垃圾，对居民出行造成极大不便。经市环保局执法人员调查，这些建筑垃圾均是由附近一在建的某小区工地运出，该工地的施工单位未办理渣土消纳许可证，常在半夜用车偷偷将建筑垃圾运到桥下，倾倒后开车就跑。

问题:

1. 该施工单位倾倒垃圾的行为违反了何项法律?

2. 该施工单位的行为应受到何种行政处罚?

【案例分析】

1.《固体废物污染环境防治法》第二十条第 1 款规定:"产生、收集、贮存、运输、利用、处置固体废物的单位和其他生产经营者，应当采取防扬散、防流失、防渗漏或者其他防止污染环境的措施，不得擅自倾倒、堆放、丢弃、遗撒固体废物。"《城市建筑垃圾管理规定》第十四条规定:"处置建筑垃圾的单位在运输建筑垃圾时，应当随车携带建筑垃圾处置核准文件，按照城市人民政府有关部门规定的运输路线、时间运行，不得丢弃、遗撒建筑垃圾，不得超出核准范围承运建筑垃圾。"本案中，该施工单位作为建筑垃圾的产生单位，没有依法办理建筑垃圾处置核准文件，并多次擅自将建筑垃圾倾倒于道路两侧，是触犯上述法律和规章规定的违法行为。

2.《固体废物污染环境防治法》第一百一十一条规定:"违反本法规定，有下列行为之一，由县级以上地方人民政府环境卫生主管部门责令改正，处以罚款，没收违法所得:……（四）工程施工单位擅自倾倒、抛撒或者堆放工程施工过程中产生的建筑垃圾，或者未按照规定对施工过程中产生的固体废物进行利用或者处置的;……处十万元以上一百万元以下的罚款;……"据此，该市的环境卫生主管部门应当责令该施工单位改正，处以罚款，没收违法所得。

9.2 施工节约能源制度

思政导引

节约资源是保护生态环境的根本之策。扬汤止沸不如釜底抽薪，在保护生态环境问题上尤其要确立这个观点。大部分对生态环境造成破坏的原因是来自对资源的过度开发、粗放型使用。如果竭泽而渔，最后必然是什么鱼也没有了。因此，必须从资源使用这个源头抓起。

全面促进资源节约
集约利用

节约资源是我国的基本国策。国家实施节约与开发并举、把节约放在首位的能源发展战略。

9.2.1　施工合理使用与节约能源的规定 ⋯⋯⋯⋯⋯⋯⋯⋯⋯⋯⋯ ●

在工程建设领域，节约能源主要包括建筑节能和施工节能两个方面。

建筑节能是解决建设项目建成后使用过程中的节能问题，2008 年 8 月公布的《民用建筑节能条例》第二条规定，"民用建筑节能，是指在保证民用建筑使用功能和室内热环境质量的前提下，降低其使用过程中能源消耗的活动。"施工节能则是要解决施工过程中的节约能源问题，如《绿色施工导则》规定，"绿色施工是指工程建设中，在保证质量、安全等基本要求的前提下，通过科学管理和技术进步，最大限度地节约资源与减少对环境负面影响的施工活动，实现四节一环保（节能、节地、节水、节材和环境保护）。"

1. 合理使用与节约能源的一般规定

（1）节能的产业政策

2018 年 10 月经修改后公布的《中华人民共和国节约能源法》（下简称《节约能源法》）第七条规定，"国家实行有利于节能和环境保护的产业政策，限制发展高耗能、高污染行业，发展节能环保型产业。"

国家对落后的耗能过高的用能产品、设备和生产工艺实行淘汰制度。禁止使用国家明令淘汰的用能设备、生产工艺。国家鼓励企业制定严于国家标准、行业标准的企业节能标准。

（2）用能单位的法定义务

用能单位应当按照合理用能的原则，加强节能管理，制定并实施节能计划和节能技术措施，降低能源消耗。用能单位应当建立节能目标责任制，对节能工作取得成绩的集体、个人给予奖励。用能单位应当定期开展节能教育和岗位节能培训。

用能单位应当加强能源计量管理，按照规定配备和使用经依法检定合格的能源计量器具。用能单位应当建立能源消费统计和能源利用状况分析制度，对各类能源的消费实行分类计量和统计，并确保能源消费统计数据真实、完整。任何单位不得对能源消费实行包费制。

（3）循环经济的法律要求

循环经济是指在生产、流通和消费等过程中进行的减量化、再利用、资源化活动的总称。减量化，是指在生产、流通和消费等过程中减少资源消耗和废物产生。再利用，是指将废物直接作为产品或者经修复、翻新、再制造后继续作为产品使用，或者将废物的全部或者部分作为其他产品的部件予以使用。资源化，是指将废物直接作为原料进行利用或者对废物进行再生利用。

2018 年 10 月经修改后公布的《中华人民共和国循环经济促进法》（下简称《循环经济促进法》）第四条规定，"发展循环经济应当在技术可行、经济合理和有利于节约资源、保护环境的前提下，按照减量化优先的原则实施。在废物再利用和资源化过程中，应当保障生产安全，保证产品质量符合国家规定的标准，并防止产生再次污染。"

企业事业单位应当建立健全管理制度，采取措施，降低资源消耗，减少废物的产生量和排放量，提高废物的再利用和资源化水平。

2. 建筑节能的规定

《节约能源法》第十五条规定，"国家实行固定资产投资项目节能评估和审查制度。不符合强制性节能标准的项目，建设单位不得开工建设；已经建成的，不得投入生产、使用。政府投资项目不符合强制性节能标准的，依法负责项目审批的机关不得批准建设。"

国家鼓励在新建建筑和既有建筑节能改造中使用新型墙体材料等节能建筑材料和节能设备，安装和使用太阳能等可再生能源利用系统。

建筑工程的建设、设计、施工和监理单位应当遵守建筑节能标准。

（1）采用太阳能、地热能等可再生能源

《民用建筑节能条例》第四条规定，"国家鼓励和扶持在新建建筑和既有建筑节能改造中采用太阳能、地热能等可再生能源。"

在具备太阳能利用条件的地区，有关地方人民政府及其部门应当采取有效措施，鼓励和扶持单位、个人安装使用太阳能热水系统、照明系统、供热系统、采暖制冷系统等太阳能利用系统。

（2）新建建筑节能的规定

国家推广使用民用建筑节能的新技术、新工艺、新材料和新设备，限制使用或者禁止使用能源消耗高的技术、工艺、材料和设备。国家限制进口或者禁止进口能源消耗高的技术、材料和设备。

建设单位、设计单位、施工单位不得在建筑活动中使用列入禁止使用目录的技术、工艺、材料和设备。

建设单位不得明示或者暗示设计单位、施工单位违反民用建筑节能强制性标准进行设计、施工，不得明示或者暗示施工单位使用不符合施工图设计文件要求的墙体材料、保温材料、门窗、采暖制冷系统和照明设备。

按照合同约定由建设单位采购墙体材料、保温材料、门窗、采暖制冷系统和照明设备的，建设单位应当保证其符合施工图设计文件要求。

施工单位应当对进入施工现场的墙体材料、保温材料、门窗、采暖制冷系统和照明设备进行查验；不符合施工图设计文件要求的，不得使用。

未经监理工程师签字，墙体材料、保温材料、门窗、采暖制冷系统和照明设备不得在建筑上使用或者安装，施工单位不得进行下一道工序的施工。

（3）既有建筑节能的规定

既有建筑节能改造，是指对不符合民用建筑节能强制性标准的既有建筑的围护结构、供热系统、采暖制冷系统、照明设备和热水供应设施等实施节能改造的活动。

3. 施工节能的规定

《循环经济促进法》第二十三条规定，"建筑设计、建设、施工等单位应当按照国家有关规定和标准，对其设计、建设、施工的建筑物及构筑物采用节能、节水、节地、节材的技术工艺和小型、轻型、再生产品。有条件的地区，应当充分利用太阳能、地热能、风能等可再生能源。"

（1）节材与材料资源利用

国家鼓励利用无毒无害的固体废物生产建筑材料，鼓励使用散装水泥，推广使用预拌混凝土和预拌砂浆。禁止损毁耕地烧砖。在国务院或者省、自治区、直辖市人民政府规定的期限和区域内，禁止生产、销售和使用黏土砖。

《绿色施工导则》进一步规定，图纸会审时，应审核节材与材料资源利用的相关内容，达到材料损耗率比定额损耗率降低30%；根据施工进度、库存情况等合理安排材料的采购、进场时间和批次，减少库存；现场材料堆放有序；储存环境适宜，措施得当；保管制度健全，责任落实；材料运输工具适宜，装卸方法得当，防止损坏和遗洒；根据现场平面布置情况就近卸载，避免和减少二次搬运；采取技术和管理措施提高模板、脚手架等的周转次数；优化安装工程的预留、预埋、管线路径等方案；应就地取材，施工现场500km以内生产的建筑材料用量占建筑材料总重量的70%以上。

（2）节水与水资源利用

《循环经济促进法》第二十七条规定，"国家鼓励和支持使用再生水。"企业应当发展串联用水系统和循环用水系统，提高水的重复利用率。企业应当采用先进技术、工艺和设备，对生产过程中产生的废水进行再生利用。

《绿色施工导则》进一步对提高用水效率、非传统水源利用和安全用水作出规定。

1）提高用水效率

①施工中采用先进的节水施工工艺。

②施工现场喷洒路面、绿化浇灌不宜使用市政自来水。现场搅拌用水、养护用水应采取有效的节水措施，严禁无措施浇水养护混凝土。

③施工现场供水管网应根据用水量设计布置，管径合理、管路简捷，采取有效措施减少管网和用水器具的漏损。

④现场机具、设备、车辆冲洗用水必须设立循环用水装置。施工现场办公区、生活区的生活用水采用节水系统和节水器具，提高节水器具配置比率。项目临时用水应使用节水型产品，安装计量装置，采取针对性的节水措施。

⑤施工现场建立可再利用水的收集处理系统，使水资源得到梯级循环利用。

⑥施工现场分别对生活用水与工程用水确定用水定额指标，并分别计量管理。

⑦大型工程的不同单项工程、不同标段、不同分包生活区，凡具备条件的应分别计量用水量。在签订不同标段分包或劳务合同时，将节水定额指标纳入合同条款，进行计量考核。

⑧对混凝土搅拌站点等用水集中的区域和工艺点进行专项计量考核。施工现场建立雨水、中水或可再利用水的搜集利用系统。

2）非传统水源利用

①优先采用中水搅拌、中水养护，有条件的地区和工程应收集雨水养护。

②处于基坑降水阶段的工地，宜优先采用地下水作为混凝土搅拌用水、养护用水、冲洗用水和部分生活用水。

③现场机具、设备、车辆冲洗、喷洒路面、绿化浇灌等用水，优先采用非传统水源，尽

量不使用市政自来水。

④大型施工现场，尤其是雨量充沛地区的大型施工现场建立雨水收集利用系统，充分收集自然降水用于施工和生活中适宜的部位。

⑤力争施工中非传统水源和循环水的再利用量大于30%。

3）安全用水

在非传统水源和现场循环再利用水的使用过程中，应制定有效的水质检测与卫生保障措施，确保避免对人体健康、工程质量以及周围环境产生不良影响。

（3）节能与能源利用

《绿色施工导则》对节能措施，机械设备与机具，生产、生活及办公临时设施，施工用电及照明分别作出规定。

1）节能措施

①制订合理施工能耗指标，提高施工能源利用率。

②优先使用国家、行业推荐的节能、高效、环保的施工设备和机具，如选用变频技术的节能施工设备等。

③施工现场分别设定生产、生活、办公和施工设备的用电控制指标，定期进行计量、核算、对比分析，并有预防与纠正措施。

④在施工组织设计中，合理安排施工顺序、工作面，以减少作业区域的机具数量，相邻作业区充分利用共有的机具资源。安排施工工艺时，应优先考虑耗用电能的或其他能耗较少的施工工艺。避免设备额定功率远大于使用功率或超负荷使用设备的现象。

⑤根据当地气候和自然资源条件，充分利用太阳能、地热等可再生能源。

2）机械设备与机具

①建立施工机械设备管理制度，开展用电、用油计量，完善设备档案，及时做好维修保养工作，使机械设备保持低耗、高效的状态。

②选择功率与负载相匹配的施工机械设备，避免大功率施工机械设备低负载长时间运行。机电安装可采用节电型机械设备，如逆变式电焊机和能耗低、效率高的手持电动工具等，以利节电。机械设备宜使用节能型油料添加剂，在可能的情况下，考虑回收利用，节约油量。

③合理安排工序，提高各种机械的使用率和满载率，降低各种设备的单位耗能。

3）生产、生活及办公临时设施

①利用场地自然条件，合理设计生产、生活及办公临时设施的体形、朝向、间距和窗墙面积比，使其获得良好的日照、通风和采光。南方地区可根据需要在其外墙窗设遮阳设施。

②临时设施宜采用节能材料，墙体、屋面使用隔热性能好的材料，减少夏天空调、冬天取暖设备的使用时间及耗能量。

③合理配置采暖、空调、风扇数量，规定使用时间，实行分段分时使用，节约用电。

4）施工用电及照明

①临时用电优先选用节能电线和节能灯具，临电线路合理设计、布置，临电设备宜采用自动控制装置。采用声控、光控等节能照明灯具。

②照明设计以满足最低照度为原则，照度不应超过最低照度的 20%。

（4）节地与施工用地保护

《绿色施工导则》对临时用地指标、临时用地保护、施工总平面布置分别作出规定。

1）临时用地指标

①根据施工规模及现场条件等因素合理确定临时设施，如临时加工厂、现场作业棚及材料堆场、办公生活设施等的占地指标。临时设施的占地面积应按用地指标所需的最低面积设计。

②要求平面布置合理、紧凑，在满足环境、职业健康与安全及文明施工要求的前提下尽可能减少废弃地和死角，临时设施占地面积有效利用率大于 90%。

2）临时用地保护

①应对深基坑施工方案进行优化，减少土方开挖和回填量，最大限度地减少对土地的扰动，保护周边自然生态环境。

②红线外临时占地应尽量使用荒地、废地，少占用农田和耕地。工程完工后，及时对红线外占地恢复原地形、地貌，使施工活动对周边环境的影响降至最低。

③利用和保护施工用地范围内原有绿色植被。对于施工周期较长的现场，可按建筑永久绿化的要求，安排场地新建绿化。

3）施工总平面布置

①施工总平面布置应做到科学、合理，充分利用原有建筑物、构筑物、道路、管线为施工服务。

②施工现场搅拌站、仓库、加工厂、作业棚、材料堆场等布置应尽量靠近已有交通线路或即将修建的正式或临时交通线路，缩短运输距离。

③临时办公和生活用房应采用经济、美观、占地面积小、对周边地貌环境影响较小，且适合于施工平面布置动态调整的多层轻钢活动板房、钢骨架水泥活动板房等标准化装配式结构。生活区与生产区应分开布置，并设置标准的分隔设施。

④施工现场围墙可采用连续封闭的轻钢结构预制装配式活动围挡，减少建筑垃圾，保护土地。

⑤施工现场道路按照永久道路和临时道路相结合的原则布置。施工现场内形成环形通路，减少道路占用土地。

⑥临时设施布置应注意远近结合（本期工程与下期工程），努力减少和避免大量临时建筑拆迁和场地搬迁。

9.2.2　施工节能技术进步和激励措施的规定 ·················· ●

1. 节能技术进步

《节约能源法》第八条规定，"国家鼓励、支持节能科学技术的研究、开发、示范和推广，促进节能技术创新与进步。"

（1）政府政策引导

国务院管理节能工作的部门会同国务院科技主管部门发布节能技术政策大纲，指导节能技术研究、开发和推广应用。县级以上各级人民政府应当把节能技术研究开发作为政府科技投入的重点领域，支持科研单位和企业开展节能技术应用研究，制定节能标准，开发节能共性和关键技术，促进节能技术创新与成果转化。

（2）政府资金扶持

《循环经济促进法》第四十二条规定，"国务院和省、自治区、直辖市人民政府设立发展循环经济的有关专项资金，支持循环经济的科技研究开发、循环经济技术和产品的示范与推广、重大循环经济项目的实施、发展循环经济的信息服务等。"

利用财政性资金引进循环经济重大技术、装备的，应当制定消化、吸收和创新方案，报有关主管部门审批并由其监督实施；有关主管部门应当根据实际需要建立协调机制，对重大技术、装备的引进和消化、吸收、创新实行统筹协调，并给予资金支持。

2. 节能激励措施

按照《节约能源法》《循环经济促进法》的规定，主要有如下相关的节能激励措施：

（1）财政安排节能专项资金

中央财政和省级地方财政安排节能专项资金，支持节能技术研究开发、节能技术和产品的示范与推广、重点节能工程的实施、节能宣传培训、信息服务和表彰奖励等。

国家通过财政补贴支持节能照明器具等节能产品的推广和使用。

（2）税收优惠

国家对生产、使用列入国务院管理节能工作的部门会同国务院有关部门制定并公布的节能技术、节能产品推广目录的需要支持的节能技术、节能产品，实行税收优惠等扶持政策。

国家运用税收等政策，鼓励先进节能技术、设备的进口，控制在生产过程中耗能高、污染重的产品的出口。

国家对促进循环经济发展的产业活动给予税收优惠，并运用税收等措施鼓励进口先进的节能、节水、节材等技术、设备和产品，限制在生产过程中耗能高、污染重的产品的出口。

企业使用或者生产列入国家清洁生产、资源综合利用等鼓励名录的技术、工艺、设备或者产品的，按照国家有关规定享受税收优惠。

（3）信贷支持

国家引导金融机构增加对节能项目的信贷支持，为符合条件的节能技术研究开发、节能产品生产以及节能技术改造等项目提供优惠贷款。国家推动和引导社会有关方面加大对节能的资金投入，加快节能技术改造。

对符合国家产业政策的节能、节水、节地、节材、资源综合利用等项目，金融机构应当给予优先贷款等信贷支持，并积极提供配套金融服务。

对生产、进口、销售或者使用列入淘汰名录的技术、工艺、设备、材料或者产品的企业，金融机构不得提供任何形式的授信支持。

（4）价格政策

国家实行有利于节能的价格政策，引导施工单位和个人节能。国家运用财税、价格等政策，支持推广电力需求侧管理、合同能源管理、节能自愿协议等节能办法。

国家实行有利于资源节约和合理利用的价格政策，引导单位和个人节约和合理使用水、电、气等资源性产品。

（5）表彰奖励

各级人民政府对在节能管理、节能科学技术研究和推广应用中有显著成绩以及检举严重浪费能源行为的单位和个人，给予表彰和奖励。

企业事业单位应当对在循环经济发展中作出突出贡献的集体和个人给予表彰和奖励。

9.2.3 违法行为应承担的法律责任 ⋯⋯⋯⋯⋯⋯⋯⋯⋯⋯⋯⋯ ●

1. 违反建筑节能标准违法行为应承担的法律责任

《节约能源法》第七十九条规定，"设计单位、施工单位、监理单位违反建筑节能标准的，由建设主管部门责令改正，处十万元以上五十万元以下罚款；情节严重的，由颁发资质证书的部门降低资质等级或者吊销资质证书；造成损失的，依法承担赔偿责任。"

《民用建筑节能条例》第四十条规定，"施工单位未按照民用建筑节能强制性标准进行施工的，由县级以上地方人民政府建设主管部门责令改正，处民用建筑项目合同价款 2% 以上 4% 以下的罚款；情节严重的，由颁发资质证书的部门责令停业整顿，降低资质等级或者吊销资质证书；造成损失的，依法承担赔偿责任。"

注册执业人员未执行民用建筑节能强制性标准的，由县级以上人民政府建设主管部门责令停止执业 3 个月以上 1 年以下；情节严重的，由颁发资格证书的部门吊销执业资格证书，5 年内不予注册。

2. 使用黏土砖及其他施工节能违法行为应承担的法律责任

《循环经济促进法》第五十四条规定，"在国务院或者省、自治区、直辖市人民政府规定禁止生产、销售、使用黏土砖的期限或者区域内生产、销售或者使用黏土砖的，由县级以上地方人民政府指定的部门责令限期改正；有违法所得的，没收违法所得；逾期继续生产、销售的，由地方人民政府市场监督管理部门依法吊销营业执照。"

《民用建筑节能条例》第四十一条规定，"施工单位有下列行为之一的，由县级以上地方人民政府建设主管部门责令改正，处 10 万元以上 20 万元以下的罚款；情节严重的，由颁发资质证书的部门责令停业整顿，降低资质等级或者吊销资质证书；造成损失的，依法承担赔偿责任：

（一）未对进入施工现场的墙体材料、保温材料、门窗、采暖制冷系统和照明设备进行查验的；

（二）使用不符合施工图设计文件要求的墙体材料、保温材料、门窗、采暖制冷系统和照明设备的；

（三）使用列入禁止使用目录的技术、工艺、材料和设备的。"

3. 用能单位其他违法行为应承担的法律责任

《节约能源法》第七十四条规定，"用能单位未按照规定配备、使用能源计量器具的，由市场监督管理部门责令限期改正；逾期不改正的，处一万元以上五万元以下罚款。"

瞒报、伪造、篡改能源统计资料或者编造虚假能源统计数据的，依照《中华人民共和国统计法》的规定处罚。

无偿向本单位职工提供能源或者对能源消费实行包费制的，由管理节能工作的部门责令限期改正；逾期不改正的，处五万元以上二十万元以下罚款。

【典型案例】

背景资料

某小区1号、2号楼工程完成设计并开始施工。在施工过程中，建设单位按设计图纸规定的规格、数量要求采购了墙体材料、保温材料、采暖制冷系统等，并声称是优质产品；施工单位在以上材料设备进入施工现场后，便直接用于该项目的施工并形成工程实体，导致1号、2号楼工程验收不合格。经有关部门检验，建设单位购买的墙体材料、保温材料、采暖制冷系统存在严重质量问题，用保温材料所作的墙体出现了结露、发霉等现象，不符合该项目设计图纸规定的质量要求。

问题：

1. 施工单位有何违法行为？
2. 施工单位应承担哪些法律责任？

【案例分析】

1. 《民用建筑节能条例》第十六条规定："施工单位应当对进入施工现场的墙体材料、保温材料、门窗、采暖制冷系统和照明设备进行查验；不符合施工图设计文件要求的，不得使用。"本案中，施工单位未对进入施工现场的墙体材料、保温材料、采暖制冷系统等进行查验，导致不符合施工图设计文件要求的墙体材料等用于该项目的施工，构成了违法行为。此外，建设单位也有违法行为。《民用建筑节能条例》第十四条第2款规定："按照合同约定由建设单位采购墙体材料、保温材料、门窗、采暖制冷系统和照明设备的，建设单位应当保证其符合施工图设计文件要求。"

2. 《民用建筑节能条例》第四十一条规定："施工单位有下列行为之一的，由县级以上地方人民政府建设主管部门责令改正，处10万元以上20万元以下的罚款；情节严重的，由颁发资质证书的部门责令停业整顿，降低资质等级或者吊销资质证书；造成损失的，依法承担赔偿责任：（一）未对进入施工现场的墙体材料、保温材料、门窗、采暖制冷系统和照明设备进行查验的；（二）使用不符合施工图设计文件要求的墙体材料、保温材料、门窗、采暖制冷系统和照明设备的；……。"据此，当地建设主管部门应当依法责令该施工单位改正，处10万元以上20万元以下的罚款。

9.3 施工文物保护制度

思 政 导 引

党的十八大以来，以习近平同志为核心的党中央站在新的历史方位，从留住文化根脉、守住民族之魂的战略高度关心和推动文化和自然遗产保护工作。保护好、传承好、利用好这些宝贵财富，是我们的共同责任，是人类文明赓续和世界可持续发展的必然要求。

像爱惜生命一样保护好历史文化遗产

切实加强对文物的保护、有效管理和合理利用，对于传承和弘扬优秀传统文化，满足广大人民群众精神文化需求，增强民族自尊心和自豪感，巩固民族团结，维护祖国统一，捍卫国家主权和领土完整，都具有十分重要的意义。

9.3.1 受法律保护的文物范围 ·····················•

1. 国家保护文物的范围

2017 年 11 月经修改后公布的《中华人民共和国文物保护法》（下简称《文物保护法》）第二条规定，"在中华人民共和国境内，下列文物受国家保护：

（1）具有历史、艺术、科学价值的古文化遗址、古墓葬、古建筑、石窟寺和石刻、壁画；

（2）与重大历史事件、革命运动或者著名人物有关的以及具有重要纪念意义、教育意义或者史料价值的近代现代重要史迹、实物、代表性建筑；

（3）历史上各时代珍贵的艺术品、工艺美术品；

（4）历史上各时代重要的文献资料以及具有历史、艺术、科学价值的手稿和图书资料等；

（5）反映历史上各时代、各民族社会制度、社会生产、社会生活的代表性实物。

文物认定的标准和办法由国务院文物行政部门制定，并报国务院批准。

具有科学价值的古脊椎动物化石和古人类化石同文物一样受国家保护。"

2. 水下文物的保护范围

2011 年 1 月经修改后公布的《中华人民共和国水下文物保护管理条例》（下简称《水下

文物保护管理条例》）第二条规定，"本条例所称水下文物，是指遗存于下列水域的具有历史、艺术和科学价值的人类文化遗产：

（1）遗存于中国内水、领海内的一切起源于中国的、起源国不明的和起源于外国的文物；

（2）遗存于中国领海以外依照中国法律由中国管辖的其他海域内的起源于中国的和起源国不明的文物；

（3）遗存于外国领海以外的其他管辖海域以及公海区域内的起源于中国的文物。

以上规定内容不包括1911年以后的与重大历史事件、革命运动以及著名人物无关的水下遗存。"

3. 属于国家所有的文物范围

中华人民共和国境内地下、内水和领海中遗存的一切文物，属于国家所有。国有文物所有权受法律保护，不容侵犯。

（1）属于国家所有的不可移动文物范围

古文化遗址、古墓葬、石窟寺属于国家所有。国家指定保护的纪念建筑物、古建筑、石刻、壁画、近代现代代表性建筑等不可移动文物，除国家另有规定的以外，属于国家所有。

国有不可移动文物的所有权不因其所依附的土地所有权或者使用权的改变而改变。

（2）属于国家所有的可移动文物范围

下列可移动文物，属于国家所有：

1）中国境内出土的文物，国家另有规定的除外；

2）国有文物收藏单位以及其他国家机关、部队和国有企业、事业组织等收藏、保管的文物；

3）国家征集、购买的文物；

4）公民、法人和其他组织捐赠给国家的文物；

5）法律规定属于国家所有的其他文物。

属于国家所有的可移动文物的所有权不因其保管、收藏单位的终止或者变更而改变。

（3）属于国家所有的水下文物范围

《水下文物保护管理条例》规定，遗存于中国内水、领海内的一切起源于中国的、起源国不明的和起源于外国的文物，以及遗存于中国领海以外依照中国法律由中国管辖的其他海域内的起源于中国的和起源国不明的文物，属于国家所有，国家对其行使管辖权。

遗存于外国领海以外的其他管辖海域以及公海区域内的起源于中国的文物，国家享有辨认器物物主的权利。

4. 属于集体所有和私人所有的文物保护范围

《文物保护法》第六条规定，"属于集体所有和私人所有的纪念建筑物、古建筑和祖传文物以及依法取得的其他文物，其所有权受法律保护。文物的所有者必须遵守国家有关文物保护的法律、法规的规定。"

5. 文物保护单位和文物的分级

《文物保护法》第三条规定，"古文化遗址、古墓葬、古建筑、石窟寺、石刻、壁画、近代现代重要史迹和代表性建筑等不可移动文物，根据它们的历史、艺术、科学价值，可以分别确定为全国重点文物保护单位，省级文物保护单位，市、县级文物保护单位。"

历史上各时代重要实物、艺术品、文献、手稿、图书资料、代表性实物等可移动文物，分为珍贵文物和一般文物；珍贵文物分为一级文物、二级文物、三级文物。

9.3.2　在文物保护单位保护范围和建设控制地带施工的规定… ●

《文物保护法》第七条规定，"一切机关、组织和个人都有依法保护文物的义务。"

1. 文物保护单位的保护范围

2017 年 10 月经修改后公布的《中华人民共和国文物保护法实施条例》（下简称《文物保护法实施条例》）第九条规定，"文物保护单位的保护范围，是指对文物保护单位本体及周围一定范围实施重点保护的区域。文物保护单位的保护范围，应当根据文物保护单位的类别、规模、内容以及周围环境的历史和现实情况合理划定，并在文物保护单位本体之外保持一定的安全距离，确保文物保护单位的真实性和完整性。"

全国重点文物保护单位和省级文物保护单位自核定公布之日起 1 年内，由省、自治区、直辖市人民政府划定必要的保护范围，作出标志说明，建立记录档案，设置专门机构或者指定专人负责管理。

设区的市、自治州级和县级文物保护单位自核定公布之日起 1 年内，由核定公布该文物保护单位的人民政府划定保护范围，作出标志说明，建立记录档案，设置专门机构或者指定专人负责管理。

文物保护单位的标志说明，应当包括文物保护单位的级别、名称、公布机关、公布日期、立标机关、立标日期等内容。民族自治地区的文物保护单位的标志说明，应当同时用规范汉字和当地通用的少数民族文字书写。

2. 文物保护单位的建设控制地带

《文物保护法实施条例》第十三条规定，"文物保护单位的建设控制地带，是指在文物保护单位的保护范围外，为保护文物保护单位的安全、环境、历史风貌对建设项目加以限制的区域。文物保护单位的建设控制地带，应当根据文物保护单位的类别、规模、内容以及周围环境的历史和现实情况合理划定。"

全国重点文物保护单位的建设控制地带，经省、自治区、直辖市人民政府批准，由省、自治区、直辖市人民政府的文物行政主管部门会同城乡规划行政主管部门划定并公布。

省级、设区的市、自治州级和县级文物保护单位的建设控制地带，经省、自治区、直辖市人民政府批准，由核定公布该文物保护单位的人民政府的文物行政主管部门会同城乡规划行政主管部门划定并公布。

3. 历史文化名城名镇名村的保护

《文物保护法》第十四条规定，"保存文物特别丰富并且具有重大历史价值或者革命纪念意义的城市，由国务院核定公布为历史文化名城。

保存文物特别丰富并且具有重大历史价值或者革命纪念意义的城镇、街道、村庄，由省、自治区、直辖市人民政府核定公布为历史文化街区、村镇，并报国务院备案。"

2017年10月经修改后公布的《历史文化名城名镇名村保护条例》第七条规定，"具备下列条件的城市、镇、村庄，可以申报历史文化名城、名镇、名村：

（一）保存文物特别丰富；

（二）历史建筑集中成片；

（三）保留着传统格局和历史风貌；

（四）历史上曾经作为政治、经济、文化、交通中心或者军事要地，或者发生过重要历史事件，或者其传统产业、历史上建设的重大工程对本地区的发展产生过重要影响，或者能够集中反映本地区建筑的文化特色、民族特色。"

4. 在文物保护单位保护范围和建设控制地带施工的规定

《文物保护法》第十九条规定，"在文物保护单位的保护范围和建设控制地带内，不得建设污染文物保护单位及其环境的设施，不得进行可能影响文物保护单位安全及其环境的活动。对已有的污染文物保护单位及其环境的设施，应当限期治理。"

（1）承担文物保护单位的修缮、迁移、重建工程的单位应当具有相应的资质证书

《文物保护法实施条例》第十五条规定，"承担文物保护单位的修缮、迁移、重建工程的单位，应当同时取得文物行政主管部门发给的相应等级的文物保护工程资质证书和建设行政主管部门发给的相应等级的资质证书。其中，不涉及建筑活动的文物保护单位的修缮、迁移、重建，应当由取得文物行政主管部门发给的相应等级的文物保护工程资质证书的单位承担。"

申领文物保护工程资质证书，应当具备下列条件：

1）有取得文物博物专业技术职务的人员；

2）有从事文物保护工程所需的技术设备；

3）法律、行政法规规定的其他条件。

申领文物保护工程资质证书，应当向省、自治区、直辖市人民政府文物行政主管部门或者国务院文物行政主管部门提出申请。省、自治区、直辖市人民政府文物行政主管部门或者国务院文物行政主管部门应当自收到申请之日起30个工作日内作出批准或者不批准的决定。决定批准的，发给相应等级的文物保护工程资质证书；决定不批准的，应当书面通知当事人并说明理由。

（2）在历史文化名城名镇名村保护范围内从事建设活动的相关规定

《历史文化名城名镇名村保护条例》第二十四条规定，"在历史文化名城、名镇、名村保护范围内禁止进行下列活动：

（一）开山、采石、开矿等破坏传统格局和历史风貌的活动；

（二）占用保护规划确定保留的园林绿地、河湖水系、道路等；

（三）修建生产、储存爆炸性、易燃性、放射性、毒害性、腐蚀性物品的工厂、仓库等；

（四）在历史建筑上刻划、涂污。"

在历史文化名城、名镇、名村保护范围内进行下列活动，应当保护其传统格局、历史风貌和历史建筑；制订保护方案，并依照有关法律、法规的规定办理相关手续：

1）改变园林绿地、河湖水系等自然状态的活动；

2）在核心保护范围内进行影视摄制、举办大型群众性活动；

3）其他影响传统格局、历史风貌或者历史建筑的活动。

在历史文化街区、名镇、名村核心保护范围内，不得进行新建、扩建活动。但是，新建、扩建必要的基础设施和公共服务设施除外。

在历史文化街区、名镇、名村核心保护范围内，拆除历史建筑以外的建筑物、构筑物或者其他设施的，应当经城市、县人民政府城乡规划主管部门会同同级文物主管部门批准。

任何单位或者个人不得损坏或者擅自迁移、拆除历史建筑。

（3）在文物保护单位保护范围和建设控制地带内从事建设活动的相关规定

《文物保护法》第十七条规定，"文物保护单位的保护范围内不得进行其他建设工程或者爆破、钻探、挖掘等作业。但是，因特殊情况需要在文物保护单位的保护范围内进行其他建设工程或者爆破、钻探、挖掘等作业的，必须保证文物保护单位的安全，并经核定公布该文物保护单位的人民政府批准，在批准前应当征得上一级人民政府文物行政部门同意；在全国重点文物保护单位的保护范围内进行其他建设工程或者爆破、钻探、挖掘等作业的，必须经省、自治区、直辖市人民政府批准，在批准前应当征得国务院文物行政部门同意。"

在文物保护单位的建设控制地带内进行建设工程，不得破坏文物保护单位的历史风貌；工程设计方案应当根据文物保护单位的级别，经相应的文物行政部门同意后，报城乡建设规划部门批准。

9.3.3 施工发现文物报告和保护的规定

《文物保护法》第二十七条规定，"地下埋藏的文物，任何单位或者个人都不得私自发掘。"考古发掘的文物，任何单位或者个人不得侵占。

1. 配合建设工程进行考古发掘工作的规定

进行大型基本建设工程，建设单位应当事先报请省、自治区、直辖市人民政府文物行政部门组织从事考古发掘的单位在工程范围内有可能埋藏文物的地方进行考古调查、勘探。

确因建设工期紧迫或者有自然破坏危险，对古文化遗址、古墓葬急需进行抢救发掘的，由省、自治区、直辖市人民政府文物行政部门组织发掘，并同时补办审批手续。

2. 施工发现文物的报告和保护

《文物保护法》第三十二条规定，"在进行建设工程或者在农业生产中，任何单位或者个人发现文物，应当保护现场，立即报告当地文物行政部门，文物行政部门接到报告后，如无特殊情况，应当在二十四小时内赶赴现场，并在七日内提出处理意见。"

依照以上规定发现的文物属于国家所有，任何单位或者个人不得哄抢、私分、藏匿。

3. 水下文物的报告和保护

任何单位或者个人以任何方式发现遗存于中国内水、领海内的一切起源于中国的、起源国不明的和起源于外国的文物，以及遗存于中国领海以外依照中国法律由中国管辖的其他海域内的起源于中国的和起源国不明的文物，应当及时报告国家文物局或者地方文物行政管理部门；已打捞出水的，应当及时上缴国家文物局或者地方文物行政管理部门处理。

任何单位或者个人以任何方式发现遗存于外国领海以外的其他管辖海域以及公海区域内的起源于中国的文物，应当及时报告国家文物局或者地方文物行政管理部门；已打捞出水的，应当及时提供国家文物局或者地方文物行政管理部门辨认、鉴定。

9.3.4 违法行为应承担的法律责任 ⋯⋯⋯⋯⋯⋯⋯⋯⋯⋯⋯⋯ ●

1. 哄抢、私分国有文物等违法行为应承担的法律责任

《文物保护法》第六十四条规定，"有下列行为之一，构成犯罪的，依法追究刑事责任：

（一）盗掘古文化遗址、古墓葬的；

（二）故意或者过失损毁国家保护的珍贵文物的；

（三）擅自将国有馆藏文物出售或者私自送给非国有单位或者个人的；

（四）将国家禁止出境的珍贵文物私自出售或者送给外国人的；

（五）以牟利为目的倒卖国家禁止经营的文物的；

（六）走私文物的；

（七）盗窃、哄抢、私分或者非法侵占国有文物的；

（八）应当追究刑事责任的其他妨害文物管理行为。"

造成文物灭失、损毁的，依法承担民事责任。构成违反治安管理行为的，由公安机关依法给予治安管理处罚。构成走私行为，尚不构成犯罪的，由海关依照有关法律、行政法规的规定给予处罚。

有下列行为之一，尚不构成犯罪的，由县级以上人民政府文物主管部门会同公安机关追缴文物；情节严重的，处五千元以上五万元以下的罚款：

（1）发现文物隐匿不报或者拒不上交的；

（2）未按照规定移交拣选文物的。

2. 在文物保护单位的保护范围和建设控制地带内进行建设工程违法行为应承担的法律责任

《文物保护法》第六十六条规定，"有下列行为之一，尚不构成犯罪的，由县级以上人民政府文物主管部门责令改正，造成严重后果的，处五万元以上五十万元以下的罚款；情节严重的，由原发证机关吊销资质证书：

（一）擅自在文物保护单位的保护范围内进行建设工程或者爆破、钻探、挖掘等作业的；

（二）在文物保护单位的建设控制地带内进行建设工程，其工程设计方案未经文物行政部

门同意、报城乡建设规划部门批准，对文物保护单位的历史风貌造成破坏的；

（三）擅自迁移、拆除不可移动文物的；

（四）擅自修缮不可移动文物，明显改变文物原状的；

（五）擅自在原址重建已全部毁坏的不可移动文物，造成文物破坏的；

（六）施工单位未取得文物保护工程资质证书，擅自从事文物修缮、迁移、重建的。

刻划、涂污或者损坏文物尚不严重的，或者损毁依法设立的文物保护单位标志的，由公安机关或者文物所在单位给予警告，可以并处罚款。"

在文物保护单位的保护范围内或者建设控制地带内建设污染文物保护单位及其环境的设施的，或者对已有的污染文物保护单位及其环境的设施未在规定的期限内完成治理的，由环境保护行政部门依照有关法律、法规的规定给予处罚。

3. 未取得相应资质证书擅自承担文物保护单位修缮、迁移、重建工程违法行为应承担的法律责任

《文物保护法实施条例》第五十五条规定，"未取得相应等级的文物保护工程资质证书，擅自承担文物保护单位的修缮、迁移、重建工程的，由文物行政主管部门责令限期改正；逾期不改正，或者造成严重后果的，处5万元以上50万元以下的罚款；构成犯罪的，依法追究刑事责任。"

未取得建设行政主管部门发给的相应等级的资质证书，擅自承担含有建筑活动的文物保护单位的修缮、迁移、重建工程的，由建设行政主管部门依照有关法律、行政法规的规定予以处罚。

4. 历史文化名城名镇名村保护范围内违法行为应承担的法律责任

《历史文化名城名镇名村保护条例》第四十一条规定，"在历史文化名城、名镇、名村保护范围内有下列行为之一的，由城市、县人民政府城乡规划主管部门责令停止违法行为、限期恢复原状或者采取其他补救措施；有违法所得的，没收违法所得；逾期不恢复原状或者不采取其他补救措施的，城乡规划主管部门可以指定有能力的单位代为恢复原状或者采取其他补救措施，所需费用由违法者承担；造成严重后果的，对单位并处50万元以上100万元以下的罚款，对个人并处5万元以上10万元以下的罚款；造成损失的，依法承担赔偿责任：

（一）开山、采石、开矿等破坏传统格局和历史风貌的；

（二）占用保护规划确定保留的园林绿地、河湖水系、道路等的；

（三）修建生产、储存爆炸性、易燃性、放射性、毒害性、腐蚀性物品的工厂、仓库等的。"

未经城乡规划主管部门会同同级文物主管部门批准，有下列行为之一的，由城市、县人民政府城乡规划主管部门责令停止违法行为、限期恢复原状或者采取其他补救措施；有违法所得的，没收违法所得；逾期不恢复原状或者不采取其他补救措施的，城乡规划主管部门可以指定有能力的单位代为恢复原状或者采取其他补救措施，所需费用由违法者承担；造成严重后果的，对单位并处5万元以上10万元以下的罚款，对个人并处1万元以上5万元以下的罚款；造成损失的，依法承担赔偿责任：

（1）拆除历史建筑以外的建筑物、构筑物或者其他设施的；

（2）对历史建筑进行外部修缮装饰、添加设施以及改变历史建筑的结构或者使用性质的。

有关单位或者个人进行本条例第二十五条规定的活动，或者经批准进行上述活动，但是在活动过程中对传统格局、历史风貌或者历史建筑构成破坏性影响的，依照以上规定予以处罚。

损坏或者擅自迁移、拆除历史建筑的，由城市、县人民政府城乡规划主管部门责令停止违法行为、限期恢复原状或者采取其他补救措施；有违法所得的，没收违法所得；逾期不恢复原状或者不采取其他补救措施的，城乡规划主管部门可以指定有能力的单位代为恢复原状或者采取其他补救措施，所需费用由违法者承担；造成严重后果的，对单位并处 20 万元以上 50 万元以下的罚款，对个人并处 10 万元以上 20 万元以下的罚款；造成损失的，依法承担赔偿责任。

擅自设置、移动、涂改或者损毁历史文化街区、名镇、名村标志牌的，由城市、县人民政府城乡规划主管部门责令限期改正；逾期不改正的，对单位处 1 万元以上 5 万元以下的罚款，对个人处 1000 元以上 1 万元以下的罚款。

5. 水下文物保护违法行为应承担的法律责任

破坏水下文物，私自勘探、发掘、打捞水下文物，或者隐匿、私分、贩运、非法出售、非法出口水下文物，依法给予行政处罚或者追究刑事责任。

【典型案例】

背景资料

在某市的火车站南广场地下车库工程施工中，挖掘机司机挖到一个古墓，非但没有及时上报，而是将其重新掩埋，在晚上带人将古墓里的文物盗走，后经公安部门的努力，追回玉带 18 片，但其他出土文物不知去向。文保专家表示，该处工地发现的是明朝某位皇亲之墓。

问题：

1. 本案中哪些行为违反了《文物保护法》的规定？

2. 施工过程中发现文物时施工单位应该采取什么措施？

3. 对文物保护违法行为应如何处理？

【案例分析】

1. 本案中，挖掘机司机发现古墓之后，没有依法及时报告，并伙同他人将古墓里的文物盗走，违反了《文物保护法》的规定。

2. 根据《文物保护法》第三十二条规定："在进行建设工程或者在农业生产中，任何单位或者个人发现文物，应当保护现场，立即报告当地文物行政部门。""任何单位或者个人不得哄抢、私分、藏匿。"施工过程中发现文物时，施工单位应保护现场，立即报告当地文物行政部门，不得哄抢、私分、私藏。

3. 依据《文物保护法》第六十四条、第六十五条规定，对于盗窃、哄抢、私分或者非法侵占国有文物的，构成犯罪的，依法追究刑事责任；造成文物灭失、损毁的，依法承担民事责任；构成违反治安管理行为的，由公安机关依法给予治安管理处罚。

本章小结

　　本章基本内容包括施工现场环境保护制度、施工节约能源制度和施工文物保护制度。其中，施工现场的环境保护制度主要涉及施工现场环境噪声污染防治，施工现场大气污染防治，施工现场水污染防治，施工现场固体废物污染环境防治的相关规定。施工节约能源制度主要涉及施工合理使用与节约能源的规定，施工节能技术进步和激励措施的规定。施工文物保护制度主要涉及受法律保护的文物范围、在文物保护单位保护范围和建设控制地带施工的规定、施工发现文物报告和保护的规定。

本章习题

一、选择题

请扫描二维码完成自测。

二、简答题

1. 在工程建设领域，噪声污染的防治主要包括哪两个方面？

2. 建筑施工场界噪声排放限值在昼间和夜间分别是多少？写出昼间和夜间的具体时间段。

3. 什么是绿色施工？

第 9 章选择题

10 劳动法律制度

学 习 目 标

1. 了解有关劳动法知识；
2. 熟悉有关劳动法规定；
3. 培养劳动法务实能力；
4. 提升劳动法基本素养。

思 维 导 图

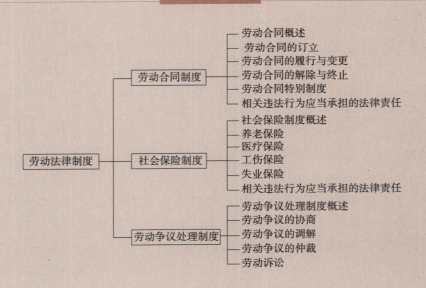

10.1　劳动合同制度

10.1.1　劳动合同概述 ●

1. 劳动合同的概念

　　《中华人民共和国劳动法》（下简称《劳动法》）规定，劳动合同是劳动者与用人单位确立劳动关系、明确双方权利和义务的协议。建立劳动关系应当订立劳动合同。

2. 劳动合同的类型

　　劳动合同分为固定期限劳动合同、无固定期限劳动合同和以完成一定工作任务为期限的劳动合同。

　　固定期限劳动合同，是指用人单位与劳动者约定合同终止时间的劳动合同。用人单位与劳动者协商一致，可以订立固定期限劳动合同。

　　无固定期限劳动合同，是指用人单位与劳动者约定无确定终止时间的劳动合同。用人单位与劳动者协商一致，可以订立无固定期限劳动合同。有下列情形之一，劳动者提出或者同意续订、订立劳动合同的，除劳动者提出订立固定期限劳动合同外，应当订立无固定期限劳动合同：（一）劳动者在该用人单位连续工作满 10 年的；（二）用人单位初次实行劳动合同制度或者国有企业改制重新订立劳动合同时，劳动者在该用人单位连续工作满 10 年且距法定退休年龄不足 10 年的；（三）连续订立二次固定期限劳动合同，且劳动者没有《中华人民共和国劳动合同法》（下简称《劳动合同法》）第三十九条和第四十条第一项、第二项规定的情形，续订劳动合同的。用人单位自用工之日起满一年不与劳动者订立书面劳动合同的，视为用人单位与劳动者已订立无固定期限劳动合同。

以完成一定工作任务为期限的劳动合同，是指用人单位与劳动者约定以某项工作的完成为合同期限的劳动合同。用人单位与劳动者协商一致，可以订立以完成一定工作任务为期限的劳动合同。

10.1.2 劳动合同的订立 ●

《劳动合同法》规定，用人单位自用工之日起即与劳动者建立劳动关系。用人单位应当建立职工名册备查。建立劳动关系应当签订劳动合同。

1. 劳动合同订立的原则

订立劳动合同，应当遵循合法、公平、平等自愿、协商一致、诚实信用的原则。依法订立的劳动合同具有约束力，用人单位与劳动者应当履行劳动合同约定的义务。

2. 劳动合同的形式及内容

（1）劳动合同的形式

《劳动合同法》第十条规定，"建立劳动关系，应当订立书面劳动合同。已建立劳动关系，未同时订立书面劳动合同的，应当自用工之日起一个月内订立书面劳动合同。用人单位与劳动者在用工前订立劳动合同的，劳动关系自用工之日起建立。"

（2）劳动合同的内容

1）劳动合同的主要条款

订立劳动合同应当具备以下条款：①用人单位的名称、住所和法定代表人或者主要负责人；②劳动者的姓名、住址和居民身份证或者其他有效身份证件号码；③劳动合同期限；④工作内容和工作地点；⑤工作时间和休息休假；⑥劳动报酬；⑦社会保险；⑧劳动保护、劳动条件和职业危害防护；⑨法律、法规规定应当纳入劳动合同的其他事项。劳动合同除上述规定的必备条款外，用人单位与劳动者可以约定试用期、培训、保守秘密、补充保险和福利待遇等其他事项。

2）劳动合同对劳动报酬和劳动条件约定不明确的解决

《劳动合同法》第十八条规定，"劳动合同对劳动报酬和劳动条件等标准约定不明确，引发争议的，用人单位与劳动者可以重新协商；协商不成的，适用集体合同规定；没有集体合同或者集体合同未规定劳动报酬的，实行同工同酬；没有集体合同或者集体合同未规定劳动条件等标准的，适用国家有关规定。"

3）劳动合同试用期的规定

《劳动合同法》第十九条规定，"劳动合同期限三个月以上不满一年的，试用期不得超过一个月；劳动合同期限一年以上不满三年的，试用期不得超过二个月；三年以上固定期限和无固定期限的劳动合同，试用期不得超过六个月。同一用人单位与同一劳动者只能约定一次试用期。以完成一定工作任务为期限的劳动合同或者劳动合同期限不满三个月的，不得约定试用期。试用期包含在劳动合同期限内。劳动合同仅约定试用期的，试用期不成立，该期限为劳动合同期限。"劳动者在试用期的工资不得低于本单位相同岗位最低档工资或者劳动合同约定工资的 80%，并不得低于用人单位所在地的最低工资标准。

4）劳动合同服务期的规定

《劳动合同法》第二十二条规定，"用人单位为劳动者提供专项培训费用，对其进行专业技术培训的，可以与该劳动者订立协议，约定服务期。劳动者违反服务期约定的，应当按照约定向用人单位支付违约金。违约金的数额不得超过用人单位提供的培训费用。用人单位要求劳动者支付的违约金不得超过服务期尚未履行部分所应分摊的培训费用。用人单位与劳动者约定服务期的，不影响按照正常的工资调整机制提高劳动者在服务期期间的劳动报酬。"

5）劳动合同法关于保密义务和竞业限制的规定

《劳动合同法》第二十三条规定，"用人单位与劳动者可以在劳动合同中约定保守用人单位的商业秘密和与知识产权相关的保密事项。对负有保密义务的劳动者，用人单位可以在劳动合同或者保密协议中与劳动者约定竞业限制条款，并约定在解除或者终止劳动合同后，在竞业限制期限内按月给予劳动者经济补偿。劳动者违反竞业限制约定的，应当按照约定向用人单位支付违约金。"

3. 劳动合同的生效与无效的劳动合同

（1）劳动合同的生效

劳动合同由用人单位与劳动者协商一致，并经用人单位与劳动者在劳动合同文本上签字或者盖章生效。劳动合同文本由用人单位和劳动者各执一份。

（2）无效的劳动合同

无效劳动合同是指不具备劳动合同生效的条件，对双方当事人不具有法律约束力，不受国家保护的合同。

劳动合同无效或者部分无效主要有以下情形：①以欺诈、胁迫的手段或者乘人之危，使对方在违背真实意思的情况下订立或者变更劳动合同的；②用人单位免除自己的法定责任、排除劳动者权利的；③违反法律、行政法规强制性规定的。对劳动合同的无效或者部分无效有争议的，由劳动争议仲裁机构或者人民法院确认。

劳动合同部分无效，不影响其他部分效力的，其他部分仍然有效。

劳动合同被确认无效，劳动者已付出劳动的，用人单位应当向劳动者支付劳动报酬。劳动报酬的数额，参照本单位相同或者相近岗位劳动者的劳动报酬确定。

10.1.3　劳动合同的履行与变更 ••••••••••••••••••••••••• ●

1. 劳动合同的履行

用人单位与劳动者应当按照劳动合同的约定，全面履行各自的义务。

（1）用人单位应当履行向劳动者支付劳动报酬的义务

用人单位应当按照劳动合同约定和国家规定，向劳动者及时足额支付劳动报酬。用人单位拖欠或者未足额支付劳动报酬的，劳动者可以依法向当地人民法院申请支付令，人民法院应当依法发出支付令。

（2）依法限制用人单位安排劳动者的加班

用人单位应当严格执行劳动定额标准，不得强迫或者变相强迫劳动者加班。用人单位安排加班的，应当按照国家有关规定向劳动者支付加班费。

《劳动法》第四十四条规定，"有下列情形之一的，用人单位应当按照下列标准支付高于劳动者正常工作时间工资的工资报酬：（一）安排劳动者延长工作时间的，支付不低于工资的百分之一百五十的工资报酬；（二）休息日安排劳动者工作又不能安排补休的，支付不低于工资的百分之二百的工资报酬；（三）法定休假日安排劳动者工作的，支付不低于工资的百分之三百的工资报酬。"

（3）劳动者有权拒绝违章指挥、冒险作业

劳动者拒绝用人单位管理人员违章指挥、强令冒险作业的，不视为违反劳动合同。劳动者对危害生命安全和身体健康的劳动条件，有权对用人单位提出批评、检举和控告。

（4）用人单位发生变动不影响劳动合同的履行

用人单位变更名称、法定代表人、主要负责人或者投资人等事项，不影响劳动合同的履行。用人单位发生合并或者分立等情况，原劳动合同继续有效，劳动合同由承继其权利和义务的用人单位继续履行。

2. 劳动合同的变更

用人单位与劳动者协商一致，可以变更劳动合同约定的内容。变更劳动合同，应当采用书面形式。变更后的劳动合同文本由用人单位和劳动者各执一份。

10.1.4 劳动合同的解除与终止 ●

1. 协议解除劳动合同

《劳动合同法》第三十六条规定，"用人单位与劳动者协商一致，可以解除劳动合同。"

2. 劳动者单方解除劳动合同

《劳动合同法》第三十七条规定，"劳动者提前三十日以书面形式通知用人单位，可以解除劳动合同。劳动者在试用期内提前三日通知用人单位，可以解除劳动合同。"

《劳动合同法》第三十八条规定，"用人单位有下列情形之一的，劳动者可以解除劳动合同：（一）未按照劳动合同约定提供劳动保护或者劳动条件的；（二）未及时足额支付劳动报酬的；（三）未依法为劳动者缴纳社会保险费的；（四）用人单位的规章制度违反法律、法规的规定，损害劳动者权益的；（五）因本法第二十六条第一款规定的情形致使劳动合同无效的；（六）法律、行政法规规定劳动者可以解除劳动合同的其他情形。用人单位以暴力、威胁或者非法限制人身自由的手段强迫劳动者劳动的，或者用人单位违章指挥、强令冒险作业危及劳动者人身安全的，劳动者可以立即解除劳动合同，不需事先告知用人单位。"

3. 用人单位单方解除劳动合同

（1）过失性辞退

《劳动合同法》第三十九条规定，"劳动者有下列情形之一的，用人单位可以解除劳动合同：（一）在试用期间被证明不符合录用条件的；（二）严重违反用人单位的规章制度的；（三）严重失职，营私舞弊，给用人单位造成重大损害的；（四）劳动者同时与其他用人单位建立劳动关系，对完成本单位的工作任务造成严重影响，或者经用人单位提出，拒不改正的；（五）因本法第二十六条第一款第一项规定的情形致使劳动合同无效的；（六）被依法追究刑事责任的。"

（2）无过失性辞退

《劳动合同法》第四十条规定，"有下列情形之一的，用人单位提前三十日以书面形式通知劳动者本人或者额外支付劳动者一个月工资后，可以解除劳动合同：（一）劳动者患病或者非因工负伤，在规定的医疗期满后不能从事原工作，也不能从事由用人单位另行安排的工作的；（二）劳动者不能胜任工作，经过培训或者调整工作岗位，仍不能胜任工作的；（三）劳动合同订立时所依据的客观情况发生重大变化，致使劳动合同无法履行，经用人单位与劳动者协商，未能就变更劳动合同内容达成协议的。"

（3）经济性裁员

《劳动合同法》第四十一条规定，"有下列情形之一，需要裁减人员二十人以上或者裁减不足二十人但占企业职工总数百分之十以上的，用人单位提前三十日向工会或者全体职工说明情况，听取工会或者职工的意见后，裁减人员方案经向劳动行政部门报告，可以裁减人员：（一）依照企业破产法规定进行重整的；（二）生产经营发生严重困难的；（三）企业转产、重大技术革新或者经营方式调整，经变更劳动合同后，仍需裁减人员的；（四）其他因劳动合同订立时所依据的客观经济情况发生重大变化，致使劳动合同无法履行的。

裁减人员时，应当优先留用下列人员：（一）与本单位订立较长期限的固定期限劳动合同的；（二）与本单位订立无固定期限劳动合同的；（三）家庭无其他就业人员，有需要扶养的老人或者未成年人的。用人单位依照本条第一款规定裁减人员，在六个月内重新招用人员的，应当通知被裁减的人员，并在同等条件下优先招用被裁减的人员。"

4. 用人单位不得解除劳动合同的情形

《劳动合同法》第四十二条规定，"劳动者有下列情形之一的，用人单位不得依照本法第四十条、第四十一条的规定解除劳动合同：（一）从事接触职业病危害作业的劳动者未进行离岗前职业健康检查，或者疑似职业病病人在诊断或者医学观察期间的；（二）在本单位患职业病或者因工负伤并被确认丧失或者部分丧失劳动能力的；（三）患病或者非因工负伤，在规定的医疗期内的；（四）女职工在孕期、产期、哺乳期的；（五）在本单位连续工作满十五年，且距法定退休年龄不足五年的；（六）法律、行政法规规定的其他情形。"

5. 劳动合同的终止

《劳动合同法》第四十四条规定，"有下列情形之一的，劳动合同终止：（一）劳动合同期满的；（二）劳动者开始依法享受基本养老保险待遇的；（三）劳动者死亡，或者被人民法院宣告死亡或者宣告失踪的；（四）用人单位被依法宣告破产的；（五）用人单位被吊销营业执照、责令关闭、撤销或者用人单位决定提前解散的；（六）法律、行政法规规定的其他情形。"

《劳动合同法》第四十五条规定，"劳动合同期满，有本法第四十二条规定情形之一的，劳动合同应当续延至相应的情形消失时终止。但是，本法第四十二条第二项规定丧失或者部分丧失劳动能力劳动者的劳动合同的终止，按照国家有关工伤保险的规定执行。"

6. 经济补偿

《劳动合同法》第四十六条规定，"有下列情形之一的，用人单位应当向劳动者支付经济补偿：（一）劳动者依照本法第三十八条规定解除劳动合同的；（二）用人单位依照本法第三十六条规定向劳动者提出解除劳动合同并与劳动者协商一致解除劳动合同的；（三）用人单位依照本法第四十条规定解除劳动合同的；（四）用人单位依照本法第四十一条第一款规定解除劳动合同的；（五）除用人单位维持或者提高劳动合同约定条件续订劳动合同，劳动者不同意续订的情形外，依照本法第四十四条第一项规定终止固定期限劳动合同的；（六）依照本法第四十四条第四项、第五项规定终止劳动合同的；（七）法律、行政法规规定的其他情形。"

《劳动合同法》第四十七条规定，"经济补偿按劳动者在本单位工作的年限，每满一年支付一个月工资的标准向劳动者支付。六个月以上不满一年的，按一年计算；不满六个月的，向劳动者支付半个月工资的经济补偿。劳动者月工资高于用人单位所在直辖市、设区的市级人民政府公布的本地区上年度职工月平均工资三倍的，向其支付经济补偿的标准按职工月平均工资三倍的数额支付，向其支付经济补偿的年限最高不超过十二年。本条所称月工资是指劳动者在劳动合同解除或者终止前十二个月的平均工资。"

7. 违法解除或者终止劳动合同的法律后果

《劳动合同法》第四十八条规定，"用人单位违反本法规定解除或者终止劳动合同，劳动者要求继续履行劳动合同的，用人单位应当继续履行；劳动者不要求继续履行劳动合同或者劳动合同已经不能继续履行的，用人单位应当依照本法第八十七条规定支付赔偿金。"

10.1.5 劳动合同特别制度 ••••••••••••••••••••••••••••••• ●

1. 集体合同

（1）集体合同的订立和内容

《劳动合同法》第五十一条规定，"企业职工一方与用人单位通过平等协商，可以就劳动报酬、工作时间、休息休假、劳动安全卫生、保险福利等事项订立集体合同。集体合同草案应当提交职工代表大会或者全体职工讨论通过。集体合同由工会代表企业职工一方与用人单位订立；尚未建立工会的用人单位，由上级工会指导劳动者推举的代表与用人单位订立。"

（2）集体合同的分类

集体合同可分为专项集体合同、行业性集体合同和区域性集体合同。《劳动合同法》第五十二条规定，"企业职工一方与用人单位可以订立劳动安全卫生、女职工权益保护、工资调整机制等专项集体合同。"《劳动合同法》第五十三条规定，"在县级以下区域内，建筑业、采矿业、餐饮服务业等行业可以由工会与企业方面代表订立行业性集体合同，或者订立区域性集体合同。"

（3）集体合同中劳动报酬、劳动条件等标准

《劳动合同法》第五十五条规定，"集体合同中劳动报酬和劳动条件等标准不得低于当地人民政府规定的最低标准；用人单位与劳动者订立的劳动合同中劳动报酬和劳动条件等标准不得低于集体合同规定的标准。"

2. 劳务派遣

（1）劳务派遣单位的设立

《劳动合同法》第五十七条规定，"经营劳务派遣业务应当具备下列条件：（一）注册资本不得少于人民币二百万元；（二）有与开展业务相适应的固定的经营场所和设施；（三）有符合法律、行政法规规定的劳务派遣管理制度；（四）法律、行政法规规定的其他条件。

经营劳务派遣业务，应当向劳动行政部门依法申请行政许可；经许可的，依法办理相应的公司登记。未经许可，任何单位和个人不得经营劳务派遣业务。"

（2）劳务派遣单位、用工单位及劳动者的权利义务

《劳动合同法》第五十八条规定，"劳务派遣单位应当履行用人单位对劳动者的义务。劳务派遣单位与被派遣劳动者订立的劳动合同，除应当载明《劳动合同法》第十七条规定的事项外，还应当载明被派遣劳动者的用工单位以及派遣期限、工作岗位等情况。

劳务派遣单位应当与被派遣劳动者订立二年以上的固定期限劳动合同，按月支付劳动报酬；被派遣劳动者在无工作期间，劳务派遣单位应当按照所在地人民政府规定的最低工资标准，向其按月支付报酬。"

（3）劳务派遣协议

《劳动合同法》第五十九条规定，"劳务派遣单位派遣劳动者应当与接受以劳务派遣形式用工的单位（以下称用工单位）订立劳务派遣协议。劳务派遣协议应当约定派遣岗位和人员数量、派遣期限、劳动报酬和社会保险费的数额与支付方式以及违反协议的责任。用工单位应当根据工作岗位的实际需要与劳务派遣单位确定派遣期限，不得将连续用工期限分割订立数个短期劳务派遣协议。"

（4）劳务派遣单位的告知义务

《劳动合同法》第六十条规定，"劳务派遣单位应当将劳务派遣协议的内容告知被派遣劳动者。劳务派遣单位不得克扣用工单位按照劳务派遣协议支付给被派遣劳动者的劳动报酬。劳务派遣单位和用工单位不得向被派遣劳动者收取费用。"

劳务派遣单位跨地区派遣劳动者的，被派遣劳动者享有的劳动报酬和劳动条件，按照用工单位所在地的标准执行。

（5）劳务派遣用工单位的义务

《劳动合同法》第六十二条规定，"用工单位应当履行下列义务：（一）执行国家劳动标准，提供相应的劳动条件和劳动保护；（二）告知被派遣劳动者的工作要求和劳动报酬；（三）支付加班费、绩效奖金，提供与工作岗位相关的福利待遇；（四）对在岗被派遣劳动者进行工作岗位所必需的培训；（五）连续用工的，实行正常的工资调整机制。用工单位不得将被派遣劳动者再派遣到其他用人单位。"

（6）被派遣劳动者同工同酬

《劳动合同法》第六十三条规定，"被派遣劳动者享有与用工单位的劳动者同工同酬的权利。用工单位应当按照同工同酬原则，对被派遣劳动者与本单位同类岗位的劳动者实行相同的劳动报酬分配办法。用工单位无同类岗位劳动者的，参照用工单位所在地相同或者相近岗位劳动者的劳动报酬确定。劳务派遣单位与被派遣劳动者订立的劳动合同和与用工单位订立的劳务派遣协议，载明或者约定的向被派遣劳动者支付的劳动报酬应当符合前款规定。"

3. 非全日制用工

（1）非全日制用工的概念

《劳动合同法》第六十八条规定，"非全日制用工，是指以小时计酬为主，劳动者在同一用人单位一般平均每日工作时间不超过四小时，每周工作时间累计不超过二十四小时的用工形式。"

（2）非全日制用工的劳动合同

《劳动合同法》第六十九条规定，"非全日制用工双方当事人可以订立口头协议。从事非全日制用工的劳动者可以与一个或者一个以上用人单位订立劳动合同；但是，后订立的劳动合同不得影响先订立的劳动合同的履行。"

（3）非全日制用工不得约定试用期

《劳动合同法》第七十条规定，"非全日制用工双方当事人不得约定试用期。"

（4）非全日制用工的终止用工

《劳动合同法》第七十一条规定，"非全日制用工双方当事人任何一方都可以随时通知对方终止用工。终止用工，用人单位不向劳动者支付经济补偿。"

（5）非全日制用工的劳动报酬

《劳动合同法》第七十二条规定，"非全日制用工小时计酬标准不得低于用人单位所在地人民政府规定的最低小时工资标准。非全日制用工劳动报酬结算支付周期最长不得超过十五日。"

10.1.6 违法行为应当承担的法律责任 ·······························●

1. 用人单位的法律责任

（1）规章制度违法的法律责任

《劳动合同法》第八十条规定，"用人单位直接涉及劳动者切身利益的规章制度违反法律、法规规定的，由劳动行政部门责令改正，给予警告；给劳动者造成损害的，应当承担赔偿责任。"

（2）缺乏必备条款、不提供劳动合同文本的法律责任

《劳动合同法》第八十一条规定，"用人单位提供的劳动合同文本未载明本法规定的劳动合同必备条款或者用人单位未将劳动合同文本交付劳动者的，由劳动行政部门责令改正；给劳动者造成损害的，应当承担赔偿责任。"

（3）不订立书面劳动合同的法律责任

《劳动合同法》第八十二条规定，"用人单位自用工之日起超过一个月不满一年未与劳动

者订立书面劳动合同的，应当向劳动者每月支付二倍的工资。用人单位违反本法规定不与劳动者订立无固定期限劳动合同的，自应当订立无固定期限劳动合同之日起向劳动者每月支付二倍的工资。"

（4）违法约定试用期的法律责任

《劳动合同法》第八十三条规定，"用人单位违反本法规定与劳动者约定试用期的，由劳动行政部门责令改正；违法约定的试用期已经履行的，由用人单位以劳动者试用期满月工资为标准，按已经履行的超过法定试用期的期间向劳动者支付赔偿金。"

（5）扣押劳动者身份等证件的法律责任

《劳动合同法》第八十四条规定，"用人单位违反本法规定，扣押劳动者居民身份证等证件的，由劳动行政部门责令限期退还劳动者本人，并依照有关法律规定给予处罚。用人单位违反本法规定，以担保或者其他名义向劳动者收取财物的，由劳动行政部门责令限期退还劳动者本人，并以每人五百元以上二千元以下的标准处以罚款；给劳动者造成损害的，应当承担赔偿责任。劳动者依法解除或者终止劳动合同，用人单位扣押劳动者档案或者其他物品的，依照前款规定处罚。"

（6）未依法支付劳动报酬、经济补偿等的法律责任

《劳动合同法》第八十五条规定，"用人单位有下列情形之一的，由劳动行政部门责令限期支付劳动报酬、加班费或者经济补偿；劳动报酬低于当地最低工资标准的，应当支付其差额部分；逾期不支付的，责令用人单位按应付金额百分之五十以上百分之一百以下的标准向劳动者加付赔偿金：（一）未按照劳动合同的约定或者国家规定及时足额支付劳动者劳动报酬的；（二）低于当地最低工资标准支付劳动者工资的；（三）安排加班不支付加班费的；（四）解除或者终止劳动合同，未依照本法规定向劳动者支付经济补偿的。"

（7）订立无效劳动合同的法律责任

《劳动法》第九十七条规定，"由于用人单位的原因订立的无效合同，对劳动者造成损害的，应当承担赔偿责任。"

（8）违法解除或者终止劳动合同的法律责任

《劳动合同法》第八十七条规定，"用人单位违反本法规定解除或者终止劳动合同的，应当依照本法第四十七条规定的经济补偿标准的二倍向劳动者支付赔偿金。"

（9）侵害劳动者人身权益的法律责任

《劳动合同法》第八十八条规定，"用人单位有下列情形之一的，依法给予行政处罚；构成犯罪的，依法追究刑事责任；给劳动者造成损害的，应当承担赔偿责任：（一）以暴力、威胁或者非法限制人身自由的手段强迫劳动的；（二）违章指挥或者强令冒险作业危及劳动者人身安全的；（三）侮辱、体罚、殴打、非法搜查或者拘禁劳动者的；（四）劳动条件恶劣、环境污染严重，给劳动者身心健康造成严重损害的。"

（10）不出具解除、终止书面证明的法律责任

《劳动合同法》第八十九条规定，"用人单位违反本法规定未向劳动者出具解除或者终止劳动合同的书面证明，由劳动行政部门责令改正；给劳动者造成损害的，应当承担赔偿责任。"

（11）用人单位的连带赔偿责任

《劳动合同法》第九十一条规定，"用人单位招用与其他用人单位尚未解除或者终止劳动合同的劳动者，给其他用人单位造成损失的，应当承担连带赔偿责任。"

（12）劳务派遣单位的法律责任

《劳动合同法》第九十二条规定，"违反本法规定，未经许可，擅自经营劳务派遣业务的，由劳动行政部门责令停止违法行为，没收违法所得，并处违法所得一倍以上五倍以下的罚款；没有违法所得的，可以处五万元以下的罚款。劳务派遣单位、用工单位违反本法有关劳务派遣规定的，由劳动行政部门责令限期改正；逾期不改正的，以每人五千元以上一万元以下的标准处以罚款，对劳务派遣单位，吊销其劳务派遣业务经营许可证。用工单位给被派遣劳动者造成损害的，劳务派遣单位与用工单位承担连带赔偿责任。"

（13）无营业执照经营单位的法律责任

《劳动合同法》第九十三条规定，"对不具备合法经营资格的用人单位的违法犯罪行为，依法追究法律责任；劳动者已经付出劳动的，该单位或者其出资人应当依照本法有关规定向劳动者支付劳动报酬、经济补偿、赔偿金；给劳动者造成损害的，应当承担赔偿责任。"

（14）个人承包经营者的连带赔偿责任

《劳动合同法》第九十四条规定，"个人承包经营违反本法规定招用劳动者，给劳动者造成损害的，发包的组织与个人承包经营者承担连带赔偿责任。"

（15）用人单位不依法建立职工名册的法律责任

《中华人民共和国劳动合同法实施条例》第三十三条规定，"用人单位违反劳动合同法有关建立职工名册规定的，由劳动行政部门责令限期改正；逾期不改正的，由劳动行政部门处2000元以上2万元以下的罚款。"

2. 劳动者的法律责任

（1）劳动者不与用人单位订立书面劳动合同的法律责任

《中华人民共和国劳动合同法实施条例》第五条规定，"自用工之日起一个月内，经用人单位书面通知后，劳动者不与用人单位订立书面劳动合同的，用人单位应当书面通知劳动者终止劳动关系，无需向劳动者支付经济补偿，但是应当依法向劳动者支付其实际工作时间的劳动报酬。"

自用工之日起超过一个月不满一年，劳动者不与用人单位订立书面劳动合同的，用人单位应当书面通知劳动者终止劳动关系，并依照《劳动合同法》第四十七条的规定支付经济补偿。

（2）订立无效劳动合同的法律责任

由于劳动者原因订立的无效合同，给用人单位造成损害的，应当承担赔偿责任。

（3）劳动者的赔偿责任

《劳动合同法》第九十条规定，"劳动者违反本法规定解除劳动合同，或者违反劳动合同中约定的保密义务或者竞业限制，给用人单位造成损失的，应当承担赔偿责任。"

（4）劳动者尚未解除劳动合同而建立双重劳动关系的法律责任

用人单位招用尚未解除劳动合同的劳动者，对原用人单位造成经济损失的，该劳动者承担直接赔偿责任，用人单位应当承担连带责任。

3. 劳动行政部门的法律责任

《劳动合同法》第九十五条规定，"劳动行政部门和其他有关主管部门及其工作人员玩忽职守、不履行法定职责，或者违法行使职权，给劳动者或者用人单位造成损害的，应当承担赔偿责任；对直接负责的主管人员和其他直接责任人员，依法给予行政处分；构成犯罪的，依法追究刑事责任。"

10.2　社会保险制度

思政导引

社会保障是保障和改善民生、维护社会公平、增进人民福祉的基本制度保障，是促进经济社会发展、实现广大人民群众共享改革发展成果的重要制度安排，是治国安邦的大问题。要加大再分配力度，强化互助共济功能，把更多人纳入社会保障体系，为广大人民群众提供更可靠、更充分的保障，不断满足人民群众多层次多样化需求，健全覆盖全民、统筹城乡、公平统一、可持续的多层次社会保障体系，进一步织密社会保障安全网，促我国社会保障事业高质量发展、可持续发展。

完善覆盖全民的社会保障体系

10.2.1　社会保险制度概述

社会保险，是指国家通过立法建立的，对劳动者在其生、老、病、死、伤、残、失业以及发生其他生活困难时，给予物质帮助的制度。对年老、疾病或丧失劳动能力的人给予物质帮助，是公民的基本权利。《劳动法》第七十条规定，"国家发展社会保险事业，建立社会保险制度，设立社会保险基金，使劳动者在年老患病、工伤、失业、生育等情况下获得帮助和补偿。"

10.2.2　养老保险

1. 养老保险的概念

养老保险，是国家和社会根据一定的法律和法规，为劳动者在达到国家规定的解除劳动义务的劳动年龄界限，或因年老丧失劳动能力退出劳动岗位后的基本生活而建立的一种社会保险制度。

2. 养老保险待遇的享受条件

《中华人民共和国社会保险法》（下简称《社会保险法》）第十六条规定，"参加基本养老保险的个人，达到法定退休年龄时累计缴费满十五年的，按月领取基本养老金。参加基本养老保险的个人，达到法定退休年龄时累计缴费不足十五年的，可以缴费至满十五年，按月领取基本养老金；也可以转入新型农村社会养老保险或者城镇居民社会养老保险，按照国务院规定享受相应的养老保险待遇。"

3. 养老保险待遇的内容、标准和给付

（1）职工养老保险待遇的内容

退休待遇的内容，一般包括：①基本养老金，又称退休金。从退休的第2个月起停发工资，每月按规定标准发给退休金，直至去世为止。②按规定享有与在职职工相同的医疗待遇和死亡待遇。③其他待遇。如生活费、冬季取暖补贴、易地安家补助费、易地安置车船费、旅馆费、行李搬运费和伙食补助费等，按照现行的规定办理。

（2）基本养老金的标准

基本养老金构成。基本养老金由统筹养老金和个人账户养老金组成。基本养老金根据个人累计缴费年限、缴费工资、当地职工平均工资、个人账户金额、城镇人口平均预期寿命等因素确定。

基本养老金调整机制。国家建立基本养老金正常调整机制。根据职工平均工资增长、物价上涨情况，适时提高基本养老保险待遇水平。

（3）养老保险待遇的给付

社会保险给付的规则：①个人账户不得提前支取，记账利率不得低于银行定期存款利率，免征利息税。个人死亡的，个人账户余额可以继承。②参加基本养老保险的个人，因病或者非因工死亡的，其遗属可以领取丧葬补助金和抚恤金；在未达到法定退休年龄时因病或者非因工致残完全丧失劳动能力的，可以领取病残津贴。所需资金从基本养老保险基金中支付。③个人跨统筹地区就业的，其基本养老保险关系随本人转移，缴费年限累计计算。个人达到法定退休年龄时，基本养老金分段计算、统一支付。具体办法由国务院规定。④新型农村社会养老保险待遇由基础养老金和个人账户养老金组成。参加新型农村社会养老保险的农村居民，符合国家规定条件的，按月领取新型农村社会养老保险待遇。⑤国有企业、事业单位职工参加基本养老保险前，视同缴费年限期间应当缴纳的基本养老保险费由政府承担。基本养老保险基金出现支付不足时，政府给予补贴。

（4）养老保险基金的筹集

基本养老保险实行社会统筹与个人账户相结合。基本养老保险基金由用人单位和个人缴费以及政府补贴等组成。用人单位应当按照国家规定的本单位职工工资总额的比例缴纳基本养老保险费，记入基本养老保险统筹基金。职工应当按照国家规定的本人工资的比例缴纳基本养老保险费，记入个人账户。无雇工的个体工商户、未在用人单位参加基本养老保险的非全日制从业人员以及其他灵活就业人员参加基本养老保险的，应当按照国家规定缴纳基本养老保险费，分别记入基本养老保险统筹基金和个人账户。国家建立和完善新型农村社会养老保险制度。新型农村社会养老保险实行个人缴费、集体补助和政府补贴相结合。

10.2.3 医疗保险 ·················· ●

1. 医疗保险的概念

医疗保险是当劳动者生病或受到伤害后，由国家或社会根据一定的法律法规对劳动者给予的一种物质帮助，即提供医疗服务或经济补偿的一种社会保障制度。

2. 基本医疗保险待遇的内容和给付

（1）一般规定

1）医疗待遇。职工一般可在与社会保险经办机构签订医疗保险合同的定点医院选择就医。

2）医疗期待遇。职工患病或非因工负伤，根据本人实际参加工作的年限和本企业工作年限长短，享受3~24个月的医疗期。对于某些患特殊疾病（如癌症、精神病、瘫痪等）的职工，在24个月内尚不能痊愈的，经企业和当地劳动部门批准，可以适当延长医疗期。

3）疾病津贴又称病假工资。职工患病或非因工负伤，停止工作满1个月以上的，停发工资，由用人单位按其工龄长短给付相当于本人工资一定比例的疾病津贴，不得低于当地最低工资标准的80%。

（2）特殊规定

《实施〈中华人民共和国社会保险法〉若干规定》第八条规定，"参保人员在协议医疗机构发生的医疗费用，符合基本医疗保险药品目录、诊疗项目、医疗服务设施标准的，按照国家规定从基本医疗保险基金中支付。参保人员确需急诊、抢救的，可以在非协议医疗机构就医；因抢救必须使用的药品可以适当放宽范围。参保人员急诊、抢救的医疗服务具体管理办法由统筹地区根据当地实际情况制定。"

《社会保险法》第二十七条规定，"参加职工基本医疗保险的个人，达到法定退休年龄时累计缴费达到国家规定年限的，退休后不再缴纳基本医疗保险费，按照国家规定享受基本医疗保险待遇；未达到国家规定年限的，可以缴费至国家规定年限。"

《社会保险法》第三十条第2款规定，"医疗费用依法应当由第三人负担，第三人不支付或者无法确定第三人的，由基本医疗保险基金先行支付。基本医疗保险基金先行支付后，有权向第三人追偿。"

（3）医疗保险待遇标准

职工基本医疗保险、新型农村合作医疗和城镇居民基本医疗保险的待遇标准按照国家规定执行。

（4）医疗保险待遇的给付

符合基本医疗保险药品目录、诊疗项目、医疗服务设施标准以及急诊、抢救的医疗费用，按照国家规定从基本医疗保险基金中支付。参保人员医疗费用中应当由基本医疗保险基金支付的部分，由社会保险经办机构与医疗机构、药品经营单位直接结算。社会保险行政部门和卫生行政部门应当建立异地就医医疗费用结算制度，方便参保人员享受基本医疗保险待遇。

下列医疗费用不纳入基本医疗保险基金支付范围：①应当从工伤保险基金中支付的；②应当由第三人负担的；③应当由公共卫生负担的；④在境外就医的。

3. 职工基本医疗保险基金的统筹和使用

（1）覆盖范围和缴费办法

职工应当参加职工基本医疗保险，由用人单位和职工按照国家规定共同缴纳基本医疗保险费。无雇工的个体工商户、未在用人单位参加职工基本医疗保险的非全日制从业人员以及其他灵活就业人员可以参加职工基本医疗保险，由个人按照国家规定缴纳基本医疗保险费。个人跨统筹地区就业的，其基本医疗保险关系随本人转移，缴费年限累计计算。参加职工基本医疗保险的个人，达到法定退休年龄时累计缴费未达到国家规定年限的，可以缴费至国家规定年限。

城镇居民基本医疗保险实行个人缴费和政府补贴相结合。享受最低生活保障的人、丧失劳动能力的残疾人、低收入家庭 60 周岁以上的老年人和未成年人等所需个人缴费部分，由政府给予补贴。

（2）基本医疗保险统筹基金和个人账户

基本医疗保险基金由统筹基金和个人账户构成。职工个人缴纳的基本医疗保险费，全部计入个人账户。用人单位缴纳的基本医疗保险费分为两个部分：一部分用于建立统筹基金，另一部分划入职工个人账户。

10.2.4 工伤保险 ●

1. 工伤保险制度

工伤保险是指劳动者由于工作原因并在工作过程中遭受意外伤害，或因接触粉尘、放射线、有毒物质等职业危害因素引起职业病后，由国家或社会给负伤、致残者以及死亡者生前供养亲属提供必要物质帮助的一项社会保险制度。

《社会保险法》第三十三条规定，"职工应当参加工伤保险，由用人单位缴纳工伤保险费，职工不缴纳工伤保险费。"

2. 工伤保险基金

《社会保险法》第三十四条规定，"国家根据不同行业的工伤风险程度确定行业的差别费率，并根据使用工伤保险基金、工伤发生率等情况在每个行业内确定费率档次。行业差别费率和行业内费率档次由国务院社会保险行政部门制定，报国务院批准后公布施行。"

《工伤保险条例》第十二条规定，"工伤保险基金存入社会保障基金财政专户，用于本条例规定的工伤保险待遇，劳动能力鉴定，工伤预防的宣传、培训等费用，以及法律、法规规定的用于工伤保险的其他费用的支付。工伤预防费用的提取比例、使用和管理的具体办法，由国务院社会保险行政部门会同国务院财政、卫生行政、安全生产监督管理等部门规定。任何单位或者个人不得将工伤保险基金用于投资运营、兴建或者改建办公场所、发放奖金，或者挪作其他用途。"

3. 工伤保险的归责规则

（1）工伤赔偿的归责原则

关于工伤赔偿责任的规定，一般有两项归责原则，即用人单位单方责任原则和无过错责任原则。

（2）特殊情形下的工伤保险归责规则

《最高人民法院关于审理工伤保险行政案件若干问题的规定》（法释〔2014〕9 号）第三条规定，"社会保险行政部门认定下列单位为承担工伤保险责任单位的，人民法院应予支持：（一）职工与两个或两个以上单位建立劳动关系，工伤事故发生时，职工为之工作的单位为承担工伤保险责任的单位；（二）劳务派遣单位派遣的职工在用工单位工作期间因工伤亡的，派遣单位为承担工伤保险责任的单位；（三）单位指派到其他单位工作的职工因工伤亡的，指派单位为承担工伤保险责任的单位；（四）用工单位违反法律、法规规定将承包业务转包给不具备用工主体资格的组织或者自然人，该组织或者自然人聘用的职工从事承包业务时因工伤亡的，用工单位为承担工伤保险责任的单位；（五）个人挂靠其他单位对外经营，其聘用的人员因工伤亡的，被挂靠单位为承担工伤保险责任的单位。前款第（四）、（五）项明确的承担工伤保险责任的单位承担赔偿责任或者社会保险经办机构从工伤保险基金支付工伤保险待遇后，有权向相关组织、单位和个人追偿。"

4. 工伤保险事故的界定

（1）工伤的概念和范围

工伤可以定义为，职工在劳动过程中因执行职务（业务）而受到的急性和慢性伤害。

工伤范围的界定，必须以法律明文规定为依据。法律关于工伤范围的规定主要有三类：

1）应当认定工伤的情形

《工伤保险条例》第十四条规定，"职工有下列情形之一的，应当认定为工伤：（一）在工作时间和工作场所内，因工作原因受到事故伤害的；（二）工作时间前后在工作场所内，从事与工作有关的预备性或者收尾性工作受到事故伤害的；（三）在工作时间和工作场所内，因履行工作职责受到暴力等意外伤害的；（四）患职业病的；（五）因工外出期间，由于工作原因受到伤害或者发生事故下落不明的；（六）在上下班途中，受到机动车事故伤害的；（七）法律、行政法规规定应当认定为工伤的其他情形。"

在抢险救灾等维护国家利益、公共利益活动中受到伤害的，应属于工伤。

2）视同工伤的情形

《工伤保险条例》第十五条规定，"职工有下列情形之一的，视同工伤：（一）在工作时间和工作岗位，突发疾病死亡或者在 48 小时之内经抢救无效死亡的；（二）在抢险救灾等维护国家利益、公共利益活动中受到伤害的；（三）职工原在军队服役，因战、因公负伤致残，已取得革命伤残军人证，到用人单位后旧伤复发的。"

3）不认定工伤的情形

《社会保险法》第三十七条规定，"职工因下列情形之一导致本人在工作中伤亡的，不认定为工伤：（一）故意犯罪；（二）醉酒或者吸毒；（三）自残或者自杀；（四）法律、行政法规规定的其他情形。"

（2）工伤认定和劳动能力鉴定程序

1）工伤认定程序

《工伤保险条例》第十七条规定，"职工发生事故伤害或者按照职业病防治法规定被诊断、鉴定为职业病，所在单位应当自事故伤害发生之日或者被诊断、鉴定为职业病之日起30日内，向统筹地区社会保险行政部门提出工伤认定申请。遇有特殊情况，经报社会保险行政部门同意，申请时限可以适当延长。用人单位未按上述规定提出工伤认定申请的，工伤职工或者其近亲属、工会组织在事故伤害发生之日或者被诊断、鉴定为职业病之日起1年内，可以直接向用人单位所在地统筹地区社会保险行政部门提出工伤认定申请。"

《工伤保险条例》第十八条规定，"提出工伤认定申请应当提交下列材料：（一）工伤认定申请表；（二）与用人单位存在劳动关系（包括事实劳动关系）的证明材料；（三）医疗诊断证明或者职业病诊断证明书（或者职业病诊断鉴定书）。工伤认定申请表应当包括事故发生的时间、地点、原因以及职工伤害程度等基本情况。工伤认定申请人提供材料不完整的，社会保险行政部门应当一次性书面告知工伤认定申请人需要补正的全部材料。申请人按照书面告知要求补正材料后，社会保险行政部门应当受理。"

《工伤保险条例》第十九条规定，"社会保险行政部门受理工伤认定申请后，根据审核需要可以对事故伤害进行调查核实，用人单位、职工、工会组织、医疗机构以及有关部门应当予以协助。职业病诊断和诊断争议的鉴定，依照职业病防治法的有关规定执行。对依法取得职业病诊断证明书或者职业病诊断鉴定书的，社会保险行政部门不再进行调查核实。职工或者其近亲属认为是工伤，用人单位不认为是工伤的，由用人单位承担举证责任。"

《工伤保险条例》第二十条规定，"社会保险行政部门应当自受理工伤认定申请之日起60日内作出工伤认定的决定，并书面通知申请工伤认定的职工或者其近亲属和该职工所在单位。社会保险行政部门对受理的事实清楚、权利义务明确的工伤认定申请，应当在15日内作出工伤认定的决定。作出工伤认定决定需要以司法机关或者有关行政主管部门的结论为依据的，在司法机关或者有关行政主管部门尚未作出结论期间，作出工伤认定决定的时限中止。社会保险行政部门工作人员与工伤认定申请人有利害关系的，应当回避。"

2）劳动能力鉴定程序

《工伤保险条例》第二十一条规定，"职工发生工伤，经治疗伤情相对稳定后存在残疾、影响劳动能力的，应当进行劳动能力鉴定。"

《工伤保险条例》第二十二条规定，"劳动能力鉴定是指劳动功能障碍程度和生活自理障碍程度的等级鉴定。劳动功能障碍分为十个伤残等级，最重的为一级，最轻的为十级。生活自理障碍分为三个等级：生活完全不能自理、生活大部分不能自理和生活部分不能自理。劳动能力鉴定标准由国务院劳动保障行政部门会同国务院卫生行政部门等部门制定。"

《工伤保险条例》第二十三条规定，"劳动能力鉴定由用人单位、工伤职工或者其直系亲属向设区的市级劳动能力鉴定委员会提出申请，并提供工伤认定决定和职工工伤医疗的有关资料。"

《工伤保险条例》第二十五条规定，"设区的市级劳动能力鉴定委员会收到劳动能力鉴定申请后，应当从其建立的医疗卫生专家库中随机抽取 3 名或者 5 名相关专家组成专家组，由专家组提出鉴定意见。设区的市级劳动能力鉴定委员会根据专家组的鉴定意见作出工伤职工劳动能力鉴定结论；必要时，可以委托具备资格的医疗机构协助进行有关的诊断。设区的市级劳动能力鉴定委员会应当自收到劳动能力鉴定申请之日起 60 日内作出劳动能力鉴定结论，必要时，作出劳动能力鉴定结论的期限可以延长 30 日。劳动能力鉴定结论应当及时送达申请鉴定的单位和个人。"

《工伤保险条例》第二十七条规定，"劳动能力鉴定工作应当客观、公正。劳动能力鉴定委员会组成人员或者参加鉴定的专家与当事人有利害关系的，应当回避。"

《工伤保险条例》第二十六条规定，"申请鉴定的单位或者个人对设区的市级劳动能力鉴定委员会作出的鉴定结论不服的，可以在收到该鉴定结论之日起 15 日内向省、自治区、直辖市劳动能力鉴定委员会提出再次鉴定申请。省、自治区、直辖市劳动能力鉴定委员会作出的劳动能力鉴定结论为最终结论。"

《工伤保险条例》第二十八条规定，"自劳动能力鉴定结论作出之日起 1 年后，工伤职工或者其近亲属、所在单位或者经办机构认为伤残情况发生变化的，可以申请劳动能力复查鉴定。"劳动能力鉴定委员进行再次鉴定和复查鉴定的期限，依照有关规定执行。

5. 工伤保险待遇的内容和标准

（1）工伤医疗期间待遇

职工因工作遭受事故伤害或者患职业病进行治疗，享受工伤医疗待遇。在工伤医疗期间的保险待遇包括两部分：

1）医疗待遇

《工伤保险条例》第三十条规定，"职工治疗工伤应当在签订服务协议的医疗机构就医，情况紧急时可以先到就近的医疗机构急救。治疗工伤所需费用符合工伤保险诊疗项目目录、工伤保险药品目录、工伤保险住院服务标准的，从工伤保险基金支付。工伤保险诊疗项目目录、工伤保险药品目录、工伤保险住院服务标准，由国务院社会保险行政部门会同国务院卫生行政部门、食品药品监督管理部门等部门规定。职工住院治疗工伤的伙食补助费，以及经医疗机构出具证明，报经办机构同意，工伤职工到统筹地区以外就医所需的交通、食宿费用从工伤保险基金支付，基金支付的具体标准由统筹地区人民政府规定。工伤职工治疗非工伤引发的疾病，不享受工伤医疗待遇，按照基本医疗保险办法处理。工伤职工到签订服务协议的医疗机构进行工伤康复的费用，符合规定的，从工伤保险基金支付。"

2）停工留薪待遇

《工伤保险条例》第三十三条规定，"职工因工作遭受事故伤害或者患职业病需要暂停工作接受工伤医疗的，在停工留薪期内，原工资福利待遇不变，由所在单位按月支付。停工留薪期一般不超过 12 个月。伤情严重或者情况特殊，经设区的市级劳动能力鉴定委员会确认，可以适当延长，但延长不得超过 12 个月。工伤职工评定伤残等级后，停发原待遇，按照本章的有关规定享受伤残待遇。工伤职工在停工留薪期满后仍需治疗的，继续享受工伤医疗待遇。生活不能自理的工伤职工在停工留薪期需要护理的，由所在单位负责。"

（2）工伤致残待遇

《工伤保险条例》第三十五条规定，"职工因工致残被鉴定为一级至四级伤残的，保留劳动关系，退出工作岗位，享受以下待遇：（一）从工伤保险基金按伤残等级支付一次性伤残补助金，标准为：一级伤残为 27 个月的本人工资，二级伤残为 25 个月的本人工资，三级伤残为 23 个月的本人工资，四级伤残为 21 个月的本人工资；（二）从工伤保险基金按月支付伤残津贴，标准为：一级伤残为本人工资的 90%，二级伤残为本人工资的 85%，三级伤残为本人工资的 80%，四级伤残为本人工资的 75%。伤残津贴实际金额低于当地最低工资标准的，由工伤保险基金补足差额；（三）工伤职工达到退休年龄并办理退休手续后，停发伤残津贴，按照国家有关规定享受基本养老保险待遇。基本养老保险待遇低于伤残津贴的，由工伤保险基金补足差额。

职工因工致残被鉴定为一级至四级伤残的，由用人单位和职工个人以伤残津贴为基数，缴纳基本医疗保险费。"

《工伤保险条例》第三十六条规定，"职工因工致残被鉴定为五级、六级伤残的，享受以下待遇：（一）从工伤保险基金按伤残等级支付一次性伤残补助金，标准为：五级伤残为 18 个月的本人工资，六级伤残为 16 个月的本人工资；（二）保留与用人单位的劳动关系，由用人单位安排适当工作。难以安排工作的，由用人单位按月发给伤残津贴，标准为：五级伤残为本人工资的 70%，六级伤残为本人工资的 60%，并由用人单位按照规定为其缴纳应缴纳的各项社会保险费。伤残津贴实际金额低于当地最低工资标准的，由用人单位补足差额。

经工伤职工本人提出，该职工可以与用人单位解除或者终止劳动关系，由工伤保险基金支付一次性工伤医疗补助金，由用人单位支付一次性伤残就业补助金。一次性工伤医疗补助金和一次性伤残就业补助金的具体标准由省、自治区、直辖市人民政府规定。"

《工伤保险条例》第三十七条规定，"职工因工致残被鉴定为七级至十级伤残的，享受以下待遇：（一）从工伤保险基金按伤残等级支付一次性伤残补助金，标准为：七级伤残为 13 个月的本人工资，八级伤残为 11 个月的本人工资，九级伤残为 9 个月的本人工资，十级伤残为 7 个月的本人工资；（二）劳动、聘用合同期满终止，或者职工本人提出解除劳动、聘用合同的，由工伤保险基金支付一次性工伤医疗补助金，由用人单位支付一次性伤残就业补助金。一次性工伤医疗补助金和一次性伤残就业补助金的具体标准由省、自治区、直辖市人民政府规定。"

（3）因工死亡待遇

《工伤保险条例》第三十九条规定，"职工因工死亡，其近亲属按照下列规定从工伤保险基金领取丧葬补助金、供养亲属抚恤金和一次性工亡补助金：（一）丧葬补助金为 6 个月的统筹地区上年度职工月平均工资；（二）供养亲属抚恤金按照职工本人工资的一定比例发给由因工死亡职工生前提供主要生活来源、无劳动能力的亲属。标准为：配偶每月 40%，其他亲属每人每月 30%，孤寡老人或者孤儿每人每月在上述标准的基础上增加 10%。核定的各供养亲属的抚恤金之和不应高于因工死亡职工生前的工资。供养亲属的具体范围由国务院社会保险行政部门规定；（三）一次性工亡补助金标准为上一年度全国城镇居民人均可支配收入的 20 倍。

伤残职工在停工留薪期内因工伤导致死亡的，其近亲属享受本条第一款规定的待遇。

一级至四级伤残职工在停工留薪期满后死亡的，其近亲属可以享受本条第一款第（一）项、第（二）项规定的待遇。"

《工伤保险条例》第四十一条规定，"职工因工外出期间发生事故或者在抢险救灾中下落不明的，从事故发生当月起 3 个月内照发工资，从第 4 个月起停发工资，由工伤保险基金向其供养亲属按月支付供养亲属抚恤金。生活有困难的，可以预支一次性工亡补助金的 50%。职工被人民法院宣告死亡的，按照本条例第三十九条职工因工死亡的规定处理。"

6. 工伤保险待遇的给付

（1）工伤保险基金给付与用人单位给付的范围

《社会保险法》第三十八条规定，"因工伤发生的下列费用，按照国家规定从工伤保险基金中支付：（一）治疗工伤的医疗费用和康复费用；（二）住院伙食补助费；（三）到统筹地区以外就医的交通食宿费；（四）安装配置伤残辅助器具所需费用；（五）生活不能自理的，经劳动能力鉴定委员会确认的生活护理费；（六）一次性伤残补助金和一至四级伤残职工按月领取的伤残津贴；（七）终止或者解除劳动合同时，应当享受的一次性医疗补助金；（八）因工死亡的，其遗属领取的丧葬补助金、供养亲属抚恤金和因工死亡补助金；（九）劳动能力鉴定费。"

《社会保险法》第三十九条规定，"因工伤发生的下列费用，按照国家规定由用人单位支付：（一）治疗工伤期间的工资福利；（二）五级、六级伤残职工按月领取的伤残津贴；（三）终止或者解除劳动合同时，应当享受的一次性伤残就业补助金。"

（2）工伤保险基金的先行垫付

《社会保险法》第四十一条规定，"职工所在用人单位未依法缴纳工伤保险费，发生工伤事故的，由用人单位支付工伤保险待遇。用人单位不支付的，从工伤保险基金中先行支付。从工伤保险基金中先行支付的工伤保险待遇应当由用人单位偿还。用人单位不偿还的，社会保险经办机构可以依照《社会保险法》第六十三条的规定追偿。"

《社会保险法》第四十二条规定，"由于第三人的原因造成工伤，第三人不支付工伤医疗费用或者无法确定第三人的，由工伤保险基金先行支付。工伤保险基金先行支付后，有权向第三人追偿。"

（3）保险待遇给付的其他特殊情形

1）《工伤保险条例》第四十三条规定，"用人单位分立、合并、转让的，承继单位应当承担原用人单位的工伤保险责任；原用人单位已经参加工伤保险的，承继单位应当到当地经办机构办理工伤保险变更登记。用人单位实行承包经营的，工伤保险责任由职工劳动关系所在单位承担。职工被借调期间受到工伤事故伤害的，由原用人单位承担工伤保险责任，但原用人单位与借调单位可以约定补偿办法。企业破产的，在破产清算时依法拨付应当由单位支付的工伤保险待遇费用。"

2）《工伤保险条例》第四十四条规定，"职工被派遣出境工作，依据前往国家或者地区的法律应当参加当地工伤保险的，参加当地工伤保险，其国内工伤保险关系中止；不能参加当地工伤保险的，其国内工伤保险关系不中止。"

（4）保险待遇的停止给付

《工伤保险条例》第四十二条规定，"工伤职工有下列情形之一的，停止享受工伤保险待遇：（一）丧失享受待遇条件的；（二）拒不接受劳动能力鉴定的；（三）拒绝治疗的。"

7. 建筑业工伤保险政策

《关于进一步做好建筑业工伤保险工作的意见》（人社部发〔2014〕103号）要求，建筑施工企业应依法参加工伤保险。针对建筑行业的特点，建筑施工企业对相对固定的职工，应按用人单位参加工伤保险；对不能按用人单位参保、建筑项目使用的建筑业职工特别是农民工，按项目参加工伤保险。

未参加工伤保险的建设项目，职工发生工伤事故，依法由职工所在用人单位支付工伤保险待遇，施工总承包单位、建设单位承担连带责任；用人单位和承担连带责任的施工总承包单位、建设单位不支付的，由工伤保险基金先行支付，用人单位和承担连带责任的施工总承包单位、建设单位应当偿还；不偿还的，由社会保险经办机构依法追偿。

建设单位、施工总承包单位或具有用工主体资格的分包单位将工程（业务）发包给不具备用工主体资格的组织或个人，该组织或个人招用的劳动者发生工伤的，发包单位与不具备用工主体资格的组织或个人承担连带赔偿责任。

8. 意外伤害保险制度

《建筑法》第四十八条规定，"建筑施工企业应当依法为职工参加工伤保险缴纳工伤保险费。鼓励企业为从事危险作业的职工办理意外伤害保险，支付保险费。"

《建设工程安全生产管理条例》第三十八条规定，"施工单位应当为施工现场从事危险作业的人员办理意外伤害保险。意外伤害保险费由施工单位支付。实行施工总承包的，由总承包单位支付意外伤害保险费。意外伤害保险期限自建设工程开工之日起至竣工验收合格止。"

《建设部关于加强建筑意外伤害保险工作的指导意见》（建质〔2003〕107号）要求，建筑施工企业应当为施工现场从事施工作业和管理的人员，在施工活动过程中发生的人身意外伤亡事故提供保障，办理建筑意外伤害保险、支付保险费。范围应当覆盖工程项目。已在企业所在地参加工伤保险的人员，从事现场施工时仍可参加建筑意外伤害保险。保险期限应涵盖工程项目开工之日到工程竣工验收合格日。提前竣工的，保险责任自行终止。因延长工期的，应当办理保险顺延手续。保险费应当列入建筑安装工程费用。保险费由施工企业支付，施工企业不得向职工摊派。施工企业应在工程项目开工前，办理完投保手续。鉴于工程建设项目施工工艺流程中各工种调动频繁、用工流动性大，投保应实行不记名和不计人数的方式。工程项目中有分包单位的由总承包施工企业统一办理，分包单位合理承担投保费用。业主直接发包的工程项目由承包企业直接办理。

9. 法律责任

《工伤保险条例》第六十条规定，"用人单位、工伤职工或者其近亲属骗取工伤保险待遇，医疗机构、辅助器具配置机构骗取工伤保险基金支出的，由社会保险行政部门责令退还，处骗取金额2倍以上5倍以下的罚款；情节严重，构成犯罪的，依法追究刑事责任。"

《工伤保险条例》第六十一条规定，"从事劳动能力鉴定的组织或者个人有下列情形之一的，由社会保险行政部门责令改正，处 2000 元以上 1 万元以下的罚款；情节严重，构成犯罪的，依法追究刑事责任：（一）提供虚假鉴定意见的；（二）提供虚假诊断证明的；（三）收受当事人财物的。"

《工伤保险条例》第六十二条规定，"用人单位依照规定应当参加工伤保险而未参加的，由社会保险行政部门责令限期参加，补缴应当缴纳的工伤保险费，并自欠缴之日起，按日加收万分之五的滞纳金；逾期仍不缴纳的，处欠缴数额 1 倍以上 3 倍以下的罚款。依照规定应当参加工伤保险而未参加工伤保险的用人单位职工发生工伤的，由该用人单位按照规定的工伤保险待遇项目和标准支付费用。用人单位参加工伤保险并补缴应当缴纳的工伤保险费、滞纳金后，由工伤保险基金和用人单位依照规定支付新发生的费用。"

《工伤保险条例》第六十三条规定，"用人单位违反本条例第十九条规定，拒不协助社会保险行政部门对事故进行调查核实的，由社会保险行政部门责令改正，处 2000 元以上 2 万元以下的罚款。"

10.2.5　失业保险

1. 失业保险的概念

失业保险，是指国家通过立法强制实行的，由社会集中建立基金，对因失业而暂时中断生活来源的劳动者提供物质帮助的制度。

2. 失业保险待遇的享受条件

依《社会保险法》规定，失业人员符合下列条件的，从失业保险基金中领取失业保险金：失业前用人单位和本人已经缴纳失业保险费满 1 年的；非因本人意愿中断就业的；已经进行失业登记，并有求职要求的。

非因本人意愿中断就业的是指下列人员：终止劳动合同的；被用人单位解除劳动合同的；被用人单位开除、除名和辞退的；根据《劳动法》规定与用人单位解除劳动合同的；法律、行政法规另有规定的。

3. 失业保险待遇的内容、标准和给付

（1）失业保险待遇的内容

失业保险待遇主要包括：①失业保险金。失业人员失业前所在单位和本人按照规定累计缴费时间满 1 年不足 5 年的，领取失业保险金的期限最长为 12 个月；累计缴费时间满 5 年不足 10 年的，领取失业保险金的期限最长为 18 个月；累计缴费时间 10 年以上的，领取失业保险金的期限最长为 24 个月。重新就业后，再次失业的，缴费时间重新计算，领取失业保险金的期限可以与前次失业应领取而尚未领取的失业保险金的期限合并计算，但是最长不得超过 24 个月。②基本医疗保险待遇。失业人员在领取失业保险金期间，参加职工基本医疗保险，享受基本医疗保险待遇。失业人员应当缴纳的基本医疗保险费从失业保险基金中支付，个人不缴纳基本医疗保险费。③丧葬补助金和抚恤金。失业人员在领取失业保险金期间死亡

的，参照当地对在职职工死亡的规定，向其遗属发给一次性丧葬补助金和抚恤金。所需资金从失业保险基金中支付。个人死亡同时符合领取基本养老保险丧葬补助金、工伤保险丧葬补助金和失业保险丧葬补助金条件的，其遗属只能选择领取其中的一项。④再就业服务。领取失业保险金期间接受职业培训、职业介绍的补贴由失业保险基金支出，补贴的办法和标准由省、自治区、直辖市人民政府规定。

（2）失业保险金的标准

失业保险金的标准，由省、自治区、直辖市人民政府确定，不得低于城市居民最低生活保障标准。

（3）失业保险金的领取程序

用人单位应当及时为失业人员出具终止或者解除劳动关系的证明，并将失业人员的名单自终止或者解除劳动关系之日起 15 日内告知社会保险经办机构。失业人员应当持本单位为其出具的终止或者解除劳动关系的证明，及时到指定的公共就业服务机构办理失业登记。失业人员凭失业登记证明和个人身份证明，到社会保险经办机构办理领取失业保险金的手续。失业保险金领取期限自办理失业登记之日起计算。

（4）失业保险待遇的给付

失业保险金由社会保险经办机构按月发放。社会保险经办机构为失业人员开具领取失业保险金的单证，失业人员凭单证到指定银行领取失业保险金。

（5）停止领取失业保险待遇的情形

失业人员在领取失业保险金期间有下列情形之一的，停止领取失业保险金，并同时停止享受其他失业保险待遇：①重新就业的；②应征服兵役的；③移居境外的；④享受基本养老保险待遇的；⑤被判刑收监执行的；⑥无正当理由，拒不接受当地人民政府指定的部门或者机构介绍的工作的；⑦有法律、行政法规规定的其他情形的。

4. 失业保险基金的筹集

失业保险基金由下列各项构成：城镇企业事业单位、城镇企业事业单位职工缴纳的失业保险费；失业保险基金的利息；财政补贴；依法纳入失业保险基金的其他资金。

《失业保险条例》第六条规定，"城镇企业事业单位按照本单位工资总额的 2% 缴纳失业保险费。城镇企业事业单位职工按照本人工资的 1% 缴纳失业保险费。城镇企业事业单位招用的农民合同制工人本人不缴纳失业保险费。"

10.2.6　生育保险

1. 生育保险的概念

生育保险，是国家通过立法，对怀孕、分娩女职工给予生活保障和物质帮助的一项社会政策。

2. 生育保险的对象

在我国现行立法中，生育保险的对象范围是有限的，具体为：①生育保险只对已婚妇女劳动者实行经济帮助。②生育保险只适用于达到法定结婚年龄的已婚女职工，并且还必须符合国家计划生育的规定。

3. 生育保险待遇的内容和给付

《社会保险法》第五十三条规定，"职工应当参加生育保险，由用人单位按照国家规定缴纳生育保险费，职工不缴纳生育保险费。"用人单位已经缴纳生育保险费的，其职工享受生育保险待遇；职工未就业配偶按照国家规定享受生育医疗费用待遇。所需资金从生育保险基金中支付。

生育保险待遇包括生育医疗费用和生育津贴。生育医疗费用包括下列各项：生育的医疗费用；计划生育的医疗费用；法律、法规规定的其他项目费用。职工有下列情形之一的，可以按照国家规定享受生育津贴：女职工生育享受产假；享受计划生育手术休假；法律、法规规定的其他情形。

生育津贴按照职工所在用人单位上年度职工月平均工资计发。

10.2.7 违法行为应当承担的法律责任 ·······························●

1. 不办理社会保险登记的法律责任

《社会保险法》第八十四条规定，"用人单位不办理社会保险登记的，由社会保险行政部门责令限期改正；逾期不改正的，对用人单位处应缴社会保险费数额一倍以上三倍以下的罚款，对其直接负责的主管人员和其他直接责任人员处五百元以上三千元以下的罚款。"

2. 拒不出具终止或者解除劳动关系证明的处理

《社会保险法》第八十五条规定，"用人单位拒不出具终止或者解除劳动关系证明的，依照《中华人民共和国劳动合同法》的规定处理。"

3. 未按时足额缴费的责任

《社会保险法》第八十六条规定，"用人单位未按时足额缴纳社会保险费的，由社会保险费征收机构责令限期缴纳或者补足，并自欠缴之日起，按日加收万分之五的滞纳金；逾期仍不缴纳的，由有关行政部门处欠缴数额一倍以上三倍以下的罚款。"

4. 骗取社会保险待遇的责任

《社会保险法》第八十八条规定，"以欺诈、伪造证明材料或者其他手段骗取社会保险待遇的，由社会保险行政部门责令退回骗取的社会保险金，处骗取金额二倍以上五倍以下的罚款。"

特别提示

劳动者以欺诈、伪造证明材料或者其他手段骗取社会保险待遇的，同样适用《社会保险法》第八十八条规定。

10.3 劳动争议处理制度

10.3.1 劳动争议处理制度概述 ·····························●

劳动争议，是指用人单位和劳动者在执行劳动方面的法律、法规和劳动合同、集体合同的过程中，就劳动的权利义务发生分歧而引起的争议。

思 政 导 引

党的十八大以来，党中央、国务院从全面推进依法治国、完善社会治理体系、增加公共服务供给的高度，对依法有效处理劳动人事争议提出了新的更高要求。特别是2015年12月6日，中共中央办公厅、国务院办公厅下发了《关于完善矛盾纠纷多元化解机制的意见》（中办发〔2015〕60号），对完善劳动人事争议调解仲裁制度提出了明确要求。近年来，劳动人事争议调解仲裁工作在维护社会公平正义、保障用人单位和劳动者合法权益方面，发挥了重要作用。

源头治理
多元化解

1. 劳动争议的范围

根据《中华人民共和国劳动争议调解仲裁法》（下简称《劳动争议调解仲裁法》）第二条规定，"中华人民共和国境内的用人单位与劳动者发生的下列劳动争议，适用本法：（一）因确认劳动关系发生的争议；（二）因订立、履行、变更、解除和终止劳动合同发生的争议；（三）因除名、辞退和辞职、离职发生的争议；（四）因工作时间、休息休假、社会保险、福利、培训以及劳动保护发生的争议；（五）因劳动报酬、工伤医疗费、经济补偿或者赔偿金等发生的争议；（六）法律、法规规定的其他劳动争议。"

2. 劳动争议的解决方式

《劳动法》第七十七条规定，"用人单位与劳动者发生劳动争议，当事人可以依法申请调解、仲裁、提起诉讼，也可以协商解决。"

《劳动争议调解仲裁法》第五条规定，"发生劳动争议，当事人不愿协商、协商不成或者达成和解协议后不履行的，可以向调解组织申请调解；不愿调解、调解不成或者达成调解协议后不履行的，可以向劳动争议仲裁委员会申请仲裁；对仲裁裁决不服的，除本法另有规定的外，可以向人民法院提起诉讼。"

3. 劳动争议处理的基本原则

《劳动争议调解仲裁法》第三条规定，"解决劳动争议，应当根据事实，遵循合法、公正、及时、着重调解的原则，依法保护当事人的合法权益。"

10.3.2 劳动争议的协商 ●

《劳动争议调解仲裁法》第四条规定，"发生劳动争议，劳动者可以与用人单位协商，也可以请工会或者第三方共同与用人单位协商，达成和解协议。"

《企业劳动争议协商调解规定》第十条规定，"一方当事人提出协商要求后，另一方当事人应当积极做出口头或者书面回应。5日内不做出回应的，视为不愿协商。协商的期限由当事人书面约定，在约定的期限内没有达成一致的，视为协商不成。当事人可以书面约定延长期限。"

《企业劳动争议协商调解规定》第十一条规定，"协商达成一致，应当签订书面和解协议。和解协议对双方当事人具有约束力，当事人应当履行。经仲裁庭审查，和解协议程序和内容合法有效的，仲裁庭可以将其作为证据使用。但是，当事人为达成和解的目的作出妥协所涉及的对争议事实的认可，不得在其后的仲裁中作为对其不利的证据。"

10.3.3 劳动争议的调解 ●

1. 劳动争议调解组织

《劳动争议调解仲裁法》第十条规定，"发生劳动争议，当事人可以到下列调解组织申请调解：（一）企业劳动争议调解委员会；（二）依法设立的基层人民调解组织；（三）在乡镇、街道设立的具有劳动争议调解职能的组织。"

2. 劳动争议调解的程序

《劳动争议调解仲裁法》第十二条规定，"当事人申请劳动争议调解可以书面申请，也可以口头申请。口头申请的，调解组织应当当场记录申请人基本情况、申请调解的争议事项、理由和时间。"

《劳动争议调解仲裁法》第十四条规定，"经调解达成协议的，应当制作调解协议书。调解协议书由双方当事人签名或者盖章，经调解员签名并加盖调解组织印章后生效，对双方当事人具有约束力，当事人应当履行。自劳动争议调解组织收到调解申请之日起十五日内未达成调解协议的，当事人可以依法申请仲裁。"

《劳动争议调解仲裁法》第十五条规定，"达成调解协议后，一方当事人在协议约定期限内不履行调解协议的，另一方当事人可以依法申请仲裁。"

《劳动争议调解仲裁法》第十六条规定，"因支付拖欠劳动报酬、工伤医疗费、经济补偿或者赔偿金事项达成调解协议，用人单位在协议约定期限内不履行的，劳动者可以持调解议书依法向人民法院申请支付令。人民法院应当依法发出支付令。"

10.3.4 劳动争议的仲裁 ●

《劳动法》第七十九条规定，"调解不成，当事人一方要求仲裁的，可以向劳动争议仲裁委员会申请仲裁。当事人一方也可以直接向劳动争议仲裁委员会申请仲裁。"

1. 劳动争议仲裁的机构

《劳动争议调解仲裁法》第十九条规定，"劳动争议仲裁委员会由劳动行政部门代表、工会代表和企业方面代表组成。劳动争议仲裁委员会组成人员应当是单数。"

《劳动争议调解仲裁法》第二十一条规定，"劳动争议仲裁委员会负责管辖本区域内发生的劳动争议。劳动争议由劳动合同履行地或者用人单位所在地的劳动争议仲裁委员会管辖。双方当事人分别向劳动合同履行地和用人单位所在地的劳动争议仲裁委员会申请仲裁的，由劳动合同履行地的劳动争议仲裁委员会管辖。"

2. 劳动争议仲裁的程序

（1）申请

《劳动争议调解仲裁法》第二十七条规定，"劳动争议申请仲裁的时效期间为一年。仲裁时效期间从当事人知道或者应当知道其权利被侵害之日起计算。

前款规定的仲裁时效，因当事人一方向对方当事人主张权利，或者向有关部门请求权利救济，或者对方当事人同意履行义务而中断。从中断时起，仲裁时效期间重新计算。

因不可抗力或者有其他正当理由，当事人不能在本条第一款规定的仲裁时效期间申请仲裁的，仲裁时效中止。从中止时效的原因消除之日起，仲裁时效期间继续计算。

劳动关系存续期间因拖欠劳动报酬发生争议的，劳动者申请仲裁不受本条第一款规定的仲裁时效期间的限制；但是，劳动关系终止的，应当自劳动关系终止之日起一年内提出。"

（2）受理

《劳动争议调解仲裁法》第二十九条规定，"劳动争议仲裁委员会收到仲裁申请之日起五日内，认为符合受理条件的，应当受理，并通知申请人；认为不符合受理条件的，应当书面通知申请人不予受理，并说明理由。对劳动争议仲裁委员会不予受理或者逾期未作出决定的，申请人可以就该劳动争议事项向人民法院提起诉讼。"

《劳动争议调解仲裁法》第三十条规定，"劳动争议仲裁委员会受理仲裁申请后，应当在五日内将仲裁申请书副本送达被申请人。被申请人收到仲裁申请书副本后，应当在十日内向劳动争议仲裁委员会提交答辩书。劳动争议仲裁委员会收到答辩书后，应当在五日内将答辩书副本送达申请人。被申请人未提交答辩书的，不影响仲裁程序的进行。"

（3）开庭和裁决

《劳动争议调解仲裁法》第三十五条规定，"仲裁庭应当在开庭五日前，将开庭日期、地点书面通知双方当事人。当事人有正当理由的，可以在开庭三日前请求延期开庭。是否延期，由劳动争议仲裁委员会决定。"

《劳动争议调解仲裁法》第三十六条规定，"申请人收到书面通知，无正当理由拒不到庭或者未经仲裁庭同意中途退庭的，可以视为撤回仲裁申请。被申请人收到书面通知，无正当理由拒不到庭或者未经仲裁庭同意中途退庭的，可以缺席裁决。"

《劳动争议调解仲裁法》第四十一条规定，"当事人申请劳动争议仲裁后，可以自行和解。达成和解协议的，可以撤回仲裁申请。"

《劳动争议调解仲裁法》第四十二条规定，"仲裁庭在作出裁决前，应当先行调解。调解达成协议的，仲裁庭应当制作调解书。调解书应当写明仲裁请求和当事人协议的结果。调解书由仲裁员签名，加盖劳动争议仲裁委员会印章，送达双方当事人。调解书经双方当事人签收后，发生法律效力。调解不成或者调解书送达前，一方当事人反悔的，仲裁庭应当及时作出裁决。"

《劳动争议调解仲裁法》第四十五条规定，"裁决应当按照多数仲裁员的意见作出，少数仲裁员的不同意见应当记入笔录。仲裁庭不能形成多数意见时，裁决应当按照首席仲裁员的意见作出。"

（4）裁决效力

1）一裁终局的案件

《劳动争议调解仲裁法》第四十七条规定，"下列劳动争议，除本法另有规定的外，仲裁裁决为终局裁决，裁决书自作出之日起发生法律效力：（一）追索劳动报酬、工伤医疗费、经济补偿或者赔偿金，不超过当地月最低工资标准十二个月金额的争议；（二）因执行国家的劳动标准在工作时间、休息休假、社会保险等方面发生的争议。"

2）普通裁决案件

当事人对其他劳动争议案件的仲裁裁决不服的，可以自收到仲裁裁决书之日起15日内向人民法院提起诉讼；期满不起诉的，裁决书发生法律效力。

3）可以裁决先予执行的案件

仲裁庭对追索劳动报酬、工伤医疗费、经济补偿或者赔偿金的案件，根据当事人的申请，可以裁决先予执行，移送人民法院执行。仲裁庭裁决先予执行的，应当符合下列条件：①当事人之间权利义务关系明确；②不先予执行将严重影响申请人的生活。劳动者申请先予执行的，可以不提供担保。

（5）强制执行

当事人对发生法律效力的调解书、裁决书，应当依照规定的期限履行。一方当事人逾期不履行的，另一方当事人可以依照民事诉讼法的有关规定向人民法院申请执行。受理申请的人民法院应当依法执行。

10.3.5 劳动诉讼

劳动诉讼，是指法院在劳动争议双方当事人和其他诉讼参与人的参加下，依法审理和解决劳动争议案件的活动。在劳动争议的处理过程中，它作为解决劳动争议的最后阶段，与仲裁的关系可概括为：仲裁是诉讼前的必经处理方式，诉讼是仲裁后的重新处理方式，二者既相互联系又彼此独立。

1. 受案范围

人民法院受理劳动争议案件需具备下列条件：①争议案件已经过劳动争议仲裁委员会仲裁；②争议案件的当事人在接到仲裁决定书之日起 15 日内向法院提起。

2. 诉讼管辖

《最高人民法院关于审理劳动争议案件适用法律问题的解释（一）》（法释〔2020〕26 号）规定，劳动争议案件由用人单位所在地或者劳动合同履行地的基层人民法院管辖。劳动合同履行地不明确的，由用人单位所在地的基层人民法院管辖。法律另有规定的，依照其规定。

劳动者与用人单位均不服劳动争议仲裁机构的同一裁决，向同一人民法院起诉的，人民法院应当并案审理，双方当事人互为原告和被告，对双方的诉讼请求，人民法院应当一并作出裁决。在诉讼过程中，一方当事人撤诉的，人民法院应当根据另一方当事人的诉讼请求继续审理。双方当事人就同一仲裁裁决分别向有管辖权的人民法院起诉的，后受理的人民法院应当将案件移送给先受理的人民法院。

3. 诉讼主体

《最高人民法院关于审理劳动争议案件适用法律问题的解释（一）》（法释〔2020〕26 号）规定，用人单位与其他单位合并的，合并前发生的劳动争议，由合并后的单位为当事人；用人单位分立为若干单位的，其分立前发生的劳动争议，由分立后的实际用人单位为当事人。用人单位分立为若干单位后，具体承受劳动权利义务的单位不明确的，分立后的单位均为当事人。

用人单位招用尚未解除劳动合同的劳动者，原用人单位与劳动者发生的劳动争议，可以列新的用人单位为第三人。原用人单位以新的用人单位侵权为由提起诉讼的，可以列劳动者为第三人。原用人单位以新的用人单位和劳动者共同侵权为由提起诉讼的，新的用人单位和劳动者列为共同被告。

劳动者在用人单位与其他平等主体之间的承包经营期间，与发包方和承包方双方或者一方发生劳动争议，依法提起诉讼的，应当将承包方和发包方作为当事人。

4. 强制执行仲裁裁决

《民事诉讼法》第二百四十四条规定，"对依法设立的仲裁机构的裁决，一方当事人不履行的，对方当事人可以向有管辖权的人民法院申请执行。受申请的人民法院应当执行。被申请人提出证据证明仲裁裁决有下列情形之一的，经人民法院组成合议庭审查核实，裁定不予执行：（一）当事人在合同中没有订有仲裁条款或者事后没有达成书面仲裁协议的；（二）裁决的事项不属于仲裁协议的范围或者仲裁机构无权仲裁的；（三）仲裁庭的组成或者仲裁的程序违反法定程序的；（四）裁决所根据的证据是伪造的；（五）对方当事人向仲裁机构隐瞒了足以影响公正裁决的证据的；（六）仲裁员在仲裁该案时有贪污受贿，徇私舞弊，枉法裁决行为的。人民法院认定执行该裁决违背社会公共利益的，裁定不予执行。裁定书应当送达双方当事人和仲裁机构。仲裁裁决被人民法院裁定不予执行的，当事人可以根据双方达成的书面仲裁协议重新申请仲裁，也可以向人民法院起诉。"

本章小结

　　本章主要内容包括劳动合同制度、社会保险制度和劳动争议处理制度三部分。其中，劳动合同制度主要涉及劳动合同的概念和分类、劳动合同的订立及效力、劳动合同的履行和变更、劳动合同的解除和终止；集体合同、劳务派遣、非全日制用工的特殊规定等。社会保险制度主要涉及基本养老保险、医疗保险、工伤保险、失业保险和生育保险的有关规定。劳动争议处理制度主要涉及劳动争议的范围、劳动争议的处理原则以及劳动争议的处理途径等。

本章习题

一、选择题
请扫描二维码完成自测。

二、问答题
1. 简述劳动合同的法定类型。
2. 无效劳动合同的法定情形有哪些？
3. 根据有关规定，可以认定为工伤的情形有哪些？
4. 简述解决劳动争议的途径。

第 10 章选择题

11 建设工程纠纷处理制度

学习目标

1. 了解有关法律知识；
2. 熟悉有关法律规定；
3. 培养法律务实能力；
4. 提升学生思政素养。

思维导图

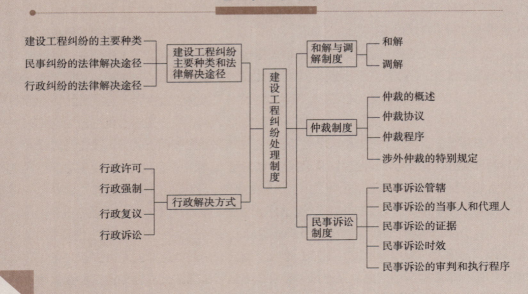

思政导引

"深化司法责任制综合配套改革，加强司法制约监督，健全社会公平正义法治保障制度，努力让人民群众在每一个司法案件中感受到公平正义。"

2020年11月，中央全面依法治国工作会议对司法为民提出了新要求。

公平正义是人民的向往、幸福的尺度；维护社会公平正义，是十分重要的。

全面依法治国是国家治理的一场深刻革命

11.1 建设工程纠纷主要种类和法律解决途径

11.1.1 建设工程纠纷的主要种类

在建设工程领域里常见的是民事纠纷和行政纠纷。

1. 建设工程民事纠纷

民事纠纷主要是因为违反了民事法律规范或者合同约定而引起的。民事纠纷可分为两大类：一类是财产关系方面的民事纠纷，如合同纠纷、损害赔偿纠纷等；另一类是人身关系方面的民事纠纷，如名誉权纠纷、继承权纠纷等。

民事纠纷有三个特点：第一，民事纠纷主体之间的法律地位平等；第二，民事纠纷的内容是对民事权利义务的争议；第三，民事纠纷的可处分性（针对有关财产关系的民事纠纷具有可处分性，而有关人身关系的民事纠纷多具有不可处分性）。在建设工程领域，较为普遍和重要的民事纠纷主要是合同纠纷、侵权纠纷。

2. 建设工程行政纠纷

建设工程行政纠纷，是在建设工程活动中行政机关之间或行政机关同公民、法人和其他组织之间由于行政行为而引起的纠纷。工程建设领域易引发行政纠纷的具体行政行为包括行政许可、行政处罚、行政强制、行政裁决等。

11.1.2 民事纠纷的法律解决途径

民事纠纷的法律解决途径主要有四种，即和解、调解、仲裁和诉讼。

1. 和解

和解是民事纠纷的当事人在自愿互谅的基础上，就已经发生的争议进行协商、妥协与让步并达成协议，无须第三方介入，完全自行解决争议的一种方式。

和解可以在民事纠纷的任何阶段进行。需要注意的是，当事人自行达成的和解协议不具有强制执行力，在性质上仍属于当事人之间的约定。

2. 调解

调解是指双方当事人以外的第三方应纠纷当事人的请求，以法律、法规、政策或合同约定以及社会公德为依据，居中调停，对纠纷双方进行疏导、劝说，促使其互谅互让，自愿协商达成协议，解决纠纷的一种方式。

在我国，调解的主要方式有人民调解、行政调解、仲裁调解、司法调解、行业调解以及专业机构调解。

3. 仲裁

仲裁是指由双方当事人协议将争议提交具有公认地位的第三者，由该第三者对争议的是非曲直进行评判并作出裁决的一种解决争议的方式。仲裁具有自愿性、专业性、独立性、保密性、快捷性和域外执行力。仲裁的调整范围是民商事纠纷（劳动争议及农业集体经济组织内部的农业承包合同纠纷除外）。

4. 民事诉讼

民事诉讼是指人民法院在各方当事人和其他诉讼参与人的参加下，依法审理和解决民事纠纷的一种方式。在我国，民事诉讼具有公权性（法院主导）、程序法定性、强制性、诉讼对象的特定性以及诉讼主体处分权利的相对自由性等特点。

11.1.3 行政纠纷的法律解决途径 •••••••••••••••••••••••••••••••••••••• ●

行政纠纷的解决方式主要是行政复议和行政诉讼。

行政复议是与行政行为具有法律上利害关系的人认为行政机关所作出的行政行为侵犯其合法权益，依法向具有法定权限的行政机关申请复议，由复议机关依法对被申请行政行为合法性和合理性进行审查并作出决定的活动和制度。

行政诉讼是指公民、法人或者其他组织认为行使国家行政权的机关和组织及其工作人员所实施的具体行政行为，侵犯了其合法权利，依法向人民法院起诉，人民法院依法进行审查并做出裁判，从而解决行政争议的制度。

11.2 和解与调解制度

11.2.1 和解 •• ●

和解与调解的区别在于：和解是当事人之间自愿协商，达成协议，没有第三人参加；调解是在第三人主持下进行疏导、协商，使之相互谅解，自愿达成协议。

1. 和解的类型

和解达成协议，在形式上既可以是口头的，也可以是书面的。和解的应用也很灵活，可以在各个阶段达成和解协议。

（1）诉讼前的和解

诉讼前的和解是指发生诉讼以前，双方当事人互相协商达成协议，自行解决争执。这是当事人依法处分自己民事实体权利的民事法律行为。

和解成立后，当事人所争执的权利即归确定，所抛弃的权利随即消失，当事人不得任意反悔要求撤销。但是，如果事后发现和解所依据的文件是伪造或涂改的，或者当事人在和解时不知道该和解事件已为法院判决所确定，或者当事人对重要的争执有重大误解而达成和解协议的，当事人都可以要求撤销和解协议。

（2）诉讼中的和解

诉讼中的和解是当事人在诉讼进行中互相协商，达成协议，解决双方的争执。在法院作出判决前，当事人都可以进行和解。当事人可以就全部诉讼请求达成和解协议，也可以就个别诉讼请求达成和解协议。

当事人达成和解协议后，原告既可以撤诉，双方也可以请求人民法院对和解事项制作调解书，经当事人签名盖章产生法律效力。

（3）执行中的和解

执行中的和解，是人民法院在执行已发生法律效力的民事判决、裁定过程中，当事人自行达成协议，自动履行生效和解协议的行为。

《民事诉讼法》规定，在执行中双方当事人自行和解达成协议的，执行员应当将协议内容记入笔录，由双方当事人签名或者盖章。一方当事人不履行和解协议的或者反悔的，对方当事人可以申请人民法院按照原生效法律文书强制执行。

（4）仲裁中的和解

《中华人民共和国仲裁法》（下简称《仲裁法》）规定，当事人申请仲裁后，可以自行和解。

和解是双方当事人的自愿行为，不需要仲裁庭的参与。达成和解协议的，可以请求仲裁庭根据和解协议作出裁决书，也可以撤回仲裁申请。当事人达成和解协议，撤回仲裁申请后又反悔的，可以根据原仲裁协议申请仲裁。

2. 和解的效力

和解协议不具有强制执行效力，如果一方当事人不按照和解协议履行，另一方当事人不可以请求人民法院强制履行，但可以向法院提起诉讼，也可以根据约定申请仲裁。

法院或仲裁庭通过对和解协议的审查，对于意思真实而又不违反法律强制性或禁止性规定的和解协议予以支持，也可以支持遵守协议方要求违反协议方就不执行该和解协议承担违约责任的请求。但是，对于一方非自愿作出的或者违反法律强制性或禁止性规定的和解协议，不予支持。

【典型案例】

背景资料

某施工企业承接某开发商的住宅工程项目。在工程竣工验收合格并结算完毕后，因开发商拒绝支付工程尾款，施工企业向人民法院提起诉讼。在诉讼过程中，当事人双方在庭下就所有诉讼事宜达成和解协议，于是施工企业撤诉。此后，开发商以双方私下达成的和解协议不具有法律效力为由，拒绝履行付款义务。

问题： 双方达成的和解协议是否具有法律效力？

【案例分析】

《民事诉讼法》第十三条第2款规定："当事人有权在法律规定范围内处分自己的民事权利和诉讼权利"；第五十条规定："双方当事人可以自行和解"。因此，双方当事人在诉讼中自行达成和解协议，属于依法处理自己的民事权利和诉讼权利，除非具有《民法典》规定的无效情形，否则该和解协议有效，对双方均有法律约束力，应当遵照履行，但其不具有强制执行的效力。在开发商拒绝履行和解协议的情况下，施工企业可以根据和解协议向人民法院提起诉讼。

11.2.2 调解

根据调解机构的不同，我国调解的形式主要有人民调解、行政调解、仲裁调解、法院调解和专业机构调解等。

1. 人民调解

人民调解又称诉讼外调解，是通过人民调解委员会的说服、疏导，从而使双方当事人基于平等的协商自愿达成调解协议，使民事纠纷得以解决的一种方式。

《中华人民共和国人民调解法》（下简称《人民调解法》）第三条规定，"人民调解委员会调解民间纠纷，应当遵循下列原则：（一）在当事人自愿、平等的基础上进行调解；（二）不违背法律、法规和国家政策；（三）尊重当事人的权利，不得因调解而阻止当事人依法通过仲裁、行政、司法等途径维护自己的权利。"

《人民调解法》第十七条规定，"当事人可以向人民调解委员会申请调解；人民调解委员会也可以主动调解。当事人一方明确拒绝调解的，不得调解。"

当事人就调解协议的履行或者调解协议的内容发生争议的，一方当事人可以向法院提起诉讼。经人民调解委员会调解达成调解协议后，双方当事人认为有必要的，可以自调解协议生效之日起30日内共同向调解组织所在地基层人民法院申请司法确认调解协议。

2. 行政调解

行政调解是指有关国家行政机关应纠纷当事人的请求，依据法律、法规、规章和政策，对属于其职权管辖范围内的纠纷，通过耐心的说服教育，使纠纷的双方互相谅解，在平等协商的基础上达成一致协议，促成当事人解决纠纷。

行政调解主要有：基层人民政府的调解；国家合同管理机关的调解；公安机关的调解；

婚姻登记机关的调解等。

行政调解达成的协议不具有强制执行力。

3. 仲裁调解

仲裁调解是仲裁机构对受理的仲裁案件所进行的调解。

仲裁庭在作出裁决前，可以先行调解。当事人自愿调解的，仲裁庭应当调解。调解不成的，应当及时作出裁决。调解达成协议的，仲裁庭应当制作调解书或者根据协议的结果制作裁决书。调解书与裁决书具有同等法律效力。调解书经双方当事人签收后，即发生法律效力。在调解书签收前当事人反悔的，仲裁庭应当及时作出裁决。

仲裁与调解相结合是中国仲裁制度的特点。该做法将仲裁和调解各自的优点结合起来，不仅有助于解决当事人之间的争议，还有助于保持当事人的友好合作关系，具有很大的灵活性和便利性。

【典型案例】

背景资料

某施工企业承接某高校实验楼的改造工程，因双方对实际工程量发生争执，导致工程竣工后长期不能结算。施工企业按照约定提起仲裁，要求据实结算工程款。仲裁期间，该实验楼因实施规划要求已被拆除，不能再通过现场测量的方法进行造价鉴定。在仲裁庭主持下，双方互谅互让达成调解协议。仲裁庭据此制作了调解书，调解书经双方签收。后因高校拒绝付款，施工企业向人民法院申请强制执行。高校则以调解书不具有强制执行效力为由提出执行异议。

问题： 仲裁调解书是否具有强制执行的法律效力？

【案例分析】

生效的仲裁调解书具有强制执行法律效力。《仲裁法》第五十一条规定："调解达成协议的，仲裁庭应当制作调解书或者根据协议的结果制作裁决书。调解书与裁决书具有同等法律效力。"《民事诉讼法》第二百三十七条规定："对依法设立的仲裁机构的裁决，一方当事人不履行的，对方当事人可以向有管辖权的人民法院申请执行。受申请的人民法院应当执行。"

4. 法院调解

法院调解又称诉讼内调解，是当事人用于协商解决纠纷、结束诉讼、维护自己的合法权益，审结民事案件、经济纠纷案件的制度。诉讼中的调解是人民法院和当事人进行的诉讼行为，其调解协议经法院确认，即具有法律上的效力。

调解达成协议，必须自愿，不得强迫；调解协议的内容不得违反法律规定。法院调解书签收后才能生效，与法院判决有同等法律效力。

《民事诉讼法》第一百零一条规定，"下列案件调解达成协议，人民法院可以不制作调解书：（一）调解和好的离婚案件；（二）调解维持收养关系的案件；（三）能够即时履行的案件；（四）其他不需要制作调解书的案件。对不需要制作调解书的协议，应当记入笔录，由双方当事人、审判人员、书记员签名或者盖章后，即具有法律效力。"

《民事诉讼法》第一百零二条规定，"调解未达成协议或者调解书送达前一方反悔的，人民法院应当及时判决。"

5. 专业机构调解

专业机构调解是指具有独立调解规则的机构对纠纷当事人按照其调解规则进行的调解。

主要专业调解机构有：中国国际商会（中国贸促会）调解中心、北京仲裁委员会调解中心。专业调解机构达成的调解协议对当事人双方均具有合同的约束力，不可以申请强制执行，不服可以提起诉讼或申请仲裁。

11.3　仲裁制度

11.3.1　仲裁的概述 ●

1. 仲裁的调整范围

《仲裁法》规定，平等主体的公民、法人和其他组织之间发生的合同纠纷和其他财产权益纠纷，可以仲裁。

下列纠纷不能仲裁：①婚姻、收养、监护、扶养、继承纠纷；②依法应当由行政机关处理的行政争议。

劳动争议和农业集体经济组织内部的农业承包合同纠纷的仲裁，不适用《仲裁法》的规定。

2. 仲裁的基本制度

（1）协议仲裁制度

仲裁协议是当事人自愿原则的体现，当事人申请仲裁、仲裁委员会受理仲裁以及仲裁庭对仲裁案件的审理和裁决，都必须以当事人依法订立的仲裁协议为前提。《仲裁法》第四条规定，"没有仲裁协议，一方申请仲裁的，仲裁委员会不予受理。"

（2）排除法院管辖制度

仲裁和诉讼是两种并行的争议解决方式，当事人只能选择其中的一种。《仲裁法》第五条规定，"当事人达成仲裁协议，一方向人民法院起诉的，人民法院不予受理，但仲裁协议无效的除外。"因此，有效的仲裁协议可以排除法院对案件的司法管辖权，只有在没有仲裁协议或者仲裁协议无效的情况下，法院才可以对当事人的纠纷予以受理。

（3）一裁终局制度

仲裁实行一裁终局的制度。裁决作出后，当事人就同一纠纷再申请仲裁或者向人民法院起诉的，仲裁委员会或者人民法院不予受理。但是，裁决被人民法院依法撤销或者不予执行的，当事人就该纠纷可以根据双方重新达成的仲裁协议申请仲裁，或者向人民法院起诉。

11.3.2 仲裁协议

1. 仲裁协议的形式与内容

《仲裁法》规定，仲裁协议应当采用书面形式，仲裁协议的内容应包括双方当事人请求仲裁的意思表示、约定仲裁的有关事项以及选定的仲裁委员会。

2. 仲裁协议的效力

（1）对当事人的效力

纠纷发生后，当事人只能按照仲裁协议约定向指定的仲裁机构提出仲裁申请。

（2）对法院的效力

当事人达成仲裁协议，一方向人民法院起诉的，人民法院不予受理，但仲裁协议无效的除外。

（3）对仲裁机构的效力

仲裁委员会进行仲裁的事项只能是当事人在仲裁协议中约定的争议事项。

（4）仲裁协议的独立性

仲裁协议独立存在，其效力不受合同变更、解除、终止、无效的影响。

（5）仲裁协议的异议

《仲裁法》第二十条规定，"当事人对仲裁协议的效力有异议的，可以请求仲裁委员会作出决定或者请求人民法院作出裁定。一方请求仲裁委员会作出决定，另一方请求人民法院作出裁定的，由人民法院裁定。当事人对仲裁协议的效力有异议，应当在仲裁庭首次开庭前提出。"

3. 无效的仲裁协议

《仲裁法》第十七条规定，"有下列情形之一的，仲裁协议无效：①约定的仲裁事项超出法律规定的仲裁范围的；②无民事行为能力人或者限制民事行为能力人订立的仲裁协议；③一方采取胁迫手段，迫使对方订立仲裁协议的。"

【典型案例】

背景资料

甲房地产开发公司（下简称甲公司）与乙房地产开发公司（下简称乙公司）签订的《H项目合作开发合同》中约定：双方合作开发H项目，乙公司在取得市发改委项目建议书批复文件10日内向甲公司支付补偿金700万元，如乙公司不能按时付款，本合同即作废，乙公司应向甲公司支付300万元违约金。合同还约定："因本合同引起的或与本合同有关的任何争议，均提请B仲裁委员会仲裁。仲裁裁决是终局的，对双方均有约束力。"因乙公司在取得H项目批复文件后未支付补偿金，甲公司通知解除合同并向B仲裁委员会申请仲裁。乙公司在收到B仲裁委员会的仲裁通知及相关资料后提出了管辖异议，称合同中虽有仲裁条款，但合同已经解除，B仲裁委员会没有管辖权。甲公司认为乙公司的抗辩理由不能成立。B仲裁委员会根据合同中的仲裁条款作出了裁决。为此，乙公司以B仲裁委员会对本案无管辖权为由向E

人民法院提出撤销该裁决的申请。

问题：本案中的 B 仲裁委员会对此案是否具有管辖权？

【案例分析】

《仲裁法》第十九条规定："仲裁协议独立存在，合同的变更、解除、终止或者无效，不影响仲裁协议的效力。"因此，虽然双方已终止合同履行，但并不影响合同中仲裁条款的效力。E 人民法院在《民事裁定书》中认定：B 仲裁委员会有权根据该仲裁条款对所涉的双方争议进行仲裁，乙公司的该项主张不能成立。E 人民法院最终裁定驳回乙公司申请撤销 B 仲裁委员会裁决的请求。

11.3.3 仲裁程序

1. 仲裁的申请和受理

《仲裁法》第二十一条规定，"当事人申请仲裁应当符合下列条件：（一）有仲裁协议；（二）有具体的仲裁请求和事实、理由；（三）属于仲裁委员会的受理范围。"

仲裁委员会收到仲裁申请书之日起 5 日内，认为符合受理条件的，应当受理，并通知当事人；认为不符合受理条件的，应当书面通知当事人不予受理，并说明理由。

2. 仲裁庭的组成

（1）合议仲裁庭

合议仲裁庭由三名仲裁员组成，双方当事人各指定一名仲裁员，或各自委托仲裁委员会主任指定一名，第三名仲裁员由双方当事人共同选定或委托仲裁委员会主任指定。第三名仲裁员是首席仲裁员。

（2）独任仲裁庭

独任仲裁庭由一名仲裁员组成，由双方当事人共同选定或委托仲裁委员会主任指定。

3. 仲裁的开庭、审理、和解与调解

仲裁审理的方式有开庭审理和书面审理。仲裁审理的主要方式是采用开庭审理作出仲裁裁决。当事人如果协议不开庭的，仲裁庭可以书面审理。仲裁不公开进行，但当事人协议公开的，可以公开进行，但涉及国家秘密的除外。

申请人无正当理由开庭缺席，或未经许可中途退庭的，视为撤回仲裁申请；如果被申请人提出了反请求，不影响仲裁庭就反请求进行审理，并作出裁决。

被申请人无正当理由开庭缺席，或未经许可中途退庭的，仲裁庭可以缺席审理并作出裁决；如果被申请人提出了反请求，视为撤回反请求。

当事人在申请仲裁后，也可以自行和解，形成和解协议，可以撤回仲裁申请，也可以请求仲裁庭依据协议作出裁决书。达成和解协议后，反悔撤销仲裁申请的，可以再申请仲裁。

仲裁庭在作出裁决前，可先行调解。当事人自愿调解的，仲裁庭应当调解。调解不成的，应当及时作出裁决。调解达成协议的，仲裁庭应当制作调解书或者根据协议的结果制作裁决书。调解书与裁决书具有同等的法律效力。

4. 仲裁裁决

独任仲裁庭，由一名仲裁员组成仲裁庭进行审理并作出仲裁裁决。合议仲裁庭由三名仲裁员组成，共同审理并作出仲裁裁决，裁决应当按照多数仲裁员的意见作出，对于少数仲裁员的不同意见可以记入笔录，仲裁庭不能形成多数意见时，裁决应当根据首席仲裁员的意见作出。

仲裁裁决是由仲裁庭作出的具有强制执行效力的法律文书。裁决书的效力：①裁决书一裁终局，当事人不得就已经裁决的事项再申请仲裁，也不得就此提起诉讼；②仲裁裁决具有强制执行力，一方当事人不履行的，对方当事人可以到法院申请强制执行；③仲裁裁决在所有《承认和执行外国仲裁裁决公约》缔约国（或地区）可以得到承认和执行。

5. 仲裁裁决的执行

根据《民事诉讼法》《仲裁法》的规定，对依法设立的仲裁机构的裁决，一方当事人不履行的，对方当事人可以向有管辖权的人民法院申请执行。受申请的人民法院应当执行。

被申请人提出证据证明仲裁裁决有下列情形之一的，可以申请人民法院裁定不予执行或者撤销：①当事人在合同中没有订有仲裁条款或者事后没有达成书面仲裁协议的；②裁决的事项不属于仲裁协议的范围或者仲裁机构无权仲裁的；③仲裁庭的组成或者仲裁的程序违反法定程序的；④裁决所根据的证据是伪造的；⑤对方当事人向仲裁机构隐瞒了足以影响公正裁决的证据的；⑥仲裁员在仲裁该案时有贪污受贿，徇私舞弊，枉法裁决行为的。人民法院认定执行该裁决违背社会公共利益的，裁定不予执行。裁定书应当送达双方当事人和仲裁机构。仲裁裁决被人民法院裁定不予执行的，当事人可以根据双方达成的书面仲裁协议重新申请仲裁，也可以向人民法院起诉。

当事人可以向仲裁委员会所在地的中级人民法院申请撤销裁决。当事人申请撤销的，应当在收到裁决书之日起 6 个月内提出。

11.3.4　涉外仲裁的特别规定 ●

1. 涉外仲裁类型

涉外仲裁是指含有涉外因素的仲裁。有下列情形之一的，均为涉外民事关系：①一方或双方当事人是外国人、无国籍人、外国法人；②标的物在外国领域内；③产生、变更或者消灭民事关系的法律事实发生在国外。

在我国，涉外仲裁类型主要包括两种：①一方或者双方当事人是外国人、无国籍人或者外国企业和组织；②涉及港澳台的案件参照涉外案件处理。

2. 涉外仲裁机构

《仲裁法》第六十六条规定，"涉外仲裁委员会可以由中国国际商会组织设立。涉外仲裁委员会由主任一人、副主任若干人和委员若干人组成。涉外仲裁委员会的主任、副主任和委员可以由中国国际商会聘任。"

涉外仲裁委员会可以从具有法律、经济贸易、科学技术等专门知识的外籍人士中聘任仲裁员。

3. 涉外仲裁的保全

《仲裁法》第六十八条规定，"涉外仲裁的当事人申请证据保全的，涉外仲裁委员会应当将当事人的申请提交证据所在地的中级人民法院。"涉外财产保全，由被申请人住所地或财产所在地中级人民法院裁定并执行。

4. 涉外仲裁的执行

《仲裁法》第七十二条规定，"涉外仲裁委员会作出的发生法律效力的仲裁裁决，当事人请求执行的，如果被执行人或者其财产不在中华人民共和国领域内，应当由当事人直接向有管辖权的外国法院申请承认和执行。"

11.4 民事诉讼制度

11.4.1 民事诉讼管辖

民事诉讼中的管辖是指各级法院之间和同级法院之间受理第一审民事案件的分工和权限。《民事诉讼法》规定的民事案件的管辖，包括级别管辖、地域管辖、移送管辖、指定管辖和管辖权转移。人民法院受理案件后，被告有权针对人民法院对案件是否有管辖权提出管辖权异议，这是当事人的一项诉讼权利。

1. 级别管辖

级别管辖，是指按照一定的标准，划分上下级法院之间受理第一审民事案件的分工和权限。我国法院有四级，分别是：基层人民法院、中级人民法院、高级人民法院和最高人民法院，每一级均受理一审民事案件。我国《民事诉讼法》主要根据案件的性质、影响和诉讼标的金额等来确定级别管辖。在实践中，争议标的金额的大小，往往是确定级别管辖的重要依据，但各地人民法院确定的级别管辖争议标的数额标准不尽相同。

2. 地域管辖

（1）一般地域管辖

一般地域管辖，是以当事人与法院的隶属关系来确定诉讼管辖，通常实行"原告就被告"原则，即以被告住所地作为确定管辖法院的标准。

📝 特别提示

1. 对公民提起的民事诉讼，由被告住所地人民法院管辖；被告住所地与经常居住地不一致的，由经常居住地人民法院管辖。其中，公民的住所地是指该公民的户籍所在地。经常居住地是指公民离开住所至起诉时已连续居住满1年的地方，但公民住院就医的地方除外。

2. 对法人或者其他组织提起的民事诉讼，由被告住所地人民法院管辖。被告住所地是指法人或者其他组织的主要办事机构所在地；主要办事机构所在地不能确定的，其注册地或者登记地为住所地。

3. 同一诉讼的几个被告住所地、经常居住地在两个以上人民法院辖区的，原告可以向任何一个被告住所地或经常居住地人民法院起诉。

（2）特殊地域管辖

特殊地域管辖，是指以诉讼标的所在地或引起民事法律关系发生、变更、消灭的法律事实所在地为标准确定管辖法院的管辖。我国《民事诉讼法》规定了11种特殊地域管辖，其中与工程建设领域关系最为密切的是因合同纠纷提起诉讼的管辖。《民事诉讼法》规定，因合同纠纷提起的诉讼，由被告住所地或者合同履行地人民法院管辖。

（3）专属管辖

专属管辖，是指法律规定某些特殊类型的案件专门由特定的法院管辖。专属管辖是排他性管辖，排除了诉讼当事人协议选择管辖法院的权利。专属管辖与一般地域管辖和特殊地域管辖的关系是：凡法律规定为专属管辖的诉讼，均适用专属管辖。

《民事诉讼法》中规定了三种适用专属管辖的案件，其中因不动产纠纷提起的诉讼，由不动产所在地人民法院管辖，如房屋买卖纠纷、土地使用权转让纠纷等。《最高人民法院关于适用〈中华人民共和国民事诉讼法〉的解释》中规定，建设工程施工合同纠纷按照不动产纠纷确定管辖。不动产已登记的，以不动产登记簿记载的所在地为不动产所在地；不动产未登记的，以不动产实际所在地为不动产所在地。

（4）协议管辖

所谓协议管辖，是指合同当事人在纠纷发生前后，在法律允许的范围内，以书面形式约定案件的管辖法院。协议管辖适用于合同纠纷或者其他财产权益纠纷，其他财产权益纠纷包括因物权、知识产权中的财产权而产生的民事纠纷管辖。《民事诉讼法》第三十五条规定，"合同或者其他财产权益纠纷的当事人可以书面协议选择被告住所地、合同履行地、合同签订地、原告住所地、标的物所在地等与争议有实际联系的地点的人民法院管辖，但不得违反本法对级别管辖和专属管辖的规定。"

3. 移送管辖和指定管辖

（1）移送管辖

人民法院发现受理的案件不属于本院管辖的，应当移送有管辖权的人民法院，受移送的人民法院应当受理。受移送的人民法院认为受移送的案件依照规定不属于本院管辖的，应当报请上级人民法院指定管辖，不得再自行移送。

（2）指定管辖

有管辖权的人民法院由于特殊原因，不能行使管辖权的，由上级人民法院指定管辖。人民法院之间因管辖权发生争议，由争议双方协商解决；协商解决不了的，报请其共同上级人民法院指定管辖。

4. 管辖权转移

所谓管辖权转移，是指上级人民法院有权审理下级人民法院管辖的第一审民事案件；确有必要将本院管辖的第一审民事案件交下级人民法院审理的，应当报请其上级人民法院批准。下级人民法院对它所管辖的第一审民事案件，认为需要由上级人民法院审理的，可以报请上级人民法院审理。

5. 管辖权异议

管辖权异议是指当事人向受诉人民法院提出的该法院对案件无管辖权的主张。《民事诉讼法》规定，人民法院受理案件后，当事人对管辖权有异议的，应当在提交答辩状期间提出。人民法院对当事人提出的异议，应当审查。异议成立的，裁定将案件移交有管辖权的人民法院；异议不成立的，裁定驳回。

11.4.2 民事诉讼的当事人和代理人 ·································· ●

1. 当事人

民事诉讼中的当事人，是指因民事权利和义务发生争议，以自己的名义进行诉讼，请求人民法院进行裁判的公民、法人或其他组织。狭义的民事诉讼当事人包括原告和被告。广义的民事诉讼当事人包括原告、被告、共同诉讼人和第三人。外国人、无国籍人、外国企业和组织在人民法院起诉、应诉，同中华人民共和国公民、法人和其他组织有同等的诉讼权利义务。

外国法院对中华人民共和国公民、法人和其他组织的民事诉讼权利加以限制的，中华人民共和国人民法院对该国公民、企业和组织的民事诉讼权利，实行对等原则。

（1）原告和被告

原告，是指为维护自己的权益或自己所管理的他人权益，以自己名义起诉，从而引起民事诉讼程序的当事人。被告，是指原告诉称侵犯原告民事权益而由法院通知其应诉的当事人。

《民事诉讼法》第五十一条规定，"公民、法人和其他组织可以作为民事诉讼的当事人。法人由其法定代表人进行诉讼，其他组织由其主要负责人进行诉讼。"

（2）共同诉讼人

共同诉讼人，是指当事人一方或双方为二人以上（含二人），其诉讼标的是共同的，或者诉讼标的是同一种类、人民法院认为可以合并审理并经当事人同意，共同在人民法院进行诉讼的人。

（3）第三人

第三人，是指对他人争议的诉讼标的有独立的请求权，或者虽无独立的请求权，但案件的处理结果与其有法律上的利害关系，而参加到原告、被告已经开始的诉讼中进行诉讼的人。

2. 诉讼代理人

诉讼代理人，是指根据法律规定或当事人的委托，代理当事人进行民事诉讼活动的人。

民事法律行为代理分为法定代理、委托代理和指定代理。与此相对应，民事诉讼代理人也可分为法定诉讼代理人、委托诉讼代理人和指定诉讼代理人。在建设工程领域的民事诉讼代理中，最常见的是委托诉讼代理人。

当事人、法定代理人可以委托 1~2 人作为其诉讼代理人。下列人员可以被委托为诉讼代理人：

（1）律师、基层法律服务工作者；

（2）当事人的近亲属或工作人员；

（3）当事人所在社区、单位以及有关社会团体推荐的公民。

委托他人代为诉讼的，须向人民法院提交由委托人签名或盖章的授权委托书，授权委托书必须记明委托事项和权限。《民事诉讼法》第六十二条规定，"诉讼代理人代为承认、放弃、变更诉讼请求，进行和解，提起反诉或者上诉，必须有委托人的特别授权"。针对实践中经常出现的授权委托书仅写"全权代理"而无具体授权的情形，最高人民法院还特别规定，在这种情况下不能认定为诉讼代理人已获得特别授权，即诉讼代理人无权代为承认、放弃、变更诉讼请求，进行和解、提起反诉或者上诉。

11.4.3 民事诉讼的证据

证据，是指在诉讼中能够证明案件真实情况的各种资料。当事人要证明自己提出的主张，需要向法院提供相应的证据。

1. 证据的种类

根据《民事诉讼法》规定，证据包括：当事人的陈述、书证、物证、视听资料、电子数据、证人证言、鉴定意见、勘验笔录。证据必须查证属实，才能作为认定事实的根据。

（1）当事人的陈述

当事人陈述，是指当事人在诉讼或仲裁中，就本案的事实向法院或仲裁机构所作的陈述。《民事诉讼法》第七十八条规定，"人民法院对当事人的陈述，应当结合本案的其他证据，审查确定能否作为认定事实的根据。当事人拒绝陈述的，不影响人民法院根据证据认定案件事实。"

（2）书证

书证，是指以文字、符号所记录或表示的，以证明待证事实的文书，如合同、书信、文件、票据等。书证是民事诉讼和仲裁中普遍并大量应用的一种证据。

（3）物证

物证，是指以物品的外形、特征、质量等说明待证事实的一部分或全部的证据。在工程实践中，建筑材料、设备以及工程质量等，往往表现为物证这种形式。

（4）视听资料

视听资料，包括录音资料和影像资料，是指利用录音、录像等方法记录下来的有关案件事实的材料，如用录音机录制的当事人的谈话、用摄像机拍摄的人物形象及其活动等。

（5）电子数据

电子数据，是指与案件事实有关的下列信息、电子文件：网页、博客、微博客等网络平台发布的信息；手机短信、电子邮件、即时通信、通讯群组等网络应用服务的通信信息；用户注册信息、身份认证信息、电子交易记录、通信记录、登录日志等信息；文档、图片、音频、视频、数字证书、计算机程序等电子文件；其他以数字化形式存储、处理、传输的能够证明案件事实的信息。

（6）证人证言

证人证言，是指证人以口头或者书面方式向人民法院所作的对案件事实的陈述。证人所作的陈述，既可以是亲自听到、看到的，也可以是从其他人、其他地方间接得知的。

（7）鉴定意见

鉴定意见，是指具备相应资格的鉴定人对民事案件中出现的专门性问题，通过鉴别和判断后作出的书面意见。在建设工程领域，较常见的如工程质量鉴定、技术鉴定、工程造价鉴定、伤残鉴定、笔迹鉴定等。由于鉴定意见是运用专业知识所作出的鉴别和判断，所以，具有科学性和较强的证明力。

（8）勘验笔录

勘验笔录，是指人民法院为了查明案件的事实，指派勘验人员对与案件争议有关的现场、物品或物体进行查验、拍照、测量，并将查验的情况与结果制成的笔录。

2. 证据的调查收集和保全

（1）法院调查收集证据

《民事诉讼法》第六十七条规定，"当事人及其诉讼代理人因客观原因不能自行收集的证据，或者人民法院认为审理案件需要的证据，人民法院应当调查收集。"申请人民法院调查收集证据，当事人及其诉讼代理人应当在举证期限届满前提交书面申请。

（2）鉴定申请与实施

《民事诉讼法》第七十九条规定，"当事人可以就查明事实的专门性问题向人民法院申请鉴定。当事人申请鉴定的，由双方当事人协商确定具备资格的鉴定人；协商不成的，由人民法院指定。当事人未申请鉴定，人民法院对专门性问题认为需要鉴定的，应当委托具备资格的鉴定人进行鉴定。"

（3）人民法院责令对方当事人提交书证的申请与实施

当事人申请人民法院责令对方当事人提交书证的，申请书应当载明所申请提交的书证名称或者内容、需要以该书证证明的事实及事实的重要性、对方当事人控制该书证的根据以及应当提交该书证的理由。

（4）证据保全的申请与实施

《民事诉讼法》第八十四条规定，"在证据可能灭失或者以后难以取得的情况下，当事人可以在诉讼过程中向人民法院申请保全证据，人民法院也可以主动采取保全措施。因情况紧急，在证据可能灭失或者以后难以取得的情况下，利害关系人可以在提起诉讼或者申请仲裁前向证据所在地、被申请人住所地或者对案件有管辖权的人民法院申请保全证据。"

当事人或者利害关系人根据《民事诉讼法》第八十四条的规定申请证据保全的，申请书应当载明需要保全的证据的基本情况、申请保全的理由以及采取何种保全措施等内容；当事人根据《民事诉讼法》第八十四条第 1 款的规定申请证据保全的，应当在举证期限届满前向人民法院提出；当事人或者利害关系人申请采取查封、扣押等限制保全标的物使用、流通等保全措施，或者保全可能对证据持有人造成损失的，人民法院应当责令申请人提供相应的担保。

3. 证据的应用

在诉讼或仲裁中，证据应用包括举证时限、证据交换、质证、认证四个方面。

（1）举证时限

所谓举证时限，是指法律规定或法院、仲裁机构指定的当事人能够有效举证的期限。举证时限是一种限制当事人诉讼行为的制度。

（2）证据交换

我国民事诉讼中的证据交换，是指在诉讼答辩期届满后开庭审理前，在法院的主持下，当事人之间相互明示其持有证据的过程。

（3）质证

质证，是指当事人在法庭的主持下，围绕证据的真实性、合法性、关联性，针对证据证明力有无以及证明力大小，进行质疑、说明与辩驳的过程。

（4）认证

认证，即证据的审核认定，是指法院对经过质证或当事人在证据交换中认可的各种证据材料作出审查判断，确认其能否作为认定案件事实的根据。

11.4.4　民事诉讼时效 ●

1. 诉讼时效的概念

诉讼时效，是指权利人在法定期间内不行使权利，诉讼时效期间届满后，义务人可以提出不履行义务抗辩的法律制度。超过诉讼时效期间，在法律上发生的效力是权利人的胜诉权消灭。

2. 不适用于诉讼时效的情形

当事人可以对债权请求权提出诉讼时效抗辩，但对下列债权请求权提出诉讼时效抗辩的，法院不予支持：

（1）支付存款本金及利息请求权；

（2）兑付国债、金融债券以及向不特定对象发行的企业债券本息请求权；

（3）基于投资关系产生的缴付出资请求权；

（4）其他依法不适用诉讼时效规定的债权请求权。

3. 诉讼时效期间的种类

根据我国《民法典》及有关法律的规定，诉讼时效期间通常可划分为三类：

（1）普通诉讼时效，即向人民法院请求保护民事权利的期间。普通诉讼时效期间为 3 年。

（2）特殊诉讼时效。因国际货物买卖合同和技术进出口合同争议的时效期间为 4 年；就海上货物运输向承运人要求赔偿的请求权，时效期间为 1 年。

（3）权利的最长保护期限。诉讼时效期间自权利人知道或应当知道权利受到损害以及义务人之日起计算。但是，从权利被侵害之日起超过 20 年的，法院不予保护；有特殊情况的，人民法院可以根据权利人的申请决定延长。

4. 诉讼时效期间的起算

诉讼时效期间自权利人知道或者应当知道权利受到损害以及义务人之日起计算。当事人约定同一债务分期履行的，诉讼时效期间自最后一期履行期限届满之日起计算。

5. 诉讼时效中止和中断

（1）诉讼时效中止

在诉讼时效期间的最后 6 个月内，因下列障碍，不能行使请求权的，诉讼时效中止：

1）不可抗力；

2）无民事行为能力人或者限制民事行为能力人没有法定代理人，或者法定代理人死亡、丧失民事行为能力、丧失代理权；

3）继承开始后未确定继承人或者遗产管理人；

4）权利人被义务人或者其他人控制；

5）其他导致权利人不能行使请求权的障碍。自中止时效的原因消除之日起满 6 个月，诉讼时效期间届满。

根据上述规定，诉讼时效中止，应当同时满足两个条件：

1）权利人由于不可抗力或者其他障碍，不能行使请求权；

2）导致权利人不能行使请求权的事由发生在诉讼时效期间的最后 6 个月内。

《民法典》第一百九十四条规定，"自中止时效的原因消除之日起满六个月，诉讼时效期间届满。"

（2）诉讼时效中断

《民法典》第一百九十五条规定，"有下列情形之一的，诉讼时效中断，从中断、有关程序终结时起，诉讼时效期间重新计算：

（一）权利人向义务人提出履行请求；

（二）义务人同意履行义务；

（三）权利人提起诉讼或者申请仲裁；

（四）与提起诉讼或者申请仲裁具有同等效力的其他情形。"

11.4.5 民事诉讼的审判和执行程序 ·············· ●

1. 民事诉讼的审判程序

审判程序是人民法院审理案件适用的程序，常见的审判程序可以分为一审程序、二审程序、特别程序和审判监督程序。

（1）一审程序

一审程序包括普通程序和简易程序。普通程序是《民事诉讼法》规定的民事诉讼当事人进行第一审民事诉讼和人民法院审理第一审民事案件所通常适用的诉讼程序。简易程序是基层人民法院和它的派出法庭审理事实清楚、权利义务关系明确、争议不大的简单民事案件适用的程序。基层人民法院和它派出的法庭审理上述规定以外的民事案件，当事人双方也可以约定适用简易程序。

《最高人民法院关于印发〈民事诉讼程序繁简分流改革试点实施办法〉的通知》（法〔2020〕11号），试点基层人民法院审理的事实清楚、权利义务关系明确、争议不大的简单金钱给付类案件，标的额为人民币5万元以下的，适用小额诉讼程序，实行一审终审。

适用普通程序审理的案件，应当在立案之日起6个月内审结。有特殊情况需要延长的，由本院院长批准，可以延长6个月；还需要延长的，报请上级人民法院批准。适用简易程序审理的案件，应当在立案之日起3个月内审结。

1）起诉

①起诉条件

《民事诉讼法》第一百二十二条规定，"起诉必须符合下列条件：

（一）原告是与本案有直接利害关系的公民、法人和其他组织；

（二）有明确的被告；

（三）有具体的诉讼请求、事实和理由；

（四）属于人民法院受理民事诉讼的范围和受诉人民法院管辖。"

②起诉方式，应当以书面起诉为原则，口头起诉为例外。在工程实践中，基本都是采用书面起诉方式。《民事诉讼法》第一百二十三条规定，"起诉应当向人民法院提交起诉状，并按照被告人数提出副本。"

③起诉状应当记明下列事项：

A. 原告的姓名、性别、年龄、民族、职业、工作单位、住所、联系方式，法人或者其他组织的名称、住所和法定代表人或者主要负责人的姓名、职务、联系方式；

B. 被告的姓名、性别、工作单位、住所等信息，法人或者其他组织的名称、住所等信息；

C. 诉讼请求和所根据的事实与理由；

D. 证据和证据来源，证人姓名和住所。

④起诉状中最好写明案由。

2）受理

《民事诉讼法》第一百二十六条规定，"人民法院应当保障当事人依照法律规定享有的起诉权利。对符合本法第一百二十二条的起诉，必须受理。符合起诉条件的，应当在七日内立案，并通知当事人；不符合起诉条件的，应当在七日内作出裁定书，不予受理；原告对裁定不服的，可以提起上诉。"

①审理前的主要准备工作：审理前的准备工作，主要是送达起诉状副本和提出答辩状，告知当事人诉讼权利义务及组成合议庭等。

《民事诉讼法》第一百二十八条规定，"人民法院应当在立案之日起五日内将起诉状副本发送被告，被告应当在收到之日起十五日内提出答辩状。人民法院应当在收到答辩状之日起五日内将答辩状副本发送原告。被告不提出答辩状的，不影响人民法院审理。"

②开庭前的准备：开庭前的准备程序，是整个民事诉讼程序的重要组成部分，是建立以庭审为中心的现代民事诉讼程序结构的重要基础。

《民事诉讼法》第一百三十六条规定，"人民法院对受理的案件，分别情形，予以处理：

（一）当事人没有争议，符合督促程序规定条件的，可以转入督促程序；

（二）开庭前可以调解的，采取调解方式及时解决纠纷；

（三）根据案件情况，确定适用简易程序或者普通程序；

（四）需要开庭审理的，通过要求当事人交换证据等方式，明确争议焦点。"

③开庭审理

A. 开庭审理方式：开庭审理根据是否向公众和社会公开，分为公开审理和不公开审理。其中，公开审理是人民法院审理案件的一项基本原则，只有在例外情形下，才可以不公开审理。

人民法院审理民事案件，除涉及国家秘密、个人隐私或者法律另有规定的以外，应当公开进行。离婚案件，涉及商业秘密的案件，当事人申请不公开审理的，可以不公开审理。

B. 法庭调查：法庭调查，是在法庭上出示与案件有关的全部证据，对案件事实进行全面调查并有当事人进行质证的程序。

C. 法庭辩论：法庭辩论，是当事人及其诉讼代理人在法庭上行使辩论权，针对有争议的事实和法律问题进行辩论的程序。法庭辩论的目的，是通过当事人及其诉讼代理人的辩论，对有争议的问题逐一进行审查和核实，借此查明案件的真实情况和正确适用法律。

D. 法庭笔录：书记员应当将法庭审理的全部活动记入笔录，由审判人员和书记员签名。法庭笔录应当当庭宣读，也可以告知当事人和其他诉讼参与人当庭或者在 5 日内阅读。当事人和其他诉讼参与人认为对自己的陈述记录有遗漏或者差错的，有权申请补正。如果不予补正，应当将申请记录在案。法庭笔录由当事人和其他诉讼参与人签名或者盖章。拒绝签名盖章的，记明情况附卷。

E. 宣判：法庭辩论终结，应当依法作出判决。判决前能够调解的，还可以进行调解，调解不成的，应当及时判决。原告经传票传唤，无正当理由拒不到庭的，或者未经法庭许可中途退庭的，可以按撤诉处理；被告反诉的，可以缺席判决。被告经传票传唤，无正当理由拒不到庭的，或者未经法庭许可中途退庭的，可以缺席判决。宣判前，原告申请撤诉的，是否准许，由人民法院裁定。人民法院裁定不准许撤诉的，原告经传票传唤，无正当理由拒不到庭的，可以缺席判决。

人民法院对公开审理或者不公开审理的案件，一律公开宣告判决。当庭宣判的，应当在 10 日内发送判决书；定期宣判的，宣判后立即发给判决书。宣告判决时，必须告知当事人上诉权利、上诉期限和上诉的法院。最高人民法院的判决、裁定，以及超过上诉期没有上诉的判决、裁定，是发生法律效力判决、裁定。

④简易程序

根据《民事诉讼法》的规定，基层人民法院和它派出的法庭适用简易程序审理事实清楚、权利义务关系明确、争议不大的简单民事案件，标的额为各省、自治区、直辖市上年度就业人员年平均工资 30% 以下的，实行一审终审。人民法院在审理过程中，发现案件不宜适用简易程序的，裁定转为普通程序。

适用简易程序审理的案件，由审判员一人独任审理，可以用简便方式传唤当事人和证人、送达诉讼文书、审理案件，但应当保障当事人陈述意见的权利。

⑤小额诉讼程序

《最高人民法院关于印发〈民事诉讼程序繁简分流改革试点办法〉的通知》（法〔2020〕11 号），标的额在人民币 5 万元以上、10 万元以下的简单金钱给付类案件，当事人双方约定适用小额诉讼程序的，可以适用小额诉讼程序审理。

下列案件，不适用小额诉讼程序审理：人身关系、财产确权纠纷；涉外民事纠纷；需要评估、鉴定或者对诉前评估、鉴定结果有异议的纠纷；一方当事人下落不明的纠纷；其他不宜适用小额诉讼程序审理的纠纷。

（2）第二审程序

第二审程序（又称上诉程序或终审程序），是指由于民事诉讼当事人不服地方各级人民法院尚未生效的第一审判决或裁定，在法定上诉期间内，向上一级人民法院提起上诉而引起的诉讼程序。由于我国实行两审终审制，上诉案件经二审法院审理后作出的判决、裁定为终审的判决、裁定，诉讼程序即告终结。

根据《民事诉讼法》规定，第二审人民法院审理对判决的上诉案件，审限为 3 个月；审理对裁定的上诉案件，审限为 30 日。

1）上诉期间

当事人不服地方人民法院第一审判决的，有权在判决书送达之日起 15 日内向上一级人民法院提起上诉；不服地方人民法院第一审裁定的，有权在裁定书送达之日起 10 日内向上一级人民法院提起上诉。

2）上诉状

当事人提起上诉，应当递交上诉状。上诉状应当通过原审法院提出，并按照对方当事人的人数提出副本。当事人直接向第二审人民法院上诉的，第二审人民法院应当在 5 日内将上诉状移交原审人民法院。

3）第二审人民法院对上诉案件的处理

第二审人民法院围绕当事人的上诉请求进行审理。当事人没有提出请求的，不予审理，但一审判决违反法律禁止性规定，或者损害国家利益、社会公共利益、他人合法权益的除外。

第二审人民法院对上诉案件，经过审理，按照下列情形，分别处理：

①原判决、裁定认定事实清楚，适用法律正确的，以判决、裁定方式驳回上诉，维持原

判决、裁定；

②原判决、裁定认定事实错误或者适用法律错误的，以判决、裁定方式依法改判、撤销或者变更；

③原判决认定基本事实不清的，裁定撤销原判决，发回原审人民法院重审，或者查清事实后改判；

④原判决遗漏当事人或者违法缺席判决等严重违反法定程序的，裁定撤销原判决，发回原审人民法院重审。

对于发回原审法院重审的案件，原审法院仍将按照一审程序进行审理。因此，当事人对重审案件的判决、裁定，仍然可以上诉。原审人民法院对发回重审的案件作出判决后，当事人提起上诉的，第二审人民法院不得再次发回重审。

第二审人民法院作出的具有给付内容的判决，具有强制执行力。如果有履行义务的当事人拒不履行，对方当事人有权向法院申请强制执行。

（3）特别程序

特别程序是人民法院依照《民事诉讼法》审理特殊类型案件的一种程序。它审理的对象不是解决当事人之间的民事权利义务争议，而是确认某种法律事实是否存在，确认某种权利的实际状态。适用特别程序审理的案件，实行一审终审，并且应当在立案之日起 30 日内或者公告期满后 30 日内审结。

（4）审判监督程序

1）审判监督程序的概念

审判监督程序即再审程序，是指由有审判监督权的法定机关和人员提起，或由当事人申请，由人民法院对已经发生法律效力的判决、裁定、调解书再次审理的程序。

2）审判监督程序的提起

①人民法院提起再审的程序：人民法院提起再审，必须是已经发生法律效力的判决、裁定、调解书确有错误。人民法院按照审判监督程序再审的案件，发生法律效力的判决、裁定、调解书是由第一审法院作出的，按照第一审程序审理，对所作的判决、裁定，当事人可以上诉；发生法律效力的判决、裁定是由第二审法院作出的，按照第二审程序审理，所作的判决、裁定是发生法律效力的判决、裁定；上级人民法院按照审判监督程序提审的，按照第二审程序审理，所作的判决、裁定是发生法律效力的判决、裁定。

②当事人申请再审的程序：《民事诉讼法》第二百零六条规定，"当事人对已经发生法律效力的判决、裁定，认为有错误的，可以向上一级人民法院申请再审；当事人一方人数众多或者当事人双方为公民的案件，也可以向原审人民法院申请再审。当事人申请再审的，不停止判决、裁定的执行。"人民法院应当自收到再审申请书之日起 3 个月内审查，符合本法规定的，裁定再审；不符合本法规定的，裁定驳回申请。有特殊情况需要延长的，由本院院长批准。

③当事人可以申请再审的时间：当事人申请再审，应当在判决、裁定发生法律效力后 6 个月内提出。《最高人民法院关于适用〈中华人民共和国民事诉讼法〉审判监督程序若干问题

的解释》中规定，申请再审期间不适用中止、中断和延长的规定。

④人民检察院的抗诉：抗诉是指人民检察院对人民法院发生法律效力的判决、裁定、调解书，发现有提起抗诉的法定情形，提请人民法院对案件重新审理。

【典型案例】

背景资料

某建设工程施工合同纠纷案件经人民法院判决生效8个月后，当事人一方的建筑公司又发现了新的证据，认为足以推翻原判决、裁定。

问题： 该建筑公司能否向上一级人民法院申请再审？

【案例分析】

根据《民事诉讼法》第二百一十二条的规定，"当事人申请再审，应当在判决、裁定发生法律效力后六个月内提出；有本法第二百零七条第一项、第三项、第十二项、第十三项规定情形的，自知道或者应当知道之日起六个月内提出。"该建筑公司可以在发现新证据后的6个月内，向上一级人民法院申请再审。

2. 民事诉讼的执行程序

执行程序与审判程序是并列的独立程序。审判程序是产生裁判书的过程，执行程序是实现裁判书内容的过程。

（1）执行程序的概念

执行程序，是指人民法院的执行机构依照法定的程序，对发生法律效力并具有给付内容的法律文书，以国家强制力为后盾，依法采取强制措施，迫使具有给付义务的当事人履行其给付义务的行为。

（2）执行根据

执行根据是当事人申请执行、人民法院移交执行以及人民法院采取强制措施的依据。执行根据是执行程序发生的基础，没有执行根据，当事人不能向人民法院申请执行，人民法院也不得采取强制措施。根据《民事诉讼法》的规定，执行根据主要是发生法律效力的民事判决、裁定，刑事判决、裁定中的财产部分，以及法律规定由人民法院执行的其他法律文书。

（3）执行案件的管辖

发生法律效力的民事判决、裁定，以及刑事判决、裁定中的财产部分，由第一审人民法院或者与第一审人民法院同级的被执行的财产所在地人民法院执行。法律规定由人民法院执行的其他法律文书，由被执行人住所地或者被执行的财产所在地人民法院执行。

（4）执行程序

1）执行申请

人民法院作出的判决、裁定等法律文书，当事人必须履行。如果无故不履行，另一方当事人可向有管辖权的人民法院申请强制执行。

申请强制执行应提交申请强制执行书，并附作为执行根据的法律文书。申请强制执行，还须遵守申请执行期限。申请执行的期间为 2 年。申请执行时效的中止、中断，适用法律有关诉讼时效中止、中断的规定。这里的期间，从法律文书规定履行期间的最后 1 日起计算；法律文书规定分期履行的，从规定的每次履行期间的最后 1 日起计算；法律文书未规定履行期间的，从法律文书生效之日起计算。

人民法院自收到申请执行书之日起超过 6 个月未执行的，申请执行人可以向上一级人民法院申请执行。上一级人民法院经审查，可以责令原人民法院在一定期限内执行，也可以决定由本院执行或者指令其他人民法院执行。

2）执行立案

《最高人民法院关于执行案件立案、结案若干问题的意见》（法发〔2014〕26 号）规定，执行案件统一由人民法院立案机构进行审查立案，人民法庭经授权执行自审案件的，可以自行审查立案，法律、司法解释规定可以移送执行的，相关审判机构可以移送立案机构办理立案登记手续。立案机构立案后，应当依照法律、司法解释的规定向申请人发出执行案件受理通知书。人民法院对符合法律、司法解释规定的立案标准的执行案件，应当予以立案，并纳入审判和执行案件统一管理体系。

3）执行结案

除执行财产保全裁定、恢复执行的案件外，其他执行实施类案件的结案方式包括：执行完毕；终结本次执行程序；终结执行；销案；不予执行；驳回申请。

（5）执行中的其他问题

1）委托执行

《民事诉讼法》第二百三十六条规定，"被执行人或者被执行的财产在外地的，可以委托当地人民法院代为执行。受委托人民法院收到委托函件后，必须在十五日内开始执行，不得拒绝。执行完毕后，应当将执行结果及时函复委托人民法院；在三十日内如果还未执行完毕，也应当将执行情况函告委托人民法院。

受委托人民法院自收到委托函件之日起十五日内不执行的，委托人民法院可以请求受委托人民法院的上级人民法院指令受委托人民法院执行。"

2）执行中变更、追加当事人

根据 2020 年 12 月最高人民法院经修改后公布的《最高人民法院关于民事执行中变更、追加当事人若干问题的规定》（法释〔2016〕21 号），执行过程中，申请执行人或其继承人、权利承受人可以向人民法院申请变更、追加当事人，包括申请执行人的变更、追加与被执行人的变更、追加两类。如申请执行人将生效法律文书确定的债权依法转让给第三人，且书面认可第三人取得该债权，该第三人可以申请变更、追加其为申请执行人；执行过程中，第三人向执行法院书面承诺自愿代被执行人履行生效法律文书确定的债务，申请执行人可以申请变更、追加该第三人为被执行人，在承诺范围内承担责任等。

3）执行异议

①当事人、利害关系人提出的异议：当事人、利害关系人认为执行行为违反法律规定的，可以向负责执行的人民法院提出书面异议。当事人、利害关系人提出书面异议的，人民法院

应当自收到书面异议之日起 15 日内审查，理由成立的，裁定撤销或者改正；理由不成立的，裁定驳回。当事人、利害关系人对裁定不服的，可以自裁定送达之日起 10 日内向上一级人民法院申请复议。

《最高人民法院关于适用〈中华人民共和国民事诉讼法〉执行程序若干问题的解释》中规定，当事人、利害关系人申请复议的书面材料，可以通过执行法院转交，也可以直接向执行法院的上一级人民法院提交。上一级人民法院应当自收到复议申请之日起 30 日内审查完毕，并作出裁定。有特殊情况需要延长的，经本院院长批准，可以延长，延长的期限不得超过 30 日。执行异议审查和复议期间，不停止执行。被执行人、利害关系人提供充分、有效的担保请求停止相应处分措施的，人民法院可以准许；申请执行人提供充分、有效的担保请求继续执行的，应当继续执行。

②案外人提出的异议：执行过程中，案外人对执行标的提出书面异议的，人民法院应当自收到书面异议之日起 15 日内审查，理由成立的，裁定中止对该标的的执行；理由不成立的，裁定驳回。案外人、当事人对裁定不服，认为原判决、裁定错误的，依照审判监督程序办理；与原判决、裁定无关的，可以自裁定送达之日起 15 日内向人民法院提起诉讼。

案外人提起诉讼，对执行标的主张实体权利，并请求对执行标的停止执行的，应当以申请执行人为被告；被执行人反对案外人对执行标的所主张的实体权利的，应当以申请执行人和被执行人为共同被告。该诉讼由执行法院管辖，诉讼期间不停止执行。

4）执行和解

根据 2020 年 12 月最高人民法院经修改后公布的《最高人民法院关于执行和解若干问题的规定》（法释〔2018〕3 号），当事人可以自愿协商达成和解协议，依法变更生效法律文书确定的权利义务主体、履行标的、期限、地点和方式等内容。和解协议一般采用书面形式。和解协议达成后，有规定情形的，人民法院可以裁定中止执行。被执行人一方不履行执行和解协议的，申请执行人可以申请恢复执行原生效法律文书，也可以就履行执行和解协议向执行法院提起诉讼。

（6）执行措施

执行措施是指人民法院依照法定程序强制执行生效法律文书的方法和手段。在执行中，执行措施和执行程序是合为一体的。执行员接到申请执行书或者移交执行书，应当向被执行人发出执行通知，并可以立即采取强制执行措施。

执行措施主要有：

1）查询、扣押、冻结、划拨、变价被执行人的存款、债券、股票、基金份额等财产；

2）扣留、提取被执行人的收入；

3）查封、扣押、冻结、拍卖、变卖被执行人的财产；

4）对被执行人及其住所或财产隐匿地进行搜查；

5）强制被执行人和有关单位、公民交付法律文书指定交付的财物或票证；

6）强制被执行人迁出房屋或退出土地；

7）强制被执行人履行法律文书指定的行为；

8）办理财产权证照转移手续；

9）强制被执行人支付迟延履行期间的加倍债务利息或迟延履行金；

10）债权人发现被执行人有其他财产的，可以随时请求人民法院执行；

11）限制出境；

12）在征信系统记录、通过媒体公布不履行义务信息；

13）法律规定的其他措施。

（7）执行中止和终结

1）执行中止

执行中止是指在执行过程中，因发生特殊情况，需要暂时停止执行程序。《民事诉讼法》第二百六十三条规定，"有下列情形之一的，人民法院应裁定中止执行：

（一）申请人表示可以延期执行的；

（二）案外人对执行标的提出确有理由异议的；

（三）作为一方当事人的公民死亡，需要等待继承人继承权利或承担义务的；

（四）作为一方当事人的法人或其他组织终止，尚未确定权利义务承受人的；

（五）人民法院认为应当中止执行的其他情形，如被执行人确无财产可供执行等。

中止的情形消失后，恢复执行。"

2）执行终结

在执行过程中，由于出现某些特殊情况，执行工作无法继续进行或没有必要继续进行的，结束执行程序。《民事诉讼法》第二百六十四条规定，"有下列情形之一的，人民法院应当裁定终结执行：

（一）申请人撤销申请的；

（二）据以执行的法律文书被撤销的；

（三）作为被执行人的公民死亡，无遗产可供执行，又无义务承担人的；

（四）追索赡养费、扶养费、抚育费案件的权利人死亡的；

（五）作为被执行人的公民因生活困难无力偿还借款，无收入来源，又丧失劳动能力的；

（六）人民法院认为应当终结执行的其他情形。"

11.5 行政解决方式

11.5.1 行政许可

1. 行政许可的概述

行政许可指行政机关根据申请人申请，经依法审查，准予其从事行政活动的行为。行政许可只能由行政机关作出，且只能依申请而发生，不能主动作出。

2. 可以不设行政许可的事项

《中华人民共和国行政许可法》第十三条规定，"本法第十二条所列事项，通过下列方式能够予以规范的，可以不设行政许可：（一）公民、法人或者其他组织能够自主决定的；（二）市场竞争机制能够有效调节的；（三）行业组织或者中介机构能够自律管理的；（四）行政机关采用事后监督等其他行政管理方式能够解决的。"

3. 行政许可的设定权限

法律可以设定行政许可；尚未制定法律的，行政法规可以设定行政许可；必要时，国务院可以采用发布决定的方式设定行政许可。

尚未制定法律、行政法规的，地方性法规可以设定行政许可。

省级政府规章可以设定临时性的行政许可；满1年需要继续实施的，应提请本级人民代表大会及其常务委员会制定地方性法规。

地方性法规和规章不得设定公民、法人或者其他组织的资格、资质的行政许可；不得设立法人或其他组织的设立登记及其前置性行政许可；不得通过设定行政许可进行地方保护。

4. 行政许可有关的期限

申请材料不齐全或者不符合法定形式的，应当当场或者在5日内一次告知需要补正的全部内容，逾期不告知，自收到申请材料之日起即为受理。

除可以当场作出行政许可决定的外，行政机关应当自受理行政许可申请之日起20日内作出行政许可决定。经本行政机关负责人批准，可以延长10日，并告知申请人。

行政许可采取统一办理或者联合办理、集中办理的，办理的时间不得超过45日，经本级政府负责人批准，可以延长15日，并告知申请人。

准予行政许可的，应当自作出决定之日起10日内向申请人颁发、送达行政许可证件。

5. 行政许可中的听证

法律法规规定应当听证的事项，或行政机关认为需要听证的重大事项，应向社会公告，举行听证。

行政机关在作出行政许可之前，应当告知申请人、利害关系人享有要求听证的权利。

申请人、利害关系人在被告知听证权利之日起5日内提出听证申请的，行政机关应当在20日内组织听证。

申请人、利害关系人不承担听证的费用。听证费用由行政机关承担。

11.5.2 行政强制

1. 行政强制的种类

行政强制包括行政强制措施和行政强制执行。

行政强制措施是指行政机关为制止、预防违法行为或者在紧急情况下依法采取的对有关对象的人身、财产和行为自由加以暂时性限制，使其保持一定状态的各种方法和手段。行政强制措施由法律、法规规定的行政机关在法定职权范围内实施，行政强制措施权不得委托。

行政强制执行是指行政机关或者行政机关申请人民法院，对不履行行政决定的公民、法人或者其他组织，依法强制履行义务的行为。具有行政强制执行权的行政机关实施行政强制执行，没有行政强制执行权的行政机关申请人民法院强制执行。

《中华人民共和国行政强制法》第九条规定，"行政强制措施的种类：（一）限制公民人身自由；（二）查封场所、设施或者财物；（三）扣押财物；（四）冻结存款、汇款；（五）其他行政强制措施。"

《中华人民共和国行政强制法》第十二条规定，"行政强制执行的方式：（一）加处罚款或者滞纳金；（二）划拨存款、汇款；（三）拍卖或者依法处理查封、扣押的场所、设施或者财物；（四）排除妨碍、恢复原状；（五）代履行；（六）其他强制执行方式。"

2. 行政强制的设定

（1）行政强制措施由法律设定。

（2）尚未制定法律，且属于国务院行政管理职权事项的，行政法规可以设定除限制公民人身自由、冻结存款汇款和应当由法律规定的行政强制措施以外的其他行政强制措施。

（3）尚未制定法律、行政法规，且属于地方性事务的，地方性法规可以设定查封场所、设施或者财物，以及扣押财物的行政强制措施。

（4）法律、法规以外的其他规范性文件不得设定行政强制措施。

11.5.3 行政复议 ●

行政复议是指公民、法人或者其他组织认为行政机关的具体行政行为侵犯其合法权益，依法请求法定的行政复议机关审查该具体行政行为的合法性、适当性的法律制度。

1. 行政复议的范围

《中华人民共和国行政复议法》（下简称《行政复议法》）第六条规定，"有下列情形之一的，公民、法人或者其他组织可以依照本法申请行政复议：（一）对行政机关作出的警告、罚款、没收违法所得、没收非法财物、责令停产停业、暂扣或者吊销许可证、暂扣或者吊销执照、行政拘留等行政处罚决定不服的；（二）对行政机关作出的限制人身自由或者查封、扣押、冻结财产等行政强制措施决定不服的；（三）对行政机关作出的有关许可证、执照、资质证、资格证等证书变更、中止、撤销的决定不服的；（四）对行政机关作出的关于确认土地、矿藏、水流、森林、山岭、草原、荒地、滩涂、海域等自然资源的所有权或者使用权的决定不服的；（五）认为行政机关侵犯合法的经营自主权的；（六）认为行政机关变更或者废止农业承包合同，侵犯其合法权益的；（七）认为行政机关违法集资、征收财物、摊派费用或者违法要求履行其他义务的；（八）认为符合法定条件，申请行政机关颁发许可证、执照、资质证、资格证等证书，或者申请行政机关审批、登记有关事项，行政机关没有依法办理的；（九）申请行政机关履行保护人身权利、财产权利、受教育权利的法定职责，行政机关没有依法履行的；（十）申请行政机关依法发放抚恤金、社会保险金或者最低生活保障费，行政机关没有依法发放的；（十一）认为行政机关的其他具体行政行为侵犯其合法权益的。"

《行政复议法》第七条规定，"公民、法人或者其他组织认为行政机关的具体行政行为所依据的下列规定不合法，在对具体行政行为申请行政复议时，可以一并向行政复议机关提出对该规定的审查申请：（一）国务院部门的规定；（二）县级以上地方各级人民政府及其工作部门的规定；（三）乡、镇人民政府的规定。前款所列规定不含国务院部、委员会规章和地方人民政府规章。规章的审查依照法律、行政法规办理。"

不服行政机关作出的行政处分或者其他人事处理决定的，依照有关法律、行政法规的规定提出申诉。不服行政机关对民事纠纷作出的调解或者其他处理，依法申请仲裁或者向人民法院提起诉讼。

2. 行政复议的申请、受理、决定

行政复议的处理机构是行政机关，审查内容是对合法性和适当性的审查。行政复议申请一般自申请人知道该具体行政行为之日起 60 日内提出，法律规定的特殊情形除外。行政复议机关收到行政复议申请后应当在 5 日内进行审查，依法决定是否给予受理，并书面告知申请人。行政复议机关应当自受理申请之日起 60 日内作出行政复议决定。

《行政复议法》第二十一条规定，"行政复议期间具体行政行为不停止执行；但是，有下列情形之一的，可以停止执行：（一）被申请人认为需要停止执行的；（二）行政复议机关认为需要停止执行的；（三）申请人申请停止执行，行政复议机关认为其要求合理，决定停止执行的；（四）法律规定停止执行的。"

11.5.4　行政诉讼 ●●●●●●●●●●●●●●●●●●●●●●●●●●●●●●●●●●●●　●

行政诉讼是指公民、法人或者其他组织依法请求法院对行政机关具体行政行为的合法性进行审查并依法裁判的法律制度。

1. 行政诉讼的受案范围

《中华人民共和国行政诉讼法》（下简称《行政诉讼法》）第十二条规定，"人民法院受理公民、法人或者其他组织提起的下列诉讼：（一）对行政拘留、暂扣或者吊销许可证和执照、责令停产停业、没收违法所得、没收非法财物、罚款、警告等行政处罚不服的；（二）对限制人身自由或者对财产的查封、扣押、冻结等行政强制措施和行政强制执行不服的；（三）申请行政许可，行政机关拒绝或者在法定期限内不予答复，或者对行政机关作出的有关行政许可的其他决定不服的；（四）对行政机关作出的关于确认土地、矿藏、水流、森林、山岭、草原、荒地、滩涂、海域等自然资源的所有权或者使用权的决定不服的；（五）对征收、征用决定及其补偿决定不服的；（六）申请行政机关履行保护人身权、财产权等合法权益的法定职责，行政机关拒绝履行或者不予答复的；（七）认为行政机关侵犯其经营自主权或者农村土地承包经营权、农村土地经营权的；（八）认为行政机关滥用行政权力排除或者限制竞争的；（九）认为行政机关违法集资、摊派费用或者违法要求履行其他义务的；（十）认为行政机关没有依法支付抚恤金、最低生活保障待遇或者社会保险待遇的；（十一）认为行政机关不依法履行、未按照约定履行或者违法变更、解除政府特许经营协议、土地房屋征收补偿协议等协议的；（十二）认为行政机关侵犯其他人身权、财产权等合法权益的。除前款规定外，人民法院受理法律、法规规定可以提起诉讼的其他行政案件。"

人民法院不受理公民、法人或者其他组织对下列事项提起的诉讼：①国防、外交等国家行为；②行政法规、规章或者行政机关制定、发布的具有普遍约束力的决定、命令；③行政机关对行政机关工作人员的奖惩、任免等决定；④法律规定由行政机关最终裁决的行政行为。

2. 行政诉讼的起诉

行政诉讼的处理机构是人民法院，审查内容仅为合法性审查。直接向人民法院提起诉讼的，应当自知道或者应当知道作出行政行为之日起6个月内提出。不服复议决定的，可以在收到复议决定书之日起15日内向人民法院提起诉讼。人民法院在接到起诉状时对符合《行政诉讼法》规定的起诉条件的，应当登记立案。对当场不能判定是否符合《行政诉讼法》规定的起诉条件的，应当接收起诉状，并在7日内决定是否立案。不符合起诉条件的，作出不予立案的裁定。

3. 行政诉讼的管辖、审理、判决和执行

（1）管辖

行政诉讼的管辖一般由基层人民法院管辖一审案件，并由最初作出行政行为的行政机关所在地人民法院管辖。经复议的案件，也可以由复议机关所在地法院管辖；对限制人身自由的强制措施不服提起的诉讼，由被告住所地或者原告住所地法院管辖；因不动产提起的行政诉讼，由不动产所在地法院管辖。

《行政诉讼法》第十五条规定，"中级人民法院管辖下列第一审行政案件：（一）对国务院部门或者县级以上地方人民政府所作的行政行为提起诉讼的案件；（二）海关处理的案件；（三）本辖区内重大、复杂的案件；（四）其他法律规定由中级人民法院管辖的案件。"

（2）审理

人民法院审理行政案件不适用调解。人民法院公开审理行政案件，但涉及国家秘密、个人隐私和法律另有规定的除外。涉及商业秘密的案件，当事人申请不公开审理的，可以不公开审理。人民法院的审理依据为法律、行政法规、地方性法规。人民法院审理行政案件均应公开宣告判决，人民法院应当在立案之日起6个月内作出第一审判决。

（3）判决

人民法院经过审理，根据不同的情况，作出不同的裁判。人民法院判决撤销或者部分撤销，并可以判决被告重新作出行政行为的情形（满足一条即可）：主要证据不足的；适用法律、法规错误的；违反法定程序的；超越职权的；滥用职权的；明显不当的。人民法院经过审理查明被告不履行法定职责的，判决被告在一定期限内履行。人民法院经过审理，查明被告依法负有给付义务的，判决被告履行给付义务。

（4）执行

公民、法人或者其他组织拒绝履行判决、裁定、调解书的，行政机关或者第三人可以向第一审人民法院申请强制执行或者由行政机关依法强制执行。

【典型案例】

背景资料

某区规划局的工作人员范某在项目审批过程中存在着工作失职行为，区规划局经查实后

对其作出记大过处理，但范某不服。

问题： 范某可否申请行政诉讼？

【案例分析】

区规划局对其工作人员范某作出的记大过处理属行政处分，不属于行政处罚措施。因此，范某不能通过行政诉讼解决，但可以依据《公务员法》第九十五条的规定，"自知道该人事处理之日起三十日内向原处理机关申请复核；对复核结果不服的，可以自接到复核决定之日起十五日内，按照规定向同级公务员主管部门或者作出该人事处理的机关的上一级机关提出申诉；也可以不经复核，自知道该人事处理之日起三十日内直接提出申诉。对省级以下机关作出的申诉处理决定不服的，可以向作出处理决定的上一级机关提出再申诉。"

本章小结

本章基本内容包括建设工程纠纷主要种类和法律解决途径、和解与调解制度、仲裁制度、民事诉讼制度和行政解决方式。其中，建设工程纠纷主要种类和法律解决途径主要涉及建设工程纠纷的主要种类、民事纠纷的法律解决途径和行政纠纷的法律解决途径。和解与调解制度主要涉及和解的规定和调解的规定。仲裁制度主要涉及仲裁的概述、仲裁协议、仲裁程序和涉外仲裁的特别规定。民事诉讼制度主要涉及民事诉讼管辖、民事诉讼的当事人和代理人、民事诉讼的证据和诉讼时效以及民事诉讼的审判和执行程序。行政解决方式主要涉及行政许可、行政强制、行政复议、行政诉讼。

本章习题

一、选择题

请扫描二维码完成自测。

二、简答题

1. 工程领域易引发行政纠纷的具体行政行为包括哪些？

2. 根据调解机构的不同，我国调解的形式主要有哪些？

3. 仲裁有哪些基本制度？

4. 规定民事案件的管辖具体包括哪几类？我国法院有四级，分别是什么？

5. 行政强制措施的种类有哪些？行政强制执行的方式有哪些？

第 11 章选择题

参考文献

[1] 朱庆育 . 民法总则 [M]. 2 版 . 北京：北京大学出版社，2016.

[2] 王泽鉴 . 民法总则 [M]. 北京：北京大学出版社，2009.

[3] 黄永安 . 建设法规 [M]. 3 版 . 南京：东南大学出版社，2017.

[4] 陈东佐 . 建筑法规概论 [M]. 6 版 . 北京：中国建筑工业出版社，2021.

[5] 高玉兰，江怒 . 建设工程法规 [M]. 2 版 . 北京：中国建筑工业出版社，2015.

[6] 陈学文，李旭晖，王琼 . 建筑法规 [M]. 成都：电子科技大学出版社，2016.

[7] 郭琴 . 建设工程法规 [M]. 北京：北京理工大学出版社，2018.

[8] 吴烨玮，季林飞 . 建筑工程法规 [M]. 北京：北京理工大学出版社，2020.

[9] 唐虹，齐景华，焦欣欣 . 建设工程法规 [M]. 北京：北京理工大学出版社，2019.

[10] 全国一级建造师执业资格考试用书编写委员会 . 建设工程法规及相关知识 [M]. 北京：中国建筑工业出版社，2022.

[11] 全国二级建造师执业资格考试用书编写委员会 . 建设工程法规及相关知识 [M]. 北京：中国建筑工业出版社，2022.

[12] 住房和城乡建设部工程质量安全监管司 . 建设工程安全生产法律法规 [M]. 北京：中国城市出版社，2014.

[13] 关怀 , 林嘉 . 劳动法 [M]. 6 版 . 北京：中国人民大学出版社，2016.

[14] 郭捷 . 劳动法 [M]. 北京：北京大学出版社，2011.

[15] 法规应用研究中心 . 劳动法一本通 [M]. 北京：中国法制出版社，2021.

[16] 王全兴 . 劳动法 [M]. 4 版 . 北京：法律出版社，2017.

[17] 国家统一法律职业资格考试辅导用书编辑委员会 . 2021 年国家统一法律职业资格考试辅导用书 [M]. 北京：法律出版社，2021.

[18] 彭玲云 . 建设工程法规 [M]. 北京：机械工业出版社，2017.